Paul LeRoux

L'entrepreneur du crime 2.0

ELAINE SHANNON

Paul LeRoux
L'entrepreneur du crime 2.0

Traduit de l'anglais (États-Unis) par
CLAIRE-LUCIE POLÈS

Harper
Collins

Titre original :
HUNTING LEROUX

Ce livre est publié avec l'aimable autorisation de HarperCollins Publishers, LLC, New York, U.S.A.

HARPERCOLLINS FRANCE
83-85, boulevard Vincent-Auriol, 75646 PARIS CEDEX 13
Tél. : 01 42 16 63 63

www.harpercollins.fr

ISBN 979-1-0339-0446-5

À mon mari, Dan Morgan, et à notre fils, Andrew
Shannon Morgan, ma terre et mon ciel ;
À mon frère, Edward Hogan Shannon,
une force de la nature ;
À mon frère, Michael Willard Shannon, et à mon neveu
Michael Willard Shannon II, qui sont parmi les étoiles.

J'ai assisté au mystère inconcevable d'une âme qui n'avait ni retenue, ni foi, ni crainte, et qui cependant luttait aveuglément avec elle-même.

JOSEPH CONRAD, *Au cœur des ténèbres*[1]

Vous devez vous faire de l'horreur une amie. L'horreur et la terreur morale sont vos amies. Et si vous ne le faites pas, alors elles deviendront des ennemies qui vous terroriseront… Il faut tuer sans faire de sentiments… sans passion… sans jugement ! Car c'est le jugement qui a raison de nous.

JOHN MILIUS et FRANCIS FORD COPPOLA, *Apocalypse Now*

1. *Au cœur des ténèbres*, Livre de poche, 1988, traduit de l'anglais (Royaume-Uni) par Catherine Pappo-Musard.

Tous les agents non étatiques, qu'ils soient bien ou mal intentionnés, tirent profit de deux phénomènes concomitants. D'une part, des flux croissants d'informations, de marchandises, de services et de personnes circulent à l'échelle mondiale. N'importe où dans le monde, il est devenu possible – voire normal – d'acheter quelque chose et de se le faire livrer en trois jours. D'autre part, à l'ère du numérique, il est désormais possible, grâce aux ordinateurs devenus ultra-performants, d'accéder en un clic à des informations sur à peu près tous les sujets. C'est un progrès énorme pour la plupart de l'humanité, mais les agents pernicieux peuvent également exploiter ces progrès techniques pour perfectionner leurs méthodes.

L'une des conséquences de ces deux phénomènes, à laquelle nous sommes en train d'assister, est que les agents non étatiques, bien ou mal intentionnés, peuvent accroître leur pouvoir, leur influence, leurs capacités, et devenir compétents dans des domaines qui étaient auparavant la prérogative des États-nations.

Lieutenant-général Michael K. Nagata[1]

1. Directeur du Conseil de la stratégie militaire au National Counterterrorism Center et vétéran des forces spéciales de l'armée américaine.

PRÉFACE

PAR MICHAEL MANN

Nous sommes à bord d'un Gulfstream II, face à Dennis Gögel, ancien tireur d'élite de l'OTAN, qui a manifestement abusé des stéroïdes. Ses bras trop musclés sont attachés au siège. Il regarde par la fenêtre. L'avion s'apprête à décoller de Monrovia, au Liberia. À première vue, il semble s'ennuyer, mais on comprend rapidement qu'il vient de tout perdre. Il sait qu'à son arrivée aux États-Unis il écopera d'une lourde peine de prison. Il n'a pas dit un mot sur l'ironie de la chose. Le capitaine de marine libyen qu'ils étaient venus exécuter jusqu'en Thaïlande, à Phuket, avec Tim Vamvakias, vétéran de l'armée américaine, était un ancien trafiquant de drogue devenu indic pour la DEA, et leur seconde cible, l'agent de la DEA pour qui il bossait. C'est le prétendu informateur libyen qui venait de lui passer les menottes. L'opération était un coup monté, tout était faux : le dossier que les mercenaires avaient reçu, avec les photos de surveillance de leurs cibles, le rapport détaillé de leurs activités et de leurs déplacements, l'endroit où passer à l'action, et même l'aide du pilote français chargé de les conduire où ils voulaient et de leur fournir deux pistolets calibre .22 équipés de silencieux et deux pistolets-mitrailleurs MP7 Heckler & Koch.

À bord de l'avion, un homme fait face à Dennis Gögel. C'est « Taj », la superstar des agents infiltrés de la DEA, qui fait partie du Groupe 960, une unité d'élite top secret. Taj et Lou Milione, directeur du Groupe 960, ont servi d'appâts pour attirer Gögel et Vamvakias au Liberia. Au même moment, deux autres mercenaires, tout aussi dangereux que Gögel et Vamvakias, viennent d'être arrêtés à Tallinn, en Estonie. Un dernier groupe de tueurs, parmi lesquels le chef, Joseph « Rambo » Hunter (tireur d'élite et vétéran de l'armée américaine), est en train d'être appréhendé à Phuket. Nous sommes d'emblée plongés dans une opération complexe, dont les cinq volets ont lieu à des milliers de kilomètres de distance (en Thaïlande, au Liberia, en Estonie) et impliquent des agents infiltrés et des forces de police de trois pays différents, le tout simultanément : mesure de précaution pour battre Paul LeRoux.

Paul LeRoux : L'entrepreneur du crime 2.0 d'Elaine Shannon nous fait entrer dans l'univers de dangereux criminels et parcourir les points chauds de la planète. Le lecteur est tenu en haleine dès les premiers chapitres, où ont lieu pas moins de cinq arrestations simultanées. Ce suspense imprègne de nombreux chapitres. La fiction serait bien en peine de refléter la tension, la profondeur et les nouvelles dimensions de la criminalité qui apparaissent dans ce récit d'enquête, basé sur des faits réels. Elaine Shannon possède une connaissance approfondie du fonctionnement des forces de police à l'échelle fédérale et internationale, ainsi que des entreprises criminelles. Elle sait également gagner la confiance de ses sources, ce qui donne à ce récit toute sa saveur.

Tout est bien plus captivant que dans un roman policier sorti de l'imagination d'un auteur. Elaine Shannon parvient à nous plonger au cœur d'événements qui prennent vie sous nos yeux. En tant que lecteur, nous savons que tout est vrai et nous vivons l'enquête de l'intérieur.

En recevant l'ébauche du manuscrit d'Elaine Shannon il y a deux ans, il m'a semblé que c'était la première fois que je me retrouvais plongé au cœur d'un empire criminel organisé, au plus près de l'entrepreneur brillant et redoutable qui était à sa tête. Le danger est palpable. Tous les événements sont examinés à la loupe. C'est comme si nous étions prisonniers d'une saga retraçant la vie de criminels fortunés.

Le récit nous fait également partager le quotidien de Tom Cindric et d'Eric Stouch, les deux agents du Groupe 960 de la DEA qui ont lancé et diligenté l'enquête sur Paul LeRoux. D'un continent à l'autre, d'un fuseau horaire à l'autre, en territoire hostile et jusque dans des motels sombres, nous suivons les chasseurs de la DEA qui traquent leur cible avec acharnement.

La vraie révélation de cette plongée vertigineuse, c'est le personnage de Paul Calder LeRoux et le modèle innovant qu'il a mis au point. LeRoux est un génie de l'informatique devenu criminel. Il a révolutionné la structure du crime organisé transnational en déconstruisant les méthodes traditionnelles employées par les dirigeants de cartels de drogue et les marchands d'armes. Ces criminels fonctionnaient selon des modèles traditionnels très hiérarchisés, du producteur au consommateur. Ils dépendaient souvent d'infrastructures matérielles, qui les rendaient vulnérables. Selon LeRoux, ils étaient trop visibles, et leur modèle était dépassé. Il a déconstruit ce modèle pour créer un système criminel radicalement différent. LeRoux est un entrepreneur, à la tête d'un vaste empire criminel, dont les différentes activités sont reliées par un *dark web* de sa propre invention. Son entreprise ressemble à une start-up de la Silicon Valley à la pointe de l'innovation, utilisant l'économie collaborative, capable de s'adapter en cas d'échec, d'évoluer et de générer des profits colossaux.

Paul LeRoux et ceux qui lui ont succédé sont des criminels polyvalents : ils sont capables de vendre des systèmes d'armement avancés, de trafiquer des tonnes de drogue, des matériaux fissiles ou de blanchir de l'argent. Ils trouvent des pays politiquement instables pour s'établir et versent des pots-de-vin aux autorités pour qu'elles ferment les yeux sur leurs activités. Ils y construisent des plates-formes de livraison, tout en alimentant les conflits locaux et les guerres. L'architecte de ce nouveau modèle criminel, c'est Paul Calder LeRoux.

Dès le début de l'enquête, le Groupe 960 s'est rendu compte que LeRoux était l'équivalent d'Elon Musk ou de Jeff Bezos dans l'univers du crime organisé transnational. Comme eux, LeRoux est un entrepreneur visionnaire qui révolutionne le présent et modèle le futur.

La plupart des gens qui ont rencontré LeRoux sont tombés sous son charme : LeRoux est un criminel brillant mais c'est également un manipulateur.

En tant que scénariste, au-delà des révélations contenues dans ce récit d'enquête, je suis fasciné par la qualité intrinsèque de *Paul LeRoux : L'entrepreneur du crime 2.0*. C'est proche de nous. Nous y sommes. Grâce à sa solide réputation au sein des services de renseignement et auprès de membres haut placés de la police fédérale, Elaine Shannon a su gagner la confiance des protagonistes de ce récit et nous plonger dans leur univers. C'est une journaliste respectée, qui se laisse porter par le récit de ses sources, ne trahit jamais leur confiance et parvient toujours à rester au plus près de la réalité. La perspicacité et le cynisme dont elle fait preuve, ajoutés à la qualité de l'écriture, font de ce récit inédit une expérience immersive.

Les agents qui ont diligenté cette enquête (Cindric et Stouch, leurs supérieurs Lou Milione et Derek Maltz, l'agent infiltré Taj) ont été longuement interrogés par Elaine Shannon. Ils lui ont également donné accès aux journaux qu'ils ont tenus, aux mémos qu'ils ont rédigés, à des documents officiels, et ont décrit ce qu'ils ont pu ressentir à chaque étape de l'enquête (les intuitions, les soupçons, les craintes et parfois les victoires). Leurs perspectives s'entremêlent et rendent le récit captivant.

Ce récit est inédit parce qu'il nous place aussi du point de vue de Jack, le protégé de LeRoux. À travers le regard de Jack, nous nous retrouvons plongés dans les appartements luxueux et vides de LeRoux à Manille, à essayer d'interpréter son langage corporel et d'analyser les idées qui ne cessent de jaillir du cerveau de ce colosse de cent soixante kilos. En tant que lecteurs, nous sommes nous-même fascinés par son ton enjôleur tout en nous sentant scrutés par son regard inquisiteur.

Jack a supervisé la construction d'un camp et recruté des miliciens pour LeRoux en Somalie. Il l'a aidé à transporter de l'argent et à acheter des planques de luxe. Il a ensuite retourné sa veste et décidé de collaborer avec Cindric et Stouch, en devenant leur indic. Pendant plusieurs mois, il a espionné LeRoux et enregistré des conversations, au péril de sa vie. LeRoux avait recruté une armée de tueurs et avait même commencé à tuer de ses propres mains.

La photo de LeRoux qui figure sur la couverture de ce livre est une capture d'écran, extraite d'une vidéo de surveillance tournée par Jack à l'aide d'une mini-caméra dissimulée sous ses vêtements.

L'agent spécial Lou Milione, l'un des fondateurs du Groupe 960, ainsi que le chef de la Division des opérations spéciales (DOS), Derek Maltz, ont supervisé l'enquête. Milione et son bras droit, Wim Brown, sont connus pour avoir participé à l'arrestation de grands criminels, comme le marchand d'armes Viktor Bout, surnommé le « Marchand de la mort », Monzer al-Kassar et Haji Juma Khan, baron de l'héroïne afghan. Le Groupe 960 quant à lui est connu pour opérer en toute discrétion et pour frapper fort.

À travers ce récit, Shannon nous fait marcher sur les traces de ces agents et de ces criminels. Nous sommes dans leur peau, nous voyons à travers leurs yeux. C'est un récit basé sur des faits réels, qui vient nous ouvrir les yeux sur le monde du crime organisé.

*
* *

Réalisateur, scénariste et producteur de renom, **Michael Mann** a été nominé quatre fois aux Oscars. Il a réalisé plusieurs films pour le cinéma : *Le Solitaire*, *Le Sixième Sens*, *Le Dernier des Mohicans*, *Heat*, *Révélations*, *Ali*, *Collatéral*, *Miami Vice : Deux flics à Miami*, *Public enemies* et *Hacker*. Il a également produit *Aviator* et *Hancock* de Martin Scorsese, plusieurs séries télévisées (*Miami Vice*, *Les Incorruptibles de Chicago*, *Luck* et *Witness*), ainsi que la mini-série *Drug Wars : the Camarena Story*, basée sur le best-seller d'Elaine Shannon, *Desperados* (1990), et récompensée par un Emmy, qui a pour sujet le meurtre de l'agent de la DEA Enrique Camarena au Mexique.

INTRODUCTION

Un agent pernicieux

Pour comprendre le rôle de Paul Calder LeRoux, fondateur du premier empire criminel transnational du XXIe siècle, il faut commencer à l'autre bout du spectre du crime organisé, au moment de la chute du dernier baron de la cocaïne.

Le spectacle n'a pas été très beau à voir.

Pour échapper aux marines mexicains, Joaquín El Chapo Guzmán a pris la fuite par les égouts. Il en est sorti puant la charogne. Alors qu'il devait éviter à tout prix de se faire remarquer, il n'a rien trouvé de mieux à faire que braquer une grand-mère pour lui voler sa Ford Focus rouge pétant. Il n'a fallu que quelques minutes aux agents cagoulés de la police fédérale mexicaine pour l'intercepter et le coincer dans un hôtel de passes sordide, en attendant qu'un hélicoptère du gouvernement arrive pour l'évacuer et le ramener à la prison d'où il s'était échappé par un tunnel six mois plus tôt.

Son arrestation a eu lieu le 8 janvier 2016. El Chapo était alors l'un des derniers narcotrafiquants de la Phase 1. Il faisait partie de ces barons de la drogue qui dealaient de la coke façon *Miami Vice* et entretenaient leur image de marque en paradant avec des pistolets incrustés de diamants et des ceintures bling-bling, entourés de voitures, de cadavres, de 4×4, de prostituées, d'équipes de foot, s'affichant dans des ranchs, des hôtels, des boîtes de nuit, des zoos, sur des plateaux télé ou le ponton de yachts, et laissant sur leur passage encore plus de cadavres. Les stars de ce *reality show* se sont trahies et entretuées. Ceux qui ne sont pas morts sont à présent derrière les barreaux.

La Phase 2 a commencé au début du XXIe siècle. Le marché noir de la drogue est devenu une industrie tentaculaire et bien organisée, avec des profits estimés à 400 milliards de dollars par an. Ces chiffres, qui sont probablement en deçà de la réalité, sont supérieurs aux bénéfices du trafic d'armes, d'êtres humains et de diamants confondus. Face à la multiplication des opportunités de profits dans l'économie souterraine aussi bien que dans l'économie visible, le narcotrafic s'est mondialisé. Les trafiquants se sont militarisés, les militants politiques sont devenus des criminels, et tous se sont retrouvés en eaux troubles : les cartels colombiens se sont alliés aux syndicats libanais et aux agents du Hezbollah en Amérique du Sud, en Afrique et en Europe, les FARC (Fuerzas Armadas Revolucionarias de Colombia ou Forces armées révolutionnaires de Colombie), une guérilla marxiste révolutionnaire, se sont lancés dans la production de cocaïne à grande échelle. Au début des années 2000, la DEA estime que les FARC produisaient plus de la moitié de la cocaïne mondiale. Des organisations mexicaines ont étendu leurs activités au Nigeria et à la Chine. La mafia serbe s'est mise à trafiquer des armes sur tous les continents tandis que la mafia russe a accru ses profits en blanchissant de l'argent, en trafiquant, en soudoyant, en intimidant et en lançant des cyberattaques. L'insurrection des talibans en Afghanistan a été financée par les barons de l'héroïne afghans.

Les hommes et les femmes qui étaient à la tête de ces organisations criminelles transnationales ont su s'adapter à la mondialisation, faire preuve d'intelligence et de discrétion en évitant les guerres de territoire qui se finissent invariablement en bain de sang. Leur priorité, c'était le profit, pas de faire la une des journaux. Ils maîtrisaient les outils numériques : téléphones cryptés ou satellites, stockage de données sur le *cloud*, *dark web*. Ces fervents capitalistes n'avaient qu'un seul dieu : l'argent. Ils buvaient, dépensaient des fortunes au jeu, géraient des réseaux de proxénétisme, violaient et blasphémaient. Ils ne croyaient pas aux idéologies radicales, sauf lorsqu'il s'agissait de déstabiliser les gouvernements qui s'attaquaient à eux. Ces adeptes de la stratégie du chaos savaient bien que ce qui menaçait leur existence, ce n'étaient pas les organisations rivales, les soldats ou les policiers mais bien la paix. Ils finançaient des groupes armés chargés de contrôler leur territoire (routes, ports, rivières, zones frontalières et pistes d'atterrissage). Ils n'étaient jamais sur le devant de la scène, mais c'est eux qui tiraient les ficelles et fournissaient l'argent qui alimentait les conflits un peu partout dans le monde.

Au cours de la Phase 2, les infrastructures sont devenues de plus en plus sophistiquées. Pourtant, la plupart des organisations criminelles ont continué à fonctionner selon un modèle industriel en supervisant directement toutes les étapes, de l'approvisionnement à la livraison, du producteur au consommateur. Cela impliquait de nombreux intermédiaires : il fallait cultiver, récolter, raffiner, transporter, transformer, produire, surveiller, livrer, mettre en place un système de sécurité interne et de surveillance pour protéger la marchandise, assurer la distribution, la collecte et le blanchiment de l'argent. Ce qui représentait beaucoup de monde. Beaucoup d'organisation. Beaucoup de structures visibles et invisibles, susceptibles d'être découvertes par les forces de l'ordre et vulnérables aux attaques d'organisations rivales.

Nous sommes à présent entrés dans la Phase 3 : le modèle du crime organisé transnational de demain. Totalement novateur, ce modèle a été conçu par Paul Calder LeRoux, qui a appliqué les principes de l'entreprenariat du XXIe siècle à la face cachée de l'économie globale.

Né en Rhodésie, ancienne colonie britannique, LeRoux est doté d'une psychologie complexe et d'une intelligence proche du génie. Ce colosse de cent soixante kilos, au front large et au regard bleu foncé, perçant, a les attributs d'un souverain médiéval au pouvoir absolu, d'un homme d'affaires véreux de l'Âge d'Or[1] ou d'un anti héros wagnérien. Il fait penser au colonel Kurtz, ce béret vert devenu seigneur de guerre après avoir déserté, interprété par Marlon Brando dans *Apocalypse Now*, l'épopée de Francis Ford Coppola consacrée à la guerre du Vietnam. Comme Brando/ Kurtz, LeRoux est bourré de tics : frotter son crâne rasé, pencher la tête, sourire quand la situation ne s'y prête pas. Doués, séducteurs, Kurtz et LeRoux se sont posé la question du bien et du mal et ont délibérément choisi le mal, qu'ils jugent plus respectable et moins hypocrite. « Il n'y a rien que je déteste plus que l'odeur du mensonge », dit Brando/Kurtz à son interlocuteur lorsqu'il se vante d'avoir su s'entourer d'une armée de guerriers « moraux mais capables de suivre leurs instincts primaires et de tuer sans faire de sentiment, sans passion, sans jugement ! Car c'est le jugement qui a raison de nous. » Bien entendu, pour Kurtz, c'est avant tout une affaire de pouvoir. L'absence de jugement est corrélée à l'absence de raison et de remords. C'est de la folie, mais comment rivaliser avec la puissance d'un fou ?

LeRoux a bien compris comment faire régner la peur pour asseoir son pouvoir. Dans son délire mégalomane, il a acheté une île au large des Philippines car « tout criminel qui se respecte possède une île ». Le mot de passe de son ordinateur était « Hitler ». Il

1. Aux États-Unis, *Gilded Age*, période de prospérité qui a suivi la guerre de Sécession, pendant la seconde moitié du XIXe siècle. (Toutes les notes de bas de page sont de la traductrice.)

a fait alliance avec la crème des criminels : cartels colombiens, oligarques russes, pirates somaliens, mafia serbe, triades chinoises. Comme Kurtz, il s'est entouré d'hommes de main sans foi ni loi.

Le chef des opérations de LeRoux a longtemps été un Anglais alcoolique, toxicomane et sadique. LeRoux décrit Dave Smith comme un homme « prenant un plaisir extrême à torturer et à tuer. Un individu ultra-violent. Exactement le type dont j'avais besoin. » LeRoux a demandé à Smith de recruter des hommes comme lui, qui « aiment tuer, torturer, faire souffrir. »

La cabane du colonel Kurtz, dans la jungle, est décorée de crânes humains. LeRoux a repris ce concept en le modernisant : son ordinateur contenait les photos des cadavres ensanglantés de ceux qu'il avait fait exécuter. Dans son appartement luxueux, quoique meublé de façon spartiate, il travaillait seul, accumulant les dollars, les euros, les rands, les roubles, les dirhams et les roupies, gagnés en trafiquant des médicaments, de la drogue, de l'or, du bois exotique et des armes. Il se vantait d'avoir pour clients « des seigneurs de guerre, des criminels, bref, des gens riches ».

L'appât du gain et la cruauté ont toujours existé. Ce qui fait de LeRoux un personnage hors du commun, c'est son intelligence hors normes combinée à une absence totale de scrupules. C'est ce qui lui a permis de devenir un homme d'affaires de génie, le chef suprême du crime organisé transnational et innovant. Il est ce que Netflix est à Blockbuster Video, ce que Spotify est à Tower Records.

LeRoux gagne de l'argent uniquement pour l'amasser. Comme les milliardaires de la Silicon Valley, son style ne paye pas de mine : il porte des treillis fatigués et des polos flashy, qui permettent de le repérer de loin. Il se gave de pizzas achetées chez Domino's et de Big Mac. À ses yeux, les femmes sont remplaçables, interchangeables. Il voit le sexe comme un moyen de reprendre des forces ou d'évacuer le stress, comme une barre énergétique.

Dur en affaires, il ne se laisse pas déstabiliser. Ses profits feraient pâlir d'envie les petits génies de l'informatique. En 2004, LeRoux était un jeune entrepreneur audacieux à la tête d'une entreprise de commerce en ligne. Il a construit depuis un empire criminel tentaculaire, avec des ramifications de Manille à Hong Kong, en passant par Jérusalem, Dubaï, le Texas et Rio. En 2012, il employait environ 2 000 personnes. Sa première entreprise a généré au moins trois millions de transactions pour un bénéfice total de près de 300 millions de dollars. Plus récemment, il a développé un système de transfert d'argent pour plusieurs entreprises criminelles et sociétés-écrans, dont les bénéfices ne sont pas connus à ce jour.

LeRoux applique le modèle de la Silicon Valley à ses opérations : pas ou peu d'infrastructures, pas d'administration permanente, de local ou d'usine. Il travaille seul : il n'a pas de collaborateurs proches, ne fait confiance à personne, n'organise jamais de fêtes, contrairement aux trafiquants de la Phase 1. Son modèle, c'est l'économie collaborative : il embauche des mercenaires ou des intérimaires qui sont rémunérés à la tâche et communique avec eux par mails ou par textos, en utilisant son propre logiciel de cryptage de données, pour les envoyer en mission à l'autre bout de la planète. Ce sont eux qui sont chargés de sécuriser les fonds, de soudoyer les autorités locales ou de négocier des accords commerciaux. Ses employés ne savent pas où il est ni à quoi il ressemble. La loyauté, valeur suprême de la mafia, des triades chinoises ou des cartels, ne fait pas partie de son système de valeurs. Quand il n'a plus besoin de quelqu'un, il le lâche ou, s'il se montre trop encombrant, il commandite son exécution. De son propre aveu, ses employés philippins, africains ou israéliens sont des « parias », des sous-hommes, dont il n'a aucun scrupule à se débarrasser.

Les Phases 1 et 2 du crime organisé reposaient sur des structures linéaires, hiérarchisées, et des contraintes géographiques. LeRoux est le premier grand criminel à opérer dans le cyberespace : toutes ses opérations sont dématérialisées. Il navigue entre les clients, les vendeurs, les intermédiaires et les adeptes des réseaux, qu'il rencontre au gré des connexions satellites et de la transmission de données par fibre optique. Son intellect ultra-performant lui permet de mener plusieurs projets de front sans jamais oublier la moindre information.

Son modèle d'entreprise ressemble à celui de son compatriote sud-africain Elon Musk ou à celui de Jeff Bezos, fondateur d'Amazon, qui font partie des plus grosses fortunes mondiales. Comme Musk, qui papillonne des annuaires web à PayPal en passant par la conquête de l'espace, les voitures électriques, les véhicules autonomes ou encore la conception de tunnels, LeRoux touche à tout : paris en ligne, vente de médicaments sur Internet, armes de poing, missiles dernière génération, trafic de méthamphétamine nord-coréenne. Comme Bezos, qui a conçu un site où on peut acheter tout ce qu'on veut sans fournir le moindre effort, LeRoux a imaginé un « Amazon des armes » à l'approvisionnement ultra-efficace, les marchandises étant stockées dans des entrepôts situés dans une ville nouvelle, autosuffisante et militarisée, en plein désert somalien.

La plupart des concepts régissant l'entreprenariat du XXIe siècle s'appliquent à LeRoux : rejet des traditions, disruption, *lean management*, rayonnement mondial et adaptabilité. Il sait trouver des niches à exploiter, des marchés à développer, il voyage léger, se déplace rapidement et ne reste jamais longtemps au même endroit.

Pour dissimuler ses trafics, il a créé son propre *dark web* censé être invulnérable aux cyberattaques. LeRoux n'est pas un hacker. Il ne s'est jamais donné la peine de pirater les systèmes de gouvernements ou d'entreprises privées, même s'il aurait facilement pu apprendre à le faire. Pour lui, l'ordinateur n'est rien d'autre qu'un outil, au même titre que le stylo à bille ou l'ouvre-boîte. Il utilisait un vieil ordinateur Dell qu'il avait lui-même configuré pour être certain que personne ne puisse le pirater. Les modèles plus récents ne lui inspiraient pas confiance. Et puis le code d'honneur des hackers impose de ne tuer personne – une règle que LeRoux n'a pas respectée puisqu'il a lui-même tué et commandité de nombreux meurtres.

Pendant des années, LeRoux est resté un fantôme, apparaissant et disparaissant des radars de la Drug Enforcement Administration (DEA), de la CIA et de l'ONU, sans pour autant devenir la cible des services d'antiterrorisme et de lutte contre le crime organisé. Ses opérations sont passées quasiment inaperçues, même lorsqu'il a commencé à trafiquer avec l'Iran et la Corée du Nord. Les systèmes de surveillance du gouvernement américain et de ses alliés étaient configurés pour repérer les signes d'activité de groupes criminels conventionnels, avec des hiérarchies visibles et stables. Les agents de la DEA qui ont commencé à s'intéresser à LeRoux ne voyaient au début qu'un fantôme, ce qui le rendait bien plus mystérieux et insaisissable que les grands criminels qu'ils avaient l'habitude de traquer. Lou Milione, qui était à la tête de l'unité chargée de l'enquête sur LeRoux, a dit à ce sujet :

— Nous étions confrontés à une industrie totalement nouvelle, qui dépassait tout ce qu'on connaissait sur le trafic de drogue et d'armes, et qui était tout à fait inédite pour nous. Si personne ne l'avait arrêté, vu l'échelle à laquelle il agissait, Dieu seul sait dans quels trafics il aurait encore été impliqué. Et il n'en aurait rien eu à foutre.

Deux des meilleurs agents de Milione, Tom Cindric et Eric Stouch, ont été rencardés sur LeRoux. C'est comme ça que la traque a commencé.

Cindric et Stouch travaillaient ensemble depuis des années et enquêtaient à l'époque sur le trafic de drogue en Afrique. Avec leurs partenaires du Groupe 960, une unité secrète de la Division des opérations spéciales de la DEA, ils font partie des enquêteurs les plus audacieux et les plus inventifs du gouvernement américain. Dans sa jeunesse, Lou Milione était acteur et jouissait d'une certaine réputation dans le milieu. Au sein de la DEA, on lui doit l'arrestation de Monzer al-Kassar, marchand d'armes et ressortissant syrien, surnommé le « Prince de Marbella », dont l'histoire a fait la une du *New Yorker*. Kassar avait fourni des armes à plusieurs générations de terroristes et de dirigeants voyous, de Abu Abbas (qui était à la tête du Front de libération de la Palestine et avait organisé le détournement du navire *Achille Lauro* en Méditerranée en 1985) à Saddam Hussein. Milione et ses agents ont également supervisé l'arrestation d'Haji Juma Khan, baron d'un cartel d'héroïne afghan. Mais leur prise la plus spectaculaire reste l'opération qu'ils ont montée pour arrêter le célèbre marchand d'armes russe Viktor Bout, surnommé « le Marchand de la mort », dont est inspiré le film *Lord of War*.

Milione a soigneusement choisi ses coéquipiers : des agents intelligents, curieux, rompus à l'art de la manipulation, avides d'action, entreprenants, gonflés, jamais là où on les attend, attachés à la loi mais prêts à l'enfreindre si nécessaire. Cindric et Stouch incarnent toutes ces qualités innées. La traque de LeRoux, racontée pour la première fois dans ce livre, instruit autant qu'elle dérange. En déployant des trésors d'ingéniosité, en s'appuyant sur des experts dans leur domaine, avec un peu de chance et en se fiant à leur instinct, ils ont réussi à recruter l'un des plus proches collaborateurs de LeRoux et à infiltrer son jardin secret.

La capacité à entrevoir ce que l'avenir nous réserve n'est pas nécessairement enviable. À mesure qu'ils s'enfonçaient dans le monde de LeRoux, les pressentiments de Milione, Cindric et Stouch se confirmaient, et leurs découvertes devenaient de plus en plus inquiétantes.

— Paul, c'est l'avenir, a dit Cindric. Il a plusieurs longueurs d'avance sur tous les autres. Et on n'est pas prêts pour ça.

I

25 septembre 2013

Le géant blond sanglotait sur son siège. De grosses larmes dégoulinaient sur la tenue qu'il avait choisie pour passer inaperçu : un short de bain à fleurs bleu turquoise et des tongs.

Dennis Gögel, ancien tireur d'élite de l'armée allemande, venait d'arriver à Monrovia, capitale du Liberia. Il était missionné par Paul Calder LeRoux, son boss, un entrepreneur excentrique qui avait fait fortune en vendant des produits pharmaceutiques sur Internet. Fort de son succès, LeRoux avait ensuite diversifié ses activités : trafic de cocaïne colombienne, de méthamphétamine coréenne, d'armes de pointe, profit de guerre, commerce illégal avec l'Iran. Pour régler ses comptes, il avait recruté une armée de mercenaires, anciens militaires américains ou européens de retour d'Afghanistan, d'Irak ou de missions de maintien de la paix de l'OTAN. Si la plupart des vétérans supportaient sans peine le retour à la vie civile, certains, comme Gögel, restaient des enfants perdus en mal d'aventure, à la recherche du pays imaginaire. LeRoux devenait alors leur Capitaine Crochet : il les hébergeait dans une planque au cœur de la station balnéaire trépidante de Phuket, en Thaïlande, pour leur fournir l'adrénaline dont ils ne pouvaient plus se passer. Il ne leur demandait rien en échange, sinon d'exécuter ceux qui menaçaient ses entreprises ou se mettaient en travers de son chemin.

Gögel, le meilleur tireur de l'équipe, se voyait souvent attribuer les contrats les plus juteux, payés en extra. Sa mission à Monrovia, la première qu'il effectuait pour le compte de LeRoux, consistait à exécuter Joey Casich, agent de la DEA en poste à l'ambassade des États-Unis, ainsi que son indic, Zaman le Libyen – surnommé Sammy par ses collaborateurs colombiens –, qui utilisait son statut de capitaine de marine comme couverture pour dissimuler des activités de trafic de drogue. Le but de LeRoux, c'était de collaborer avec une organisation colombienne impliquée dans un trafic de cocaïne importée d'Amérique du Sud, qui transitait par l'Afrique de l'Ouest avant d'être revendue sur le marché européen. Et Casich et Sammy contrariaient ses plans.

Au cours des préparatifs de la mission, le chef des hommes de main de LeRoux, Joseph Hunter, sniper et sergent-instructeur de l'armée américaine à la retraite, avait reçu des photos de surveillance de Casich et de Sammy, ainsi qu'un rapport détaillé de leurs allées et venues quotidiennes. Sur les photos, on voit Casich et Sammy ensemble un peu partout à Monrovia. Hunter, tueur à gages méthodique et sans pitié, les avait placardées au mur, dans la planque des mercenaires, afin de permettre à Gögel et à Tim Vamvakias, ancien policier américain, de garder leurs visages en mémoire avant de mettre au point leur plan d'attaque.

Sammy ne passait pas inaperçu. C'était un jeune flambeur au teint mat, aux yeux noirs et au sourire carnassier. Impossible de le rater avec son look de gangster de la côte Ouest : T-shirt noir, pantalon cargo, lunettes teintées. En revanche, l'agent américain était plus difficilement reconnaissable. Teint pâle, âge, taille et poids moyens, souvent vêtu d'un K-Way, d'un polo et d'un treillis, il ressemblait à tous ces hommes d'affaires en transit dans les aéroports ou les couloirs d'hôtel aux quatre coins du monde. C'était calculé. Pour voyager incognito, il ne faut pas se faire remarquer. Vêtements confortables, aux couleurs passe-partout, assez amples pour pouvoir se déplacer facilement, enfoncer une porte, escalader un mur ou sauter par la fenêtre en cas d'urgence : c'est l'uniforme des agents de la DEA. Aux pieds, des baskets pour courir, discrètes, pas trop voyantes. Une chemise beige et une veste multipoches pour ranger une arme de poing, un badge, des menottes et autant de téléphones portables que les agents ont d'identités. Pas de shorts, sauf à la salle de musculation. Les costumes sont réservés aux cérémonies de remise de diplôme des enfants, aux mariages, aux audiences de divorce et aux enterrements.

Dans les quatre avions qu'il avait pris entre Phuket et Monrovia, Gögel avait délibérément ignoré les conseils vestimentaires de Hunter ainsi que le proverbe préféré de sa grand-mère : « *Man soll das Fell des Bären nicht verteilen, bevor er erlegt ist.* » Il ne faut pas vendre la peau de l'ours avant de l'avoir tué. Il s'apprêtait à empocher 80 000 dollars pour ce petit extra, ça valait bien une tenue de plage exubérante. Il espérait que ce contrat marquerait le début d'une longue collaboration avec LeRoux et les Colombiens. Ils ne manquaient pas d'ennemis. Il lui suffirait d'en exécuter quelques-uns pour s'en mettre plein les poches.

— Ce boulot, c'est comme un jeu ! avait dit Gögel à Hunter alors qu'ils réfléchissaient à leur plan. Je n'aurais pas pu rêver mieux.

Seulement, rien ne s'était passé comme prévu pour le jeune Allemand qui se retrouvait à présent menotté au siège d'un avion privé. Le pilote et le copilote attendaient sur le tarmac d'obtenir le feu vert pour décoller direction White Plains, État de New York. De là, on le transporterait jusqu'à une cour fédérale au sud de Manhattan.

Il y avait juste assez de jeu dans les menottes pour que Gögel puisse porter la main à la bouche, ce qu'il faisait à intervalles réguliers pour embrasser un bout de papier sur lequel une Russe rencontrée à Phuket avait griffonné son numéro de téléphone. Sans doute une fille qui comptait pour lui. On ne s'attend pas à voir un grand costaud pleurnicher comme ça. À croire qu'on peut être un tueur dur à cuire et impitoyable, habitué à observer sa cible par la lorgnette d'une arme, doublé d'un grand romantique. Les voies de l'amour sont impénétrables.

Vamvakias était menotté à l'arrière du jet, avachi et presque inerte. Grand, maigre, âgé de quarante et un ans, il était originaire de San Bernardino en Californie. Il était resté plus longtemps dans l'armée que Gögel. Lors de son témoignage à la barre, il expliquerait y avoir passé treize ans, dont huit au sein de la brigade cynophile de détection des explosifs et dans une unité d'élite du raid. Il n'avait jamais été déployé comme soldat en zone de guerre mais, après avoir quitté l'armée américaine en 2004, il s'était mis à son compte pour continuer à proposer ses services en tant que spécialiste des chiens d'intervention à Doha, au Qatar et à Kandahar, en Afghanistan. Il s'était finalement fait virer pour avoir menti à propos de son état de santé : diabétique, son corps commençait à le lâcher. Il savait que, cette fois-ci, on ne lui ferait pas de cadeaux.

Le jeune Gögel avait du mal à tenir en place. Il se tortillait sur son siège en grimaçant. Pour ne rien arranger, l'hyperactif Taj, agent de la DEA de trente-quatre ans, s'était installé en face de lui après lui avoir gentiment expliqué qu'il était là pour s'assurer que Gögel ne manquait de rien pendant le vol. Il avait fait signe à l'hôtesse d'apporter un autre Pepsi à son pote le surfeur en lui précisant que non, elle ne pouvait pas le consoler, même s'il faisait un peu pitié. Le bel Allemand n'avait que vingt-sept ans, mais sa vie était finie. Ce qui l'attendait, c'était une peine de prison d'au moins vingt ans, dans une minuscule cellule de 8 m^2. En sortant, il aurait la cinquantaine et une petite bedaine (Gögel et Vamvakias ont tous les deux plaidé coupables de complot en vue d'assassiner un agent fédéral et un de ses collaborateurs ainsi que d'autres crimes graves. À eux deux, ils ont été condamnés à deux cent quarante mois de prison.)

Taj n'éprouvait aucune pitié pour Gögel. Pour lui, il méritait largement de passer quelques petites dizaines d'années à l'ombre. Taj rentrait à peine d'Afghanistan où il avait passé quatre ans infiltré dans les rangs des talibans et du cartel d'héroïne qui les soutient pour recruter des informateurs. Il avait combattu en première ligne aux côtés des Américains et de leurs alliés. Il avait vu de braves types mourir, des gars bien plus jeunes que lui ou Gögel tomber sous les bombes que LeRoux vendait sans vergogne à l'Iran pour armer les terroristes. L'agent n'avait que du mépris pour son prisonnier. Ils avaient combattu en Afghanistan en même temps, dans le même camp. Taj se demandait combien de civils l'Allemand avait froidement exécutés dans le simple but de vérifier que son arme ne s'était pas enrayée.

Quelques minutes avant le décollage, Taj, qui portait un sweat bleu marine orné du sigle de la DEA en grosses lettres jaunes, s'était penché vers Gögel pour lui crier :

— Alors comme ça, on ne me reconnaît pas ?

Gögel l'avait regardé en secouant la tête. Il ne lui avait fallu qu'une seconde pour comprendre. Il avait écarquillé les yeux. *Putain, Sammy le Libyen ? C'est un fed ?* C'est à ce moment-là que l'Allemand s'était mis à pleurer. Il venait de se rendre compte que tout ça n'était qu'une mise en scène. On lui avait tendu un piège, et il était tombé dedans comme un débutant. Taj, c'était sa cible. Ils se regardaient, si proches et pourtant si lointains.

Taj avait eu une enfance plus heureuse que son prisonnier. Gögel avait vécu une enfance ordinaire, quoiqu'un peu morne. Taj, quant à lui, avait grandi dans un foyer aimant, choyé par sa famille, tandis qu'à l'extérieur la guerre faisait rage. Il était né à Kaboul en 1979, quelques mois avant l'invasion soviétique. Il avait passé les dix premières années de sa vie au milieu des tirs croisés des moudjahidine et des troupes soviétiques qui occupaient Kaboul. Le soir, il se réfugiait avec sa famille dans l'abri antibombes froid et humide qu'ils avaient creusé sous la table de la salle à manger. Chaque jour, des missiles explosaient près de sa maison ou de son école primaire. Son oncle, médecin, avait été tué par un tir de roquette qui avait détruit l'hôpital où il soignait les blessés. Ses grands-parents et un autre de ses oncles avaient été massacrés à la baïonnette par des soldats soviétiques venus piller leur ferme.

En février 1989, alors que l'occupation soviétique vivait ses derniers jours, la police secrète du régime communiste avait commandité l'assassinat de son père, un ingénieur qui travaillait au service politique de l'ambassade des États-Unis. Ce n'était pas la première fois qu'on l'accusait d'espionnage. Il avait déjà subi la torture. Un de ses amis qui travaillait dans le renseignement avait eu le temps de les prévenir, lui et sa femme. Il fallait quitter le pays sur-le-champ. Les parents de Taj avaient alors dû faire un choix terrible. Ils s'étaient séparés de Taj, âgé de dix ans, et de ses deux sœurs adolescentes, pour les confier à un passeur qui s'était engagé à les conduire au Pakistan par la passe de Khyber. Ils avaient ensuite enveloppé leur dernier-né dans des couvertures avant de grimper dans un autre véhicule conduit par un second passeur. Ainsi, même s'ils étaient arrêtés et exécutés, leurs enfants avaient une chance de s'en tirer.

Ce périple sur les pentes verglacées des montagnes de l'Hindou Kouch, au-dessus de la vallée de Tora Bora, avait signé la fin de l'enfance pour Taj. Maintenant, c'était lui l'homme de la famille. Avant de partir, son père lui avait confié la garde de ses deux sœurs aînées. Il devait les guider à travers la montagne pour les mettre en sécurité. Taj savait que les jeunes filles vierges se vendaient à bon prix dans les bazars. Il savait aussi ce qu'il avait à faire : rester aux aguets, se cacher, ne jamais s'arrêter même pour dormir, et toujours être en mouvement. La famille s'était retrouvée par miracle à Peshawar. Après quelques années d'errance, ils s'étaient installés en Californie, dans une ville cosmopolite où les *taquerías* côtoient les restaurants vietnamiens et les salons de tatouage. Son père avait trouvé du travail dans une entreprise pétrolière américaine, mais les fins de mois étaient difficiles. Taj cumulait les petits boulots pour payer ses livres, ses chaussures, ses frais de scolarité et avoir un peu d'argent de poche. Il avait grandi en vénérant pêle-mêle le prophète Mahomet, Abraham, Jésus, la constitution des États-Unis, le système éducatif américain, l'éthique du travail, Willie Nelson et les Harley-Davidson.

Après les attaques du 11 septembre 2001, il avait pris la décision de s'enrôler dans l'armée américaine mais, face au désespoir de sa mère qui le suppliait : « Pitié ! Pas la guerre ! », il avait consenti à faire des études de droit pénal à la place. Après son master, il avait postulé à la DEA. Il avait accepté l'offre qui lui était faite, à condition d'être sur le terrain et pas derrière un bureau, à traduire et à taper des rapports. Taj détestait la bureaucratie. Heureusement, dès sa première semaine, on lui avait confié plusieurs missions d'infiltration : grâce à son physique méditerranéen, il était rapidement passé maître dans l'art de se faire passer pour un dealer de méthamphétamine ou d'héroïne mexicain sans parler la langue, tout juste un mélange d'anglais et d'espagnol appris grâce à ses copains, au lycée.

Pour jouer le rôle de Sammy le Libyen, il n'avait même pas eu besoin de feindre un accent arabe. Il lui avait suffi de poser sur quelques photos, fringué comme un mafieux plein aux as. Il avait vite compris que l'important, ce n'est pas la façon de parler mais la façon de se tenir. Tant qu'il roulait des mécaniques, qu'il se vantait de l'argent qu'il s'apprêtait à empocher ou à faire gagner à ses cibles et qu'on le prenait pour un tueur froid et méthodique, personne ne l'inquiétait ou ne lui posait de questions sur ses origines.

En 2009, il était retourné dans son pays. Sa mission : infiltrer les rangs des talibans et du cartel d'héroïne qui les finançait. La production florissante des champs de pavot de la campagne afghane avait transformé un conflit local en un bourbier inextricable. Taj parlait plusieurs langues et pouvait recruter des informateurs en farsi, en dari et en pachtou. Il avait décidé de mettre à profit sa connaissance du terrain pour changer la vie des Afghans ordinaires, ces gamins jetés dans la rue, dans le froid, mendiant pour obtenir quelques pièces ou un peu de nourriture au beau milieu des champs de mines, des cimetières et des égouts à ciel ouvert. Était-ce de l'altruisme, le syndrome du survivant ? Toujours est-il qu'il avait conscience de la chance qu'il avait de s'en être tiré et de ne pas être à leur place.

Dans un pays en guerre, il est rare de pouvoir suivre un plan à la lettre. La stratégie de la DEA en Afghanistan, anéantir le cartel pour mettre fin au conflit et permettre au pays de retrouver la stabilité et de se reconstruire, n'a pas tenu à l'épreuve de la réalité. Au sein du gouvernement américain, les agents de la DEA sont les seuls dont la priorité est de mettre fin au trafic de drogue. En Afghanistan, les deux partis avaient intérêt à ce que le trafic continue. Des membres haut placés de l'élite afghane pro-occidentale au pouvoir s'enrichissaient grâce au commerce d'héroïne tandis que les Américains et les officiers de l'OTAN craignaient de sacrifier inutilement des vies et d'épuiser leurs forces en s'attaquant au trafic de drogue. Les insurgés talibans achetaient des armes et amortissaient leurs besoins logistiques grâce à l'argent du trafic de drogue. D'après les informations recueillies par la DEA, Oussama Ben Laden et ses partisans n'étaient pas directement impliqués dans la vente d'héroïne. En revanche, ils bénéficiaient de la protection de dirigeants talibans et pakistanais, qui tiraient eux-mêmes des profits financiers du trafic d'héroïne en Asie du Sud. Taj et ses partenaires avaient pour mission de comprendre comment fonctionnait le trafic d'héroïne. Cependant, ils mettaient également leurs ressources à disposition, notamment leurs indics et leurs écoutes téléphoniques, pour aider les Américains et les forces de l'OTAN à repérer des engins explosifs improvisés et des caches d'armes, à tendre des embuscades, à bombarder des lieux stratégiques et à localiser des cibles de valeur. Sur ordre du commandement des opérations spéciales américaines, Taj avait aussi envoyé des informateurs en mission au Waziristan, une région au nord du Pakistan, de l'autre côté de la frontière, pour localiser plusieurs otages, parmi lesquels le soldat américain Bowe Bergdhal et la touriste américaine Caitlan Coleman, son mari canadien et leurs enfants nés en captivité. Les informateurs afghans étaient revenus avec les coordonnées GPS des bâtiments où les otages étaient retenus par des insurgés afghans affiliés aux talibans.

En 2012, après quatre ans passés en zone de guerre, Taj a été transféré à la Division des opérations spéciales de la DEA. Milione l'avait repéré et l'a intégré au Groupe 960, le boulot rêvé pour quelqu'un qui n'a pas peur de passer sa vie entre deux missions. L'équipe de Milione avait carte blanche pour traquer et arrêter les trafiquants de drogue, d'armes, et démanteler les réseaux de blanchiment d'argent, qui permettent aux groupes terroristes et aux États-voyous de se développer partout dans le monde.

Les opérations menées par les agents de la DEA menacent souvent les intérêts de la CIA, et il n'est pas rare que les deux agences soient ouvertement en conflit. Alors que les agents de la DEA ont pour mission d'arrêter les trafiquants de drogue et d'armes, les agents de la CIA préfèrent les recruter. Les opérations de la CIA ont lieu à l'étranger, elles sont tenues secrètes et se déroulent souvent hors de tout cadre légal. À l'inverse, les agents de la DEA doivent respecter les lois américaines et agir selon des procédures que John Adams et Wyatt Earp ne renieraient pas. Les trafiquants sont jugés devant des tribunaux. Pas de drones, d'extradition sauvage, de torture, d'informations obtenues illégalement, de jugements clandestins ou sommaires, d'assassinats ciblés.

C'est Wim Brown, l'alter ego de Milione, qui était à la tête de la section Afrique du Groupe 960 quand celui-ci a commencé à s'intéresser aux activités de LeRoux et de son organisation. Au beau milieu de l'enquête, Brown a été muté à Nairobi. C'était un homme grisonnant, avenant et vif, qui n'avait d'avis sur rien sauf sur le gouvernement, qu'il méprisait. Deux agents du renseignement, en charge du dossier LeRoux, travaillaient sous les ordres de Milione et Brown : Cindric, énergique, affable, charmeur et impétueux ; et Stouch, réfléchi, méticuleux, rationnel et d'une fiabilité à toute épreuve. Cindric se chargeait du gros œuvre, Stouch s'occupait des finitions.

Le travail de Taj, c'était d'être là où on avait besoin de lui. Pour l'opération Gögel-Vamvakias, on lui avait confié deux missions : se faire passer pour Sammy le Lybien, puis superviser l'extradition des prisonniers. Taj ne faisait pas le poids face à Gögel, bâti comme un colosse. Mais c'était un soldat rompu au combat, qui avait connu l'enfer de la guerre et n'avait aucune intention de laisser ce branleur blond lui filer entre les doigts.

Gögel venait de Stadthagen, une ville paisible en Allemagne, à une heure de voiture de Hanovre. Il avait perdu sa mère à l'âge de trois ans, terrassée par une crise d'asthme. Son père l'avait confié à ses grands-parents qui avaient pris en charge son éducation. En 2007, à l'âge de dix-huit ans, après avoir obtenu un diplôme de commerce, il s'était engagé dans l'armée allemande où il avait montré des talents de tireur d'élite. Il s'était engagé comme sniper au sein des Panzergrenadier, l'équivalent des rangers de l'armée américaine, et avait participé à deux missions au Kosovo avant d'être renvoyé à la vie civile avec les honneurs.

Pour les soldats qui travaillent comme officiers des télécommunications ou comme ingénieurs électroniques, c'est assez facile de se reconvertir et de trouver du travail dans le privé, dans les services de renseignement ou dans la police. C'est plus difficile quand on est tireur d'élite. Après avoir quitté l'armée, Gögel avait découvert ce que les anciens commandos appellent le « Facebook des mercenaires », une sorte de réseau social qui met en contact des vétérans américains et européens sans attaches, en mal d'action, qui ne parviennent pas à trouver un travail à la hauteur de leurs ambitions. Leurs rangs ont gonflé après les opérations des États-Unis et de l'OTAN au Kosovo, en Bosnie-Herzégovine, en Irak et en Afghanistan. Certains de ces hommes, éparpillés aux quatre coins du monde, se connaissent pour avoir déjà travaillé ensemble au sein d'unités de combat, de renseignement ou dans des centres de commandement. En travaillant pour l'armée, certains étaient devenus accros aux missions à haut risque et se faisaient embaucher par des entreprises de sécurité privées chargées d'assurer la sécurité de diplomates, d'employés de l'ONU, de hauts fonctionnaires étrangers, d'hommes d'affaires ou d'humanitaires exerçant en zone de guerre. Grâce à leurs smartphones et à des logiciels de messagerie cryptée comme WhatsApp, Wickr, ProtonMail ou Signal, ces anciens frères d'armes n'ont aucun mal à se retrouver et à s'échanger des tuyaux.

Après avoir brièvement travaillé comme agent de sécurité pour une chaîne de télévision à Kaboul, Gögel avait sillonné le golfe Persique et l'océan Indien à bord de navires marchands qu'il protégeait des attaques de pirates somaliens. Ces longues journées passées en mer lui avaient permis de se consacrer à son activité favorite : le bodybuilding. Il s'entraînait avec les moyens du bord, utilisant des câbles de bateau comme corde à sauter, enchaînant les pompes en équilibre sur des seaux tout en s'injectant des stéroïdes.

Début 2013, il avait fait la rencontre de Hunter, un Américain originaire du Kentucky aux manières brusques, surnommé Rambo. Avec son crâne chauve et luisant, ses pommettes hautes et ses muscles saillants, Hunter avait le physique de l'emploi. Lorsque Gögel a écrit au tribunal pour invoquer des circonstances atténuantes, il a expliqué qu'il était sous la coupe de Hunter. Ce dernier jouait les gros bras, prétendait avoir travaillé dans des unités spéciales et mener une vie d'ascète faite d'opérations commandos et de séances de musculation. Toujours d'après Gögel, il lui avait fait croire qu'il dirigeait un « groupe de sécurité spécialisé dans la protection de clients haut placés ». Gögel admet qu'il avait eu une confiance aveugle envers Hunter, qu'il ne considérait « pas uniquement comme un mentor mais comme une figure paternelle ». Il n'avait jamais connu son père, et Hunter lui offrait sur un plateau la carrière, la famille et la vie dont il avait toujours rêvé.

Mais Gögel se trompait sur toute la ligne. Hunter était un dur à cuire qui n'avait nullement l'intention de jouer les pères de substitution. Son boulot, c'était de recruter des mercenaires pour le compte de LeRoux, qui lui avait explicitement réclamé des « gars compétents et prêts à enfreindre la loi ». En bref, il cherchait des tueurs à gages. Les compétences requises dépendaient de la mission : par exemple les Philippins et les Israéliens qui travaillaient dans les centres d'appels de son entreprise de produits pharmaceutiques devaient être polis, discrets, irréprochables et capables de réaliser des transactions bancaires en ligne.

Pour assurer la sécurité de ses opérations, LeRoux avait besoin de vétérans de l'armée américaine ou de l'OTAN en parfaite condition physique, disciplinés et habitués à obéir aux ordres sans poser de questions. Les deux dernières recrues de Hunter, Adam Samia et Carl David Stillwell, deux civils en piteux état qui vivaient à Roxboro en Caroline du Nord, ne lui avaient pas donné satisfaction. Ils étaient chargés de récupérer des armes et se prenaient pour des caïds. Début 2012, LeRoux leur avait confié un contrat : assassiner Catherine Lee, une jeune femme qui lui servait d'intermédiaire pour acheter des propriétés de luxe, dont il faisait ensuite l'acquisition grâce à des prête-noms. LeRoux la soupçonnait de détournement de fonds et avait commandité son assassinat. Les deux hommes avaient honoré le contrat et exécuté Catherine Lee, mais ils avaient laissé derrière eux un tas de preuves accablantes qui auraient dû permettre de remonter jusqu'à LeRoux. S'il n'avait pas été inquiété, c'est parce qu'il avait déboursé des sommes astronomiques pour acheter le silence des policiers philippins.

LeRoux avait clairement signifié à Hunter qu'il ne tolérerait plus le moindre faux pas. Il était hors de question de donner à des officiers asiatiques ou africains des arguments pour le faire chanter et lui extorquer de l'argent. Il voulait des pros, des combattants aguerris et prêts à tuer. Chaque contrat était rémunéré à hauteur de 25 000 dollars. La liste des cibles à exécuter ne cessait de s'allonger. En revanche, LeRoux ne voulait pas que les mercenaires soient trop intelligents, de peur qu'ils ne le contredisent ou ne rechignent à effectuer le travail demandé. LeRoux ne supportait pas qu'on conteste ses décisions. La tête pensante, c'était lui.

Avec son physique d'apollon, Gögel avait le profil de l'emploi. Il était beau, obéissant, d'une intelligence moyenne, il aimait s'amuser et ne s'embarrassait pas de considérations morales. Il était ravi de pouvoir profiter des avantages que lui offrait son nouveau job : un appartement sur l'île de Phuket, des plages de sable fin, des euros plein les poches, de l'ecstasy à volonté, une salle de sport où entretenir ses tablettes de chocolat et des soirées dans des gogo bars, où serveuses et travestis venaient se frotter contre lui. LeRoux et Hunter avaient choisi l'île de Phuket à dessein : la plage de Patong, la plus animée de l'île, est la capitale mondiale du tourisme sexuel. Chaque jour, c'est Mardi gras au paradis de la prostitution : bruit, sueur, débauche, néons éblouissants, musique à fond et shots de tequila au Suzy Wong's Rock Hard A Go Go, au Club XTC, ou ailleurs.

Outtre les nombreuses distractions qu'offrait l'île aux jeunes célibataires recrutés par LeRoux, c'était également l'endroit idéal pour se cacher. L'île de Phuket n'est pas un endroit fréquenté par les criminels. C'est une ville frénétique, qui grouille de monde, de voitures, de fêtards bruyants et soûls qui envahissent les rues à toute heure. La nuit, une foule d'étudiants, de soldats, de marins en escale et de jeunes hommes d'affaires à peine sortis du bureau se mêlent aux prostituées, aux drag-queens, aux DJ, aux serveuses, à des femmes qui miment des relations sexuelles avec d'autres femmes, à des femmes qui miment des relations sexuelles avec des serpents, à des masseuses, à des escort-girls, à des prostituées et à des femmes qui lancent des fléchettes ou des balles de ping-pong avec leur vagin.

Le jour de l'opération, le 25 septembre 2013, Cindric, Stouch et Milione n'étaient pas là pour s'envoyer en l'air dans les clubs de Phuket. Ils avaient établi leur quartier général dans la station balnéaire pour une opération de grande envergure. Ils traquaient Paul LeRoux et ses collaborateurs depuis décembre 2011 et avaient choisi la date du 25 septembre pour lancer l'opération *Coup de filet* qui devait aboutir à l'arrestation des collaborateurs les plus nuisibles de LeRoux : ses mercenaires et ses trafiquants d'armes et de drogue.

C'était un plan extrêmement risqué, que la plupart des policiers ou des militaires qualifieraient de folie, notamment parce que les cinq hommes chargés d'assurer la sécurité de LeRoux agissaient partout dans le monde et qu'ils avaient l'habitude de repérer la surveillance policière – et de s'y soustraire. Il était prévu que l'opération se déroule en plusieurs étapes.

Pour arrêter Gögel et Vamvakias, Cindric et Stouch avaient eu l'idée de monter une fausse opération au Liberia. Il fallait donner de la crédibilité au scénario. C'est là qu'intervenaient Milione alias « Casich », agent de la DEA en poste à Monrovia, et Taj alias

« Sammy le Lybien ». L'équipe de la DEA avait rédigé de faux mails et des rapports de leurs activités heure par heure pour faire croire que Casich et Sammy, les cibles désignées, étaient surveillés par un cartel colombien. Les deux agents infiltrés avaient publié sur les réseaux sociaux des photos de leurs soirées en boîte de nuit à Monrovia, prises avec leur iPhone. Rien n'avait été laissé au hasard : costumes, accessoires, faux documents (des billets d'avion aux réservations de chambres d'hôtel en passant par des locations de voiture). Les autorités libériennes avaient été mises dans la confidence, afin de permettre l'arrestation et l'extradition des malfrats par la DEA. Les préparatifs de l'opération s'étaient déroulés dans la crainte qu'une erreur ou une fuite ne vienne ruiner leurs plans.

L'opération *Coup de filet* était d'autant plus périlleuse qu'elle se composait en réalité de cinq opérations. Les agents du Groupe 960 coordonnaient simultanément une deuxième opération en Estonie pour arrêter deux autres hommes de main de LeRoux, Soborski et Filter, qu'ils avaient attirés à Tallinn en prétextant également un faux contrat criminel. Six autres hommes de main de LeRoux étaient la cible de trois opérations conjointes à Phuket. Pour corser encore les choses, les arrestations devaient avoir lieu simultanément, afin d'éviter qu'une des cibles ait le temps d'avertir les autres, soit par texto, soit en ratant un éventuel rendez-vous s'ils avaient été suffisamment malins pour convenir de contacts à heure fixe. Un silence trop prolongé pouvait tout aussi bien alerter les criminels. Chaque arrestation avait été préparée avec soin. Rien ne devait venir perturber l'opération *Coup de filet*, ni les aléas de la météo ni un conflit de dernière minute avec les autorités locales.

L'opération en Estonie avait demandé autant de préparation et de logistique que celle de Monrovia. Les trois opérations à Phuket, menées en collaboration avec une unité d'élite de la police thaïlandaise et une équipe de policiers en civil, devaient aboutir à la capture de Hunter et de cinq hommes que les agents de la DEA avaient identifiés grâce à leurs informateurs et à des messages qu'ils avaient interceptés. Ces hommes étaient à la tête de l'un des plus gros trafics de l'empire de LeRoux, la contrebande de méthamphétamine nord-coréenne, de cocaïne sud-américaine et d'armes de poing dans de nombreux pays.

Avec le recul, l'opération *Coup de filet* est certainement la plus ambitieuse et la plus audacieuse de l'histoire de la DEA. Mais, pour Cindric, Stouch et Milione, cette opération n'était qu'une opération ordinaire du Groupe 960, même si elle mettait leurs nerfs à rude épreuve. Le moindre faux pas, la moindre fuite de la part d'un policier local incompétent ou corrompu, d'un agent de la CIA jaloux ou d'un diplomate un peu trop nerveux, ferait voler en éclats toute l'opération. Ce scénario catastrophe n'était pas à exclure. De tels fiascos s'étaient déjà produits par le passé.

Pour Milione, Cindric et Stouch, ces cinq opérations devaient impérativement avoir lieu simultanément. Alors qu'ils passaient en revue le déroulement de chaque pan de l'opération, Milione avait demandé à ses agents de tenter de parer à tous les imprévus et « d'envisager cette opération comme une danse, où chaque enchaînement fait partie d'une chorégraphie ». Une fois le coup d'envoi donné, il serait impossible de revenir en arrière.

Ces opérations comportaient des risques pour les agents de la DEA mais également pour la police locale qui les assistait et pour les témoins éventuels. Les cinq hommes de main de LeRoux étaient des tueurs surentraînés et formés aux techniques de combat. Les cinq trafiquants de drogue étaient aussi de dangereux criminels, qui n'hésitaient pas à éliminer leurs ennemis d'une balle dans la tête. L'opération avait également des enjeux géostratégiques : ces hommes étaient impliqués dans l'achat de tonnes de méthamphétamine pure produite en Corée du Nord par un groupe protégé par le régime du dictateur Kim Jong-un. Le trafic de méthamphétamine rapportait des millions de dollars à cet État-voyou, sous le coup de sanctions internationales, qui cherchait à se procurer des liquidités pour se doter de l'arme nucléaire et de missiles balistiques d'une portée suffisante pour atteindre les États-Unis. La priorité, c'était de priver la Corée du Nord de liquidités. Cependant, les agents de la DEA avaient un objectif à plus long terme : s'ils parvenaient à comprendre la structure du réseau et à l'infiltrer, ils pourraient obtenir des informations sur la façon dont la Corée du Nord parvenait à déjouer les contrôles internationaux et à se procurer les capitaux nécessaires au financement de son programme d'armement.

Les hommes de LeRoux étaient impliqués dans d'autres trafics d'envergure, notamment des trafics d'armes. Ils avaient passé des accords avec des militaires chinois qui leur vendaient des missiles antiaériens, convoités par des groupes terroristes partout dans le monde, mais aussi avec des marchands d'armes et avec des mercenaires blancs en Afrique du Sud ainsi qu'avec un groupe de marchands d'armes serbes qu'ils appelaient entre eux « les criminels de guerre ».

Au cours des préparatifs de l'opération, Cindric et Stouch avaient réussi à faire croire à Hunter que l'assassinat de « Casich » et de « Sammy » à Monrovia était commandité par LeRoux. Ils n'auraient pas pu y parvenir sans l'aide de deux informateurs expérimentés de la DEA (sur lesquels nous reviendrons par la suite), qui étaient soi-disant « membres d'un cartel de drogue colombien » et opéraient sous le nom de Diego et Geraldo. Ils travaillaient avec Georges, pilote de brousse français, qui avait été présenté aux mercenaires comme leur contact pour la mission. C'est lui qui s'occupait de la logistique de l'opération et qui leur fournissait les armes. Hunter avait choisi Gögel et Vamvakias pour exécuter le contrat à Monrovia. Il leur avait fait planifier l'opération dans les moindres détails et leur avait recommandé d'agir avec discrétion, sans laisser le moindre indice susceptible de remonter jusqu'à LeRoux. Il leur avait fourni un rapport de surveillance détaillant tous les faits et gestes des Colombiens, sans se douter qu'il avait été rédigé par des agents de la DEA, qui avaient pris soin d'y ajouter des photos de Milione et de Taj.

Le plan de Gögel et Vamvakias sortait tout droit de ces jeux vidéo ultra-violents auxquels ils jouaient à Phuket. Les agents de la DEA les avaient mis sur écoute et avaient intercepté leurs conversations.

Ils avaient réclamé des masques en latex carrément importés de Hollywood à Jonathan Wall, le fournisseur d'armes de LeRoux aux États-Unis, afin de se déguiser en Noirs. Leur plan était d'arpenter les rues et de faire le tour des bars jusqu'à ce qu'ils repèrent leurs cibles. Le faux rapport de surveillance indiquait que Casich et Sammy avaient leurs habitudes dans un bar-restaurant, le Blue House, dans le quartier de Congo Town, à une demi-heure du centre-ville de Monrovia. C'était un restaurant pour touristes branchés, qui servait de la cuisine fusion aux inspirations africaine et mexicaine. Toujours d'après le rapport, Casich et son indic avaient été vus plusieurs fois sortant ivres de ce restaurant. Le rapport recensait également d'autres lieux fréquentés par Casich et Sammy : le Level 1 Steak House, restaurant haut de gamme apprécié de l'élite politique du pays, et Bishoftu, un boui-boui éthiopien, qui attirait les clients les plus téméraires.

Gögel et Vamvakias avaient prévu d'exécuter Casich et Sammy d'une balle dans la tête, avec un pistolet calibre .22 équipé d'un silencieux. Au cas où ils ne pourraient pas s'approcher de leurs cibles, ils s'étaient également munis de pistolets-mitrailleurs Heckler & Koch MP7, puissants mais de petite taille, conçus pour les forces spéciales et les militaires. Long d'une quinzaine de centimètres et pesant moins de 2 kg, le MP7 permet de tirer en rafale, à une vitesse de quarante coups par minute. Rien ne résiste à une telle puissance, pas même une armure en titane. Sur YouTube, on trouve des vidéos de démonstration de ces H&K MP7, qui comptabilisent des millions de vues. Gögel et Vamvakias bavaient devant ces armes comme des étudiants devant les serveuses du Rock Hard Club sur la plage de Patong.

— Tout ce qui entre dans notre ligne de mire est déjà mort, avait dit Vamvakias.

— Même avec un gilet pare-balles, avait renchéri Gögel.

Et s'il y avait des victimes collatérales, tant pis. La seule ombre au tableau était que la puissance de tir d'une arme aussi facile à cacher sur soi la rendait interdite à la vente. Ce problème avait été soulevé au cours des réunions préparatoires à Phuket, mais Georges leur avait assuré qu'il n'aurait aucun mal à se procurer quelques MP7 sur le marché noir ainsi que d'autres armes de poing, les masques et tout l'équipement dont ils avaient besoin. Il leur avait promis que le matériel serait livré à Monrovia, dans leur chambre d'hôtel. Une fois le travail effectué, il était prévu que les deux hommes rentrent directement à Phuket. Une voiture les attendrait pour les conduire à l'aéroport de Monrovia, où Georges se tiendrait prêt à décoller, dans un avion privé affrété pour l'occasion.

Ils n'auraient rien sur eux qui puisse laisser penser qu'ils venaient d'exécuter un contrat criminel, hormis deux pièces creuses d'un euro contenant une puce électronique au contenu crypté. En cas d'arrestation, même si la police locale mettait la main sur ces pièces et parvenait à les ouvrir, elles resteraient muettes. Hunter avait crypté les données de crainte que la DEA ou d'autres agents du renseignement n'interceptent ses mails. Ces données, c'était le « descriptif des cibles » c'est-à-dire leur photo, leur nom, leur description, leur numéro de téléphone ainsi que l'adresse de leur appartement et des lieux qu'ils avaient l'habitude de fréquenter.

L'opération avait commencé à 9 heures, le 24 septembre. C'est l'heure à laquelle Gögel et Vamvakias étaient partis de Phuket pour aller à l'aéroport international de Bangkok, où ils avaient embarqué à bord du vol 887 de Kenya Airways à destination de Nairobi. L'avion avait décollé peu après minuit pour atterrir à Nairobi au petit matin. Gögel et Vamvakias avaient eu le temps de prendre leur petit déjeuner avant de monter dans un deuxième avion, le vol 508 de Kenya Airways. Après une escale d'une heure à Accra, l'avion s'était posé à Monrovia à 3 h 10, heure locale.

Après s'être dégourdi les jambes et avoir récupéré leur sac à dos, ils étaient descendus sur le tarmac, éblouis par le soleil. Au bas des marches, Georges, leur assurance-vie à Monrovia, les attendait. Vamvakias s'était penché maladroitement vers lui, comme pour le prendre dans ses bras.

— Tu fais quoi là ? Me touche pas ! Suivez-moi ! avait vociféré Georges.

Il avait la mine renfrognée. C'était un ancien commandant de la marine française, qui exigeait que ses collaborateurs fassent preuve de professionnalisme. Vamvakias avait l'air d'avoir bu. Gögel souriait de toutes ses dents, comme un adolescent en visite à Disneyland. La tenue de plage de l'Allemand contrastait avec celle de Georges : treillis et veste kaki, passe-partout.

— Putain, mec, c'est quoi ces fringues ? Tu te crois où ? avait grogné Georges.

Tout en traversant le tarmac, Georges avait expliqué à Gögel et à Vamvakias qu'il avait graissé la patte de plusieurs policiers libériens pour qu'ils soient dispensés des formalités à la frontière. Les deux mercenaires avaient acquiescé en souriant, tout en pensant déjà au traitement VIP qui les attendait après ces vingt-cinq heures où ils avaient été coincés dans l'avion, l'entrejambe irrité, à lutter contre les crampes. Un bon repas, une douche à l'hôtel et une bonne nuit de sommeil. Quelques minutes avec Georges leur avaient suffi pour se faire un avis sur lui : il râlait beaucoup mais il était extrêmement compétent et efficace. De toute façon, ils ne pouvaient pas se passer de ses services. Ils le suivaient à travers le terminal, un vieux bâtiment en préfabriqué qui sert d'aéroport à la ville de Monrovia depuis l'incendie qui a ravagé le terminal d'origine en 1990, pendant la guerre civile libérienne.

Georges avait tendu les passeports des deux hommes à un Libérien d'âge moyen, noir, les cheveux poivre et sel coupés court. Il leur avait souri, l'air avenant. Georges avait fait les présentations : Sam, officier libérien en charge des contrôles d'immigration, celui-là même qu'il avait grassement payé. Sam avait mené les trois hommes hors du terminal par un passage étroit qui aboutissait à un bâtiment à l'arrière. Deux pièces, des murs de parpaing, un toit en tôle.

À la porte, Georges avait dit aux deux mercenaires :

— Je vous laisse avec mon pote. Il faut juste que je parle aux gars de l'immigration vite fait. Je reviens tout de suite, et on ira directement en ville.

Gögel et Vamvakias s'étaient retrouvés dans une pièce vide, à l'exception d'un bureau en bois et de deux chaises inconfortables placées face à face. À peine s'étaient-ils installés que quatre silhouettes avaient fait irruption dans la pièce en hurlant.

— Police ! Police ! À terre ! À TERRE ! avait lancé un Américain blanc au visage anguleux, vêtu d'un jean et d'un T-shirt.

Les trois Libériens qui l'accompagnaient avaient renchéri :

— Police !

— À terre ! Tout de suite !

Stupéfaits, les mercenaires s'étaient baissés lentement, les mains en l'air. Les policiers les avaient plaqués au sol, la tête contre le béton. L'Américain avait tordu les bras de Gögel dans le dos et lui avait passé les menottes tandis qu'un policier libérien faisait subir le même sort à Vamvakias.

— Agent spécial Jim Scott de la DEA, avait dit l'Américain en agitant sa carte de police devant les yeux des deux suspects. Vous êtes en état d'arrestation.

Scott s'était ensuite redressé, soulagé que les consignes qu'on lui avait martelées pendant sa formation (agir avec rapidité, en jouant sur l'effet de surprise) aient fonctionné une fois de plus. C'était une opération qu'il appréhendait. S'il avait dû affronter le colosse allemand au corps-à-corps, il n'aurait certainement pas eu le dessus. Il avait demandé aux policiers libériens de faire le plus de bruit possible et de maîtriser rapidement les deux suspects de manière à ce qu'ils n'aient pas le temps de se rendre compte que Scott et les policiers libériens n'étaient pas armés. Les forces de police américaines ne sont pas autorisées à faire usage de leur arme à l'étranger, et les policiers aux frontières libériens n'en portent pas.

Scott avait immédiatement lu leurs droits à Gögel et à Vamvakias. Il les avait informés qu'ils étaient inculpés dans le district Sud de New York pour conspiration en vue d'assassiner un agent et un informateur américains, deux crimes qui relevaient de la justice fédérale. La DEA avait déjà fourni au gouvernement libérien un mandat d'arrêt à leur nom. La présidente du Liberia, Ellen Johnson Sirleaf, avait déclaré qu'il s'agissait d'étrangers indésirables sur le territoire national et avait autorisé la DEA à procéder à leur extradition.

Scott voyait bien que Gögel ne mesurait pas la gravité de la situation. Il l'écoutait avec nonchalance, comme s'il ne s'agissait que d'un des petits tracas ordinaires des aéroports du tiers-monde. Scott avait jeté un coup d'œil au sac de l'Allemand, qui débordait de seringues et d'anabolisants. Gögel lui avait dit que c'était l'heure de sa piqûre.

— Il faut que je fasse mon injection, sinon je vais avoir des nichons…, avait pleurniché l'Allemand.

L'agent lui avait répondu :

— Les anabolisants, c'est fini.

Les prisonniers avaient passé la nuit sur le sol de la salle d'attente VIP de l'aéroport, transformée pour l'occasion en cellule, sous la surveillance de Scott et des policiers. Le lendemain, d'autres agents de la DEA étaient arrivés pour escorter Gögel et Vamvakias jusqu'à Manhattan, où ils seraient jugés. Wim Brown avait soulevé le T-shirt de Gögel pour le prendre en photo et apporter la preuve qu'il n'avait pas subi de violences. Taj lui avait donné un coup de main. Le dos de l'Allemand était entièrement recouvert d'un immense tatouage, qui s'étalait d'une épaule à l'autre, depuis la nuque jusqu'à la taille. Une inscription à l'encre noire, en gros caractères gothiques : INFIDÈLE.

— C'est quoi ça ? avait demandé Taj.

Gögel avait fixé ses pieds nus et bronzés en haussant les épaules. Pensait-il vraiment que le mot INFIDÈLE suffirait à impressionner les membres d'al-Qaida ou les talibans ? C'était vraiment débile. Si un islamiste s'approchait assez près pour lire ce qui était écrit, ce serait sans doute avec l'intention de le décapiter.

Ou peut-être ce mot INFIDÈLE était-il destiné à impressionner les autres soldats sous la douche ou dans les bars ? Si tel était le cas, Gögel insultait ceux qu'il était censé protéger, au Kosovo et en Afghanistan. Taj était un bon musulman. Il savait que ce mot ne désignait pas les chrétiens ou les juifs mais les athées, ceux qui ne croient en rien.

Petit à petit, l'Allemand se rendit compte que tous ceux qu'il avait croisés depuis le début de sa mission n'étaient pas ceux qu'ils prétendaient être.

Brown, l'agent chef de la DEA sur le terrain à Monrovia, avait fait le voyage à côté de Gögel et Vamvakias dans la navette de l'aéroport de Nairobi. Il était aussi assis quelques rangées derrière eux dans l'avion entre Nairobi et Accra. Gögel l'avait à peine remarqué. Brown ressemblait à tous ces hommes d'affaires qui passent plus de temps à regarder leur smartphone qu'à s'intéresser à ce qui se passe autour d'eux. En réalité, il rapportait le moindre de leurs mouvements à Scott et à l'équipe de la DEA à Monrovia.

Georges était effectivement pilote de brousse et mercenaire, mais c'était surtout l'ami de Brown et il travaillait avec la DEA, pas contre eux. Il avait effectué une grande partie de sa carrière dans l'aéronavale, aux commandes d'un Crusader intercepteur. Ensuite, il avait exercé comme pilote privé en Afrique, au service de nombreux chefs d'État africains et d'hommes influents. En parallèle, il lui arrivait de rendre service à la police ou à des services de renseignement. Il avait la cinquantaine, le visage tanné par le soleil et était en parfaite condition physique, toujours tiré à quatre épingles, même sous la chaleur étouffante de Monrovia.

Sam, « l'officier corrompu des services d'immigration libériens », était en réalité Sam Gaye, agent de la DEA à la retraite qui travaillait depuis plusieurs années comme consultant en sécurité pour la DEA en Afrique de l'Ouest. Comme Georges, Sam était les yeux et les oreilles de Cindric et Stouch sur le terrain. Après avoir passé son enfance à Monrovia, il avait immigré avec sa famille aux États-Unis à l'âge de quinze ans, avant de s'engager dans la DEA après ses études et de se porter volontaire pour retourner dans son pays d'origine, ravagé par la guerre. Gaye avait un carnet d'adresses très fourni en Afrique de l'Ouest. Parmi ses amis d'enfance, il comptait Fombah Sirleaf, le beau-fils de la présidente du Liberia Ellen Johnson Sirleaf. Fombah était à la tête de l'Agence nationale de sécurité du Liberia (National Security Agency ou NSA). La présidente et Fombah Sirleaf suivaient l'opération depuis le début. Sirleaf avait posté ses propres agents armés partout dans l'aéroport, en civil, afin de s'assurer du bon déroulement de l'arrestation de Gögel et Vamvakias.

À bord de l'avion Gulfstream II affrété par la DEA pour transporter les prisonniers jusqu'à New York et les juger, Taj était assis tout près de Gögel. Chaque fois que celui-ci voulait aller aux toilettes, Taj l'accompagnait et attendait qu'il ait fini. Ce n'était pas la partie la plus agréable de son travail, mais les agents ne pouvaient pas prendre le risque que le prisonnier essaye de saboter l'appareil. C'est également Taj qui se chargeait d'apporter à boire et à manger à Gögel, sans utiliser de couverts, de métal ou de plastique. Une seconde d'inattention, c'était risquer de se faire arracher un œil.

Les agents fédéraux devaient traiter leurs prisonniers avec respect. Taj était attaché à ce principe. Pendant le voyage, il donnait à Gögel ce qu'il réclamait, du Pepsi et du pudding à la banane, tout en répondant patiemment à ses questions, même s'il avait face à lui un homme qui avait prévu de l'assassiner. *Oui, Gögel pouvait écrire à sa copine russe. Non, les prisonniers américains ne sont pas autorisés à recevoir de visites conjugales.* Et quand la question des stéroïdes revenait sur le tapis : *Non, on ne lui fournirait pas de stéroïdes en prison. Oui, s'il arrêtait les hormones, il aurait probablement les seins qui poussent. Non, le gardien ne lui donnerait pas de stéroïdes.*

Mais, en son for intérieur, Taj enrageait : *Putain, Gögel, tu es une merde. Tu veux tuer un citoyen américain pour de l'argent ? Et après te la couler douce sur une plage en Thaïlande, avec mon sang sur les mains ?*

Taj se doutait que Gögel allait implorer la clémence du tribunal, prétextant qu'il était presque orphelin, pauvre, perdu, sans repères, et qu'il fallait bien trouver un moyen de s'en sortir. Taj s'était retrouvé dans la même situation : réfugié, sans argent, dans le froid, tenaillé par la faim. Pourtant, il ne s'était jamais senti seul, perdu ou sans repères.

Il avait approché son visage de celui de l'Allemand pour lui demander une fois de plus :

— Tu me reconnais maintenant ?

Gögel fixait ses pieds.

— La photo que tu avais au mur, c'est moi. Toi et ton copain, vous aviez prévu de me buter.

L'Allemand n'osait pas lever les yeux, pour ne pas croiser le regard de Taj.

— Personne ne mérite ce qui t'arrive, et ça me fait pitié parce que t'es pas au bout de tes peines. Ça va être dur. Mais imagine si tu m'avais buté. Tu serais où là ? Sûrement à Phuket, en train de te bourrer la gueule et de claquer ton pactole. Je crois pas que tu aurais été bouffé par les remords, si ?

Gögel ne disait toujours rien. C'est le moment qu'il avait choisi pour appuyer la joue contre la vitre glacée du hublot et se mettre à pleurer.

2

La loi de Murphy

Le plan était le suivant : dix arrestations sur trois continents en neuf heures.

Qu'est-ce qui pouvait foirer ? Tout et n'importe quoi.

Au matin du 25 septembre 2013, quand Cindric et Stouch donnèrent le coup d'envoi de l'opération qui devait aboutir à la capture des collaborateurs de LeRoux, la loi de Murphy se mettait en branle.

Plus tôt dans la journée, Milione avait rejoint ses deux agents à l'hôtel Marriott de Phuket. Ils avaient établi leur quartier général dans une suite nuptiale, un bungalow isolé au bord de la plage, fermé par des rideaux de tulle blanc, dans l'enceinte du complexe hôtelier. Ils étaient à l'abri des regards. Les agents y avaient bricolé un centre de commandement de fortune. Le sol était jonché de câbles d'ordinateur, de chaussettes sales et de bouteilles d'eau vides. Le nid d'amour s'était transformé en repaire d'hommes transpirants de stress.

Le mur était recouvert d'une carte du monde où les agents avaient placé des repères indiquant la localisation de chacune des dix cibles. Ils avaient également installé un tableau blanc où s'étalait la chronologie détaillée des arrestations ainsi que les lieux où elles devaient se produire. C'était comme un jeu de Rubik's cube grandeur nature, où le moindre élément peut brusquement refuser de s'imbriquer avec les autres.

Les hommes de Milione avaient passé la matinée à répéter :

— Putain !

— Putain de merde !

— Putain de putain de merde !

Les échanges entre Cindric et Stouch se réduisaient à des jurons et à des grognements, mais les deux hommes se connaissaient assez pour se comprendre sans avoir besoin de mots. Les agents avaient fait en sorte d'isoler le chef, Hunter, à Phuket. C'était lui qu'il fallait neutraliser en premier. C'était le seul dont LeRoux ne pouvait pas se passer car il recrutait les hommes de main. Il pouvait tous les remplacer, il l'avait déjà fait.

Même seul, Hunter était un tueur, et il ne fallait pas le sous-estimer. Au cours de sa longue carrière dans l'armée américaine, il avait occupé différents postes : tireur d'élite, instructeur de tir, instructeur en stratégie, sergent-instructeur, chef d'escadron aérien et de parachutistes et sergent-chef. Après son départ en retraite, il avait décidé de retourner dans sa ville natale, Owensboro, au bord de la rivière Ohio, dans le Kentucky. Mais il s'était vite rendu compte que le calme et la tranquillité l'ennuyaient. C'est ce qu'il avait expliqué à Diego et Geraldo, les deux agents infiltrés qui se faisaient passer pour des trafiquants colombiens et travaillaient pour Cindric et Stouch :

— Après vingt et un ans dans le feu de l'action, je rentre à la maison et je me retrouve là, au fin fond des États-Unis. J'ai beau aimer cette ville, au bout de quelques jours, je n'avais plus qu'une idée en tête : repartir.

Dans l'espoir de recouvrer un peu de vigueur, Hunter s'était fait embaucher par une société de sécurité privée, Triple Canopy (devenue Constellis), chargée de dépêcher des vétérans de l'armée au sein d'infrastructures gouvernementales et d'entreprises privées, pour lutter contre les cambriolages, les enlèvements et les assassinats. C'est un boulot qui avait bien convenu à Hunter jusqu'à ce que son contrat prenne fin début 2008.

Hunter voulait à tout prix éviter de retourner dans le Kentucky. En faisant le tour de ses contacts, il était tombé sur le Facebook des mercenaires. Tim Vamvakias, qui avait travaillé sous ses ordres, lui avait parlé des missions qu'il effectuait pour le compte d'une société de sécurité à Manille, Echelon Associates. Il s'agissait en réalité d'une société-écran montée en 2008 par Dave Smith, le chef de sécurité de LeRoux. Pour blanchir l'argent de la vente de ses produits pharmaceutiques en ligne, LeRoux s'offrait les services d'experts chargés d'acheter et de vendre de l'or, des diamants, du bois, et d'effectuer des transactions immobilières pour le compte de sa société. LeRoux déplaçait ses capitaux, l'argent passait de main en main jusqu'à devenir intraçable.

Mais LeRoux ne faisait pas confiance aux experts qu'il embauchait. Pour éviter qu'ils détournent de l'argent, il avait engagé des hommes pour les surveiller. Ainsi que l'a expliqué LeRoux à la police plus tard : « La mission principale des mercenaires de la société Echelon était de s'assurer que si un expert s'avisait de détourner des fonds, il y aurait des conséquences : passage à tabac, menaces, intimidation – meurtre si nécessaire. »

Vamvakias avait dit à Hunter que la société Echelon était en train de mettre sur pied une équipe composée de mercenaires et d'experts en or à Kinshasa en République démocratique du Congo et en République du Congo voisine. Leur travail consisterait à acheter de l'or en Afrique centrale pour ensuite le transporter jusqu'aux Philippines ou à Hong Kong. D'après Vamvakias, ça payait bien (entre 7 000 et 7 500 dollars par mois). Il avait l'impression de vivre un rêve, le fantasme adolescent d'une chasse au trésor peuplée de pirates, de courses-poursuites dans la jungle et de filles en sarong.

Le professionnalisme de Hunter serait le bienvenu pour cadrer tout ce beau monde. Ainsi que l'a rapporté Vamvakias lors de son audition au procès de Hunter, lui et Smith venaient de foirer une mission pourtant simple en Papouasie-Nouvelle-Guinée. Il s'agissait de mettre le feu à plusieurs camions dans une scierie dont le propriétaire, un homme d'affaires chinois, devait plusieurs millions de dollars à LeRoux. Ils avaient agi en amateurs. D'abord, ils avaient fait le tour des magasins de sport pour acheter tout un attirail, gourdes et machettes comprises, afin de tailler leur chemin dans la jungle. Ils n'avaient même pas pensé qu'ils pouvaient tout simplement emprunter la route qui menait à la scierie. Non, il fallait qu'ils jouent les durs. Ils s'étaient donc fabriqué des costumes de camouflage, en accrochant des feuilles et des branchages à leurs treillis et à leurs vestes. Ensuite, ils s'étaient planqués dans la jungle pendant plusieurs jours pour surveiller la scierie, repérer les issues et trouver un endroit discret où garer le 4×4 qui leur servirait à filer une fois l'incendie allumé. Le soir de l'opération, ils s'étaient faufilés dans la scierie mais, alors qu'ils étaient sur le point de mettre le feu, l'alarme s'était déclenchée. Des gardiens s'étaient précipités à l'intérieur, et Smith et Vamvakias avaient tout juste eu le temps de courir se réfugier dans la jungle et de regagner leur hôtel, dévorés par les moustiques, sans avoir accompli leur mission.

Hunter avait été embauché en juin 2008 par la société Echelon. Grâce à son expérience de tireur d'élite et de sergent-instructeur, il correspondait exactement au profil que recherchaient LeRoux et Smith. Hunter manquait de fantaisie mais il était compétent, ce qui lui valait le respect de LeRoux. Hunter aimait obéir aux ordres, il aimait en donner et, par-dessus tout, il aimait l'aventure.

Hunter débordait d'enthousiasme face aux missions qui s'annonçaient. La DEA avait intercepté plusieurs conversations où il se vantait auprès de ses hommes :

— C'est comme travailler pour l'armée ! On est sur le terrain, au cœur de l'action. Et après, quand on voit James Bond dans un film, on se dit : « Ça pourrait être moi. »

Il n'avait aucun scrupule à exécuter des gens sur ordre de LeRoux.

— Je n'ai aucun problème à tuer tant que je reçois de l'argent en échange, avait dit Hunter alors qu'il était sur écoute. Je préfère tuer. Au moins, les victimes ne sont plus là pour parler. C'est quand elles commencent à parler que les ennuis commencent.

Cette remarque faisait référence à l'une des premières missions de Hunter pour la société Echelon. Il était chargé de kidnapper un associé de LeRoux pour l'intimider. Steve Hahn, expert en or d'origine sud-africaine, était soupçonné par LeRoux d'avoir détourné au moins 800 000 dollars, somme qu'il prétendait avoir perdue au cours d'une transaction qui avait mal tourné. Pour le punir et le dissuader de recommencer, Hunter lui avait tiré une balle dans la main. Il l'avait amèrement regretté quand il s'était rendu compte que Hahn pouvait témoigner contre lui ou décider de se venger. Hunter s'était alors dit qu'il aurait mieux fait de l'achever. Les ennuis commencent quand il faut anticiper la vengeance de sa cible. Ça, c'est épuisant.

Après ça, Hunter avait décidé de s'en tenir à des missions simples. Selon les agents qui enquêtaient sur lui, il avait commis cinq meurtres pour le compte de LeRoux et il ne se serait probablement pas arrêté là si on l'avait laissé en liberté. LeRoux lui avait fourni des informations sur plusieurs autres cibles dont il avait déjà planifié l'exécution au moment de son arrestation. De plus, son profil faisait de lui le candidat idéal pour toute autre organisation criminelle. Il était aussi probable qu'il finirait par poursuivre une carrière en solo. Le surnom Rambo, qu'il avait adopté, laisse penser qu'il vouait un culte au vétéran du Vietnam incarné par Sylvester Stallone. Au moment de la sortie de *Rambo IV* en 2008, Rambo comptait cinq cents victimes à son actif. Hunter aurait-il égalé ce score si personne ne l'avait arrêté ?

Pour toutes ces raisons, les agents voulaient capturer Hunter tôt dans la journée. Ils avaient fait en sorte de l'isoler des autres : Gögel et Vamvakias étaient dans l'avion pour Monrovia, en route pour exécuter le faux contrat monté par les agents. Deux autres mercenaires de LeRoux, Michael Filter, ancien tireur d'élite de l'armée allemande, et Slawomir Soborski, ancien agent des forces spéciales polonaises, étaient à Tallinn, en Estonie, pour assurer la sécurité au cours d'un échange d'armes entre les associés colombiens de LeRoux et un chef de la mafia serbe. Cette mission était également une manœuvre de Cindric et Stouch pour attirer Filter et Soborski en Estonie.

Problème : les agents ne pouvaient pas suivre les mouvements de Hunter en temps réel. Ils avaient configuré un logiciel sur l'ordinateur portable de Cindric, censé tracer les deux téléphones de Hunter : un Nokia basique à clapet, que Hunter appréciait pour l'autonomie de sa batterie, et un smartphone trafiqué que Georges avait fourni à Hunter et aux autres mercenaires pour leur permettre de les contacter à tout moment, lui ou LeRoux. Cindric et Stouch avaient acheté ces smartphones par l'intermédiaire d'une entreprise sud-africaine qui trempait dans des affaires louches et fournissait du matériel aux criminels. Ils avaient ajouté un code de sécurité supplémentaire et installé des logiciels de messagerie cryptée pour leur donner l'apparence des téléphones utilisés par LeRoux. Étant donné que les agents de la DEA connaissaient le code des appareils, ils avaient accès à l'intégralité des échanges entre les mercenaires, par textos ou par mails.

Mais ce jour-là, le système de traçage n'a pas fonctionné. Les agents ignorent toujours s'il s'agissait d'une mauvaise réception ou s'il fallait rejeter la faute sur les conditions atmosphériques, sur un satellite défaillant ou sur le dieu des flics qui ce jour-là était d'humeur paresseuse. Le système peut parfois fournir les coordonnées GPS d'un téléphone dans un rayon de dix mètres, parfois c'est plutôt entre deux cents et cinq cents mètres. C'est pile ou face.

Le jour de l'opération *Coup de filet*, les agents avaient prévu de localiser le téléphone de Hunter dans un rayon de deux cents mètres. Mais c'était sans compter sur la loi de Murphy : tout ce qui est susceptible de mal tourner tournera mal. Tôt le matin, quand Cindric voulut tracer le smartphone de Hunter, il se rendit compte que le téléphone n'émettait aucun signal. Les agents commençaient à se demander s'il n'était pas cassé. Le téléphone à clapet émettait par intermittence un faible signal, qui situait Hunter du côté du terrain de golf de Loch Palm, au centre de l'île.

— Putain, qu'est-ce qu'il fout sur un terrain de golf ? dit Stouch.

Cindric avait haussé les épaules. Ils savaient tous les deux que Hunter n'était pas adepte du golf. Il passait la plupart de son temps libre à faire de la gonflette à la salle de sport. Les agents mirent donc ces signaux sur le compte d'un dysfonctionnement électronique. Cindric continuait à actualiser la géolocalisation.

Rien.

— Putain ! dit-il.

— Putain de merde ! renchérit Stouch.

Cindric n'arrêtait pas d'actualiser, sans succès. Le traceur situait Hunter dans un rayon de deux cents mètres autour du terrain de golf, mais Cindric voulait une localisation plus précise, à dix mètres près, cinquante maximum.

Pendant ce temps, le colonel Chokchai Varasard, commandant de la police royale thaïlandaise, et une centaine de policiers thaïlandais (quarante membres de sa propre unité d'élite qui se surnommaient les Singes Noirs, cinquante policiers d'autres unités et une unité du raid) étaient postés dans des camions sur le parking d'un temple bouddhiste au pied d'une colline, en contrebas de la planque de Hunter. Dès qu'ils se lanceraient à l'assaut de la colline, l'opération serait grillée. La planque, que Hunter avait achetée grâce au budget de 450 000 dollars fourni par LeRoux, était une petite maison de vacances de deux étages, confortable et difficile d'accès. Située dans les collines au centre de l'île, elle était cachée dans la végétation et surplombait la vallée. On y accédait par un long chemin caillouteux et poussiéreux qui menait jusqu'au portail. Si quelqu'un s'approchait de la maison à pied, en voiture ou à moto, les occupants étaient immédiatement alertés par le crissement des cailloux ou le nuage de poussière. Les murs de béton armé achevaient de transformer le lieu en forteresse imprenable.

Chokchai voulait donner l'assaut le plus vite possible. Les membres de l'unité du raid transpiraient sous leurs armures noires. D'autres policiers en civil se mêlaient aux passants pour ne pas se faire remarquer, mais ils ne passeraient pas inaperçus très longtemps, et l'opération risquait à tout moment de capoter. Jimmy Grace, responsable du Groupe 960 en Afrique, et Carol Dillon, analyste du renseignement, assistaient Chokchai sur le terrain. La tension était palpable.

Peu après 13 heures, Pat Picciano, agent du bureau de la DEA à Bangkok, contacta Cindric. Il était en planque dans une Toyota 4-Runner au milieu des voitures de police.

— Ils vont donner l'assaut, dit Picciano.

— Essaye de les en empêcher, avait répondu Cindric.

Il ne parvenait toujours pas à obtenir avec précision la localisation satellite des téléphones de Hunter.

— Je vais voir ce que je peux faire.

Quelques minutes plus tard, Grace, qui était dans la même voiture que Picciano, avait rappelé.

— Ils veulent y aller. Apparemment ils l'ont localisé à cent mètres.

Chokchai avait son propre système de localisation, qui fonctionnait en triangulant les antennes-relais où le téléphone bornait. C'est souvent moins précis que le système de localisation par satellite de la DEA mais, à ce moment-là, Chockchai captait un signal qui émettait dans les environs de la planque.

— Essaye de gagner du temps, l'avait supplié Cindric.

Quelques minutes plus tard, Grace annonçait :

— On y va.

— Putain !

À 14 h 15, heure locale, les voitures du convoi foncèrent jusqu'en haut de la colline et s'arrêtèrent près de la planque. Une fois devant le portail, les policiers du raid se précipitèrent dans la cour intérieure de la maison, enfonçant les baies vitrées qui séparaient la piscine et le jacuzzi du reste de l'habitation. Les hommes traversèrent la pièce principale au pas de course avant de monter à l'étage et de se ruer dans chacune des trois chambres et des deux salles de bains.

Quelques minutes plus tard, Chokchai avait contacté Picciano par radio pour lui dire, en thaï :

— Il est pas là.

Picciano avait traduit pour Grace qui à son tour avait transmis à Cindric au centre de commandement :

— Il est pas là.

— Quoi ?

— Il est pas là.

Le choc fit se plier en deux Cindric, comme s'il venait de recevoir un coup de couteau dans le ventre. C'était foutu pour l'effet de surprise. Sur l'île, les informations se propageaient très vite.

— Ohhhhh puuuuuuutain, avait gémi Cindric. Putain putain putain !

Stouch s'était raidi sur sa chaise.

— Putain de merde !

— Non mais merde ! Je leur avais dit d'attendre !

Milione, qui observait la scène dans un coin, tenta de calmer ses hommes.

— C'est bon, on va arranger ça.

Cindric et Stouch arrêtèrent de jurer et reprirent leurs esprits. Ils n'étaient pas sûrs de pouvoir rattraper l'opération qui partait en vrille, mais la présence de Milione avait quelque chose de rassurant. Il avait de l'expérience et s'était déjà retrouvé dans ce type de situation, à devoir recouvrer miraculeusement l'équilibre, à tâtonner dans le noir, à sortir la solution de son chapeau, comme un magicien.

Milione tenait d'ailleurs beaucoup du magicien. Comme eux, il créait des illusions à partir de rien, se mouvait aux frontières du possible. Il adorait citer une phrase d'un film de 2006, *Le Prestige*, qui raconte la rivalité entre deux célèbres magiciens. L'un des deux, joué par Christian Bale, explique que le secret d'un tour réussi est « la simplicité, pas la facilité ».

C'est exactement ce que Milione et ses agents devaient faire. Après tout, qu'est-ce qu'une opération sinon une illusion, un peu de théâtre et de poudre aux yeux ? Et qui mieux que Milione pour réaliser ce tour de passe-passe ? Rappelons qu'avant de devenir avocat et agent il avait commencé une carrière prometteuse d'acteur.

Plus jeune, Milione avait été fasciné par les personnages de Terry Malloy et de Stanley Kowalski interprétés par Marlon Brando et celui de Cal Trask joué par James Dean. Il était déterminé à faire son trou dans le milieu du cinéma et du théâtre. Il avait arrêté ses études et déménagé à Manhattan pour s'inscrire dans un conservatoire de théâtre, à Broadway, le Circle in the Square. À l'époque, il avait joué dans de nombreuses adaptations, de Tennessee Williams à Eugene O'Neill en passant par Shakespeare. Il avait également joué le rôle d'un jeune cadet (interprété à l'origine par

Tom Cruise) dans une adaptation éponyme du film *Taps*, sorti en 1981, et celui d'un boxeur sur le retour dans *Golden Boy*, une pièce de Clifford Odets mise en scène par Joanne Woodward dans le cadre d'un festival d'été. Joanne Woodward l'avait ensuite recommandé pour intégrer la prestigieuse école Actors Studio. Mais l'apogée de sa carrière, que ses collègues ne manquaient jamais de lui rappeler pour le chambrer, était la scène de nu qu'il avait tournée avec Will Smith en tant que prostitué gay dans *Six degrés de séparation* en 1993.

Milione disait en riant qu'il était prêt à tout par amour de l'art, mais au fond il était tout à fait sérieux. Il avait grandi dans une maison remplie de livres et d'œuvres d'art. Son grand-père Louis Milione était un sculpteur célèbre qui avait décoré plusieurs monuments et fontaines à Philadelphie et dans les environs. Quant à son père, Victor Milione, c'était le directeur de l'Intercollegiate Studies Institute (qui se nommait à l'origine Intercollegiate Society of Individualists), une institution académique influente, créée en 1953 par William F. Buckley et Frank Chodorov, qui ont notamment publié le pamphlet *Dieu et l'homme à Yale*. Cet institut, créé par des conservateurs et des libéraux, a été pensé en réaction aux bouleversements sociaux et académiques des années 1960 : il se situe à présent à Wilmington dans l'État du Delaware et rejette le collectivisme et ce qu'on appelle aujourd'hui le politiquement correct. Ses membres sont adeptes d'une éducation classique, selon des valeurs traditionnelles, et mettent en avant la responsabilité individuelle. Proches de Ronald Reagan, ils ont participé à la « révolution Reagan »[1].

1. Politique néolibérale menée par Ronald Reagan pendant sa présidence (1981-1989) : soutien aux entreprises, déréglementation des marchés, réduction des dépenses sociales, désengagement de l'État.

Quand il était jeune, Milione écoutait son père disserter sur ses philosophes favoris, José Ortega y Gasset et John Henry Newman. Mais ce qui le fascinait, c'étaient les mains calleuses de son grand-père, marquées par le travail du bois et la réparation de meubles dans la vieille maison de famille. Pour lui, la vie d'ouvrier était respectable. À Manhattan, entre deux contrats d'acteur, au lieu de travailler comme serveur ou comme prof, Milione subvenait à ses besoins et à ceux de sa famille à l'usine, où il emballait de la viande, et dans des clubs, où il était videur. Un jour, il recroisa l'un de ses amis, aspirant acteur et ex-videur, qui lui dit qu'il avait trouvé le boulot de ses rêves à la DEA : une bonne paye, des histoires incroyables à raconter, des collègues sympas, une assurance-maladie digne de ce nom, et tout ça en servant la patrie.

Passer à l'action ! Pour de vrai ! Milione avait sauté sur l'occasion. À cette époque, il jouait au théâtre Joseph Papp, dans une adaptation expérimentale de *Woyzeck*, une obscure pièce pré-expressionniste écrite au XIXe siècle qui raconte l'angoisse existentielle d'un coiffeur de l'armée, tourmenté par des supérieurs cruels, qui finit par sombrer dans la folie et commettre un crime. C'était trop prétentieux pour Milione. La DEA, c'était sa porte de sortie.

Les recruteurs de la DEA étaient à la recherche de candidats diplômés, ayant suivi une formation de droit ou travaillé dans l'armée. Milione était donc retourné sur les bancs de la fac afin d'obtenir une licence, puis un master de droit à l'université Rutgers. Il finançait ses études en jouant dans des sitcoms et, en 1996, il finit par intégrer la DEA.

Milione comprit rapidement que la DEA n'était pas le repaire d'intellos que lui avaient dépeint les recruteurs. Il se retrouvait au milieu d'anciens marines, de soldats et de flics de terrain, combatifs et bruts de décoffrage, qui formaient une grande famille parfois complètement dysfonctionnelle. Les agents passaient leur temps à grogner et à jurer.

— Ils ne s'arrêtent de jurer que pour respirer. Et, quand ils ne sont pas en train de se plaindre, c'est qu'ils préparent un mauvais coup, aimaient dire les instructeurs de la DEA.

Ils se déplaçaient en meute, comme des loups, obéissant au mâle dominant.

Milione avait toutes les qualités du mâle dominant. Il se distingua d'abord au bureau de Manhattan, en démantelant un immense réseau de trafic de drogue dans les quartiers nord de New York. Il était remonté jusqu'à la tête du réseau à partir d'un simple numéro de téléphone. En 2002, son intelligence et sa ténacité lui valurent une promotion à la Division des opérations spéciales dans la banlieue de Washington DC.

Pour tout agent ambitieux, la Division des opérations spéciales est un passage obligé, l'équivalent de sortir diplômé d'une école militaire pour un soldat.

La Division des opérations spéciales a été créée en 1992. Ses bureaux sont situés dans une zone industrielle de la banlieue lointaine de Washington, près de l'aéroport international de Dulles, à une cinquantaine de kilomètres à l'ouest de la Maison-Blanche et du Bureau ovale – mais rares sont les agents qui y mettent les pieds au cours de leur carrière.

Dans le hall d'entrée, de grands écussons aux couleurs des différentes agences de police et de renseignement américaines sont accrochés au mur. Chacune de ces agences travaille en étroite collaboration avec le Département de lutte contre le narcoterrorisme de la Division des opérations spéciales, par l'intermédiaire d'agents de liaison chargés d'étudier les informations sur le crime organisé transnational en lien avec le terrorisme.

Certains dossiers peuvent mobiliser plusieurs bureaux de la DEA sur le territoire américain et à l'étranger. Il faut alors des coordinateurs, qui font le lien entre ces différents bureaux et collaborent avec des forces de police, des militaires et des agents du renseignement partout dans le monde.

Milione fut nommé à un poste dans une unité secrète, créée par Joe Keefe, alors à la tête de la Division des opérations spéciales. Officiellement, cette petite unité était chargée de s'occuper des dossiers bilatéraux. Mais les rares agents de la Division des opérations spéciales qui étaient au courant de son existence l'avaient surnommé le Groupe des Intouchables. C'est ainsi qu'on surnomme les barons du crime international que leur richesse, leur rapidité et le pouvoir rendent difficiles à arrêter.

Les premières missions du Groupe des Intouchables consistaient à traquer les barons de la drogue latino-américains. Mais, le 14 avril 2003, leur mission devint affaire de sûreté nationale lorsque les forces spéciales américaines chargées de fouiller les bâtiments autour de Bagdad capturèrent Abu Abbas, leader du Front de libération de la Palestine, un groupe terroriste qui semait la terreur dans les années 1980. Abbas et ses partisans bénéficiaient de la protection de Saddam Hussein qui leur avait accordé l'asile après le détournement du navire de croisière italien *Achille Lauro* en 1985. Lors de cette opération, Abbas et ses hommes avaient exécuté Leon Klinghoffer, un retraité juif américain en fauteuil roulant, avant de jeter son corps par-dessus bord.

Après l'incarcération d'Abu Abbas à Camp Cropper, une prison de l'armée américaine située dans la banlieue de Bagdad, les agents du FBI montèrent un dossier contre lui. Ils se rendirent compte qu'il leur fallait des gens prêts à témoigner. Ils demandèrent donc à des officiers de la DEA de localiser et de recruter un proche d'Abbas, le Syrien Monzer al-Kassar. Ce trafiquant d'armes et d'héroïne était surnommé le Prince de Marbella car il vivait dans la station balnéaire de Marbella, temple du bling-bling. Il y possédait un palais de marbre blanc, le *Palacio de Mifadil* (« le

Palais de ma vertu ») avec de grandes pelouses, des fontaines et un garage qui pouvait abriter une bonne douzaine de voitures.

Milione fut nommé agent référent pour le dossier Kassar. En d'autres termes, c'est lui qui dirigeait l'enquête. En étudiant les dossiers, il se rendit rapidement compte que Kassar était dans le radar de la DEA, des services de renseignement occidentaux et de la police depuis des années. Il n'avait jamais été inquiété car il avait de l'argent et bénéficiait de soutiens haut placés. C'était l'exemple type de l'Intouchable. En creusant, Milione constata que le nom de Kassar apparaissait dans pas moins de soixante-quinze dossiers en cours. Milione passa deux ans sur cette affaire avant de monter en grade au sein de la Division des opérations spéciales et de quitter le Groupe des Intouchables. Mais, après deux ans passés à enquêter sur Kassar, il en avait fait une affaire personnelle. Il resta en contact avec son meilleur ami, Wim Brown, qui avait rejoint le Groupe des Intouchables en 2005 et était désormais en charge du dossier Kassar.

Milione et Brown eurent beau faire des pieds et des mains, les procureurs du département de la Justice refusèrent de mettre Kassar en examen, sous prétexte qu'il n'y avait pas assez de preuves et que le peu qu'ils avaient était irrecevable devant un tribunal. Kassar ne pouvait pas être jugé deux fois pour le meurtre de Klinghoffer, s'étaient-ils vu répondre.

Milione ne comptait pas en rester là. Il fallait prendre Kassar la main dans le sac. Et si la DEA parvenait à l'arrêter dans le cadre d'une autre conspiration d'assassinat ? Ce type d'affaires, si les preuves sont solides, c'était la mise en examen assurée.

Avec l'aide de Brown et d'un troisième agent, John Archer, Milione monta une opération compliquée pour attirer Kassar dans sa toile. Ils commencèrent par infiltrer son cercle proche grâce à un de leurs indics, Samir Houchaimi, qui avait fait partie du groupe terroriste Septembre Noir dans les années 1970. Après son arrestation pour trafic d'héroïne en 1974 dans le Queens, Houchaimi avait passé un marché avec la DEA pour échapper à la prison. Depuis, il travaillait pour eux. Houchaimi ne pouvait pas approcher Kassar directement sans éveiller les soupçons. En 2006, les agents l'envoyèrent donc en mission au Sud-Liban, dans une zone contrôlée par le Hezbollah. Il avait pour mission de gagner la confiance d'un collaborateur de Kassar, un Syrien nommé Tareq Mousa Al Ghazi. Milione avait demandé à Houchaimi d'agir avec prudence, pour tromper la vigilance d'Al Ghazi.

— Comptez sur moi, avait dit Houchaimi. Je vais lui faire avaler le poison goutte après goutte.

Il fallut des mois à Houchaimi pour gagner la confiance d'Al Ghazi. En décembre 2006, le Syrien finit par l'inviter à Beyrouth. Il donne rendez-vous dans un hôtel où, après avoir été fouillé par une armée de gardes, Houchaimi fut présenté à Kassar qui paradait dans la ville avec sa bande de gangsters. Il n'essayait même pas de se cacher.

Le deuxième acte de l'opération eut lieu à Marbella. Houchaimi y présenta à Kassar deux autres informateurs de la DEA : Carlos, un Guatémaltèque, et Luis, un Colombien, qui se faisaient passer pour des acheteurs d'armes. Ils prétendaient travailler pour les FARC, le bras armé du Parti communiste colombien devenu une guérilla financée par le raffinage de la coca.

Milione, Brown et Archer avaient longuement hésité avant d'équiper Carlos et Luis de micros dissimulés sous leurs vêtements et d'une caméra cachée dans un sac pour enregistrer le rendez-vous au *Palacio de Mifadil*. Si les hommes de Kassar venaient à découvrir l'équipement, Kassar les ferait exécuter sur-le-champ et jetterait leurs corps à la mer avant que la police espagnole ait le temps d'arriver sur les lieux. Mais Kassar refusant une rencontre à l'extérieur, Carlos et Luis insistèrent pour prendre ce risque, afin d'obtenir des preuves irréfutables, que la DEA pourrait utiliser devant un tribunal.

Le 27 mars 2007, Kassar les accueillit à bras ouverts. Il avait glissé à l'oreille de Houchaimi :

— Ces mecs, ils servent à rien. Ils ont pas l'air méchants, mais ça se voit qu'ils n'y connaissent rien.

Ainsi que l'avait prévu Milione, l'arrogance et l'avarice de Kassar obscurcissaient son jugement. Le trafiquant était mû par l'appât du gain : il n'avait pas besoin d'argent, mais il lui en fallait toujours plus, et il ne pouvait pas laisser passer un marché de 10 millions de dollars. Il mit un bras autour des épaules de Carlos en se vantant qu'il allait armer « plus de 1 000 hommes pour lutter contre les États-Unis ». Il proposa de former les combattants des FARC à l'utilisation du C-4, un explosif utilisé par l'armée pour fabriquer des bombes. Il passa un marché avec Carlos et Luis : il s'engageait à leur vendre plus de 12 000 armes, parmi lesquelles quinze missiles antiaériens, destinés à abattre les troupes américaines qui parcouraient la jungle et leurs hélicoptères qui la survolaient, à la recherche des laboratoires clandestins de fabrication de cocaïne. Ces missiles sont extrêmement dangereux car ce sont des armes d'épaule, compactes, discrètes, capables de repérer une cible grâce à un système de détection de chaleur.

En acceptant de vendre des missiles antiaériens aux FARC, qui figuraient sur la liste des groupes terroristes, Kassar avait signé son arrêt de mort. En 2004, le Congrès avait voté l'allongement de la peine pour vente de missiles antiaériens. Ce crime était désormais puni d'une peine à perpétuité dans une prison fédérale, assortie d'une peine de sûreté de vingt-cinq ans. Ces missiles antiaériens légers et faciles à transporter sont des armes redoutables. Les unités terroristes sont prêtes à tout pour s'en procurer. Un groupe armé muni d'un ou deux missiles peut empêcher un hélicoptère des forces spéciales d'atterrir et de donner l'assaut à son camp de base. Ces missiles peuvent également abattre un avion de ligne en faisant un maximum de victimes, laissant ensuite le champ libre aux terroristes pour semer la panique en faisant croire qu'ils ont d'autres missiles prêts à l'emploi près des grands aéroports internationaux. La simple menace peut paralyser le trafic aérien et attirer l'attention du monde entier.

À Manhattan, le grand jury[1] en charge du dossier ne mit pas longtemps à condamner Kassar et Al Ghazi. Milione et Brown délivrèrent un mandat d'arrêt à la police espagnole, qui procéda à l'arrestation de Kassar à Madrid le 7 juin 2007. Le même jour, la police roumaine arrêta Al Ghazi à Bucarest et le remit aux mains d'Archer qui l'escorta jusqu'à New York à bord d'un avion spécial de la DEA. Kassar fut condamné à trente ans de prison, Al Ghazi à trente-cinq. Les propriétés de Kassar, ses comptes en banque et tout ce qu'il possédait furent saisis.

L'arrestation de Kassar fit la une des journaux dans le monde entier, ce qui permit à la Division des opérations spéciales de se retrouver sur le devant de la scène à un moment opportun. Neuf mois plus tôt, le représentant républicain de l'Illinois Henry Hyde avait fait voter un amendement au Patriot Act[2]. Cet amendement avait pour but de mettre en place de nouvelles mesures pour empêcher les groupes terroristes de financer leurs activités grâce à l'argent de la drogue. Hyde ne supportait plus que les trafiquants afghans, qui avaient le quasi-monopole de la production d'opium, utilisent leurs profits pour financer les activités des talibans, responsables de la mort d'Américains, de forces alliées et

1. Au sein d'un tribunal, institution qui peut déclencher une procédure officielle pour enquêter sur des actes criminels.

2. Série de mesures antiterroristes prises par les États-Unis après les attentats du 11 septembre 2001. Elles renforcent les pouvoirs des agences gouvernementales américaines en vue de poursuivre et d'arrêter des individus soupçonnés d'activités terroristes.

de civils, et contribuent à l'enlisement du conflit en Afghanistan. Avant le vote de cet amendement, les cartels d'héroïne et d'opium afghans qui finançaient les groupes terroristes ne violaient aucune loi américaine puisque les seules lois qui encadraient le trafic de drogue avaient pour but de l'empêcher de pénétrer le marché américain. Or l'héroïne afghane était revendue principalement en Europe, en Iran et en Russie. La plupart de l'héroïne vendue aux États-Unis venait de champs de pavot mexicains ou colombiens.

L'amendement Hyde permit à la DEA d'étendre considérablement son champ d'action, et ce bien au-delà de l'Afghanistan. C'était une opportunité d'agir à l'échelle mondiale, si on ne se montrait pas trop gourmand. Il fallait être prudent : le moindre scandale, la moindre action ressemblant de près ou de loin à un abus de pouvoir et la loi pouvait être retirée, menaçant l'existence même de la DEA puisque ces affaires seraient alors confiées au FBI, au fonctionnement plus bureaucratique.

Les dirigeants de la DEA décidèrent donc que personne ne pourrait invoquer cette loi controversée à l'exception d'une unité d'agents de la Division des opérations spéciales, des hommes expérimentés, triés sur le volet et surveillés de près. Il ne s'agissait pas de jouer les cow-boys. Ces agents formèrent le Groupe 960, qui remplaça le Groupe des Intouchables, et qui doit son nom au numéro de la section du Code pénal où se trouve l'amendement Hyde.

Le choix de Milione à la tête de cette nouvelle unité s'est imposé naturellement. Il avait déjà fait ses preuves et montré qu'il était capable de prendre des risques maîtrisés. Le Groupe 960, dont les bureaux étaient situés dans un coin du deuxième étage du bâtiment de la Division des opérations spéciales, avait une aura presque mystique. Ce groupe fonctionnait comme une société secrète. Il n'était pas fait pour les agents qui avaient besoin d'être encadrés ou voulaient rester au chaud dans un bureau. Non, il était fait pour ceux qui voulaient partir pour des destinations inconnues, des villes dont ils n'avaient encore jamais entendu le nom. De fait, les bureaux de la Division des opérations spéciales étaient généralement déserts. Pour Milione, un agent qui n'était pas sur le terrain en train de parler à une source n'était pas un agent.

À l'occasion de son audition en avril 2007 par Juan Zarate, conseiller à la sécurité nationale au sein de l'administration Bush, dans le cadre de l'affaire Kassar, Milione se vit montrer un document.

— Voici votre prochaine cible.

Ce document contenait des informations au sujet de Viktor Bout, un Russe qui était au trafic d'armes ce que Walmart est à la vente en gros : quantité, bon marché. C'était un gros poisson, encore plus gros que Kassar. Il était propriétaire de plusieurs avions-cargos grâce auxquels il livrait des armes à des groupes dissidents dans plusieurs pays d'Afrique (Angola, République démocratique du Congo, Liberia, Rwanda, Sierra Leone, Soudan) ainsi qu'aux FARC en Colombie. D'après les estimations du gouvernement américain, il avait gagné cinquante millions de dollars en vendant des armes aux talibans pendant l'occupation de Kaboul. Zarate voulait le coincer parce qu'il fournissait des armes à Charles Taylor, chef d'un groupe rebelle au Liberia et en Sierra Leone, qui droguait et enrôlait des enfants-soldats et enlevait des femmes pour en faire des esclaves sexuelles.

En tant qu'adjoint au secrétaire au Trésor en charge de la lutte contre le financement du terrorisme, Zarate avait fait fermer tous les comptes en banque de Viktor Bout. Cette mesure n'avait pas suffi à l'arrêter, car Bout bénéficiait de la protection du Kremlin. Zarate enrageait de voir qu'aucune agence de renseignement américaine ne traquait Bout. Certains agents usaient même de ses services de FedEx clandestin capable de livrer des armes en un temps record. Il arrivait que le Pentagone, le gouvernement britannique, l'OTAN et les Nations unies se servent des sociétés-écrans de Bout pour faire parvenir des armes à leurs alliés en zone de guerre.

Techniquement, Bout ne faisait pas dans la drogue. Mais il vendait des armes à n'importe qui, y compris à des trafiquants de drogue. C'est pourquoi Zarate tentait sa chance auprès de Milione et de ses hommes. C'était dans leurs cordes. Ce n'était pas la première fois qu'ils travaillaient ensemble, et il savait qu'il pouvait compter sur eux pour outrepasser s'il le fallait les limites de leur mandat, faire preuve d'imagination et saisir les opportunités qui se présentaient, sans se soucier de se mettre à dos quelques personnes au sein du Département d'État, de la CIA ou d'autres services étrangers. « Mieux vaut demander pardon que la permission », tel était leur mot d'ordre.

Quand Zarate demanda à Milione de se charger de l'enquête sur Bout, Milione répondit présent. Avec Brown, ils montèrent une opération qu'ils nommèrent opération *Pas de quartiers*. Ils utilisèrent à peu près les mêmes ruses que lors de l'opération contre Kassar : une approche oblique, qui passait par le recrutement d'un associé de Bout pour se rapprocher de Bout lui-même et l'attirer à Bangkok en lui proposant une affaire en or.

Le 6 mars 2008, un rendez-vous eut lieu entre Bout et les « représentants des FARC » (en réalité des agents infiltrés de la DEA), dans un hôtel à Bangkok. La DEA avait truffé l'hôtel de micros. Le succès de l'opération dépassa les espérances de Milione et ses hommes : Bout s'était engagé à vendre aux « FARC » entre 20 000 et 30 000 AK-47, 5 tonnes d'explosif C-4, des canons antiaériens, des armes de pointe à vision nocturne, des drones, des avions ultralégers équipés de lance-roquettes, et entre 700 et 800 missiles antiaériens, ce qui était plus qu'assez pour semer la panique dans les aéroports du monde entier. Bout ne cessait de se vanter que ses missiles pouvaient abattre n'importe quel hélicoptère américain qui survolait la jungle colombienne. En comptant tous les extras, il s'apprêtait à empocher 20 millions de dollars.

La police thaïlandaise, suivie de près par Milione, Brown et d'autres agents de la DEA, n'avait plus qu'à le cueillir. Bout n'avait même pas essayé de s'échapper. Il savait qu'il était cuit. Il avait trop parlé. En sortant, il avait glissé à Milione :

— Vous avez toutes les cartes en main.

Au moment où ils commençaient à enquêter sur LeRoux, les agents du Groupe 960 avaient donc déjà mis sous les verrous plus d'une douzaine de trafiquants d'armes et de drogue, et sans violence. Ils n'avaient pas perdu un seul procès. Comme le disait Milione, il ne fallait jamais sous-estimer « le pouvoir de la tromperie ».

Fort de ce succès, le Groupe 960 s'était agrandi. Il se composait à présent de quatre équipes d'agents et d'analystes du renseignement, spécialisées par continent. Milione fut promu au rang d'agent spécial adjoint responsable de la Division des opérations spéciales. Pour l'opération *Coup de filet*, Cindric et Stouch, agents référents sur le dossier LeRoux, mobilisèrent leur équipe d'Afrique mais firent vite appel aux sections de l'Asie et de l'Europe.

Pat Picciano, en poste à Bangkok, était chargé de faire le lien entre Cindric, Stouch et Milione, qui coordonnaient l'opération depuis la suite nuptiale qui leur servait de centre de commandement et Chokchai, représentant du gouvernement thaïlandais qui dirigeait les opérations sur le terrain.

Après avoir fait chou blanc dans la planque de Hunter, Picciano et quelques flics thaïlandais s'aventurèrent dans l'épaisse forêt de bananiers qui entourait la maison. Picciano passait en revue tous les scénarios possibles : peut-être que Hunter avait repéré des flics sur le chemin qui menait à la maison ? Peut-être qu'il avait vu des flics dans la rue ? Peut-être que les voisins l'avaient prévenu ? Peut-être qu'il se cachait dans la forêt ? Peut-être qu'il était planqué plus haut, dans les broussailles ?

La colline, qui s'élevait à plus de 3 500 mètres au-dessus du niveau de la mer, était parsemée de petits chemins et de pistes poussiéreuses, cachés au milieu des bananiers. Hunter pouvait se cacher n'importe où. Picciano regagna sa Toyota et mit les gaz dans un nuage de sable et de gravier, qui fit peur à nombre de lézards et de poules en panique. Les policiers thaïlandais se répartirent les autres chemins, et bien vite toute la colline fut enveloppée d'un épais brouillard de poussière.

Aucune trace de Hunter. L'opération tournait mal. Très mal.

Cindric se tourna vers Stouch.

— Putain, faut qu'on lance l'opération en Estonie. On n'a pas le choix.

C'était le milieu de la matinée à Tallinn.

Stouch avait acquiescé. Il avait immédiatement passé un coup de fil à Steve Casey, l'agent du Groupe 960 sur le terrain en Estonie, et à son partenaire, Matt Keller. Ils étaient chargés de coordonner l'arrestation de deux autres mercenaires : Michael Filter et Slawomir Soborski. Les deux agents étaient en compagnie de Toomas Loho, chef de l'unité de police estonienne en charge du narcotrafic, et de Rene Kanniste, responsable du service estonien de lutte contre le crime organisé. Chris Urben et Ryan Rapaszky du bureau de la DEA à Copenhague étaient également de la partie. Ils avaient l'habitude de partager leur savoir-faire avec Kanniste et Loho, qui avaient du mal à contenir l'invasion d'opioïdes en Estonie, due à un arrivage massif d'héroïne afghane et de fentanyl chinois bon marché. Les policiers estoniens étaient ravis de leur rendre la pareille et de leur donner un coup de main pour arrêter Filter et Soborski.

— On y va, dit Stouch à Casey.

— Message reçu, répondit Casey en levant le pouce à l'intention de Loho.

Casey et Loho, qui étaient en planque en face de l'hôtel de Filter et Soborski, rejoignirent en courant les unités d'élite de police estonienne qui attendaient les ordres dans une petite allée et leur donnèrent le signal.

— Maintenant !

Seize policiers du raid jaillirent dans la rue. Ils étaient impressionnants avec leurs casques, leurs gilets pare-balles et leurs protections noires. On ne voyait que leurs yeux, ils ressemblaient à une armée de robots. Malgré ça, un tireur d'élite expérimenté pourrait toujours les atteindre aux yeux ou à l'aisselle.

Casey les avait mis en garde. Il fallait être prêt à toutes les éventualités. Le 21 septembre, quand Filter et Soborski étaient descendus de l'avion à l'aéroport international de Tallinn, ils n'étaient pas armés. Mais on était le 25 septembre, et ils pouvaient avoir trouvé le moyen de se procurer tout un arsenal d'armes entre-temps. Tallinn est une ville située au bord de la Baltique, à deux cents kilomètres de la frontière russe. Son dynamisme en matière de technologie de pointe lui vaut le surnom de Silicon Valley européenne. C'est également une plaque tournante du crime organisé transnational et du trafic de drogue. La mafia locale est truffée de délinquants estoniens mais également de criminels russes, tchétchènes, ukrainiens et biélorusses, tous prêts à vendre des armes à des tueurs de passage. Filter et Soborski connaissaient la région et avaient très bien pu prévoir de se faire livrer des armes à l'hôtel avant leur départ de Phuket.

— On a affaire à des mercenaires, avait dit Casey aux policiers estoniens. Préparez-vous à ce qu'ils soient armés de pistolets ou de couteaux, et à ce qu'ils ne se laissent pas arrêter sans riposter. C'est pour ça que LeRoux les paye.

Filter avait servi comme tireur d'élite dans l'armée allemande, au nord de l'Afghanistan. Âgé d'à peine vingt-huit ans et sans beaucoup d'expérience, il avait pourtant été chargé par l'état-major de défendre le camp contre les embuscades des talibans, preuve qu'il s'agissait d'un excellent tireur, fiable et hyper vigilant.

Soborski, âgé de quarante et un ans, était encore plus dangereux. Il avait passé treize ans dans l'armée polonaise dont huit au sein de l'unité d'élite de contre-espionnage JW GROM, dont la devise était « Invisibles et silencieux ». C'était un tireur expérimenté, mais il était également formé au corps-à-corps, à la manipulation d'explosifs, au karaté et à d'autres techniques aussi bien d'attaque que de défense.

Il avait travaillé au sein de l'équipe de libération des otages de la police polonaise et s'était entraîné aux côtés de celles des otages du FBI et d'agents de la police tchèque, allemande, espagnole et biélorusse. Il avait également passé cinq ans dans la garde rapprochée du président de la Pologne et avait servi de garde du corps à George W. Bush ainsi qu'au pape Jean-Paul II lors de leurs visites respectives en Pologne. Après avoir quitté l'armée, il s'était mis à son compte et avait effectué des missions de sécurité en Afghanistan, à Haïti, en Europe de l'Est, à Dubaï et en mer, pour protéger les navires marchands des attaques des pirates dans l'océan Indien et dans le golfe Persique.

Georges, le pilote français, éprouvait malgré lui du respect envers Soborski, surtout depuis qu'il l'avait entendu dire à Hunter d'aller se faire foutre, que son boulot, c'était de protéger, pas de tuer. Tout le monde, y compris Georges, brûlait d'envie de dire à Hunter d'aller se faire foutre, mais le Polonais était le seul à avoir eu le cran de le faire.

Mais Soborski n'avait pas quitté son boulot pour autant : il s'apprêtait à tuer et il allait devoir en payer le prix. Georges avait averti les agents de la DEA de faire preuve d'une extrême prudence lors de son arrestation.

— Ce type, c'est un poison.

Casey n'avait pas pris ces paroles à la légère et avait passé le message à Loho et Kanniste, ainsi qu'à toute l'équipe du raid.

Les Estoniens l'avaient écouté poliment, mais leur regard trahissait une confiance un peu arrogante. *Ça va, on a la situation en main. On connaît notre boulot, c'est pas la peine de vous inquiéter comme ça.* Casey, qui avait déjà éprouvé ce sentiment, était inquiet. Il craignait que les Estoniens ne sous-estiment le potentiel meurtrier des deux mercenaires. S'apprêtait-il à les envoyer au casse-pipe ? Alors que les policiers estoniens s'entassaient dans le camion, Casey s'était avancé vers le responsable le plus proche, taillé comme une armoire à glace, pour lui répéter une fois de plus :

— Faites gaffe, les gars. Revenez en un seul morceau.

Le policier avait éclaté de rire.

— Vous inquiétez pas, on fera gaffe. Et après on pourra fêter ça.

Fêter ça, ça voulait dire descendre des litres de vodka.

Pendant que le raid donnait l'assaut, Loho, Casey, Keller, Urben et Rapaszky attendaient sur le trottoir, à l'extérieur de l'hôtel. Ils n'avaient pas le droit de pénétrer à l'intérieur, car la loi estonienne interdit aux policiers étrangers de participer à des opérations sur le territoire national. Le temps était gris et froid. Les agents tapaient du pied et frissonnaient dans le vent glacial de la Baltique. Ils n'eurent pas longtemps à attendre. Quelques minutes plus tard, l'un des policiers émergea de l'hôtel et annonça que l'opération était terminée. Les agents du raid avaient frappé à la porte des deux mercenaires et boum ! les deux cibles étaient au sol avant même que la porte ait cessé de vibrer. Une arrestation qui restera dans les annales. À 11 h 34, Casey avait pu appeler Cindric et Stouch pour leur dire que Soborski et Filter avaient été arrêtés.

Casey entra à son tour dans l'hôtel. Filter était affalé sur le lit, mains menottées derrière le dos, yeux baissés, tandis que les flics fouillaient ses affaires. Un procureur estonien assistait à l'opération, prenant tout en note et dressant la liste des indices récoltés par la police. Filter était dans un sale état.

Soborski était debout dans le hall d'entrée, menotté, flanqué de trois policiers du raid. Il regardait les policiers qui fourrageaient dans son sac de voyage. Contrairement à Filter, il se tenait droit et semblait extrêmement calme. Il scrutait attentivement tout ce qui se passait autour de lui. Il était aux aguets. *Ce type va se faire la malle. Il attend que quelqu'un baisse la garde.* Casey se raidit involontairement, prêt à intervenir.

Les policiers emmenèrent les deux hommes au commissariat et les mirent dans des cellules séparées. Loho et quelques autres membres de son équipe entrèrent dans la cellule de Soborski tandis que Casey attendait à l'extérieur. Loho ressortit de la cellule quelques minutes plus tard, ébranlé. Soborski lui avait lancé à la figure les menottes qui lui attachaient les mains dans le dos en lui disant d'un ton moqueur :

— Prends ça, tu vas en avoir besoin.

Il avait fait ça uniquement pour narguer les policiers, pas pour essayer de s'échapper. Pourquoi ? Casey n'en avait pas la moindre idée, mais il avait quand même sorti son téléphone pour avertir par mail Cindric et Stouch, à Phuket :

> Pour avertissement, Soborski a été emmené au commissariat de Tallinn et mis en cellule. Il a ensuite réussi à détacher ses menottes et il les a balancées aux flics estoniens. Restez vigilants.

Loho glissa alors quelques mots en estonien aux policiers du raid avant d'emmener Casey dans une autre pièce en disant :

— Je reviens tout de suite.

Quarante-cinq minutes plus tard, Loho revint auprès de Casey et annonça que tout était réglé.

Casey rentra à l'hôtel pour s'occuper de la paperasse. Il n'avait pas eu droit à ses shots de vodka en compagnie des Estoniens. Il avait trop de travail. Le lendemain, Loho lui fit part d'une étrange nouvelle. Peu après l'incident des menottes et le départ des agents de la DEA du poste de police, Soborski avait été conduit en urgence à l'hôpital. Il souffrait d'une perforation de l'abdomen, une histoire de rate, ou d'appendice, et il avait dû être opéré en urgence. Loho souligna la chance de Soborski qui, sans cette arrestation, y serait probablement resté. Les Américains n'eurent pas vraiment d'autre choix que de croire à la version des Estoniens.

À Phuket, l'opération était au point mort. C'était le milieu d'après-midi, et Hunter alias Rambo était toujours introuvable. Cindric et Stouch s'activaient au téléphone, suppliaient Chokchai d'envoyer des patrouilles à l'aéroport, au port, partout où Hunter était susceptible de se trouver. Il n'était pas question de le laisser quitter l'île. Milione ne disait pas grand-chose mais, de temps en temps, il les rassurait d'un sourire ou d'un geste de la main.

Picciano et Grace broyaient du noir sans savoir quoi faire dans leur 4×4 Toyota, au sommet de la colline redevenue calme. Quand soudain Picciano reçut un coup de fil de son assistant et interprète Bee, qui appelait depuis une voiture de la police thaïlandaise. Il avait une bonne nouvelle. Il s'était souvenu qu'il avait le numéro de téléphone de la femme de ménage de Hunter, qu'il avait été chargé d'occuper le jour où la police avait installé des micros dans la villa. Il venait de l'appeler pour lui demander si elle avait une idée de l'endroit où se trouvait son employeur. Elle lui avait appris qu'il avait déménagé le mois dernier, qu'il était parti vivre chez sa petite amie. Elle avait déjà fait le ménage là-bas. C'était un bungalow près du terrain de golf de Loch Palm, de l'autre côté de la colline.

En apprenant cette information le visage de Stouch s'illumina.

— Le terrain de golf ! C'est là qu'on l'a localisé quand on a tracé son téléphone !

Cindric acquiesça :

— Putain t'as raison, c'est là qu'il est.

Les signaux qu'ils avaient attribués à un dysfonctionnement électronique étaient finalement fiables. Les deux agents vérifièrent à nouveau : le téléphone à clapet émettait toujours du même endroit, et les signaux augmentaient légèrement. Cindric appela Grace et hurla dans le combiné :

— Jimmy ! Vous êtes loin de ce putain de terrain de golf ? C'est là qu'il est !

Grace répondit sur le même ton :

— Non, on n'est pas loin ! Y a des maisons là-bas ?

— Oui !

Le golf était entouré d'un complexe privé de petites maisons de vacances, les Villas du Parc.

Picciano arriva sur les lieux en même temps que Chokchai et ses hommes.

Quelques policiers thaïlandais en civil se postèrent au bord de la route et à l'entrée, pour guetter les motos qui approchaient. D'autres traversèrent le green pour demander aux golfeurs s'ils n'avaient pas vu un Américain blanc au crâne rasé.

Picciano repéra une Harley-Davidson sur le parking du bâtiment principal et, en s'approchant du bar, il vit, installé au comptoir, un Américain chauve en train de pianoter sur un ordinateur portable. Picciano leva le pouce en direction de Chokchai et entra dans le bar. Quand il fut assez près pour voir le visage de l'homme, il se rendit compte que ce n'était pas Hunter. C'était un autre Américain chauve et musclé. Apparemment, Hunter n'était pas le seul à Phuket à se prendre pour Vin Diesel.

— Fausse alerte, annonça Picciano dans sa radio.

Les policiers thaïlandais interrogèrent les employés du golf et les touristes. Quelqu'un montra du doigt l'un des bungalows. D'après un voisin, un Américain vivait là. Il était parti à moto avec une jeune femme.

Grace téléphona aussitôt à Cindric.

— Il est pas là.

— Te fous pas de ma gueule, Jimmy.

— Je me fous pas de ta gueule.

Un torrent d'insultes s'échappa de la bouche de Cindric.

Les policiers thaïlandais se dispersèrent pour interroger le plus de gens possible en leur montrant des photos de Hunter. Certains pensaient l'avoir vu, mais tous ces *farang* – ces étrangers – se ressemblaient.

Un policier thaïlandais posté au bord de la route, près de l'entrée du terrain de golf, les contacta par radio : il venait de repérer un homme et une femme à moto qui se dirigeaient vers une des maisons.

Picciano et Grace, qui étaient au bord de la route, écoutèrent la moto s'approcher avec appréhension. Dès qu'ils purent distinguer le visage des deux passagers, ils furent fixés.

— C'est lui ! cria Picciano à Chokchai dans le téléphone. Hunter ! Il arrive !

Chokchai et ses hommes se mirent à la poursuite de Hunter tandis qu'il pénétrait dans la résidence, suivis de près par Picciano au volant de sa Toyota. Picciano avait le cœur qui battait tellement fort qu'il n'entendait plus rien. Quand il avait reconnu les traits de l'homme, il avait grimacé. C'était bien Hunter. Aucun doute possible. La femme, c'était sa copine philippine.

Le smartphone de Hunter était resté à la maison, éteint. Hunter avait sans doute pris soin d'enlever la batterie, ce qui expliquait que le traceur de Cindric n'ait capté aucun signal.

Peu après, Grace rappela Cindric au centre de commandement.

— On les tient !

Il était 17 h 5 heure locale. D'un seul mouvement, Cindric, Stouch et Milione se jetèrent dans les bras les uns des autres, envoyant valser les lunettes de Milione.

— Dieu merci, laissa échapper Milione en s'autorisant enfin à respirer.

L'équipe de Chokchai avait alors foncé dans un hôtel de Phuket pour boucler les arrestations. Il leur restait à coffrer cinq trafiquants de drogue et d'armes à la solde de LeRoux.

Trois d'entre eux arrivaient justement sur le parking de l'hôtel : Scott Stammers et Philip Shackels, deux Britanniques qui achetaient et vendaient de la méthamphétamine, de la cocaïne ainsi que des produits chimiques et des armes de poing, et Adrian Valkovic, un Slovaque, sergent d'armes d'un gang de motards ultra-violent impliqué dans des trafics d'armes et de méthamphétamine. Les policiers thaïlandais les cueillirent alors qu'ils sortaient de la voiture et leur passèrent les menottes. Les deux derniers trafiquants, Kelly Reyes Peralta, dealer de méthamphétamine philippin, et son fournisseur Lim Ye Tiong Tan, représentant à Manille d'une triade chinoise basée à Hong Kong, furent arrêtés dans la foulée, dans leur chambre d'hôtel.

Une fois tout ce beau monde sous les verrous, Grace passa un coup de fil à Cindric.

— On les tient. Tous.

Cindric et Stouch étaient aux anges. Les Britanniques, le motard et le dealer, c'était une grosse prise. Lim en particulier. C'était lui qui servait d'intermédiaire à LeRoux pour faire affaire avec la Corée du Nord. Chauve et dégingandé, il avait l'allure d'un hipster de Brooklyn : chemise noire, veste noire, écharpe en cachemire beige négligemment nouée autour du cou, bottes à la mode lacées sur un pantalon noir moulant. C'était un pur produit de la mafia chinoise. Il savait exactement comment fonctionnait le réseau de trafic de méthamphétamine en Corée du Nord. S'il se mettait à table, il pouvait fournir aux services de sécurité américains des informations d'une valeur inestimable : l'emplacement des usines de raffinage de méthamphétamine, l'identité des intermédiaires, le numéro des comptes en banque, les itinéraires de transport, le nom des sociétés-écrans. Ces informations permettraient au gouvernement américain de priver Kim Jong-un des capitaux nécessaires à l'accélération de son programme d'armement nucléaire et de missiles balistiques. Lim pouvait également témoigner contre le gouvernement chinois qui couvrait les agissements des triades en Corée du Nord, où les trafiquants exportaient de la méthamphétamine en échange de capitaux.

Mais la loi de Murphy pouvait encore tout foutre en l'air. L'opération n'était pas terminée. Gögel et Vamvakias étaient encore dans l'avion. S'ils échappaient à la police, tout le dossier en serait fragilisé, et les autres suspects auraient une chance de s'en tirer. Et ils avaient tous d'autres cibles à exécuter pour le compte de LeRoux. S'ils s'en sortaient, les mercenaires essayeraient sûrement de mener à bien ces missions pour toucher l'argent qu'on leur avait promis.

Le vol 508 de Kenya Airlines, à bord duquel se trouvaient Gögel et Vamvakias ainsi que Brown, qui voyageait incognito, était attendu à Accra à 12 h 10 heure locale pour une escale d'une heure. Si, pendant qu'ils étaient au sol à Accra, Gögel et Vamvakias recevaient un signal de Hunter, de leurs copains à Tallinn ou d'un autre complice que les agents n'avaient pas identifié, ils auraient le temps de s'enfuir de l'aéroport et de disparaître dans les rues d'Accra. Brown ne les lâchait pas des yeux. Il comptait sur l'aide de la police ghanéenne pour les interpeller si ce scénario catastrophe venait à se réaliser, mais mieux valait ne pas avoir à en arriver là.

À Phuket, Milione, Cindric et Stouch se rongeaient les sangs dans leur suite nuptiale qui commençait sérieusement à sentir la transpiration. Ils scrutaient l'heure avec anxiété, suspendus au message de Brown, qui n'arrivait pas.

— Ça va aller, les gars, il a sans doute juste eu un petit imprévu, répétait Milione pour rassurer ses hommes.

Mais ils n'en menaient pas large. Il fallait impérativement que Gögel et Vamvakias soient rapidement mis hors d'état de nuire.

— Il fallait qu'on les arrête. On avait besoin d'eux. Il était hors de question d'échouer si près du but, raconte Stouch.

Ils ne se réjouiraient du succès de l'opération que lorsque le vol 508 décollerait de Monrovia. Une fois dans le ciel, Gögel et Vamvakias seraient coincés. Le départ de l'avion était fixé à 13 h 10 heure locale (20 h 10 à Phuket). Il était convenu que Brown prévienne Cindric et Stouch au moment du décollage.

À 20 h 30, Cindric et Stouch attendaient toujours. Pas de nouvelles de Brown. Les agents étaient déterminés à ne pas céder à la panique. Ils avaient fait escale à Accra plusieurs fois et ils savaient que ce n'est pas l'aéroport de Zurich. Les retards étaient monnaie courante. Pourtant, leurs cœurs battaient la chamade.

Dix minutes s'écoulèrent. Puis dix minutes. Puis encore dix minutes. Le silence régnait dans la suite nuptiale. Cindric et Stouch avaient les yeux rivés sur leurs téléphones et leurs ordinateurs portables. Milione, qui sentait l'angoisse monter, essayait de calmer les esprits. Quand l'opération serait couronnée de succès (pas si mais quand, il avait une foi absolue dans la réussite de cette opération), ils seraient envahis d'une joie indescriptible. C'est ce qu'il avait ressenti quand il avait arrêté Kassar, et Bout, ces barons de la drogue afghans aux noms imprononçables et tous ces petits délinquants de merde.

— C'est là que ça devient marrant, leur racontait Milione. Là, vous êtes dans le feu de l'action. Vous êtes dépassés par les événements, les criminels font des trucs auxquels vous ne vous attendez pas. C'est dans ce genre de situation qu'on reconnaît les vrais.

Pour Milione, il y avait deux types d'agents : ceux qui restaient paralysés et ceux qui étaient galvanisés. Selon lui, Cindric et Stouch faisaient partie de la seconde catégorie.

— Quand on a l'impression que ça part en couille, les vrais, c'est ceux qui baissent pas les bras et qui se disent : « Ça va le faire. »

À 20 h 52 heure de Phuket, quarante-deux longues minutes après l'heure prévue pour le décollage, trois sonneries retentirent en même temps. Cindric, Stouch et Milione venaient de recevoir un mail de Brown qui disait :

L'avion va décoller. Le grand est assis rangée 12 siège G et le petit rangée 27 siège C. Prochain arrêt : Monrovia.

Les agents se regardèrent. Ils avaient réussi ! Personne ne dit un mot, mais le message de Brown venait de les soulager d'un poids énorme.

Le message suivant arriva à 22 h 50 :

On les tient !

Ça voulait dire que la police libérienne détenait Gögel et Vamvakias. Que les dix arrestations avaient eu lieu, sans qu'un seul coup de feu ait été échangé. Cindric et Stouch poussèrent des cris de joie. Milione exultait.

— Putain on a réussi !

Ils avaient tous reculé d'un pas. Personne ne tenait à renouveler l'expérience de l'étreinte collective.

Cindric avait ouvert une bouteille de bière thaïlandaise et en avait bu une gorgée. Elle était dégueulasse (Cindric avait un faible pour la bière dégueulasse) et froide à en piquer les yeux. Dès qu'ils eurent confirmation que l'avion avait atterri à Westchester County, Cindric envoya un texto à Jack. Jack, c'était l'agent infiltré qui venait de passer dix-huit longs mois au sein de l'organisation de

LeRoux, à rapporter tout ce qu'il voyait et entendait. LeRoux avait mis un contrat sur la tête de Jack qui s'était réfugié aux États-Unis. Il se planquait en priant que les agents arrêtent Hunter avant qu'il le trouve. Le message de Cindric était énigmatique :

Va faire un tour sur le site doj.gov.

Jack n'aurait pas besoin de plus pour comprendre : le procureur du district de Manhattan Preet Bharara venait d'annoncer en direct l'arrestation de Hunter et de sa bande de mercenaires. Il avait déclaré : « Plusieurs tueurs à gages viennent d'être neutralisés par des agents au cours d'une opération qui a eu lieu sur quatre continents. »

Jack vouait une haine profonde à Hunter. Il avait vécu quelque temps dans une maison avec lui et d'autres mercenaires à la solde de LeRoux. Tous savaient que LeRoux était un tyran, capricieux et parano, qui suspectait tous ceux qui l'entouraient de le voler. Tôt ou tard, ils seraient chacun leur tour suspectés d'une trahison imaginaire qui leur vaudrait une condamnation à mort. Les mercenaires avaient passé un marché : celui d'entre eux qui serait chargé de l'exécution d'un de ses camarades la mettrait en scène, fausses photos sanglantes à l'appui. Le « mort » pourrait ensuite rouvrir les yeux, se relever, se démaquiller et trouver un autre boulot, loin de LeRoux.

Hunter n'avait pas prêté serment. Quelle que soit la nature des ordres de LeRoux, il obéissait sans discuter. Quand Jack s'était retrouvé dans le collimateur de LeRoux, qui le soupçonnait de détourner de l'argent, Hunter avait pris son flingue et s'était mis à le suivre partout.

— Hunter n'a pas respecté notre pacte. Sa loyauté va à son employeur. Tant que LeRoux lui file de l'argent, il lui obéit les yeux fermés, raconte Jack.

La première chose que fit Jack, après avoir reçu ce texto, c'est d'appeler sa fiancée, Anya, à l'autre bout du monde. Ils étaient enfin en sécurité.

Enfin, c'est ce qu'il croyait.

3

Le Rhodésien

— Moi, je veux pas me vautrer sur mon canapé. Je veux me vautrer sur un matelas de billets.

C'était un soir d'automne, en 2009, à Manille. Il faisait une chaleur à crever. LeRoux allait et venait dans le *penthouse* qu'il possédait au dernier étage d'une des tours jumelles de Salcedo Park, une résidence huppée. Le salon était grand comme une salle de bal et donnait sur Makati, le quartier d'affaires ultramoderne de la ville. En contrebas, on voyait la baie, dont l'eau était d'un bleu sombre à cette heure de la journée.

LeRoux était à la tête d'une entreprise très lucrative de vente en ligne de produits pharmaceutiques où il cumulait les fonctions de fondateur, P-DG, directeur des opérations et directeur technique. Il était plein aux as. Son gigantesque appartement et ses nombreuses planques à travers le Pacifique et l'Afrique n'auraient pas suffi à mettre à l'abri tout l'argent qu'il se faisait. Personne à part lui n'aurait su dire combien de centaines de millions de dollars, d'euros et d'or il possédait, cachés dans des paradis fiscaux à Hong Kong, Shanghai et Dubaï.

Pourtant, il en voulait toujours plus.

Ça faisait un an et demi que Jack, vétéran de la marine européenne, travaillait pour LeRoux. Ce soir-là, en l'écoutant, il fut parcouru d'un frisson. Le Boss, comme LeRoux exigeait qu'on l'appelle, n'était pas satisfait de son statut de plus grand trafiquant de pilules sur Internet.

Ce qu'il voulait, c'était devenir une sorte de mélange de Pablo Escobar et de Viktor Bout, en plus terrible encore. D'après Jack, LeRoux « était convaincu qu'il allait devenir le plus grand criminel au monde et que, même si la police parvenait à l'arrêter, on se souviendrait de lui ». Son but était d'inspirer le respect, la crainte et l'admiration. Il voulait laisser une trace et, si cette trace devait être celle du sang de ses ennemis : tant pis pour eux.

Jack ne savait rien du passé de LeRoux ni des raisons de sa colère. Voulait-il se venger ? Si oui, de quoi ? LeRoux n'était pas homme à se confier, et Jack n'osait pas poser de questions. Jack n'osait d'ailleurs pas dire grand-chose à LeRoux, et certainement pas « non », « impossible », « j'arrête ». Il se contentait d'exécuter les ordres. À sa connaissance, LeRoux n'avait pas de *consigliere*[1]. Le Boss agissait seul. Il avait des projets de destruction plein la tête et jamais personne pour le freiner ou le contredire.

Jack faisait partie des rares personnes en qui LeRoux avait confiance. Il avait le droit de venir dans son appartement de Salcedo Park pour parler affaires. LeRoux faisait une exception pour lui parce qu'il était *compétent*.

Jack était un touche-à-tout, exactement ce dont LeRoux avait besoin pour son nouveau projet. Il avait imaginé un concept totalement novateur : une sorte d'Amazon version marché noir, d'Amazon des armes. Il s'agissait de stocker de grandes quantités de drogue et d'armes pour les vendre ensuite sur Internet. Si ce

1. « Conseiller » : nom donné aux proches des membres de mafias sicilienne, calabraise et américaine.

projet voyait le jour, ce serait la consécration pour LeRoux qui deviendrait enfin ce mélange d'Escobar, de Bout et de Jeff Bezos dont il rêvait.

Ce projet nécessitait une infrastructure considérable. Il fallait une piste d'atterrissage pour les avions de marchandises, un terminal portuaire pour les porte-conteneurs, des bureaux pour les employés, des toilettes, des cuisines et, pour assurer la sécurité du site, des barricades, des miradors, des missiles antiaériens et une armée privée digne d'*Apocalypse Now*. LeRoux avait fourni à Jack un plan qu'il avait commandé à un architecte d'après celui d'une base de l'armée américaine au Vietnam. LeRoux avait jeté son dévolu sur une étendue de terre aride en plein désert somalien, où personne ne s'aventurait à part des mercenaires, des islamistes et quelques bergers. Il ne restait plus qu'à acheminer sur place les éléments, les planches, l'armature, les barbelés, et à les monter.

Lors de l'entretien d'embauche de Jack, LeRoux avait tout de suite compris qu'il avait face à lui l'homme de la situation. Jack avait dirigé une entreprise de construction en Europe du Nord. Il était capable de lire un plan. Il avait également passé du temps en zone de guerre. Il savait se servir d'une arme, faire un garrot et, comme tous les mercenaires à la solde de LeRoux, ça ne le dérangeait pas de dormir dans le désert, au milieu des scorpions. Avec son teint buriné, sa voix grave et sa manière de se tenir en retrait, il pouvait aussi bien parler vin millésimé avec un ministre en lui glissant quelques billets sous la table qu'entrer dans une banque et virer dix mille euros sur un compte à Hong Kong sans éveiller les soupçons. LeRoux l'avait surnommé « le petit génie » et avait pour son employé préféré des marques d'attention qui, bien que parcimonieuses car le Boss n'était pas du genre démonstratif, dépassaient de loin tout ce que Jack avait pu connaître auprès de son propre père, un vieil alcoolique qui l'avait toujours considéré comme un bon à rien. Jack aimait bien entendre le Boss l'appeler « le petit génie ». Et bien sûr, il y avait de l'argent à la clé.

Jack était mouillé jusqu'au cou dans les combines de LeRoux. Il s'était laissé embarquer dans ce projet et, quand il avait commencé à flairer le danger, c'était déjà trop tard. Il ne savait plus comment se tirer d'affaire.

Jack avait fini par comprendre que l'entreprise de vente en ligne de produits pharmaceutiques et les investissements immobiliers de LeRoux servaient en fait de couverture à des trafics en tous genres.

LeRoux ne voulait plus se limiter au commerce d'armes de poing. Il voulait passer à l'étape supérieure et vendre des systèmes d'armement et de missiles plus ambitieux, ainsi que des armes de destruction massive. Il venait de décrocher un contrat avec l'Organisation des industries de défense iranienne (DIO) : il était chargé de développer les composants de base nécessaires à la construction de missiles plus performants, ce qu'on appelle dans le jargon militaire des « missiles intelligents ». L'Iran cherchait à accroître son pouvoir au Moyen-Orient en vendant des centaines de milliers de roquettes et de missiles conventionnels à ses alliés, en particulier au Hezbollah libanais, aux rebelles houthis au Yémen, à des groupes chiites irakiens ainsi qu'à d'autres groupes rebelles au Moyen-Orient et en Asie du Sud. Les usines de fabrication de missiles étaient situées en Iran mais également dans les territoires contrôlés par le Hezbollah au Liban, ainsi que dans des zones sous le joug du dictateur Bachar el-Assad en Syrie. Le but de l'Iran, c'était que les missiles aient une portée suffisante pour atteindre Israël. Cependant, le pays était sous le coup de sanctions internationales et ne possédait que des missiles non guidés. Or, étant donné que ces missiles étaient dépourvus de systèmes de guidage, ils ne faisaient pas beaucoup de dégâts.

S'il parvenait à le mener à bien, le projet de LeRoux pouvait changer la donne. LeRoux avait envoyé des émissaires à Téhéran afin de rencontrer le directeur de l'Organisation des industries de défense : il avait offert d'aider l'Iran à se doter de systèmes de guidage permettant d'améliorer les performances de leurs missiles conventionnels pour les transformer en missiles guidés, capables d'abattre des cibles de valeur. L'Iran voulait prendre le contrôle de points stratégiques : centres de commandement, nœuds de communication, tours de contrôle aérien, ministères, réseaux de distribution d'eau. Grâce aux missiles de LeRoux, que leur petite taille rendait facilement transportables, l'Iran pouvait espérer atteindre Jérusalem et Tel Aviv. Le marché iranien devait rapporter cent millions de dollars à LeRoux, selon ses calculs, et il avait mis sur pied une équipe de scientifiques et d'ingénieurs, roumains pour la plupart, installée dans un laboratoire de recherche clandestin à Manille, avec à disposition toutes les infrastructures nécessaires pour fabriquer et tester ces missiles.

Restait cependant à se procurer les produits chimiques nécessaires à la fabrication, et à livrer la marchandise en pièces détachées en Iran sans se faire repérer par les services de renseignement. LeRoux avait alors commandé à son équipe d'ingénieurs un petit sous-marin diesel-électrique. Pour l'amarrer, il avait déjà fait construire un terminal portuaire dans un chantier naval qu'il possédait sur la côte, dans la province de Batangas, au sud de Manille.

En parallèle, LeRoux était impliqué dans un trafic de méthamphétamine nord-coréenne, qu'il achetait par l'intermédiaire d'une triade chinoise avant de la revendre. La triade lui fournissait chaque mois 6 tonnes de méthamphétamine pure en échange de 360 millions de dollars. Cet argent finissait directement dans les poches de Kim Jong-un et servait à financer la construction de missiles nucléaires destinés à atteindre les États-Unis. Les ingénieurs nord-coréens travaillaient d'arrache-pied pour améliorer la qualité des missiles balistiques qu'ils possédaient, et les millions de dollars de bénéfices engrangés grâce au trafic de méthamphétamine servaient à financer cette course à l'armement. Mais ça, LeRoux estimait que ce n'était pas son problème. La seule chose qui l'intéressait c'était que, grâce à cette drogue de qualité supérieure, il faisait un bénéfice d'environ un milliard de dollars chaque mois.

Jack avait fini par comprendre que LeRoux était accro à l'argent et au pouvoir. C'était comme une drogue. Il en voulait toujours plus. Mais son rapport à l'argent était singulier. Avant de rencontrer LeRoux, Jack était persuadé que tous les grands criminels internationaux ressemblaient aux barons de la drogue colombiens et mexicains qui paradaient avec des pistolets incrustés de diamants, payaient des prostituées, avaient des ranchs, des antichambres de torture et des voitures de collection. À l'ère de l'empire Kardashian, quand on a de l'argent, il faut le montrer. Pourtant, LeRoux ne ressemblait en rien à Pablo Escobar, à El Chapo Guzmán et à tous ceux qui faisaient la une des tabloïds.

Le Boss n'entrait dans aucune catégorie. Il vivait à l'écart du monde, indifférent au luxe et au confort. Le *penthouse* où il retrouvait Jack était meublé de façon spartiate : murs d'un blanc Ikea, canapé trois places, écran plat. Au milieu de la pièce, une table et quatre chaises en plastique. Au moment où LeRoux disait à Jack qu'il voulait se vautrer dans des liasses de billets, ses grosses fesses molles étaient posées sur une de ces chaises inconfortables.

LeRoux possédait sept ou huit autres propriétés de grand standing dans les environs de Manille et de Subic Bay, mais également à Hong Kong et en Europe du Nord. Pourtant, Jack avait l'impression que c'était dans cet appartement qu'il passait le plus clair de son temps, à conclure des marchés par texto, par mail ou par Skype. Il n'utilisait pas de matériel informatique dernier cri. Il préférait son vieil ordinateur Dell, qu'il avait pris le temps de configurer minutieusement pour s'assurer que personne ne pouvait le hacker.

Il avait deux employées de maison, qui passaient plus de temps à bavarder avec les gardes du corps pour tromper l'ennui qu'à faire la cuisine. LeRoux tenait à ce que les employés et la femme de ménage soient sur place vingt-quatre heures sur vingt-quatre même si, la plupart du temps, il préférait se faire livrer ses repas. Il se nourrissait exclusivement de Big Mac, de pizzas et d'ailes de poulet achetées au KFC du coin. Comme Warren Buffet qui prend tous les matins son petit déjeuner au McDonald's, LeRoux était accro aux fast-foods. Mais contrairement à l'Oracle d'Omaha[1] qui a une ligne impeccable malgré ses quatre-vingt-dix ans, LeRoux était déjà gros et bedonnant à seulement trente-six ans. Pour se donner bonne conscience, il ne consommait que du Coca light ou du Coca zero. Il ne buvait pas une goutte d'alcool. Son cerveau, c'était son instrument de travail. Il tenait à avoir les idées claires en permanence. LeRoux ne donnait pas dans le bling-bling. On ne le voyait jamais en boîte. Son seul vice, c'étaient les prostituées – parfois plusieurs à la fois. Comme pour la nourriture, il passait commande. Cindy Cayanan, sa compagne officielle, comptable et mère de deux de ses enfants, était un vrai dragon. Elle lui reprochait parfois les « partouzes » qu'il organisait mais, la plupart du temps, elle fermait les yeux. Après tout, c'était lui qui ramenait l'argent à la maison, et ils aimaient tous les deux s'engueuler à peu près autant que s'envoyer en l'air.

Dans l'appartement de Salcedo Park, il y avait deux chambres. La première était une suite parentale avec un lit et une salle de bains attenante. La seconde était une cache d'armes. LeRoux y avait entassé des fusils d'assaut M4 et des équipements de protection. Pas de déco, de photos ou de souvenirs. LeRoux ne faisait pas de sentiments. Tout ce qu'il possédait tenait dans une valise. Il était en état d'alerte permanent, prêt à disparaître. Au

1. Surnom donné à Warren Buffet.

cours des interrogatoires, Jack a été interrogé sur le mode de vie de son employeur.

— LeRoux a toujours un plan de repli. Il vit dans des palaces mais, à l'intérieur, il n'a presque rien. Il ne montre pas qu'il a de l'argent. Il vit simplement et il est toujours prêt à s'évanouir dans la nature.

C'est ce qu'il faut, si on veut tenir les rênes d'un business comme le sien. Et ce costume était taillé sur mesure pour LeRoux, qui avait été élevé dans la société coloniale privilégiée d'une Rhodésie marquée par les inégalités et les tensions. Les colons avaient pris le pouvoir et s'étaient accaparé les richesses sans rendre de comptes à personne. Isolés politiquement, ils s'étaient battus avec acharnement contre les nationalistes africains jusqu'à la dernière heure – ou presque, parce qu'un bon Rhodésien se garde toujours une porte de sortie. Ils s'étaient dispersés après l'indépendance, mais ils revenaient à la moindre opportunité, parce que la Rhodésie, c'était chez eux.

Paul Calder LeRoux est né la veille de Noël, en 1972, à Bulawayo, deuxième ville de Rhodésie. Il est le fils illégitime d'une jeune femme blanche et de son amant, tous deux d'origine britannique. Abandonné à la naissance, il a ensuite été adopté par un couple de Rhodésiens blancs, Paul et Judith LeRoux. Deux ans plus tard, Judith a donné naissance à une fille, la petite sœur de Paul.

La Rhodésie, devenue Zimbabwe au moment de l'indépendance, est un territoire enclavé de 400 000 m^2, coincé entre l'Afrique du Sud, le Mozambique, le Botswana et la Zambie. Quand LeRoux y est né, on comptait environ 260 000 Blancs en Rhodésie. Aujourd'hui, on estime à environ 17 000 le nombre de Blancs vivant au Zimbabwe. Les Blancs étaient les colons, qui exploitaient sans vergogne les ressources du pays. Cette minorité au pouvoir vivait dans la crainte d'une révolte des 4,6 millions de Noirs qui vivaient sous leur joug. Bulawayo, dont le nom signifie

« lieu de massacre », était la capitale de la tribu ndébélé. Pendant la colonisation, c'était une ville industrielle prospère, où transitaient les métaux, le bétail, le coton, le tabac et le maïs. La Rhodésie était une colonie très riche, qui n'a pas trop souffert des sanctions internationales destinées à contraindre le Premier ministre Ian Smith, suprémaciste blanc, à effectuer un transfert de pouvoir à la majorité noire.

Pendant les années 1960, le mouvement nationaliste noir a pris de l'ampleur. Trois jours avant la naissance de LeRoux, les tensions raciales et économiques latentes ont mené à ce que les Blancs ont appelé la Guerre du bush et les Noirs la Guerre de libération.

Le 21 décembre 1972, à exactement 3 heures du matin, la guérilla nationaliste noire, soutenue par la République populaire de Chine, a attaqué la plantation de tabac d'un colon belge, connu pour sa cruauté envers les travailleurs noirs. Plusieurs fermes de propriétaires blancs ont été incendiées dans la foulée. En représailles, les forces de sécurité rhodésiennes, parmi lesquelles le groupe secret des *Selous Scouts*, ont mené des raids punitifs. Ces événements ont marqué le début de la guerre civile. De nombreuses exactions ont été commises dans les deux camps. Ainsi que l'historien britannique Piers Brendon l'a écrit en 2008 dans *The Decline and Fall of the British Empire* :

> Des villes comme Salisbury et Bulawayo, où vivaient la plupart des Européens, ont beaucoup souffert de la guerre. Les guérillas, soutenues pour certaines par la Chine, pour d'autres par la Russie et basées au Mozambique et en Zambie voisins, ont attaqué des fermes isolées, des voies de chemin de fer et des routes. Les Blancs qui vivaient à la campagne ont transformé leurs maisons en bunkers, protégés par des sacs de sable et des barbelés. Ils ont organisé des rondes avec des chiens et des lampes-torches. Les guérillas ont forcé les populations locales à rejoindre leurs rangs, faisant régner la terreur, menaçant de mort quiconque

leur résistait. Les chefs de tribu étaient régulièrement torturés et tués. Les enseignantes étaient violées. Les villages étaient mis à feu et à sang. Les mesures prises par le gouvernement contre l'insurrection étaient tout aussi barbares : châtiments collectifs, fermeture des écoles et des hôpitaux, mise en place de zones où les soldats étaient autorisés à tirer sans sommation. Les troupeaux des Africains étaient saisis ou délibérément contaminés à l'anthrax. Lorsqu'ils étaient capturés, les combattants étaient soumis à la torture : certains subissaient des chocs électriques, d'autres étaient traînés sur des kilomètres à l'arrière de Land Rover ou « attachés à un arbre, tête en bas, et battus à mort ». Un membre des forces de police chargées d'« anéantir » les insurgés a dit : « Je ne me suis jamais autant amusé de ma vie ». Les *Selous Scouts*, impliqués dans des raids transfrontaliers et des courses-poursuites, étaient de loin les plus violents. En 1974, la situation a changé : au lieu de massacrer les insurgés, les services secrets ont adopté une nouvelle stratégie et ont commencé à les recruter.

En 1978, la Rhodésie était affaiblie. Son seul allié, l'Afrique du Sud, était exsangue à cause des sanctions imposées par la communauté internationale contre la politique d'apartheid. Sous la pression des Nations unies, de la Grande-Bretagne et des États-Unis, Smith a été contraint d'organiser des élections, que le chef de la guérilla Robert Mugabe et son parti ont remportées haut la main le 4 mars 1980. La Rhodésie a alors été rayée de la carte et remplacée par la République indépendante du Zimbabwe.

L'indépendance n'a pas ramené la paix. Mugabe est parti en guerre contre ses rivaux politiques et les chefs tribaux. Il a créé la 5e Brigade, une unité spéciale de 5 000 hommes, surentraînés et équipés par la Corée du Nord. Il a disséminé ses troupes dans la campagne, avec pour mission de piller les villages mais également de violer, torturer et massacrer leurs habitants. Entre 20 000 et 80 000 personnes, pour la plupart des civils, ont perdu la vie.

D'après les informations dont on dispose sur les membres de la famille LeRoux, ils n'ont pas été témoins de ces violences. Quand la guerre a commencé, LeRoux et ses parents ont quitté Bulawayo pour s'installer à Mashaba (ou Mashava), une ville minière à deux cent cinquante kilomètres à l'est de Bulawayo. Paul LeRoux père y dirigeait une mine d'amiante, dans l'immense complexe minier de Shabanie et Mashaba, l'un des plus vastes et des plus dangereux au monde. D'après les documents de l'époque, la guerre n'a pas touché la ville de Mashaba. Il ne faisait pas bon y être un mineur noir mais, pour le fils d'un riche patron blanc, la vie était douce.

La suprématie blanche n'a pas survécu aux malversations financières de Mugabe, qui ont ruiné le pays, entraînant la fuite des investisseurs. Pour beaucoup de Rhodésiens blancs, le retour en Grande-Bretagne était exclu. Ils souffraient d'une image qui leur collait à la peau depuis les débuts de la colonisation. Comme l'a écrit Piers Brendon : « Contrairement au Kenya qui était présenté comme le terrain de jeu des riches, le paradis des sportifs, le mess des officiers, la Rhodésie était plutôt la terre des sous-officiers. » Les intellectuels britanniques méprisaient les Rhodésiens blancs qu'ils prenaient pour des moins que rien, des incapables violents, stupides et sûrs de leurs privilèges. Dans son livre de 1965, *The White Tribes of Africa*, le journaliste britannique Richard West écrit : « Quand on arrive à Salisbury[1], ce qui saute aux yeux, c'est l'incompétence crasse des Européens. Les employés d'hôtel malpolis et paresseux, les vendeuses qui ne savent pas compter, les membres d'équipage incapables de faire leur travail sont tous blancs et incompétents, même selon les standards africains. La seule raison pour laquelle on ne les licencie pas, c'est parce que les clients préfèrent être servis par des Blancs et que les Blancs ont fait en sorte d'empêcher les Noirs d'occuper ces postes. » Robert Blake,

1. Ancien nom de la capitale actuelle du Zimbabwe, Harare.

historien britannique et auteur du livre très respecté *A History of Rhodesia*, décrit la colonie comme « un désert culturel qui n'a jamais produit une seule œuvre intellectuelle, littéraire ou artistique ». Les rares intellectuels rhodésiens ne contredisent pas cette version des faits. Frank Clements, réformateur rhodésien blanc et journaliste, qui a occupé les fonctions de maire de Salisbury au début des années 1960, écrit dans un livre publié en 1969, *Rhodesia : The Course to Collision*, que les Blancs qui avaient porté Ian Smith au pouvoir étaient les « rebuts de la société britannique » qui avaient estimé « que leur seule chance de réussir était de quitter leur pays. Dans tous les secteurs d'activité, de la comptabilité au bâtiment, du journalisme à la vente, la Rhodésie n'offrait aucune perspective aux gens talentueux et compétents. »

Même pour l'élite de la société rhodésienne, les perspectives de travail en Grande-Bretagne et en Europe de l'Ouest, alors en pleine période de récession et de chômage, n'étaient pas glorieuses. La plupart des Rhodésiens blancs ont donc préféré émigrer de l'autre côté de la frontière, en Afrique du Sud.

La famille LeRoux s'est jointe à l'exode des Blancs en 1984 et s'est installée en Afrique du Sud, dans la ville minière de Krugersdorp, à huit cent cinquante kilomètres au sud de Bulawayo. Le père de LeRoux avait fait valoir sa connaissance de l'industrie minière pour y décrocher un emploi dans une mine de charbon.

L'Afrique du Sud n'avait alors pas grand-chose à offrir aux nouveaux arrivants hormis une vie de marginaux. La paix était fragile. En 1984, les Afrikaners les plus radicaux avaient mis en place une nouvelle constitution, qui donnait le contrôle du Parlement aux Blancs, quelques miettes aux Métis et aux Indiens et rien du tout aux Noirs. Quand les nationalistes noirs se sont révoltés, les Blancs au pouvoir ont déclaré l'état d'urgence et la suspension des droits civiques. Cette décision a entraîné des sanctions internationales et un renforcement de l'embargo économique, affaiblissant une économie déjà fragilisée par des années de sécheresse.

La ville de Krugersdorp n'a pas été épargnée par les troubles. Les Noirs des *townships* voisines sont venus grossir les rangs des rebelles. Les bâtiments du gouvernement ont été visés par des attentats à la bombe. En 1990, Nelson Mandela, leader du mouvement nationaliste noir, à la tête de l'ANC (Congrès national africain), a été libéré après vingt-sept ans d'emprisonnement. Quatre ans plus tard, l'apartheid a été aboli, et les premières élections multiraciales se sont tenues. Mandela est alors devenu le premier président sud-africain démocratiquement élu.

Pendant les années de crise économique et d'isolement politique, Krugersdorp, comme de nombreuses villes de la région du West Rand, a vu se multiplier les camps de réfugiés où s'installaient les Blancs pauvres. Comme l'a écrit John Grobler, journaliste spécialiste de l'Afrique australe : « Ceux qui se sont installés là étaient pour la plupart des Afrikaners pauvres, ce qui a entraîné une hausse de la criminalité. » Le système judiciaire ne fonctionnait plus et les Sud-Africains, qu'ils soient blancs, métis ou noirs, faisaient ce qu'ils pouvaient pour survivre.

Au milieu de ces tumultes, l'histoire de la famille LeRoux reste un mystère. LeRoux a parfois parlé de son enfance, disant que, s'il n'avait jamais manqué de rien matériellement, il n'avait jamais eu droit à l'amour de ses parents. Sa mère était fragile. Son père avait quitté le domicile familial. LeRoux a aussi prétendu que son père était impliqué dans un réseau de trafic de diamants et qu'il avait présenté son fils à des figures importantes de la mafia sud-africaine. Ces informations sur l'enfance et l'adolescence de LeRoux n'ont jamais pu être vérifiées. Tous ceux qui ont fréquenté LeRoux de près ou de loin s'accordent à dire que LeRoux est un manipulateur doublé d'un mythomane, qui adapte son récit en fonction de son interlocuteur. Même s'il n'avait pas l'habitude de se lamenter sur son sort, LeRoux ne rechignait pas à se présenter comme un pauvre petit orphelin si cela lui permettait de parvenir à ses fins.

Ce qui est certain, c'est que l'adolescence est le pire moment pour être mis au ban de la société. À tous points de vue, LeRoux était un étranger. C'était un Rhodésien anglophone au milieu de Blancs qui parlaient l'afrikaans et un Blanc au sein d'une population composée à 85 % de Noirs et d'Asiatiques. En Afrique du Sud, les Blancs étaient au sommet de la hiérarchie sociale, mais LeRoux était un adolescent rond et mal dans sa peau, qui détestait le sport, contrairement à ses camarades de classe.

LeRoux s'est alors réfugié dans l'informatique. Il a commencé par étudier la programmation dans une école technique en Afrique du Sud, où ses talents se sont rapidement affirmés, dépassant de loin ceux de ses camarades et de ses professeurs.

En 1992, à l'âge de vingt ans, il a décroché son premier emploi dans un cabinet de conseil en technologie, BEI International, dont les bureaux étaient situés à Londres. Ce cabinet fournissait des logiciels de gestion électronique de documents à ses clients. LeRoux y faisait du codage : il était chargé de sécuriser les réseaux et les systèmes de gestion de données d'entreprises, de banques, de cabinets d'avocats et même de ministères. Il s'était mis en tête de devenir spécialiste en cybersécurité pour protéger les ordinateurs et les réseaux informatiques des attaques malveillantes. La cybersécurité était un domaine qui commençait tout juste à se développer et ne cessait d'évoluer à mesure que grandissaient les besoins des entreprises, et que les services de renseignement, les usurpateurs d'identité et les hackers développaient des techniques toujours plus performantes pour s'infiltrer dans les systèmes de stockage de données sensibles.

LeRoux était malin. Il n'avait pas choisi la cybersécurité par hasard. Quand il était arrivé à Londres, il n'avait pas de réseau.

Personne ne pouvait le présenter à ceux qui avaient le pouvoir et l'argent, ou l'introduire dans les cercles privés et les clubs d'influence fréquentés par des hommes – rarement par des femmes – diplômés des universités américaines ou britanniques les plus prestigieuses. LeRoux n'avait pas le profil. C'était un Sud-Africain sans le sou, sorti de nulle part, il ne ressemblait à rien et n'avait aucune chance d'être invité à siroter des cocktails.

Pourtant, en tant qu'expert en cybersécurité, il passait son temps à fouiner dans les bases de données des institutions les plus puissantes, à jongler entre les serveurs et les connexions Internet. Son travail lui permettait de s'introduire en toute légalité dans les systèmes informatiques de banques, d'entreprises, de cabinets d'avocats et de ministères pour lesquels il travaillait. Personne ne faisait attention à lui. Quelle meilleure école pour apprendre comment fonctionnaient toutes ces institutions ?

LeRoux était un petit génie de l'informatique. Il aurait pu se faire embaucher par les services de renseignement ou bien détruire de grandes quantités de données. Il ne l'a jamais fait. LeRoux n'était pas un troll. Ce qu'il voulait, c'était innover.

À Londres, il a rencontré et épousé une jeune Australienne. En 1994, il a déménagé à Sydney pour la suivre. Il a alors été embauché par une entreprise, NEON (New Era of Networks). Son mariage n'a pas duré, mais il lui a permis d'obtenir la nationalité australienne. LeRoux s'est toujours présenté comme rhodésien ou australien, jamais comme sud-africain même s'il avait la nationalité. LeRoux admirait l'audace et l'esprit d'entreprise des Australiens, qu'il associait au célèbre chasseur de crocodiles Crocodile Dundee.

Après son divorce, LeRoux a repris sa vie nomade. Il a quitté NEON pour une autre entreprise, Crypto Solutions, et a travaillé successivement à Londres, à Hong Kong, en Virginie et à Seattle. Il a raconté avoir travaillé comme consultant pour le GCHQ (Government Communications Headquarters), le service de renseignement du gouvernement britannique, connu pour avoir intercepté et décodé les communications des nazis pendant la Seconde Guerre mondiale. À l'époque, le siège du GCHQ avait déjà été transféré de Bletchley Park, dans la banlieue de Londres, à la périphérie de Cheltenham, mais le GCHQ restait baigné d'une aura de romantisme et de mystère. Cette information n'a jamais été prouvée, et LeRoux n'a sans doute jamais été espion mais, si tel est le cas, il a certainement beaucoup appris de cette expérience au sein des services de renseignement britanniques.

En 1997, pendant un séjour à Londres, LeRoux a fait la rencontre d'un jeune homme qui a eu malgré lui une influence considérable sur sa carrière de criminel. Wilfried Hafner était un jeune entrepreneur audacieux, qui exerçait comme consultant au sein d'une entreprise spécialisée en cybersécurité, dont le siège était situé à Munich. C'était un jeune homme mince, élégant, chauve comme un œuf, qui portait des lunettes. Il avait vingt-cinq ans, soit l'âge de LeRoux à sept mois près. C'était un ancien hacker de génie. Il avait changé de camp et dirigeait à présent plusieurs entreprises, dans la légalité. Il conseillait également le gouvernement sur la protection de données sensibles. Hafner comptait parmi ses clients de nombreux investisseurs riches et respectables, ainsi que des entreprises un peu partout dans le monde, de Hong Kong à Rio. Il avait tout du parfait gentleman cosmopolite. La première fois que LeRoux avait vu Hafner, il avait été immédiatement impressionné par ses bonnes manières et son costume impeccable. Le Rhodésien n'avait jamais rêvé de posséder de costume, mais celui-là lui semblait fait pour lui. L'étoffe de laine noire désignait le sérieux et la respectabilité, et la coupe, l'argent.

— Vous au moins, vous savez vous habiller, lui avait dit LeRoux.

Hafner, lui, était face à un adolescent attardé et grassouillet, qui portait l'uniforme type du geek : T-shirt et pantalon trop larges. Il était divorcé, vivait seul, se nourrissait de *junk food* et galérait à payer son loyer. Pourtant, il voulait se faire un nom. Dans son témoignage, Hafner dit de lui :

— LeRoux était malheureux parce qu'il n'avait pas d'argent. Pour lui, sans argent, on n'existe pas.

Mais, dès le premier instant, Hafner avait décelé que LeRoux était bien plus que ce que son apparence laissait supposer. Et il avait senti d'emblée que LeRoux possédait des talents qui lui seraient extrêmement précieux pour la nouvelle gamme de produits qu'il était justement en train de lancer. LeRoux était un Ninja du codage informatique. Il savait parler aux machines. Il maîtrisait certes les langages de programmation informatique de pointe, mais était également spécialiste du langage qu'on utilisait au début de l'ère informatique et qu'on appelle « langage de programmation de bas niveau », « langage d'assemblage » ou « langage machine ». Ce langage est constitué de séries de lettres, de chiffres et de symboles, conçues par des mathématiciens et des informaticiens entre les années 1940 et le début des années 1960. Il est traité directement par la machine (le circuit imprimé et d'autres parties de l'ordinateur), avant l'installation du système d'exploitation et des logiciels. La maîtrise de la programmation de bas niveau, en langage geek, ça s'appelle le *bare metal*. Il s'agit de travailler au plus près de l'appareil. Il n'existe pas beaucoup de programmeurs qui maîtrisent le langage de bas niveau. La plupart des tâches informatiques comme la conception des sites ou le traitement des pixels utilisent un langage de programmation de haut niveau, dont les instructions sont directement en anglais.

Hafner avait recruté des ingénieurs pour concevoir des codes destinés à protéger les données sensibles de ses clients. Ils butaient sur un problème qui demandait une connaissance approfondie du langage de bas niveau. Hafner s'était renseigné, et on lui avait recommandé LeRoux, qui s'était montré à la hauteur. Il ne lui avait fallu que quelques jours pour trouver une solution.

Deux ans plus tard, Hafner avait recontacté LeRoux pour lui faire une proposition alléchante. Il lui offrait un poste de directeur de la technologie dans son entreprise. Hafner lui proposait d'être son associé. Ce poste, c'était tout ce dont LeRoux avait toujours rêvé : un statut, un bon salaire et, surtout, un pouvoir de décision.

Hafner voulait lancer une start-up pour concevoir et commercialiser un logiciel utilisant une nouvelle technique de chiffrement de données, le « chiffrement complet de disque ». Cette technique était déjà utilisée pour chiffrer les mails et les textos. Le problème, c'est que ces logiciels géraient les tâches une par une. C'était laborieux et inadapté. Les banques, les entreprises et les agences de renseignement stockaient de plus en plus de données en ligne, la capacité des disques durs augmentait, et les gens trimballaient ces données sur des ordinateurs portables qu'ils oubliaient parfois dans le taxi, dans le métro ou au café. Ou, parfois, ces ordinateurs étaient ciblés par des « cambriolages » de bureaux ou de chambres d'hôtel d'hommes d'affaires, ou savamment subtilisés par la police aux frontières en Russie, en Chine ou en Iran. Et la seule façon de protéger un ordinateur et de bloquer l'accès aux données qu'il contenait, c'était de le sécuriser grâce à un système de codage à plusieurs niveaux. C'était le projet de Hafner, mais il se heurtait à des difficultés techniques de taille.

— Les programmeurs, c'est pas ça qui manque, mais peu d'entre eux sont capables de développer un logiciel de chiffrement complet de disque, affirme Hafner, toujours dans son témoignage.

LeRoux faisait partie de ceux-là grâce à sa connaissance approfondie du langage de bas niveau. En plus, c'était un touche-à-tout. N'importe quel programmeur est capable d'imiter ce que d'autres ont déjà fait. Mais pour innover, il faut un homme capable d'inventer de nouvelles manières de faire et de mettre ses idées en application.

— Paul, c'est un codeur de génie. Je n'ai jamais rencontré quelqu'un d'aussi intelligent et rigoureux, ajoute Hafner. Beaucoup de gens ont de bonnes idées mais ne savent pas les mettre en application. Paul y arrive toujours. Et il ne lâche jamais le morceau.

Pour LeRoux, devenir l'associé de Hafner signifiait renoncer à son mode de vie nomade et poser ses fesses sur une chaise et ses gros doigts sur un clavier. Ce que Hafner lui demandait, c'était de consacrer un ou deux ans de sa vie à composer une symphonie pour ordinateurs, que seules les machines peuvent entendre. Pour convaincre LeRoux, Hafner était allé le chercher au volant de sa Mercedes 500L pour l'emmener faire un tour au Cap-d'Antibes, le coin le plus huppé de la Côte d'Azur, où il possédait une villa. Il voulait donner à LeRoux un aperçu du luxe dans lequel il pourrait baigner s'il acceptait de s'associer à lui.

Mais LeRoux ne se laissait pas facilement impressionner. Les paysages magnifiques de la Côte d'Azur et le bleu céruléen de la mer et du ciel qui ont hypnotisé Claude Monet, Henri Matisse, Pablo Picasso, Edith Wharton, Somerset Maugham, Graham Greene, Francis Scott et Zelda Fitzgerald, Cole Porter, Rudolph Valentino, Alfred Hitchcock, Bono et Mick Jagger, il s'en foutait. Marcher dans les pas de Fitzgerald, sur les lieux où il a achevé la rédaction de *Gatsby le Magnifique* et commencé à écrire *Tendre est la nuit*, ça ne l'intéressait pas. Les cafés de Saint-Tropez à l'odeur musquée où Brigitte Bardot a dansé pieds nus dans *Et Dieu créa la femme*, la falaise où Jean Seberg a mené Deborah Kerr à la mort dans *Bonjour Tristesse*, tout ça le laissait de marbre. Le musée Picasso ? Une dégustation de homard au Carlton à Cannes ? Aucun intérêt, pas plus que la crique où Alfred Hitchcock a filmé les étreintes de Grace Kelly et Cary Grant dans *La Main au collet*. LeRoux passait son temps à râler. Toutes ces stars qui prenaient le soleil sur la terrasse en marbre du Carlton, ça le mettait mal à l'aise. Avec son T-shirt, son short et ses tongs, c'est vrai qu'il détonnait. Il se contenterait d'un *fish and chips* dans une paillote au bord de l'eau, merci.

Hafner commençait à désespérer. Il avait alors abattu sa dernière carte, un détour par le quai des Milliardaires, à Antibes (que les Français appellent l'anse de l'Argent faux). Pour LeRoux, le coup de foudre avait été immédiat. Amarrés dans l'eau d'un bleu scintillant, les super yachts des oligarques russes, des armateurs grecs et des cheikhs du golfe Persique brillaient de mille feux. Ces bateaux gigantesques étaient pourvus d'équipements à faire passer les méchants de James Bond pour des guignols : un ou deux hélicoptères, un héliport, des piscines, des terrains de sport, des jet-skis et des colosses russes ou ukrainiens armés jusqu'aux dents qui montaient la garde. Sur les chaises longues, des jeunes femmes belles à couper le souffle bronzaient en ajustant les lunettes de soleil qui leur servaient à cacher les coquards que leurs amants/gardiens/maîtres leur avaient infligés. Les yeux de LeRoux brillaient comme s'il venait de toucher le jackpot. Rétrospectivement, c'est peut-être le déclic, le moment où ce jeune programmeur inconnu est devenu LEROUX. Hafner se souvient de ce moment :

— Il a dit « C'est ça que je veux. » Pas d'avoir un yacht, mais d'avoir les moyens de s'en acheter un. Il a commencé à faire des calculs dans sa tête. Si un mec a assez d'argent pour acheter un yacht qui doit coûter dans les 100 millions de dollars, ça veut dire qu'il a déjà une baraque, une résidence secondaire, une voiture de collection, un hélico. Le yacht, c'est la cerise sur le gâteau. Donc admettons que ce yacht, il coûte 100 millions de dollars, ça veut dire que ce mec, il a beaucoup plus d'argent que ça. Et si on ajoute l'argent nécessaire à l'entretien du yacht toute l'année… Il additionnait les chiffres en se disant : *Ça, c'est mon rêve.*

Il voulait la totale : le super yacht mais aussi les bimbos trop maquillées en string et cuissardes, la villa en bord de mer pour les vacances, la maison dans le centre-ville de Londres, les appartements à Hong Kong et à Paris, les Ferrari, les gardes du corps et tout ce qui va avec.

À peine avait-il mis les pieds au casino de Monte-Carlo que ses exigences montèrent encore d'un cran. Il avait dérogé pour l'occasion à ses habitudes et il avait emprunté une chemise et un costume à un ami de Hafner, qui lui avait aussi prêté une cravate en soie, qu'il avait nouée autour de son cou de taureau. Hafner lui avait apporté un petit tas de jetons pour jouer à la roulette. LeRoux était ébloui. Les Russes étaient amassés autour des tables de jeu, à écluser des vodkas en pelotant des femmes magnifiques, juchées sur des talons aiguille et très légèrement vêtues. Ils avaient beau perdre des sommes énormes au jeu, ça ne les empêchait pas de trinquer en riant. Hafner observait LeRoux à la dérobée. La fascination que les joueurs exerçaient sur LeRoux ne lui avait pas échappé. Les Russes étaient accros au jeu, ce qui en faisait de bons clients. Ils ne regardaient pas à la dépense, et le casino s'en mettait plein les poches. LeRoux avait enregistré cette information dans un coin de sa tête. Ça pouvait toujours servir.

LeRoux accepta la proposition de Hafner. Pendant deux ans, la collaboration se passa bien. LeRoux vivait à Rotterdam et faisait du télétravail. Les échanges avec Hafner et ses collègues se faisaient par mail. Mais Hafner savait pertinemment que LeRoux avait une fâcheuse tendance à manipuler les gens. Il ne pouvait pas résister à la tentation de se payer la tête de ses collègues. Il mentait comme un arracheur de dents. Il se vantait souvent auprès de Hafner des tours qu'il avait joués à ses collègues. Il les faisait marcher, puis s'empressait de tout raconter à Hafner pour se moquer d'eux.

— C'est un bon acteur. Il est capable de vous faire avaler n'importe quoi pour parvenir à ses fins.

LeRoux était un profiteur.

— Il arrivait à convaincre les autres de faire le boulot à sa place. Il allait sur Internet, il trouvait quelqu'un qui était prêt à lui rendre service gratuitement, et le tour était joué. Il y a plein de geeks qui traînent sur Internet et qui n'attendent que ça.

LeRoux était d'un tempérament calme, mais il était parfois pris d'accès de colère, au cours desquels il pouvait se montrer méprisant. Une fois, au téléphone, LeRoux avait dénigré ce que Hafner estimait être une faveur qu'il lui faisait. Hafner lui avait raccroché au nez. LeRoux avait rappelé en pleurant et en s'excusant platement. Hafner avait répondu qu'il était fâché et qu'il considérait que LeRoux l'avait gravement insulté, étant donné tout ce qu'il avait fait pour lui. Il avait ajouté froidement :

— Je ne te dois rien.

LeRoux avait recommencé à pleurnicher et à se confondre en excuses. Hafner et LeRoux avaient fini par se réconcilier.

En 2001, Hafner monta une nouvelle start-up, SecurStar, pour commercialiser le logiciel qu'ils avaient mis au point, *DriveCrypt*. La mise sur le marché était prévue pour le mois de novembre. Ils touchaient au but.

Mais la trêve n'avait pas duré. Sans explications, LeRoux changea radicalement d'attitude. En 2002, quelques mois seulement après le lancement du produit, LeRoux annonça à Hafner qu'il trouvait que sa position dans l'entreprise n'était pas à la hauteur de son mérite.

— Je suis ambitieux. J'ai besoin d'argent.

LeRoux voulait vivre dans le luxe. Il venait de se remarier à une expatriée taïwanaise, Lilian, qui avait donné naissance à un fils, le premier de leurs quatre enfants.

— Les logiciels de chiffrement, c'est une niche. C'est pas le bon cheval pour gagner de l'argent rapidement, avait dit Hafner.

L'entreprise de Hafner commençait à rapporter de l'argent mais pas autant que ce que LeRoux escomptait et pas assez vite à son goût. Hafner proposa alors à LeRoux de lui présenter des types qu'il connaissait et qui travaillaient dans l'industrie des casinos en ligne au Costa Rica. Ça marchait bien, et ils avaient probablement besoin d'un codeur.

LeRoux sauta sur l'occasion. Il avait encore en tête cette soirée passée avec Hafner au casino de Monte-Carlo : les accros au jeu qui claquent de l'argent, les dorures, les voitures de collection, les femmes. Hafner l'avait mis en garde : ce projet exigeait que LeRoux déménage au Costa Rica. Qu'est-ce qu'il allait faire de son fils et de Lilian ? Hafner entendait le bébé, âgé de cinq mois environ, qui pleurait dans la pièce. LeRoux avait répondu, imperturbable :

— Pas de problème, je peux les laisser là. En plus, j'ai entendu dire que les Sud-Américaines sont plutôt pas mal.

Hafner était atterré. Comment un homme pouvait-il envisager aussi froidement d'abandonner sa famille ? Son associé le mettait de plus en plus mal à l'aise. Quelques mois auparavant, LeRoux avait lâché qu'il avait été adopté et avait dit à propos de son père biologique :

— J'en ai rien à foutre de lui.

Hafner était resté sans voix. Il venait d'un milieu où on ne dit pas de mal de ses parents, même si on le pense.

Hormis ces tensions, tout allait bien entre eux jusqu'à ce que Hafner finisse par découvrir que LeRoux avait piqué dans la caisse. LeRoux avait mis la main sur une série de codes élaborés par SecurStar et les avait vendus en cachette à une entreprise britannique. C'était une autre équipe d'ingénieurs qui avait travaillé sur ce code, destiné à contrôler une clé cryptée. Étant donné sa complexité, ce code valait 100 000 dollars au bas mot, peut-être même plus sur le marché noir.

Quand Hafner le mit au pied du mur, LeRoux ne prit même pas la peine de nier. Il fournit une excuse minable, et Hafner le licencia sur-le-champ sans vraiment comprendre ce qui avait bien pu lui passer par la tête. Comment le directeur technique d'une entreprise pouvait-il trahir ses propres employés ? Et pour quels bénéfices ? LeRoux n'avait pas besoin de voler. SecurStar était en pleine croissance, c'était une opportunité en or de gagner beaucoup d'argent, bien plus que 100 000 dollars. Il suffisait d'un peu de patience. En piquant dans la caisse, LeRoux avait perdu quelque chose d'inestimable : la relation de confiance qu'il avait avec Hafner, son mentor. C'était la première et la dernière fois que LeRoux entretenait une relation quasi amicale avec une personne de son âge.

LeRoux et Hafner reprirent contact en 2004, à propos d'un brevet pour un logiciel quelconque. Mis à part ce bref intermède, LeRoux avait totalement disparu de la vie de Hafner jusqu'à ce que Hafner reçoive un message de son ancien associé sur sa vieille boîte mail Yahoo, en 2008. Le message était bref : « Salut, comment ça va ? » Hafner avait répondu, et ils avaient un peu discuté. LeRoux semblait excité de reprendre contact avec Hafner. Il se montrait courtois et amical, comme toujours, mais plus mature. Au détour de la conversation, Hafner mentionna à LeRoux un logiciel qu'il était en train de développer pour l'armée et pour le gouvernement. Ce logiciel, nommé *PhoneCrypt*, était destiné à empêcher que les appels téléphoniques soient interceptés. Il avait prévu de le commercialiser dès qu'il aurait réuni les 3 millions de dollars qui lui manquaient.

— Je viens de me faire 20 millions de dollars, lui dit LeRoux, et je cherche à les investir. Je peux te donner les 3 millions.

Mais Hafner ne voulait plus avoir affaire à LeRoux, et ce qu'il ajouta ensuite le conforta dans ce choix :

— Je suis sûr que cette boîte peut devenir le nouveau Microsoft. Envoie-moi ton business plan, que je voie ce que je peux faire.

LeRoux y allait trop fort. Il se la jouait mâle alpha, et cette remarque arrogante (« Envoie-moi ton business plan ! ») était extrêmement irrespectueuse. Hafner l'écoutait poliment, sans en croire ses oreilles. LeRoux aurait dû savoir que les investisseurs à qui Hafner avait fait appel étaient des amis de longue date, qui lui faisaient confiance et ne lui demandaient pas de business plan. Hafner leur parlait du projet, et ils décidaient d'investir parce que le projet leur plaisait, point. Hafner avait l'impression que LeRoux essayait de réécrire l'histoire : l'ex-patron dans le rôle de l'obligé, LeRoux dans celui du mécène providentiel qui avait besoin d'être briefé avant d'investir.

Hafner flaira l'entourloupe. LeRoux devait être en train de monter une arnaque ou d'aller à la pêche aux informations. Il ne croyait pas à l'histoire des 20 millions de dollars. Il avait raconté cette histoire à un de ses collègues, plus tard, et ils étaient tombés d'accord : LeRoux était un mec bizarre et toxique, qui avait besoin qu'on s'intéresse à lui.

— Je ne comprends toujours pas ce qui est arrivé à Paul, lui avait dit son collègue. C'est le type le plus intelligent que je connaisse. Il aurait pu arriver au sommet. Ça n'a aucun sens.

Ce qu'ils ne savaient pas (et qu'ils ne pouvaient pas savoir), c'est que LeRoux était déjà au sommet. Il possédait bien plus que 20 millions de dollars. Il avait créé la plus grande entreprise de vente en ligne de produits pharmaceutiques au monde. Il avait des liasses de billets de 100 dollars et de 500 euros. Mais ça ne lui suffisait pas, il était mégalomane, il en voulait plus.

À ce moment-là, il se conformait à ce que le réalisateur John Huston appelle « la face sombre de l'action humaine » dans son film, *Quand la ville dort*. Pour LeRoux, l'entreprenariat était une vocation. Il était bâti sur le même modèle que ses contemporains Elon Musk (le Sud-Africain qui n'avait qu'un an et demi de plus que LeRoux et avait déjà bouleversé l'économie traditionnelle) et Jeff Bezos (qui avait six ans de plus que lui, venait également d'une famille modeste, avait fondé Amazon en 1994 et était en passe de devenir l'homme le plus riche du monde, en 2018). Musk et Bezos investissaient à présent dans l'exploration spatiale, ce qui changeait radicalement de leurs activités de départ (la cartographie numérique pour Musk et la vente de livres pour Bezos).

Les activités de LeRoux faisaient plutôt pencher la balance du côté sombre de l'entreprenariat. Il trempait dans de nombreux trafics. C'était sa mentalité de Rhodésien : il y allait à fond, n'hésitait pas à utiliser les munitions dont il disposait et était toujours prêt à disparaître dans la nature.

— Les seuls qui peuvent l'attraper, c'est les Américains, avait dit Jack. LeRoux estime qu'il n'est en sécurité nulle part. C'est pour ça qu'il a des planques un peu partout.

À la fin de sa cavale, LeRoux avait essayé d'acheter le roi du Swaziland pour obtenir l'immunité diplomatique et échapper à l'extradition. Ça n'avait pas marché. Il avait également songé à se réfugier en Iran. Étant donné qu'il travaillait pour l'Organisation des industries de défense, il pensait que l'Iran lui accorderait l'asile politique. En vérité, ce scénario était extrêmement improbable. Il est difficile de passer inaperçu en Iran quand on est un gros type blanc et caucasien. Sans compter que le pays est contrôlé par des fanatiques religieux et par les Gardiens de la révolution islamique. Pas l'idéal quand on est un coureur de jupons et un profiteur de guerre sans foi ni loi.

LeRoux restait un Rhodésien dans l'âme. Tout le ramenait au pays où il était né. En 2007 et en 2008, LeRoux avait donné 12 millions de dollars au trafiquant d'armes iranien Ari Ben-Menashe, proche de Robert Mugabe, alors président du Zimbabwe. LeRoux voulait louer un grand terrain confisqué à des fermiers blancs par Mugabe en 2000, pendant les réformes agraires. Ce projet avait échoué. LeRoux n'avait pas pu acheter le terrain et n'avait jamais revu la couleur de son argent.

LeRoux avait alors changé de stratégie. Un peu plus tard, en 2009, il avait envoyé Jack en mission au Zimbabwe pour repérer des planques. Il lui avait donné un cahier des charges très précis :

il voulait une villa coloniale, avec des plantations, des colonnes blanches, des hectares de terrain et une grande allée sinueuse pour y accéder. Une telle description laisse à penser que LeRoux était nostalgique de l'époque révolue où les planteurs blancs se la coulaient douce dans les collines verdoyantes de l'Afrique australe. Cette maison dont rêvait LeRoux, c'était celle de ces riches propriétaires blancs et oisifs qui passaient l'après-midi à siroter du thé glacé sous le porche de leur villa en observant les travailleurs noirs qui se tuaient à la tâche, puis organisaient des réceptions fastueuses le soir, avant de tromper leurs femmes avec celles de leurs amis.

LeRoux n'avait pas grandi dans une villa coloniale, mais ce type de propriétés faisait partie de son imaginaire. Ah, ces temps glorieux où les hommes blancs entraient au Bulawayo Club, avec ses murs lambrissés, et où le *boy* de service s'empressait de leur servir un gin tonic…

LeRoux avait effectué toute sa scolarité dans des écoles fréquentées uniquement par des Blancs. Ses maîtres lui avaient enseigné les bienfaits de la colonisation, présentant les Anglais comme des pionniers, qui avaient réussi à dompter les plaines verdoyantes et désertes et à apporter la civilisation. Ce qu'on ne lui avait sans doute pas dit, c'est que la Rhodésie des Blancs s'était construite sur des massacres et des mensonges. Comme l'a écrit Richard West dans *The White Tribes of Africa* : « En Rhodésie, tout a commencé par une arnaque. » West explique en détail comment le trafiquant de diamants Cecil Rhodes s'est approprié des terres en 1890 par l'intermédiaire de la British South Africa Company. Il lorgnait sur les gisements de diamants, de pierres précieuses, d'or, d'argent, de chrome, de fer et d'autres métaux lucratifs. Les Britanniques se sont rendus à Bulawayo et ont fait signer un accord au roi : ce dernier leur cédait les gisements de métaux et de minerais en échange de cent dollars par mois, d'armes et d'un bateau. Les colons n'ont même pas tenu ces promesses, pourtant dérisoires.

Quand les peuples indigènes se sont révoltés en 1896, les troupes britanniques et les miliciens de Rhodes les ont tous exterminés. L'historien Brendon décrit des scènes d'une violence extrême : les soldats britanniques et les colons ont mis le feu aux réserves à grains dans les villages, des hommes, des femmes et des enfants ont été massacrés, on leur a coupé les oreilles pour en faire des trophées et on a utilisé leur peau pour fabriquer des blagues à tabac. Ces exactions ont provoqué une famine. Les populations locales ont dû se nourrir de racines, de cadavres de singe et de bêtes contaminées par la peste. Les rues de Bulawayo étaient remplies de réfugiés qui n'avaient plus que la peau sur les os et tentaient désespérément d'obtenir l'asile en Afrique du Sud.

Mais LeRoux ne s'intéressait pas au passé colonial honteux de son pays. Il voulait la totale : une plantation, un Land Cruiser, un Range Rover, des serviteurs soumis et des femmes. Jack a dit à ce sujet :

— Pour LeRoux, le Zimbabwe, c'est chez lui. Il est tellement mégalo qu'il s'est mis en tête que Mugabe lui a confisqué une terre qui lui appartient et qu'il doit la lui rendre. Ce qui est sûr, c'est que LeRoux entretient un lien particulier avec le Zimbabwe. Il sait ce qu'il veut et, s'il doit faire affaire avec un monstre comme Mugabe pour parvenir à ses fins, ça ne lui pose pas de problème. Il n'en a rien à foutre des gens. Les gens, c'est des singes. Mais récupérer sa terre, ça, ça lui tenait à cœur.

4

Marché noir

En 2004, LeRoux lança une nouvelle boîte, RX Limited.

Il déménagea à Manille, où il installa le siège de son entreprise, pour ouvrir des centres d'appels afin de centraliser les commandes et s'occuper des clients. Les Philippines avaient l'avantage d'offrir une main-d'œuvre bon marché, et la plupart des policiers étaient corrompus. Ce n'était pas très difficile d'acheter leur silence.

LeRoux commença par acheter plusieurs noms de domaines Internet : acmemeds.com, all-the-best-rx.com, cheaprxmeds.com, allpharmmeds.com, BuyMedsCheap.com, my-online-drugstore.com, preapprovedrx.com, MatrixMeds.com, your-pills.com, speedyrxdrugs.com, 123onlinepharmacy.com, epropecia.com et fioricetdosage.com. Il monta rapidement tout un réseau clandestin de sites, relayés par plusieurs serveurs. En quelques clics, LeRoux était devenu entrepreneur. Les entrepreneurs d'aujourd'hui n'ont pas d'usines, d'employés, de conseil d'administration ou de business plan. Pour créer une entreprise qui marche, il suffit d'avoir un concept, et LeRoux en avait un.

Ce concept, c'était la vente de pilules en ligne.

Des petites pilules aux couleurs pastel, contre la dépression ou les troubles de l'érection. Voilà comment il allait faire fortune !

Dès que son entreprise serait lancée, il pourrait se vautrer sur son matelas de billets tant désiré et acheter tout ce qu'il voudrait : des bateaux, des villas, des avions, des filles. À lui la liberté !

On ne sait pas exactement comment lui est venue cette idée, mais ce qui est sûr, c'est que c'était une idée de génie. Plus tard, LeRoux a insinué que Hafner, son ancien patron, lui avait soufflé cette idée, mais cette accusation ne tient pas la route. On pense qu'il en a entendu parler au Costa Rica, quand il travaillait pour les casinos en ligne.

La conjoncture économique était favorable à LeRoux. Il put se positionner en tête d'un marché qui n'allait pas tarder à envahir les États-Unis et que les cartels de drogue n'avaient pas anticipé. Aux États-Unis, pays où la consommation de drogues (légales comme illégales) est la plus élevée, les petits dealers de rue qui se rêvaient en Pablo Escobar ou en El Chapo étaient en train de se faire remplacer par des vendeurs de petites pilules qui semblaient tout droit sorties d'une usine de Willy Wonka.

D'après un rapport annuel du gouvernement américain, en 2004, 7,2 millions d'Américains consommaient régulièrement des médicaments qu'ils se procuraient sans ordonnance, par l'intermédiaire d'amis, de connaissances dans le milieu médical, de médecins peu scrupuleux ou de dealers. 7,2 millions, c'est presque deux fois plus que les 3,7 millions d'Américains qui consommaient régulièrement de la cocaïne, de l'héroïne, de la méthamphétamine et des drogues hallucinogènes, selon le même rapport. Seule la consommation de marijuana (14,6 millions de consommateurs réguliers en 2004) est supérieure à ces chiffres. La consommation de cocaïne était sur le déclin, avec 2 millions de consommateurs en 2004 contre 5,8 millions en 1985, au pic de l'épidémie. Les autres drogues étaient également en perte de vitesse. D'après les estimations, en 2004, 166 000 Américains consommaient régulièrement de l'héroïne, 583 000 de la méthamphétamine et 929 000 des drogues hallucinogènes. En 2017, la consommation de cocaïne a continué à baisser pour finir par plafonner à 1,9 million de consommateurs réguliers. En revanche, la consommation d'héroïne a triplé pour atteindre 475 000 personnes, devenues accros à cette drogue bon marché, après l'épidémie de prescriptions abusives d'opioïdes.

C'était un marché lucratif. Les États-Unis comptaient pas moins de 7 millions de consommateurs réguliers de pilules. Ces médicaments étaient souvent produits par des laboratoires pharmaceutiques et prescrits par des médecins. Le marché noir ne constituait qu'une petite partie d'un marché dont les profits ont dépassé un milliard de dollars en 2004. C'était une niche qui pouvait rapporter gros. Un marché pas encore saturé et susceptible de se développer. Exactement ce que LeRoux recherchait.

Cerise sur le gâteau : il n'avait pas besoin de gaspiller de l'argent en campagnes publicitaires. Depuis des dizaines d'années, les laboratoires pharmaceutiques dépensaient des fortunes pour faire la promotion des médicaments à base d'opioïdes (on estime qu'en 2004 le lobby pharmaceutique a investi 33 milliards de dollars en campagnes publicitaires). Ces publicités se ressemblaient toutes : des médicaments fabriqués dans des laboratoires immaculés et prescrits par des médecins en blouse blanche : personne ne remet en cause la parole d'un médecin, pas vrai ?

Pour vendre ses pilules, LeRoux n'a eu qu'à surfer sur cette tendance. Sur le site your-pills.com, consulté le 14 mai 2005, on voyait une photo d'un homme et d'une femme blancs, apparemment américains, en blouse blanche. Le site précisait : « Les commandes sont examinées par des médecins qui rédigent les prescriptions. Les médicaments sont ensuite fournis par des pharmacies homologuées et livrés dès le lendemain en toute discrétion, par FedEx. »

Le site MatrixMeds.com, consulté le 1er septembre 2005, montrait la photo d'un homme au physique d'acteur, en tenue de chirurgien, qui énumérait les raisons pour lesquelles il était préférable d'acheter des médicaments en ligne : « Pourquoi perdre du temps dans les salles d'attente, prendre des congés maladie, affronter les embouteillages, les tracas et les files d'attente interminables ? Grâce à notre système, vos médicaments sont livrés directement à votre domicile dès le lendemain. MatrixMeds.com est numéro un du marché ! À vous de voir. Pourquoi souffrir de douleurs que l'on peut soigner ? Obtenez les médicaments dont vous avez besoin dès aujourd'hui. Grâce à MatrixMeds.com, vous pouvez obtenir des prescriptions aux États-Unis. MatrixMeds.com n'est pas une pharmacie en ligne canadienne. Elle n'est pas anglaise. Elle n'est pas mexicaine. » Et c'était vrai, ce n'était pas à proprement parler de la publicité mensongère. Pourtant, MatrixMeds.com était une entreprise illégale et virtuelle, gérée par un Sud-Africain qui vivait à Manille.

Le site cheaprxmeds.com mettait en avant un autre argument de vente, qui jouait sur la grogne contre le prix exorbitant des médicaments aux États-Unis, par rapport au Canada. Le site se présentait comme une entreprise canadienne, qui employait des « médecins canadiens diplômés et compétents. »

C'était une stratégie marketing, mais qui avait un fond de vérité. Contrairement à d'autres trafiquants de médicaments en ligne, LeRoux ne se fournissait pas dans des pays du tiers-monde, pour la simple et bonne raison que cela représentait trop d'investissements : il fallait acheter les produits, les inventorier, les emballer, les livrer et passer la douane. Vu le nombre d'intermédiaires, les risques étaient trop grands.

À la place, LeRoux recruta des médecins et des pharmaciens aux États-Unis via Internet. Il évoluait dans le cyberespace, ce qui lui permettait de ne pas se faire repérer. Les clients potentiels devaient d'abord remplir un questionnaire en ligne, qui était transmis selon les cas à un vrai médecin ou à un individu qui se faisait passer pour un médecin. Ces derniers étaient chargés de lire le questionnaire et de fournir au client une ordonnance en ligne. Ils étaient payés par RX Limited. LeRoux avait mis au point un algorithme qui répartissait les dossiers entre vrais et faux médecins, pour que chacun ait à peu près le même nombre de « patients ». Les prescriptions étaient ensuite transmises par mail à des pharmacies chargées de livrer les médicaments aux clients via un compte FedEx ouvert au nom de l'entreprise RX Limited. Les centres d'appels collectaient les paiements bancaires et s'occupaient de rémunérer médecins et pharmaciens.

Aux États-Unis, les règles éthiques imposent qu'un patient soit examiné par un médecin avant qu'un pharmacien lui vende des médicaments. Mais LeRoux s'était renseigné : même si cela faisait partie de la déontologie, les pharmaciens n'avaient pas d'obligation légale et ne pouvaient pas être poursuivis. LeRoux a donc envoyé des représentants commerciaux aux États-Unis pour recruter des médecins et des pharmaciens peu scrupuleux, qui avaient besoin d'argent.

Ce système comportait des risques pour le client qui, n'étant pas suivi, pouvait être exposé à de dangereuses interactions médicamenteuses. Un client régulier pouvait être assigné à des médecins différents qui n'avaient accès ni à son dossier médical ni à l'historique de ses achats de médicaments. Les médecins étaient payés à la prescription et n'avaient aucun intérêt à refuser des médicaments à un client, si bien qu'à RX Limited le client était roi. Quand on demandait des pilules, on les recevait. Chaque jour, entre cinq et dix médecins rédigeaient entre cinquante et trois cents ordonnances au total.

RX Limited payait également d'autres sites Internet pour qu'ils relayent ses services. D'après le témoignage de Jonathan Wall, les centres d'appels de la société Global I-Net à Manille, qu'il gérait également, employaient des démarcheurs téléphoniques qui relançaient les clients qui avaient déjà acheté des médicaments via

RX Limited pour les pousser à la consommation. Dial Magic, un centre d'appels indépendant également domicilié à Manille, gérait le service après-vente et les questions relatives à l'expédition des commandes.

Pour limiter les risques, LeRoux avait consulté un avocat américain spécialiste de la réglementation sur les médicaments. Ce dernier lui avait déconseillé de vendre les drogues figurant sur la liste établie par le Controlled Substances Act : opioïdes, stéroïdes et drogues traditionnelles (héroïne, méthamphétamine, cocaïne, marijuana, LSD) ou « récréatives » comme l'ecstasy. La vente de ces substances constituait une violation des lois relatives au narcotrafic, qui pouvait justifier l'ouverture d'une enquête par la DEA.

Cependant, la vente de médicaments sans prescription légale constituait également un délit, même si les médicaments ne figuraient pas sur cette liste. Les vendeurs pouvaient être poursuivis pour publicité mensongère et pour violation du Food, Drug and Cosmetic Act, mis en place par la Food and Drug Administration (FDA). Le département de Justice pouvait infliger des amendes, voire, dans les affaires les plus graves, des sanctions pénales. Mais cela arrivait rarement. Les procureurs américains choisissaient de se concentrer sur les crimes graves. Ils n'avaient pas de temps à perdre à poursuivre les propriétaires de sites Internet qui, même s'ils enfreignaient les règles de la FDA, ne vendaient pas de dangereux opioïdes, responsables d'une épidémie d'overdoses aux États-Unis.

Sur les conseils de son avocat, LeRoux limita les ventes de RX Limited à des médicaments moins forts. S'il avait fait ce choix, ce n'était pas parce qu'il se souciait de la santé de ses clients mais parce qu'il ne voulait pas être dans le collimateur de la DEA. Il s'était rendu compte qu'il pouvait gagner beaucoup d'argent en vendant des médicaments autorisés : des antidouleurs comme le Tramadol, le Fioricet ou le Soma, du Viagra pour lutter contre les troubles de l'érection ou du Propecia pour ralentir la chute de cheveux. (Le Tramadol, antidouleur à base d'opiacés, a été placé sur la liste des substances non autorisées en 2014, suite à des abus.)

Pour éviter les poursuites judiciaires, LeRoux avait donné l'ordre à ses opérateurs téléphoniques de démarcher uniquement des Américains vivant dans les États où la vente illégale de médicaments est passible de poursuites civiles ou administratives mais pas pénales. Cela excluait la Floride, le Tennessee, le Kentucky et le Nevada.

LeRoux faisait en sorte que ses opérations bancaires ne soient pas centralisées pour qu'aucune institution financière ne se rende compte de l'ampleur du trafic. La plupart étaient effectuées dans des pays connus pour être des paradis fiscaux.

LeRoux avait une méthode bien à lui. En travaillant pour Hafner, il avait appris à se concentrer sur un projet et à le mener avec passion et ténacité. Mais les activités de Hafner étaient légales. Il n'avait pas besoin de se cacher. Quand LeRoux s'est lancé dans le trafic de médicaments, il a dû mettre au point une série de subterfuges pour échapper à la police. C'était loin d'être au point mais ça lui a suffi pendant plusieurs années, jusqu'à ce qu'il ait assez d'argent pour acheter le silence des policiers.

LeRoux était visionnaire : il travaillait seul, loin des incubateurs de start-up où les entrepreneurs de demain échangent leurs idées. Pourtant, il a développé un modèle semblable à celui que les entrepreneurs de la Silicon Valley allaient adopter quelques années plus tard. Eric Ries a décrit ce modèle dans un post publié sur son blog en 2008, dont il a tiré un livre en 2011 : *Lean Startup : Adoptez l'innovation continue.*

Selon lui, l'économie du XXIe siècle a évolué trop rapidement pour que l'on continue à appliquer le modèle économique traditionnel, enseigné dans les écoles de commerce. Ce modèle imposait de passer des années à développer un produit, à trouver des investisseurs, à recruter des employés et à faire la promotion du produit. Ries considère que les entrepreneurs d'aujourd'hui doivent être plus rapides et plus adaptables, et trouver une niche qui leur garantit des profits rapides. Il a écrit en 2008 : « Le *lean management* implique d'éliminer le gaspillage d'argent. Bien sûr, de nombreuses start-up sont rentables et ne demandent pas beaucoup d'investissements. Mais en se servant de l'*open source*, de la méthode agile et du développement itératif, les start-up peuvent maximiser leurs profits en faisant la chasse au gaspillage. »

En favorisant la créativité, en se servant de technologies gratuites ou bon marché, en limitant les dépenses et en s'adaptant au marché, l'entrepreneur peut produire un « produit minimum viable ». Il ne lui reste plus qu'à le tester afin de s'assurer de sa rentabilité.

Pour Ries, l'important n'est pas d'avoir un projet visionnaire mais de faire du chiffre. Si on veut faire du profit, il faut développer le produit rapidement. En cas d'échec, il faut s'adapter et trouver une nouvelle idée. Si on sait gérer l'échec et s'adapter, on peut gagner du temps et de l'argent.

Selon Eric Hellweg, directeur en stratégie numérique pour la *Harvard Business Review's*, le *lean management* implique de persévérer, jusqu'à ce que le produit prenne sur le marché. Ce modèle repose sur un faible investissement de départ, qu'on n'augmente pas tant que le marché n'a pas validé le produit.

D'après les comptes rendus de la cour fédérale de Minneapolis, LeRoux a recruté en 2005 un Israélien, Moran Oz, par l'intermédiaire d'un de ses associés, à qui il a confié les rênes de RX Limited. D'après son avocat, quand Oz a accepté cette offre, il pensait qu'il s'agissait d'une entreprise légale, presque humanitaire : LeRoux lui avait raconté que RX Limited fournissait des médicaments bon marché aux Américains qui ne bénéficiaient pas de couverture médicale. Oz travaillait depuis Jérusalem, et l'entreprise de LeRoux s'était développée si rapidement qu'en 2007, d'après l'avocat de

Moran Oz, les bureaux de Jérusalem employaient trente personnes et le centre d'appels de Tel Aviv cent cinquante. LeRoux avait ouvert d'autres centres d'appel à Manille, où il passait la plupart de son temps, et au Costa Rica où il continuait à travailler dans l'industrie des casinos en ligne. À Manille et à Jérusalem, LeRoux avait pris l'habitude d'embaucher des Israéliens pour les opérations financières. Selon lui, les Israéliens faisaient du bon travail et, grâce à la diaspora juive, avaient des contacts partout dans le monde. En plus, contrairement aux Arabes, ils pouvaient voyager sans attirer l'attention et étaient moins contrôlés : ils n'étaient pas suspectés d'activité terroriste.

LeRoux se rendit vite compte qu'il avait plus à craindre de la concurrence que des services de police. Ses concurrents n'hésitaient pas à hacker ses serveurs pour avoir accès à des listes de clients et pour saboter les logiciels qu'il utilisait. Mais LeRoux était de taille à se défendre contre ces attaques : grâce à ses compétences en cybersécurité, il avait mis en place des mesures de défense imparables. Il jonglait entre différents serveurs, domiciliés aux Philippines, en Israël et au Costa Rica. Dès qu'un serveur détectait une tentative d'intrusion, il était automatiquement fermé, et ses activités étaient redirigées vers un autre serveur.

En 2008, alors que RX Limited avait atteint sa vitesse de croisière, la vente de médicaments sur Internet commença à être plus encadrée. Aux États-Unis, les dirigeants politiques prenaient peu à peu conscience que la consommation abusive de médicaments était devenue un problème de santé publique. En octobre 2009, le Congrès vota la loi Haight (ou Ryan Haight Online Pharmacy Consumer Protection Act), du nom d'un adolescent mort d'une overdose de Vicodin, un antalgique puissant contenant de l'hydrocodone, une molécule de la famille des opiacés. L'adolescent s'était procuré ces pilules grâce à une pharmacie en ligne. La loi avait pour but de renforcer les mesures instaurées par le Controlled

Subtances Act et de rendre illégale la vente en ligne de médicaments contrôlés sans prescription médicale. Grâce à la loi Haight, la DEA a pu contraindre le groupe Visa à tracer et à vérifier les transactions bancaires liées à la vente de produits pharmaceutiques. Les responsables du groupe Visa ont alors assigné un code spécial aux transactions concernant des produits pharmaceutiques afin de les identifier rapidement. Ils ont également organisé des audits dans plusieurs banques du groupe. Or, les transactions de LeRoux transitaient par des banques du groupe Visa, domiciliées à l'île Maurice, aux Pays-Bas, en Israël et en Islande. LeRoux était lui-même sur le point d'acquérir une carte Visa dans un pays où la vente de médicaments en ligne n'était pas réglementée.

Le vote de la loi Haight contrariait ses plans. Même si RX Limited ne vendait pas de substances contrôlées, cette loi était susceptible d'attirer l'attention sur les activités commerciales de RX Limited, à travers les banques qui effectuaient les transactions bancaires et les services de livraison qu'il utilisait.

Pour éviter de se faire prendre, LeRoux bombarda le système bancaire de fausses informations. Il envoya de faux documents aux banques et conçut de faux sites Internet qui semblaient respecter la loi à la lettre. Lorsque American Express et Deliver commencèrent à exiger que les vendeurs de médicaments sur Internet aient des autorisations, LeRoux recruta des pharmaciens homologués pour se les procurer.

Il réussit même à passer entre les mailles du filet Google. Le géant du Net avait décidé de s'impliquer dans la lutte contre le marché noir de médicaments, et ses ingénieurs avaient mis au point un algorithme pour empêcher les pharmacies clandestines d'acheter des mots clés par l'intermédiaire de Google AdWords, qui les propulsaient en tête des moteurs de recherche. LeRoux a résolu ce problème en identifiant l'adresse IP utilisée par Google pour collecter des informations sur RX Limited. Il a ensuite redirigé les recherches de Google vers des sites Internet qui présentaient RX Limited comme une entreprise tout à fait légale. Ainsi, Google n'avait aucune raison d'empêcher RX Limited d'acheter des mots clés.

LeRoux prenait soin d'effacer ses traces derrière lui, mais il était impossible de les faire totalement disparaître. Elles n'auraient pas échappé à un enquêteur pugnace qui aurait décidé de s'intéresser de près à ce trafic.

En septembre 2017, au cours d'une perquisition dans une pharmacie à Chicago, les policiers de Minneapolis n'en furent pas bien loin. Ils mirent la main sur des dossiers suspects, d'après lesquels ils purent déduire que la pharmacie sur laquelle ils enquêtaient avait vendu de grandes quantités de médicaments disponibles uniquement sur ordonnance à plusieurs clients. Étrangement, ces médicaments étaient toujours livrés par le même compte FedEx.

En enquêtant sur ce compte FedEx, les agents de police découvrirent qu'il était utilisé par une centaine de pharmacies à travers les États-Unis. Toutes ces pharmacies appartenaient au même réseau et travaillaient pour le compte d'une même entreprise : RX Limited.

Les agents décidèrent alors d'ouvrir une enquête sur les médecins qui avaient signé ces ordonnances. Ils s'aperçurent que certains étaient réellement médecins, mais pas tous. Ainsi, un homme qui s'était fait passer pour un médecin avait signé à lui seul pas moins de 150 000 prescriptions entre septembre 2005 et avril 2008. Un autre était dentiste. Les agents de Minneapolis n'avaient pas encore conscience de l'ampleur du trafic qu'ils venaient de découvrir. Ils ne savaient pas s'ils avaient assez d'éléments pour ouvrir une enquête fédérale. Pourtant, ils étaient sûrs d'une chose : les activités de RX Limited étaient suspectes. Ils décidèrent de poursuivre leurs investigations et de se connecter à un site appartenant à RX Limited en se faisant passer pour des clients. Grâce à cette manœuvre, ils réussirent à faire tomber un médecin du réseau. Celui-ci a reconnu au cours d'un interrogatoire qu'il avait signé des ordonnances sans même prendre la peine de consulter le dossier médical des clients.

La police ne tarda pas à identifier le patron de RX Limited, Moran Oz, et à obtenir un mandat pour surveiller sa correspondance. Après plusieurs mois de surveillance, ils identifièrent son supérieur, un certain Paul LeRoux, qui vivait à Manille. Ils suivirent la procédure standard de la DEA et effectuèrent une demande auprès des autorités philippines pour obtenir des renseignements sur LeRoux.

LeRoux en fut rapidement alerté grâce à un employé du ministère des Affaires étrangères philippin corrompu. En échange d'une grosse somme d'argent mensuelle, Dragnet Man (c'était son nom de code) subtilisait les rapports de polices américaine et australienne qui parvenaient à la police philippine, et transmettait à LeRoux les dossiers des agents de police et des diplomates américains en poste à Manille. Tout cela ne fit que rassurer LeRoux : son entreprise était sécurisée.

En 2009, LeRoux décida de passer à l'étape supérieure. Il voulait s'étendre. Il était narcissique et mégalomane. Il en voulait plus.

Il fallait se diversifier, créer d'autres entreprises, se protéger davantage, ériger des murs, avoir un plan B, C, D, E, recruter d'autres prête-noms, se procurer de faux passeports pour garder la main. Gagner plus. Rester en mouvement.

Ce n'est qu'en découvrant l'existence de Jonathan Wall, un ressortissant qui possédait la double nationalité américaine et israélienne, qui vivait dans le Kentucky et travaillait comme acheteur pour le compte de LeRoux, que les agents de Minneapolis purent en apprendre davantage sur les activités de RX Limited. Wall a été inculpé de vingt-trois chefs d'accusation et condamné pour violation des lois américaines relatives à la vente de médicaments et usurpation d'identité. En décembre 2015, Wall a accepté de collaborer avec la police fédérale et a plaidé coupable de violation du Food, Drug and Cosmetic Act.

Wall était né à Louisville, dans le Kentucky, où il avait travaillé plusieurs années comme vendeur agréé d'armes. En 2012, quand les agents du Bureau of Alcohol, Tobacco, Firearms and Explosives (ATF) avaient inspecté les registres de son magasin dans le cadre d'une enquête de routine, Wall les avait informés qu'il avait vécu en Israël et effectué son service militaire là-bas, puis qu'il avait épousé une Israélienne dont le père travaillait pour une entreprise d'armes. À son retour à Louisville, il s'était mis à collaborer avec l'entreprise de son beau-père en important des armes d'Israël.

Les agents de l'ATF avaient cru à son histoire. Pourtant, il s'est avéré qu'à l'époque il mouillait déjà dans plusieurs trafics. En creusant, les agents de la DEA avaient découvert qu'entre son séjour en Israël et son retour à Louisville en 2007 il avait été gestionnaire d'un centre d'appels à Manille. Il gagnait alors 3 000 dollars par mois. Lors de son audition au tribunal, il a déclaré qu'il avait obtenu cet emploi alors qu'il travaillait déjà dans un centre d'appels en Israël, où il vendait de faux diplômes. Les employés sous les ordres de Wall étaient pour la plupart des démarcheurs téléphoniques, qui devaient encourager les clients à racheter de nouveaux médicaments. En cas de problème, Wall en référait à Moran Oz ou à un autre homme que Wall appelait « le cerveau des opérations », à Jérusalem.

Wall avait fait quelque chose qui n'avait pas plu à LeRoux et s'était fait virer du centre d'appels au bout de quelques mois. LeRoux était ensuite revenu sur sa décision et l'avait embauché sur un autre site, à Manille, en lui demandant de faire toutes sortes de petites activités. Il était chargé de la logistique mais jouait également les coursiers (il lui arrivait de livrer de l'argent liquide à Hong Kong, où un autre associé de LeRoux l'attendait pour le déposer sur un compte en banque). Il s'occupait également des documents administratifs relatifs à l'acquisition de biens immobiliers.

LeRoux utilisait Wall comme prête-nom aux États-Unis. Ce dernier avait la nationalité américaine et pouvait acheter certains produits sans éveiller les soupçons. Il eut pour consigne de rentrer dans le Kentucky en juin 2008. En échange, son salaire augmenta de 500 dollars. Chaque mois, les 3 500 dollars étaient virés sur le compte de Wall depuis Hong Kong.

Wall était chargé d'acheter des voitures, des yachts, des ordinateurs, des équipements de plongée, tous facturés à RX Limited. Quand LeRoux a décidé qu'il voulait son propre jet, c'est Wall qui l'a acheté pour lui. C'était un Westwind 1982, fabriqué en Israël. L'achat de l'avion, immatriculé N127PT, a été enregistré le 17 octobre 2008. C'est une banque de l'Utah qui a réalisé la transaction et en possédait la propriété en fiducie. Entre 2008 et 2012, cet avion a effectué des vols vers des destinations diverses : Bruxelles, Bangkok, Sendai au Japon et Sabah en Malaisie (LeRoux n'était généralement pas à bord. Selon Jack, pour échapper à la surveillance, « il préférait voyager en classe économique et se mêler aux voyageurs ordinaires »).

Wall créa une entreprise de livraison, Phalanx Trading, destinée à faciliter l'exportation de marchandises. Lors de son témoignage dans le Minnesota, Wall a précisé que LeRoux lui avait demandé de créer une entreprise de vente en gros de médicaments pour approvisionner les pharmacies qui travaillaient pour RX Limited et dont le nombre ne cessait de croître. Ainsi, LeRoux espérait augmenter les profits de RX Limited. Wall avait réussi à se procurer de fausses autorisations aux noms de Jesse Merced et Wayne Hartfield pour vendre ces médicaments dans le Kentucky. Grâce à ces faux documents, il avait ensuite obtenu le droit de vendre des médicaments dans plusieurs États américains. En 2010 ou en 2011, il avait même soumis son dossier à la DEA pour obtenir l'autorisation de vendre des substances contrôlées pour le compte d'une nouvelle entreprise, Wall Wholesale. Cette autorisation lui avait été refusée en 2011.

— Je savais bien que c'était pas très légal, a avoué Wall.

Il a prétendu avoir fait traîner les choses pour retarder le projet. Quand on lui a demandé pourquoi il n'avait pas lâché son patron à ce moment-là, Wall a répondu :

— J'avais besoin de ce boulot. J'avais besoin d'argent. À l'époque, il n'y avait pas de boulot. On était en pleine crise économique.

Wall est resté au service de LeRoux jusqu'en 2012. D'après les estimations des agents de la DEA de Minneapolis, entre 2008 et 2012, il a touché au moins 1,9 million de dollars.

Lorsqu'il a plaidé coupable et témoigné devant la cour fédérale de Minneapolis, Wall a reconnu sa participation au trafic de médicaments et à l'achat de « matières premières ».

Mais la version de LeRoux est bien plus croustillante. Selon lui, il transmettait aussi à Wall des listes de matériel informatique et de composants électroniques dont ses ingénieurs avaient besoin pour honorer les commandes de l'Organisation des industries de défense iranienne. Wall a prétendu qu'il ne savait pas à quoi ces produits étaient destinés. Pourtant, les listes parlaient d'elles-mêmes. L'Organisation des industries de défense passait des commandes extrêmement spécifiques (moteurs d'avion Honeywell, simulateurs de vol X-plane, composants électroniques et mécaniques pour avion). En raison des sanctions internationales qui pesaient sur eux, les ingénieurs iraniens rencontraient de nombreux obstacles pour moderniser les avions commerciaux et militaires qu'ils possédaient et les rendre plus performants.

Les commandes de composants électroniques et de substances chimiques étaient de nature à éveiller les soupçons. L'Organisation des industries de défense cherchait par exemple à se procurer du perchlorate de potassium, un puissant oxydant utilisé dans la fabrication de feux d'artifice mais également pour le lancement de roquettes et de missiles.

Wall voulait bien admettre que cette liste était suspecte. En revanche, il s'obstinait à affirmer ne pas savoir à quoi ces produits étaient destinés.

— Plus le temps passait, plus je prenais conscience que ce qu'il me demandait était illégal et qu'il ne respectait pas la loi. Par exemple, il me demandait de livrer des marchandises pour lesquelles il n'avait pas d'autorisations.

Le gouvernement américain exigeait que les entreprises qui exportaient des marchandises considérées comme des « munitions » possèdent des autorisations spéciales, délivrées par le Département d'État. C'était également le cas des biens à double usage (susceptibles d'avoir une utilisation civile mais aussi militaire) qui nécessitaient l'approbation du département du Commerce américain. D'après le témoignage de Wall, certaines des marchandises qu'il livrait à l'étranger auraient dû être déclarées, ce que LeRoux n'a jamais fait.

Wall n'a jamais demandé à LeRoux à quoi servaient ces produits. LeRoux ne tolérait pas qu'on lui pose des questions ou qu'on le contredise. Ce n'est pas pour rien qu'il se faisait appeler le Boss.

— C'était pas un bon patron, a dit Wall lors d'une de ses auditions. Il donnait des ordres incompréhensibles. Il m'a demandé de virer des gens, des employés modèles, sans raison. Mais je suis resté. Ce boulot, j'en avais besoin.

À mesure que RX Limited prospérait, LeRoux achetait des yachts et des bateaux de croisière en utilisant des prête-noms (Wall entre autres). Ce n'était pas encore les super yachts, il ne faisait pas encore partie du club des milliardaires. Mais, à ce moment-là, ça lui suffisait. Son entreprise criminelle était en pleine expansion. Il valait mieux éviter de se faire remarquer.

5

Abracadabra !

LeRoux aimait faire semblant d'avoir des super pouvoirs. Quand il rencontrait un nouveau partenaire, décrochait un marché ou même pour fêter un événement aussi insignifiant que l'achat de quelques bidons de produits chimiques, il éclatait de rire en s'exclamant :

— Abracadabra !

Il disait ça pour plaisanter mais, à force de le répéter, c'était devenu un mantra. Grâce à cette formule magique, LeRoux avait peu à peu réussi à convaincre employés et clients de sa toute-puissance. Rien ne lui échappait. On ne pouvait rien lui cacher.

Pendant un moment, Jack avait cru à la légende que LeRoux avait construite autour de lui. C'est sans doute pour cette raison qu'il est resté si longtemps auprès de LeRoux, même après s'être rendu compte que tous ceux qui travaillaient pour lui finissaient avec une balle dans la tête. En 2007, quand Jack était arrivé aux Philippines, il voulait juste prendre des vacances. Il sortait d'un divorce difficile et venait de quitter son travail après un burn-out. Il avait vendu l'entreprise de construction qu'il possédait, ce qui lui avait permis d'empocher un petit pactole. Jack avait travaillé pour l'armée américaine en tant que plongeur-démineur. C'était également un ancien champion de natation. C'est pour ça qu'il avait choisi Subic Bay : il voulait faire de la plongée, prendre le soleil, retomber sur ses pattes et réfléchir à son avenir.

Dès son arrivée, il était tombé amoureux de l'océan Pacifique, des volcans, des récifs de corail, des épaves, des îles magnifiques, de l'eau bleu turquoise et des filles au teint hâlé par le soleil. Manille est une ville animée, où il pouvait se promener sur les marchés et faire la tournée des bars. Il avait fini par revendre son billet retour et par trouver du travail dans le secteur du tourisme, en tant que moniteur de plongée en free-lance.

Il avait rencontré une jeune Philippine docile et facile à vivre, tout le contraire de son ex-femme coincée et des Américaines en tailleur qu'il avait l'habitude de fréquenter. Le seul problème, c'est qu'il ne gagnait pas assez pour payer ses factures. En juin 2008, alors qu'il cherchait un boulot mieux payé, il avait croisé un de ses anciens copains de l'armée, Leo. Après avoir quitté l'armée, Leo avait effectué des missions de sécurité en Extrême-Orient et en Afrique. Le Facebook des mercenaires l'avait conduit à Manille, où il était devenu l'un des hommes de main de LeRoux.

En le revoyant, Leo s'était tout de suite dit que Jack pouvait plaire à LeRoux : c'était un ancien militaire, en excellente condition physique, discipliné. Il n'était pas accro à la violence comme Leo, mais LeRoux lui trouverait certainement du travail. Leo avait emmené Jack au bar où les hommes de LeRoux avaient leurs habitudes, le Sid's Sports, un pub irlandais mal éclairé, sur Jupiter Street dans le quartier d'affaires chic de Makati, en plein centre de Manille. Le bar était situé à quelques pas de l'immeuble Cityland où se trouvaient les locaux de RX Limited, ainsi que le siège de plusieurs multinationales.

Le bar ne payait pas de mine mais, grâce au bouche-à-oreille, de nombreux expatriés anglais, irlandais, australiens, américains et européens qui travaillaient dans le centre-ville en avaient fait leur QG. Quand ils avaient le mal du pays, ils venaient au Sid's

Sports boire une Guinness en mangeant des saucisses, de la purée ou une part de tourte à la viande devant un match de foot, ou encore jouer au billard. En semaine, c'était relativement calme : pas de prostituées ou de K-pop en fond sonore. Le bar s'animait le week-end.

Leo avait présenté Jack à son patron, Dave Smith, un Anglais qui prétendait avoir travaillé comme instructeur de tir dans l'armée américaine. Il faisait peur à voir. Il avait le visage émacié et le teint gris à force de consommer de la meth et de la cocaïne, et de boire du whisky. Ses dents étaient dans un sale état. Il recevait au Sid's Sports, où il était comme chez lui. Le bar appartenait en réalité à LeRoux mais, comme on sait, le Boss n'achetait jamais rien en son nom propre. Dave Smith était son prête-nom sur ce coup-ci et il était chargé des livraisons de marchandises. Il était également « chef de la sécurité », un euphémisme pour désigner le tueur à gages en chef de LeRoux.

LeRoux avait embauché Smith en 2005. Il lui avait été recommandé par un avocat du département de la Justice philippin, que LeRoux soudoyait. L'avocat avait dit à LeRoux que Smith « organisait des assassinats en sous-main pour le gouvernement ». C'était là encore un euphémisme. Smith faisait en réalité partie de ces escadrons de la mort payés par le gouvernement pour intimider ou exécuter ceux qui avaient eu l'audace de critiquer sa politique. Smith se vantait d'être impliqué dans de nombreux assassinats et au moins cinq cents viols. Était-ce seulement possible ? LeRoux s'en fichait. Ce qu'il aimait, c'était que Smith soit violent jusqu'à l'extrême.

— Dave Smith m'a dit qu'il était à la tête d'un groupe de mercenaires prêts à tuer et à torturer. J'avais besoin d'eux pour mener à bien mes projets, a reconnu LeRoux.

Smith avait effectivement monté une entreprise de sécurité, Echelon Associates. Mais cette entreprise n'avait qu'un seul client, aucune indépendance et ne possédait aucun bien. La maison de Smith appartenait à LeRoux, ainsi que les maisons et appartements où il logeait ses petites amies. Smith disait en plaisantant que c'était une ruine d'entretenir cinq ou six femmes à Manille parce qu'il fallait les couvrir de colliers de diamants et leur payer des sacs à main de luxe.

LeRoux se mit à lui confier de plus en plus de responsabilités au sein de son empire commercial. C'est le nom de Smith qui figurait sur les actions, les permis et tous les documents relatifs aux entreprises, aux biens immobiliers, aux bateaux et aux voitures de LeRoux. Smith, c'était le visage public de LeRoux.

Quand Jack avait fait sa connaissance, Smith ne se déplaçait jamais sans plusieurs valises bourrées de billets, à l'arrière de son 4×4 Infiniti, au cas où LeRoux aurait besoin de lui pour payer quelqu'un, car il avait pour mission de s'occuper des salaires de tout le monde. Il se trimballait en permanence avec au moins un million de dollars sur lui. En semaine, il conduisait son 4x4. Le week-end, il faisait des virées en Lamborghini ou au volant d'une Mercedes flambant neuve, qui coûtait environ 300 000 dollars. Ce qu'il aimait par-dessus tout, c'était se balader sur sa moto MV Agusta, un modèle italien qui avait dû lui coûter dans les 500 000 dollars.

Jack trouvait bizarre que LeRoux confie autant d'argent et de biens à ce type aux mœurs dissolues. Mais les décisions du Boss étaient toujours opaques. Jack ne put s'empêcher de remarquer que Smith n'était pas seulement l'alter ego de LeRoux : il était aussi son assurance-vie, car plus Smith flambait et se faisait remarquer, plus il était probable que dans le cas où une opération tournerait mal il deviendrait le coupable idéal. La police ne chercherait pas plus loin. Personne ne se demanderait qui tirait les ficelles en coulisses.

Après une ou deux bières, Smith avait tranché : Jack n'allait pas essayer de le rouler, il pouvait le présenter au Boss.

L'entrevue ne pouvait pas avoir lieu au Sid's Sports car LeRoux ne mettait jamais les pieds dans un bar. Il ne buvait pas une goutte d'alcool et n'aimait pas la compagnie. Smith et les mercenaires qui fréquentaient le Sid's Sports n'étaient que des marionnettes. LeRoux les méprisait, eux et leurs sujets de conversation favoris : les nichons, les hot-dogs et les flingues.

Smith avait accompagné Jack jusqu'au *penthouse* de LeRoux. Il était resté sur le pas de la porte tandis que trois gardes du corps philippins fouillaient Jack pour s'assurer qu'il ne portait ni armes ni micro. Ensuite, ils l'avaient escorté jusqu'au salon.

LeRoux était entré d'un pas lourd et s'était affalé sur une chaise qu'il avait rapprochée de la table en faisant signe à Jack de prendre place en face de lui. Il ne lui avait rien offert à boire, même pas une tasse de thé.

Avant d'entrer dans l'appartement, Jack s'était imaginé LeRoux comme un gros magnat de l'informatique, qui voulait se lancer dans des activités plus dangereuses. Un geek. Mais, quand LeRoux avait pris la parole, Jack s'était rendu compte qu'il s'était trompé sur toute la ligne. LeRoux n'était pas un geek. Ce n'était pas un gros mollasson. C'était une force de la nature, une vague qui vous emporte si vous résistez mais qui peut vous emporter au large si vous vous laissez aller. LeRoux s'exprimait clairement, sans aucune hésitation. Il pesait ses mots et n'avait pas peur de laisser un blanc dans la conversation. Il dégageait une telle impression de puissance qu'on ne pouvait pas lui résister. Il savait exactement ce qu'il voulait et comment l'obtenir. Quand Jack était en présence de LeRoux, l'idée de le contredire ou de lui désobéir ne lui effleurait même pas l'esprit.

LeRoux avait rapidement compris que Jack n'était pas un mercenaire (c'est-à-dire, selon ses propres termes : « un ancien soldat bien entraîné, aux tendances violentes, capable de passer à tabac, d'intimider, de menacer ou d'abattre n'importe qui sur ordre »). Jack ne cherchait pas à jouer les gros bras. Ça tombait à pic. LeRoux était à la recherche d'un homme capable de superviser un gros projet de construction, sans poser de questions. Jack savait manier les chiffres, lire un plan, gérer un chantier, et il était sociable. Il pouvait s'entendre avec n'importe qui, même avec les Africains que LeRoux considérait comme des bêtes de somme, qu'il fallait diriger d'une main ferme. Évidemment, il n'avait pas présenté les choses sous cet angle à Jack. Il avait utilisé la flatterie pour l'amadouer.

— Je crois que LeRoux a senti que, quand je m'investis dans mon boulot, je suis capable de déplacer des montagnes. J'ai une bonne culture générale et historique, je suis sociable, fiable et sympa. Il a compris qu'il pouvait se servir de moi pour gérer ses affaires et réaliser ses rêves les plus fous. Moi, je voyais surtout l'aventure que ça représentait.

LeRoux avait très vite cerné le profil de Jack. Jack voulait voyager et partir à l'aventure ? Qu'à cela ne tienne : il l'envoya en mission dans le Pacifique sud et en Afrique pour visiter des villas et des propriétés de luxe susceptibles de lui servir de planques. L'itinéraire emprunté par Jack était tout droit sorti d'un roman de Somerset Maugham : Madang et Port Moresby en Papouasie-Nouvelle-Guinée, Haiphong au Vietnam, Kampot au Cambodge, Phuket en Thaïlande, Djakarta en Indonésie, Chinde et Maputo au Mozambique, Pretoria et Nelspruit en Afrique du Sud, Addis-Abeba en Éthiopie, Djibouti, Accra au Ghana, Lomé au Togo, Cap Ternay aux Seychelles et les Comores.

Ces voyages coûtaient cher, mais LeRoux ne regardait pas à la dépense. Jack n'avait pas tardé à se poser des questions et à se demander s'il n'avait pas été un peu naïf. Le Boss avait certainement des choses à cacher. La plupart des endroits qu'il visitait n'étaient pas fréquentés par la jet set. Par exemple, Port Moresby, la capitale de la Papouasie-Nouvelle-Guinée, était une ville sale, où la vie était chère, où les yachts côtoyaient les bidonvilles, et où des bandes de pickpockets arpentaient les rues. Quand Jack était arrivé sur place, il s'était demandé qui pouvait bien vouloir acheter une maison dans un endroit aussi sordide.

Mais Jack s'amusait trop pour renoncer à ce travail en or. Après les visites de villas, LeRoux lui avait confié une nouvelle mission : transporter de l'argent.

— LeRoux répartissait son argent sur plusieurs comptes un peu partout dans le monde, de préférence dans des pays où personne ne s'inquiète de sa provenance et où les taxes ne sont pas trop élevées. Soit il achetait des lingots d'or, soit il réinvestissait l'argent. Je crois que sa technique, c'était de virer l'argent en ligne sur un compte et de le transférer ensuite grâce à des mandats Western Union ou de l'échanger contre des devises étrangères dans des bureaux de change. Il ne transférait jamais de grosses sommes et n'utilisait jamais la même identité. Souvent, l'argent transitait par des pays où les autorités locales ne posent pas de questions. Je me souviens avoir été chercher 8 000 dollars à Dahabshiil [un bureau de change] à Nairobi. Je suis entré et j'ai dit : « Untel m'a envoyé 8 000 dollars de tel pays. » Ils m'ont donné l'argent sans prendre la peine de vérifier mon identité. Je n'ai signé aucun document. En Asie et en Afrique, ce n'est pas difficile de blanchir de l'argent.

Les opérations financières de LeRoux étaient d'une telle complexité que personne n'avait de vue d'ensemble de la situation.

— Il possédait de nombreuses entreprises. Certaines existaient vraiment, d'autres étaient des sociétés-écrans. C'était impossible de tracer l'argent. Le seul qui savait exactement où se trouvait chaque dollar, c'était LeRoux.

Jack avait quitté son petit appartement de Subic Bay pour emménager dans une propriété qui appartenait à LeRoux et servait de planque à Hunter et à d'autres mercenaires. C'était un immense appartement avec cinq chambres, cinq salles de bains et une grande cuisine, situé dans une résidence fermée, dans un quartier chic de Manille. En revanche, il n'y avait pas de piscine ou d'équipements de luxe. LeRoux était persuadé que, s'il faisait étalage de son argent, les hommes politiques et les flics locaux en profiteraient pour réclamer davantage de pots-de-vin.

En habitant avec les mercenaires, Jack s'était rendu compte que le danger venait de l'intérieur. Il se méfiait plus de ses collègues que des criminels de Port Moresby ou de Bulawayo. Un soir, Leo avait expliqué à Jack que LeRoux était parano : parfois, il ordonnait à ses mercenaires d'exécuter un employé, parce qu'il était persuadé que celui-ci lui avait volé de l'argent ou l'avait trahi. Leo avait raconté à Jack qu'il était déjà arrivé que le Boss donne l'ordre à un mercenaire d'en exécuter un autre.

Les mercenaires avaient fait le pacte dont on a déjà parlé : si LeRoux commanditait l'assassinat d'un des leurs, le tueur désigné devrait faire semblant d'exécuter le contrat et laisser sa cible s'échapper.

— Des rumeurs circulaient en permanence sur les activités de LeRoux. On racontait qu'il commanditait des assassinats, que des gens étaient morts…

Jack avait beau être au courant de ces rumeurs, il continuait à travailler pour LeRoux. Il se disait qu'il connaissait tous les mercenaires et qu'il serait mis au courant si LeRoux se retournait contre lui. Tous les mercenaires se disaient la même chose, et le salaire était confortable. LeRoux avait bien compris que l'argent servait aussi à acheter les gens.

Après trois mois passés dans la garçonnière des mercenaires, Jack avait décidé d'épouser une fille sublime, rencontrée à Subic Bay. Il avait demandé à Hunter de leur trouver un appartement. Ce dernier lui avait donné les clés d'un immense *penthouse*, au quatorzième étage d'un gratte-ciel.

— Fais comme chez toi, avait dit Hunter.

L'appartement n'était pas meublé. Jack et sa femme achetèrent des meubles et profitèrent de la vue.

LeRoux donnait toujours rendez-vous à Jack dans son grand appartement vide, au quarante-cinquième étage de la tour 2 de Salcedo Park, au cœur du quartier de Makati. LeRoux avait acheté le même appartement au dernier étage de la tour 1. Jack avait appris qu'il avait déclaré l'appartement de la tour 1 comme résidence principale, alors qu'il vivait et travaillait dans celui de la tour 2. Ainsi, si les flics faisaient une descente, il les verrait arriver de la tour 2 et aurait le temps de filer.

LeRoux possédait cinq ou six autres villas, appartements ou planques à Manille, ainsi que des propriétés dans les alentours. Il était notamment propriétaire d'une villa coloniale en bord de mer, près de Manille, et d'une autre à Subic Bay.

L'une de ces villas était occupée par Cindy Cayanan, sa compagne attitrée, et leurs enfants. Dans les autres, LeRoux organisait des partouzes pour satisfaire ses fantasmes. Il commandait des prostituées, parfois trois ou quatre en même temps. Il avait raconté à Jack qu'une fois une jeune femme avait refusé d'exécuter correctement l'acte sexuel pour lequel il l'avait payée. Il l'avait tabassée à coups de batte de base-ball. La jeune femme avait fini à l'hôpital, et son père, qui faisait partie du gouvernement philippin, avait porté plainte. LeRoux lui avait versé 2 millions de dollars pour qu'il retire sa plainte et lui avait proposé de travailler pour lui. Les deux hommes avaient décidé de faire affaire. Jack n'a jamais su ce que la jeune fille était devenue.

— LeRoux était complexé. Il se tapait des prostituées parce qu'il était incapable d'avoir une conversation normale avec une femme. En plus, aux Philippines, quand on a de l'argent, c'est facile de se payer une pute. Je crois qu'il se servait des femmes pour évacuer sa frustration. Elles étaient à sa merci : il pouvait les dominer. Ça lui donnait un sentiment de puissance.

LeRoux était fasciné par les armes, mais il n'y connaissait rien. Jack s'en était rendu compte le jour où LeRoux l'avait emmené dans une planque où il stockait des fusils d'assaut M4 (ceux qu'utilisent les soldats de l'infanterie américaine). Il lui avait dit fièrement :

— Tu vois tout ça ? C'est à moi.

Jack avait pris un fusil et l'avait démonté et remonté, pour l'examiner. C'est un exercice simple et rapide, qui prend environ vingt secondes et que tous les soldats apprennent au cours de leur formation. Jack voulait vérifier que les numéros de série de chaque élément correspondaient. Dans le cas contraire, ça aurait voulu dire que LeRoux s'était fait arnaquer. Mais les numéros étaient les bons. Les armes étaient neuves. Jack avait félicité LeRoux en lui disant qu'il avait fait une bonne affaire.

LeRoux l'avait regardé démonter l'arme, parcouru d'un frisson quasi érotique. Jack s'était dit que LeRoux avait sans doute toujours rêvé d'être soldat, et que c'était la raison pour laquelle il aimait s'entourer d'armes et de combattants. Pour impressionner Jack, LeRoux avait commencé à réciter le nom de chaque élément du fusil en indiquant sa provenance. Il avait appris toutes ces informations par cœur, en faisant des recherches sur Internet.

— Il connaissait tous les composants de toutes les armes qui existent partout dans le monde, les armes de poing, les systèmes de missiles, tout, a dit Jack au cours de son témoignage.

Mais ses connaissances étaient purement théoriques.

— Ce n'est pas du tout la même chose de savoir comment une arme est fabriquée et de savoir s'en servir en situation de combat, a ajouté Jack. C'est sur le terrain qu'on apprend à se servir d'une arme, pas sur Internet. Mais c'était impressionnant de voir qu'il avait mémorisé autant d'informations. Il était vraiment calé.

LeRoux avait des problèmes de coordination. C'est pour ça qu'il avait besoin d'hommes de main. Sur le papier, il était calé en armes à feu, mais il ne savait pas s'en servir. Il visait mal. Il n'était pas capable d'atteindre une cible, encore moins une cible en mouvement.

Il ne savait pas non plus estimer une taille. Alors qu'ils regardaient les M4, LeRoux avait brusquement décidé de faire un cadeau à Jack. Il avait ouvert une armoire et en avait sorti un gilet pare-balles flambant neuf, issu d'un lot qu'il avait commandé en Suède pour équiper ses gardes du corps. Il l'avait tendu à Jack en disant :

— Tiens, prends ça ! Ça pourra servir.

Jack s'était retenu de rire. On aurait dit une taille enfant. Les gardes du corps philippins étaient tout petits. Mais, pour ne pas froisser LeRoux, il avait embarqué le gilet pare-balles, qui avait fini au fond d'un placard.

En 2008, LeRoux avait révélé à Jack la vraie raison pour laquelle il l'avait embauché. Le Roux avait un grand projet. Il voulait construire une forteresse en Somalie, à l'abri des regards des grandes puissances, et y établir son royaume.

— Je voulais acheter un petit territoire, devenir seigneur de guerre et faire régner la terreur, a avoué LeRoux bien plus tard.

Mais ce n'était pas comme ça qu'il avait présenté les choses à Jack. Il lui avait dit qu'il voulait monter une entreprise de pêche au bord de l'océan Indien. Il avait déjà fait des repérages et trouvé un terrain isolé, sur la côte somalienne, le Galmudug. C'était un territoire autonome, qui avait son propre président et un simulacre de gouvernement composé de chefs de tribu. Ni les seigneurs de guerre de Mogadiscio, ni les shebabs[1] du Sud ne s'intéressaient à ce bout de terre aride. Les chefs de tribu étaient en guerre contre les shebabs, et LeRoux voulait leur proposer son aide.

1. « Jeunes » en arabe, de leur nom complet Harakat al-Shabab al-Moudjahidine : un groupe terroriste djihadiste, apparu en Somalie dans la seconde moitié des années 2000.

LeRoux avait posé sur la table de la salle à manger des vues satellite du Galmudug, sur lesquelles on voyait des taches qui représentaient des bancs de thons dans l'océan Indien, au large des côtes. À Hong Kong et en Chine, le thon se vendait à prix d'or. LeRoux envisageait de construire une conserverie sur la côte. Il prévoyait également de vendre des ailerons de requin en Chine et du homard dans les pays du golfe Persique. Grâce à ce business, il espérait gagner beaucoup d'argent et partager une partie des gains avec les Somaliens. « Partager », en langage LeRoux, ça voulait dire lâcher quelques centaines d'euros par an.

Par l'intermédiaire d'un de ses associés, un homme d'affaires sud-africain nommé Edgar Van Tonder, LeRoux avait créé une entreprise, Southern Ace Limited, dont le siège social était situé à Hong Kong. Southern Ace était en réalité une société-écran, qui servait à blanchir l'argent de la vente d'or, de bois et de médicaments. LeRoux avait dit à Jack qu'il comptait se servir de Southern Ace comme couverture pour monter son entreprise de pêche au Galmudug. Jack serait officiellement nommé à la tête de cette entreprise et chargé de superviser la construction des entrepôts et les activités. LeRoux resterait dans l'ombre, sous une fausse identité (Bernard John Bowlins, Zimbabwéen blanc). Jack avait effectué un voyage express au Zimbabwe pour faire établir un faux passeport zimbabwéen au nom de Bowlins, en versant quelques pots-de-vin au passage.

Jack était flatté de la confiance que LeRoux lui accordait. Ce n'est que plus tard qu'il réalisa l'ampleur de la manipulation dont il avait été l'objet. LeRoux avait le profil type du psychopathe narcissique. Il ne montrait aucune empathie. Il ne parlait que de lui : de ses désirs, de ses besoins, de ses caprices et de ses projets. Mais c'était un homme charismatique. Comme Steve Jobs, dont les proches prétendent qu'il avait créé autour de lui « un champ de distorsion de la réalité », LeRoux savait manipuler les autres.

Il avait beau être insupportable, il ensorcelait ses interlocuteurs grâce à son regard perçant, à ses manières brusques, à son sourire mystérieux et à son mantra (« Abracadabra ! »). Il avait réussi à envoûter Jack et à le convaincre que ce projet en Somalie, l'un des pays les plus instables de la planète, était réalisable. Jack s'était fait happer par le champ de distorsion de la réalité. Il n'arrivait plus à prendre de recul. Il faisait tout pour se convaincre que la situation était sous contrôle : il lui suffisait d'aller sur le terrain, d'évaluer la situation et de monter une armée pour assurer sa sécurité. Après tout, on peut se faire tuer en traversant la rue à Manhattan. Jack voyait les choses du bon côté. Il aimait deux choses dans la vie : partir à l'aventure et travailler de ses mains. Ce projet de conserverie dans un coin reculé de la planète, c'était une aubaine pour lui. Il se sentait l'âme d'un colon, comme Cecil Rhodes et ses compatriotes quand ils avaient conquis la Rhodésie.

La première étape, c'était de négocier avec les chefs de tribu l'autorisation de construire une entreprise au Galmudug. LeRoux avait déjà envoyé deux émissaires au Galmudug en 2008, pour entamer des négociations qui n'avaient pas abouti. En janvier 2009, Jack s'était rendu à Nairobi pour rencontrer l'homme politique et diplomate Mohamed Warsame Ali (plus connu sous le nom de Kiimiko), président du Galmudug. Jack s'était engagé à créer plusieurs centaines d'emplois grâce à la conserverie. Il prévoyait également de construire des logements pour les employés, une école, une station de pompage d'eau, une mosquée, etc. Mais Kiimiko ne s'était pas laissé convaincre. Jack avait alors abattu sa dernière carte et lui avait tendu des liasses de billets fournies par LeRoux *au cas où*.

Après quatre mois de négociations, Jack était rentré à Manille. Il jubilait. Il avait obtenu un accord signé.

À son retour, le ciel lui était tombé sur la tête. Sa femme était venue le chercher à l'aéroport. Elle n'avait plus que la peau sur les os. En arrivant à l'appartement, Jack s'était rendu compte que tous les meubles avaient disparu. L'appartement était aussi vide que le jour de leur emménagement. Sa femme n'habitait plus là.

Elle lui avait avoué qu'elle était devenue accro à la meth. La méthamphétamine à Manille, c'était l'équivalent de la cocaïne à Manhattan, à Miami ou à Malibu au début des années 1980 : drogue de la fête et commerce très lucratif pour les uns, aller simple pour l'enfer pour les autres. La femme de Jack avait vendu tout ce qui lui tombait sous la main pour se procurer ses doses.

Jack était sous le choc. Pris de vertiges, il avait appelé LeRoux qui avait immédiatement dépêché son avocat sur place. Celui-ci avait commencé par s'en prendre aux gérants de l'immeuble qui avaient laissé les toxicos vider l'appartement sans demander l'intervention des vigiles.

Mais ce n'étaient pas ses meubles que Jack regrettait. Il avait le cœur brisé. Il avait demandé le divorce et était retourné en Somalie pour se noyer dans le travail. Il voulait désespérément se rendre utile, « construire une entreprise en Somalie pour travailler avec un peuple spolié et abandonné par son gouvernement depuis vingt ans. » Et, si au passage il faisait fortune dans le commerce de sushis, Jack ne cracherait pas dessus.

LeRoux avait profité de la situation pour se reposer encore davantage sur Jack en Somalie, pendant que lui-même continuait de multiplier des projets de plus en plus excitants, bien à l'abri dans ses quartiers. Il était très satisfait de savoir qu'aucune junkie n'allait plus distraire Jack.

Très rarement, Jack avait un aperçu des démons qui hantaient LeRoux. Une fois, alors qu'ils parlaient affaire et que Jack lui demandait à qui ils pourraient faire confiance pour une entreprise pas très légale, LeRoux avait explosé d'un seul coup :

— La confiance ? Qu'est-ce que tu crois ? Si tu découvrais que toute ta vie est fondée sur un mensonge et que ce mensonge est orchestré par ceux que tu considères comme ta famille, est-ce que tu ferais encore confiance à quelqu'un ? Je ne fais confiance à personne, ni à mes associés ni à ma famille.

Jack était sonné. Il avait déjà entendu parler des accès de colère de LeRoux, mais c'était la première fois qu'il en faisait les frais. LeRoux donnait l'impression qu'il venait de découvrir qu'il avait été adopté et n'arrivait pas à pardonner à Paul et à Judith LeRoux de lui avoir menti pendant toutes ces années.

Cette explosion n'était-elle qu'une petite scène jouée pour apitoyer Jack ? LeRoux savait depuis au moins dix ans qu'il avait été adopté. Quand LeRoux travaillait à SecurStar, Wilfried Hafner avait été témoin d'une crise similaire, au cours de laquelle LeRoux avait maudit cette fois son père biologique et non pas ses parents adoptifs.

En 2008, LeRoux s'était mis en tête de retrouver sa mère biologique. D'après des rapports internes de la DEA, il avait sollicité l'aide du mari d'une de ses cousines, un homme d'affaires blanc né en Rhodésie comme lui, établi à présent en Afrique du Sud. L'homme a raconté aux agents de la DEA que LeRoux était à la recherche de son acte de naissance et qu'il s'était rendu à Bulawayo pour lui rapporter le document.

Mais les retrouvailles heureuses avec sa mère n'avaient jamais eu lieu. Bien plus tard, LeRoux a raconté qu'il avait découvert que sa mère biologique avait elle-même été abandonnée à la naissance. Elle n'avait rien à lui offrir, et il avait arrêté ses recherches. Mais cette information n'a jamais été prouvée, et LeRoux utilisait certainement cette histoire pour attirer la sympathie de ses interlocuteurs.

Après cet épisode, Jack n'avait pas cherché à en savoir plus sur la famille ou l'enfance de LeRoux. Il n'avait aucune envie de donner un coup de pied dans la fourmilière.

— La plupart du temps, LeRoux évitait lui-même le sujet. Il avait l'air de ne pas vouloir en parler, à tel point que j'étais persuadé qu'il portait un lourd secret. Il restait enfermé dans son monde, sans jamais manifester la moindre émotion. Pour lui, parler de ses sentiments, c'était un aveu de faiblesse.

Jack trouvait la vie simple et agréable en Somalie. Au moins là-bas, ses ex ne pouvaient pas le retrouver. À part LeRoux, personne ne savait où il était. Quel homme n'a jamais rêvé de disparaître pour recommencer à zéro ?

Jack avait loué un bâtiment de deux étages, près de l'aéroport délabré de Galkayo, la plus grande ville du Galmudug. De l'extérieur, c'était un bâtiment en béton qui ne payait pas de mine mais, à l'intérieur, il y avait seize appartements avec du carrelage et des meubles en bois sculpté. C'était spacieux, et il ne faisait pas trop chaud. Jack pouvait y loger une quarantaine de personnes. Il avait décidé d'y loger ses domestiques, ses gardes du corps et les hommes qu'il employait sur le chantier.

Jack avait réussi à recruter deux cent cinquante hommes, tous issus de tribus locales, pour former une milice chargée de surveiller le bâtiment et ses environs. Il leur avait fourni des armes achetées au marché de Mogadiscio, des équipements de sécurité et des 4x4. Il s'était également procuré des mitraillettes et des lance-grenades, ainsi que deux canons antiaériens russes 2U-23 (des canons doubles, montés sur des camions, qui tiraient en rafale et pouvaient abattre un hélicoptère qui survolait la zone). Jack voulait se doter d'un véritable arsenal de guerre. Il fallait faire peur aux shebabs et les dissuader de s'en prendre à lui ou à ses hommes.

Jack avait dépensé beaucoup d'argent : il avait acheté des générateurs Diesel pour alimenter son camp de base en électricité et installé la fibre optique pour avoir accès à Internet. Il avait également construit une école, une mosquée et une station de pompage d'eau.

Jack s'était investi corps et âme dans ce projet. Il avait passé des soirées entières plongé dans des livres sur la culture somalienne et sur l'Islam. Il avait écrit un manuel à l'attention des employés occidentaux venus travailler en Somalie pour résumer les règles de vie et de travail dans ce pays. Il était fier de montrer à LeRoux qu'il maîtrisait les codes de la culture somalienne. Par exemple, il lui avait expliqué que, quand on assiste à une réunion avec des chefs de tribu, il faut toujours saluer le doyen en premier, même si le président du Galmudug se trouve dans la même pièce. LeRoux l'avait félicité et s'était engagé à fournir ce manuel à ses employés.

Jack était diplomate et LeRoux, qui détestait les interactions sociales, admirait cette qualité. Il était ravi de pouvoir déléguer le projet en Somalie à Jack, qui menait les négociations et gérait les employés à sa place.

Un contingent de shebabs campait à proximité du bâtiment. Jack avait fait construire un mur d'enceinte en béton armé, surmonté de barbelés. Il avait posté des gardes et installé des postes de contrôle. Chaque nuit, des tirs retentissaient. Jack dormait avec un AK-47 à portée de main, ainsi qu'une mitraillette légère et une cartouche de munitions. Il voulait pouvoir se défendre en cas d'attaque nocturne.

Les soldats recrutés par Jack n'étaient pas des militaires professionnels. Jack les avait entraînés, mettant sans cesse à l'épreuve leur vigilance. Une nuit, il était sorti de la maison en escaladant le mur d'enceinte pour surprendre les hommes de garde. Ils étaient tous endormis. Jack s'était emparé de leurs AK-47 et avait fait le tour de la maison. Il voulait leur montrer que s'il était capable de tromper la vigilance de sept gardes, de voler leurs armes et de retourner jusqu'à la porte d'entrée sans se faire repérer, ça voulait dire qu'ils faisaient mal leur travail et qu'ils les mettaient tous en danger. Cette nuit-là, si les shebabs avaient décidé de donner l'assaut, personne n'aurait survécu.

— Ça leur a servi de leçon. Après ça, ils ne se sont plus jamais endormis, a dit Jack en riant.

Mais les shebabs ne leur laissaient aucun répit. La superficie du camp était d'environ 125 500 m^2. C'était une étendue plate et déserte. Jack avait donné l'ordre à ses soldats de faire des patrouilles régulières et de ne jamais baisser la garde. Un jour, vers midi, par une chaleur de plomb, une patrouille avait contacté Jack par radio pour l'informer que huit shebabs avaient franchi le périmètre de sécurité et se dirigeaient vers le bâtiment. Jack s'était précipité dans sa Land Rover et avait suivi ses hommes, en s'arrêtant pour scruter les alentours avec une paire de jumelles. Il pouvait repérer un intrus à un kilomètre et demi à la ronde. Il ne comprenait pas pourquoi les shebabs avaient choisi cet après-midi de canicule pour s'aventurer dans le camp. Ils pensaient peut-être que ses soldats faisaient la sieste.

Les shebabs ne savaient pas qu'ils avaient été repérés. Les hommes de Jack avaient entrepris de contourner les assaillants pour les prendre à revers. Jack filmait la scène avec son téléphone portable. Les hommes de Jack portaient des pantalons et des chemises abîmées. Ils étaient en baskets et avaient noué des foulards autour de leur tête. Pas de casques, pas de protections. Si l'opération tournait mal, ils n'avaient pas non plus d'abri où se replier. Plusieurs d'entre eux portaient des lance-roquettes sur l'épaule, des armes lourdes, normalement conçues pour être transportées en camion. Parfois, on entendait un cri : *Allahu Akbar* ! (Dieu est grand !) suivi d'une rafale de mitraillette. Des explosions et des cris retentissaient. Jack observait de loin ses hommes qui tiraient sur les assaillants. Quand les mitraillettes s'enrayaient à cause de la poussière du désert, les hommes de Jack passaient aux lance-roquettes.

À la fin de l'assaut, le bilan était de six morts parmi les shebabs. Deux d'entre eux avaient réussi à s'enfuir. Les Somaliens vouaient une telle haine aux assaillants qu'ils avaient refusé de les enterrer selon la tradition islamique et avaient abandonné leurs cadavres au soleil, où ils avaient mis plusieurs semaines à pourrir et à se dessécher. Par miracle, les hommes de Jack ne souffraient que de quelques blessures superficielles. Jack les avait rejoints dans le bâtiment principal pour leur offrir à boire (du jus de fruits, ils ne buvaient pas d'alcool) et les féliciter allègrement en leur répétant qu'ils pouvaient être fiers d'eux. Grâce à l'entraînement auquel ils s'étaient soumis, ils étaient à présent capables de se défendre contre les attaques des shebabs qui s'emparaient de leurs terres, kidnappaient et tuaient leurs familles. Ils avaient réussi à repousser l'ennemi. Les soldats avaient repris leurs patrouilles, gonflés à bloc.

Jack avait gardé la vidéo sur son ordinateur portable.

— Parfois, je regardais cette vidéo pour me rappeler que j'étais en sécurité. Ces hommes me respectaient et me protégeaient. Mais on n'est jamais à l'abri d'un revirement de situation. Si ces gars s'étaient retournés contre moi, je n'aurais pas donné cher de ma peau. Là-bas, la vie n'a aucune valeur. Autant les Somaliens ne tuent des animaux que pour manger, autant ils sont capables de se tirer dessus pour des broutilles. Par exemple, si vous mettez trop de sucre dans une tasse de thé, vous pouvez vous prendre une balle.

Jack faisait allusion à une situation dont il avait bel et bien été témoin sur un marché. Trop de sucre dans une tasse, un mort.

— Ça paraît incroyable, a dit Jack. Mais là-bas, si on ne sait pas bien s'entourer, on est mort.

Quand Jack devait partir s'approvisionner à l'étranger, il voyageait avec une compagnie somalienne indépendante, la seule qui assurait la liaison entre Galkayo, Mogadiscio et Djibouti. L'avion était un vieil Antonov AN-24 russe, piloté par des Roumains qui carburaient au café et à la vodka. Ils s'étaient pris d'affection pour Jack et l'invitaient souvent à les rejoindre dans le cockpit, quand l'avion survolait des villages.

— Ils passaient leur temps à faire des blagues racistes et à fumer dans le cockpit. Ils volaient hyper bas, pour me montrer

Mogadiscio et Galkayo vus du ciel. C'étaient des tarés, mais il faut être taré pour accepter de piloter un avion dans cette zone. Ils étaient de la vieille école, ils avaient grandi sous le communisme, ils étaient racistes et un peu fous. Ils ingurgitaient des litres de vodka pour oublier le danger.

Mais les pilotes étaient loin d'être les pires.

— Il y avait un mécano, quand il y avait une panne, il donnait de grands coups de marteau dans les réacteurs jusqu'à ce que ça redémarre.

LeRoux surveillait les opérations de loin, planqué à Manille ou ailleurs. Il était en contact permanent avec Jack, qu'il appelait sur Skype pour superviser chaque étape du chantier. Une fois le camp de base installé, Jack s'était lancé dans la construction d'un hangar pour entreposer les bateaux de pêche. Il avait choisi un endroit isolé sur la côte, à sept heures de route de Galkayo. Pour y accéder, il fallait emprunter une route contrôlée par des chefs de tribu avec qui Jack avait négocié un droit de passage. Comme il avait besoin de main-d'œuvre, il avait recruté cinquante employés en plus, et autant de soldats. Il avait également fait livrer des armes et du matériel sur place, pour commencer les travaux.

LeRoux passait son temps à lui envoyer des mails (une vingtaine par jour) ou à l'appeler sur Skype ou grâce à un logiciel crypté pour donner des consignes, vérifier les dépenses, parler logistique, comptabilité ou plans de développement. Jack lui envoyait des photos pour qu'il puisse suivre l'avancement du chantier. LeRoux tenait à voir le résultat de ses investissements. Parfois, il y avait des coupures de courant dans le camp. LeRoux utilisait alors un téléphone satellite pour contacter Jack.

À la demande de Jack, LeRoux avait commandé dix bateaux de pêche auprès d'un entrepreneur de Mogadiscio. Il les avait stockés à Galkayo et les avait acheminés jusqu'au chantier. Pendant ce temps, Jack avait rencontré des pirates somaliens pour négocier le prix de passage des bateaux et des camions. Après cette rencontre, LeRoux avait envoyé un texto à Jack :

> C'est bien d'avoir de bonnes relations avec les pirates. On n'est pas là que pour la pêche. Il faut que tu sois indépendant (financièrement) pour développer les activités qui nous intéressent (la pêche, le pétrole). Pour le reste, on en parlera tous les deux. Là, on met en place les bases d'une collaboration avec nos nouveaux amis. Comme ça, on gagnera tous de l'argent.

Jack et les pirates étaient rapidement parvenus à un accord.

— Les chefs des pirates, c'est des hommes d'affaires. Beaucoup ont de la famille au Royaume-Uni ou en Europe. Mais les vrais leaders, c'est les chefs des tribus. Tant qu'on est sous leur protection, personne ne s'en prend à nous. Les chefs de tribu me respectaient. C'est pour ça que les pirates ne s'attaquaient pas à moi. Chaque jour, on m'apportait des chèvres pour me remercier de fournir du travail à trois cents personnes. Quand un pirate somalien ou un homme politique haut placé voulait s'attaquer à moi, mes hommes l'en dissuadaient. Ils étaient prêts à sacrifier leur vie pour me protéger parce que je les respectais, que je respectais leur culture et que je leur donnais du travail et un salaire.

Un jour, les chefs de tribu avaient même organisé une cérémonie en l'honneur de Jack. Il avait enfilé un sarong traditionnel. Le chef de la tribu lui avait offert un pistolet russe en argent où était gravée une inscription : *Ado Sa'ad* (le Blanc de la tribu).

Jack n'avait pas parlé à LeRoux de la cérémonie.

— Il aurait eu l'impression que j'avais trop de pouvoir et il m'aurait transféré ailleurs.

LeRoux voulait être le seul et unique seigneur blanc. Il ne voulait pas laisser un de ses employés lui faire de l'ombre, même pour un soir, autour d'un feu de camp, au milieu de nulle part.

Jack avait beau essayer de lui faire comprendre qu'il avait travaillé dur pour gagner le respect des villageois, LeRoux faisait la sourde oreille. Autant quand il avait affaire à une personne haut placée, il pouvait se montrer charmant, autant quand il s'agissait de gens qu'il considérait comme inférieurs à lui le masque tombait. Il redevenait rhodésien. Il ne détestait pas les Noirs. Il ne les traitait jamais de « nègres ». Il employait des Philippins et des Africains. Mais ils étaient tout juste bons à exécuter les ordres. Il ne les considérait pas comme des êtres humains et ne voyait pas l'intérêt de gaspiller de l'argent pour eux.

À Galkayo, l'été 2009 a été marqué par une canicule. Dans la petite école construite par Jack, c'était la fournaise. Jack avait décidé d'installer un câble pour relier les générateurs électriques à l'école et installer des ventilateurs. Ce projet, qui ne demandait pourtant pas beaucoup d'investissements, avait mis LeRoux dans une colère noire. Il avait hurlé :

— C'est hors de question que je paye pour ces petits singes !

— Bien sûr que si, vous allez payer ! avait riposté Jack.

Jack lui avait expliqué que les employés de Southern Ace cesseraient de venir au travail si leurs enfants étaient malades à cause de la chaleur.

— Si vous traitez vos employés correctement, ils vous respecteront et ils seront prêts à vous protéger, avait dit Jack à LeRoux. Ils comprennent bien qu'il ne faut pas mordre la main qui les nourrit.

Si Jack faisait preuve de négligence envers ses employés, les chefs de tribu donneraient l'ordre aux miliciens de se retirer. Sans soldats pour surveiller le camp, celui-ci serait pris d'assaut et pillé par les shebabs. Les pertes seraient colossales. C'était dans l'intérêt de LeRoux d'investir un peu d'argent dans l'école.

LeRoux avait fini par accepter, non sans dire à Jack qu'il s'en fichait de ce que pensaient ses employés et qu'il se fichait aussi de l'avis de Jack. LeRoux avait deux visages. C'était un homme intelligent et charismatique, mais une créature terrible dormait en lui, prête à sortir les griffes et à cracher son venin. Jack pouvait presque entendre le monstre gratter pour se libérer. Après cette altercation, Jack décida d'arrêter les frais. Il cherchait un moyen de se sortir de là, mais LeRoux lui confiait de plus en plus de responsabilités : il parlait de délocaliser RX Limited en Somalie, où les Américains avaient moins d'influence qu'aux Philippines. LeRoux craignait que les diplomates américains et les agents de la DEA ne fassent pression sur le gouvernement philippin pour fermer RX Limited et demander son extradition.

— Son plan, c'était de déménager et de continuer son trafic de médicaments. LeRoux ne renonce jamais. Il se déplace pour mieux recommencer ailleurs.

LeRoux avait demandé à Jack d'établir un permis en Somalie pour importer et exporter des produits pharmaceutiques. Il n'avait pas réellement l'intention de livrer la marchandise depuis la Somalie, trop difficile d'accès, et il ne pouvait pas dépendre d'un Humvee ou de la bonne volonté de Roumains alcooliques. Mais il voulait des papiers officiels, établis en Somalie, pour que tout ait l'air légal et convaincre les grossistes américains, européens et asiatiques de vendre des médicaments aux représentants de RX Limited.

— Tant qu'on est en possession d'une autorisation valide, la plupart des entreprises sont prêtes à fermer les yeux sur la provenance des produits.

6

La ville invisible

En septembre 2009, LeRoux avait envoyé un texto à Jack pour lui demander de le rejoindre sur-le-champ à l'hôtel InterContinental de Hong Kong. Il y avait un changement de programme.

Pour se rendre à Hong Kong, Jack avait fait appel aux Roumains. Comme d'habitude, le mécano avait donné de grands coups de marteau dans les réacteurs. Après avoir bu quelques tasses de café et quelques lampées de vodka, les pilotes avaient effectué les vérifications d'usage avant le décollage.

Le voyage avait duré dix-huit heures, avec plusieurs escales : Jack avait d'abord fait le trajet de Galkayo à Djibouti à bord de l'Antonov piloté par les Roumains, de là il s'était rendu à Dubaï, puis à Hong Kong sur des vols commerciaux. Il était arrivé dans le hall de l'hôtel InterContinental à 10 heures. Il avait faim et il rêvait d'une bonne douche.

LeRoux n'était pas là. Jack s'était renseigné auprès du réceptionniste qui lui avait dit qu'il n'avait pas de réservation, ni à son nom ni à celui de Jack. Une demi-heure plus tard, LeRoux était entré dans le hall en traînant les pieds, vêtu de son éternel polo trop large, de vieilles tongs aux pieds. L'hôtel InterContinental était un cinq étoiles. LeRoux n'était sans doute pas descendu là. Il devait séjourner dans un de ses pied-à-terre, en ville.

Il avait fait signe à Jack de le suivre au restaurant de l'hôtel, fermé jusqu'à midi. Ils s'étaient assis à une table recouverte d'une nappe blanche, au milieu du restaurant vide. LeRoux ne s'était pas inquiété de savoir si le vol s'était bien passé ou si Jack avait faim ou soif. Si on lui avait posé la question, Jack aurait répondu qu'il était mort de faim. Ils étaient passés devant un buffet alléchant, dressé pour le petit déjeuner des Occidentaux qui séjournaient à l'hôtel. Steaks, œufs, frites maison, saumon, papaye, ananas, croissants, brioches, gaufres. Jack n'avait pas vu une telle abondance de nourriture depuis des mois. Il salivait.

Mais LeRoux n'avait pas faim. Il avait sans doute déjà pris son petit déjeuner, un McMuffin avec des œufs, acheté au McDonald's du coin et englouti à la va-vite sur le chemin de l'hôtel. Il ne lui était pas venu à l'esprit que Jack aurait faim après ce long voyage et il n'avait pas l'intention de lui payer un petit déjeuner à 30 dollars dans un cinq étoiles.

LeRoux n'avait pas perdu de temps en politesses. Il était allé droit au but. Il voulait savoir comment allaient les affaires de Southern Ace en Somalie. Jack était abasourdi. Il envoyait des rapports à LeRoux deux fois par jour. Pourquoi le faire venir à Hong Kong pour lui parler de Southern Ace ? Jack avait malgré tout fait un rapport détaillé de l'avancée du chantier.

LeRoux l'avait interrompu :

— Ce projet en Somalie, il faut qu'il devienne autosuffisant. Il faut qu'on trouve un moyen de gagner de l'argent pour couvrir les dépenses.

Plus question de monter une entreprise de pêche. LeRoux s'était rendu compte que ça demandait trop d'investissements et que ça ne rapporterait pas assez vite. LeRoux voulait trouver des activités plus lucratives.

Pour commencer, il voulait vendre des drogues dures : héroïne, cocaïne, méthamphétamine, opioïdes, tout ce qui se vendait sur le marché.

Ensuite, LeRoux voulait que les clients de RX Limited puissent aussi acheter des médicaments à base d'opioïdes. Jusqu'à présent, il était impossible d'acheter des analgésiques à base d'opioïdes par RX Limited mais, selon les démarcheurs téléphoniques, les clients américains réclamaient tous un opioïde de synthèse, l'oxycodone, commercialisé sous le nom d'OxyContin. Les Américains s'arrachaient cet opioïde de synthèse. Les ventes avaient décollé, passant de 12 millions en 1998 à 70 millions en 2007. Les Américains consommaient également de hautes doses d'hydrocodone (ou Vicodin), un antalgique à base d'opioïdes, avec 55 millions de boîtes vendues en 2008. L'OxyContin et la Vicodin étaient tous deux des produits extrêmement addictifs.

LeRoux savait qu'il prenait un risque en vendant des opioïdes et des médicaments interdits par le Controlled Substances Act. Il risquait en particulier de se faire repérer par la DEA. L'enquête ouverte par la DEA à Minneapolis n'était pas encore close. Si les agents découvraient que LeRoux vendait des opioïdes, il encourait une lourde peine.

Mais c'était un trafic bien plus lucratif que les autres médicaments. Le risque de dépendance à l'OxyContin et à la Vicodin est très élevé. Or, il n'y a pas de clients plus fidèles que les accros. Les antalgiques ne se contentent pas d'anesthésier la douleur, ils procurent également une sensation de plaisir. Rapidement, les patients ne peuvent plus s'en passer, contrairement aux calmants ou aux somnifères. Lorsqu'ils sont en état de manque, ils sont prêts à sacrifier leur dernier dollar pour se procurer la drogue que leur corps leur réclame.

En faisant établir les papiers d'autorisation en Somalie, LeRoux espérait éviter de se faire repérer par la DEA. Il avait néanmoins pris des précautions supplémentaires en sécurisant encore davantage son système de communication. Jusqu'à présent, il utilisait une adresse Gmail (Johan588@gmail.com). En 2009, il créa son propre domaine : fast-free-email.com et ouvrit une boîte mail pour chacun de ses hommes. Il crypta toutes les communications à l'aide de deux protocoles de sécurisation de données : SSL (Secure Sockets Layer) et PGP (Pretty Good Privacy). L'adresse de LeRoux était john@fast-free-email.com et celle de Hunter Rambo@fast-free-email.com.

LeRoux avait encore d'autres projets. Il voulait développer la culture d'opium en Somalie, pour fabriquer de l'héroïne, mais également planter des champs de marijuana et de coca, le composant principal de la cocaïne.

Il voulait aussi monter une autre entreprise de vente d'armes de petite taille. Ce projet était le plus ambitieux de tous. Il avait l'intention de prendre le contrôle du Galmudug et d'y construire un immense entrepôt pour stocker des armes sur la côte. C'était un business qui ne présentait aucun risque financier : la guerre a toujours existé, et c'est une économie florissante, qui génère beaucoup de profits.

Par définition, il est impossible d'estimer le nombre d'armes qui se vendent sur le marché noir. Mais LeRoux s'imaginait déjà gagnant des milliards de dollars, des profits qui ne cesseraient de croître à mesure que les rebelles, les guérillas, les seigneurs de guerre, les escadrons de la mort et les milices privées se développeraient partout dans le monde et que de nouveaux conflits éclateraient.

On estime qu'à tout moment une vingtaine de groupes aux quatre coins du monde sont impliqués dans des conflits armés. Ces groupes sont prêts à payer une fortune pour se procurer des armes légères et maniables. On pense évidemment aux guérillas et aux groupes islamistes, mais ce ne sont pas les seuls. Même dans les pays épargnés par la guerre, les riches vivent sous la menace des cambriolages, des kidnappings ou des assassinats. Ils prennent des gardes du corps, auxquels ils fournissent des armes. LeRoux était prêt à leur en vendre sans poser de questions. Les armes sont aussi convoitées que le crack, la méthamphétamine ou l'héroïne. Même si la demande fluctue selon les années, elle ne risque pas de disparaître étant donné que le monde est entré dans une guerre sans fin. Les empires coloniaux et les dictateurs ont laissé place au chaos, et les laissés-pour-compte du capitalisme se partagent les miettes abandonnées par les riches. La menace de la guerre plane en permanence sur les tribus, les clans et les communautés qui veulent disposer d'un stock d'armes pour défendre leur territoire en cas d'attaque extérieure.

LeRoux voulait se faire une place sur le marché des armes. Sa première armurerie (Red, White and Blue Arms Inc.), il l'avait ouverte à Manille. C'était à la fois un stand de tir couvert, un club d'armes et un magasin qui vendait des armes de poing à des collectionneurs, des amateurs, des sociétés de sécurité privées. C'était également l'un des fournisseurs de la police nationale philippine. Le tir étant un sport populaire aux Philippines, un club d'armes représente une bonne couverture pour à la fois attirer des hommes de pouvoir et évaluer le potentiel du marché.

LeRoux était bien placé pour savoir que lorsqu'on commence à acheter des armes, on ne peut plus s'arrêter. C'est aussi addictif que n'importe quelle drogue. Les hommes de pouvoir veulent posséder des stocks d'armes, ils veulent des milices privées armées jusqu'aux dents. Si un seigneur de guerre, un négociateur ou un riche homme d'affaires possède sa propre armée (qu'on peut appeler indifféremment milice, guérilla, gang ou société de sécurité), il lui faut des armes pour équiper ses hommes.

Contrairement à ce que croient les néophytes, les armes qui se vendent le mieux sur le marché noir ne sont pas les armes bactériologiques (le gaz neurotoxique ou l'anthrax), les missiles de croisière ou les drones Predator. Ce qui rapporte le plus, ce sont les armes de poing, que l'on peut vendre en grande quantité. Et le vrai moyen de faire du profit, c'est d'en vendre beaucoup. LeRoux était déterminé à se tailler une part du gâteau. Il avait décidé d'évaluer rapidement l'offre et la demande, de commencer à petite échelle et de s'implanter partout dans le monde.

Étant donné qu'il n'y avait pas de fabricant d'armes de petite taille aux Philippines, il fallait les importer. Pour cela, LeRoux avait besoin de certificats d'utilisation finale[1] établis par le gouvernement philippin, avec des cachets et des tampons officiels. LeRoux soudoyait déjà des officiers de la Division des armes et des explosifs de la police philippine pour couvrir son trafic de médicaments. Il voulait demander à ces policiers de lui fournir de faux certificats d'utilisation finale prouvant que ces armes étaient destinées à la police philippine. Une fois les armes livrées aux Philippines, les policiers les faisaient passer à LeRoux qui les revendait ensuite aux vrais acheteurs.

LeRoux avait fait un test en achetant plusieurs caisses de pistolets SIG Sauer, fabriqués dans le New Hampshire. Même en étant en possession de certificats d'utilisation finale en bonne et due forme, LeRoux s'était heurté aux douaniers américains qui réclamaient d'autres documents. Il en avait déduit qu'il était impossible d'exporter des pistolets fabriqués aux États-Unis.

Il fallait s'approvisionner ailleurs. LeRoux avait dressé une liste de pays qui fabriquaient des armes de poing pour l'armée, et dont la législation était plus souple. L'Indonésie, voisine des Philippines, était un bon candidat.

1. Ou de non-réexportation (*end-user certificate* en anglais) : document exigé par les services de douane pour exporter des armes ou des biens à double usage. Document destiné à prouver que l'acheteur est l'utilisateur final des marchandises et s'engage à ne pas les exporter.

LeRoux avait chargé Dave Smith de négocier avec PT Pindad, l'entreprise qui fournissait l'armée indonésienne. Smith avait acheté une centaine de fusils d'assaut de contrefaçon (des imitations de Galil SSI israéliens) et dix revolvers 9mm. Il avait payé 100 000 dollars pour la marchandise.

Pour donner une apparence de légalité à la transaction, Smith avait fourni à l'entreprise indonésienne des certificats d'utilisation finale établis par la police philippine et la République du Mali. LeRoux et Smith avaient réussi à corrompre un fonctionnaire malien par l'intermédiaire de Hunter et de Shai Reuven, un Israélien qui travaillait pour RX Limited.

Il restait à transporter les armes aux Philippines depuis Djakarta. Smith avait recruté Bruce Jones, capitaine de marine britannique d'une cinquantaine d'années, installé à Subic Bay, qui traînait au Sid's Sports. Jones s'était rendu à Istanbul pour acheter un navire marchand, le *Captain Ufuk*, qu'il avait payé 800 000 dollars. Il avait ensuite recruté treize marins géorgiens pour acheminer le bateau de Turquie en Indonésie. L'équipage avait récupéré les armes en Indonésie le 10 août 2009 et avait débarqué aux Philippines, à Mariveles, dans la péninsule de Bataan, le 19 août, après un voyage de neuf jours. Smith avait demandé à trois mercenaires (Hunter, Chris DeMeyere et Adam Samia) de surveiller le navire, pour s'assurer que les armes ne soient pas volées.

À l'arrivée du bateau aux Philippines, Smith avait réquisitionné un des yachts de LeRoux, le *Mou Man Tai*, pour décharger les armes (ironie de l'histoire, en chinois, *Mou Man Tai* signifie : « Pas de problème. » ou « Détendez-vous. »). Après avoir transféré la moitié des armes à bord du yacht, Smith et ses hommes avaient fait une pause. La femme philippine de Jones, qui l'avait accompagné, était enceinte et avait la nausée. Le couple avait embarqué à bord du yacht en compagnie de Smith et avait mis les voiles en emportant les armes pour les stocker dans la villa de

Dave Smith, en bord de mer, en attendant de les déplacer dans la maison de son ami Herbert Chu.

Le lendemain, avant le retour de Smith, les garde-côtes philippins avaient pris le navire d'assaut. Ils avaient découvert les cinquante armes restantes, ainsi que des caisses contenant quarante-cinq baïonnettes. Ils avaient procédé à l'arrestation de l'ensemble de l'équipage pour trafic d'armes.

Cette saisie avait fait la une des journaux en Asie. Jones et Smith avaient été arrêtés. LeRoux les avait immédiatement lâchés pour ne pas tomber avec eux. Il avait dépensé 1,2 million de dollars en pots-de-vin, pour s'assurer de ne pas être inquiété par la police philippine.

Les diplomates américains en poste à l'ambassade des États-Unis à Djakarta avaient mis en garde le gouvernement indonésien. Ils avaient fait une grave erreur en acceptant de vendre des armes à des étrangers, qui auraient pu faire partie d'un groupe terroriste. Les autorités indonésiennes n'avaient pas protesté : elles faisaient l'expérience du terrorisme depuis la fin des années 1980, avec l'essor du groupe islamiste Jemaah Islamiyah. Ce groupe armé avait revendiqué une série d'attaques terroristes dans tout le pays. Les islamistes étaient impliqués dans un double attentat à la bombe en octobre 2002, qui avait pour cible deux boîtes de nuit à Bali. 202 personnes avaient trouvé la mort et 209 avaient été blessées. Le 17 juillet 2008, le groupe terroriste avait également commis des attentats visant deux palaces situés dans le centre de Djakarta, le Ritz-Carlton et le JW Marriott. Le bilan faisait état de 9 morts et de 50 blessés. Après le scandale du *Captain Ufuk*, le Parlement indonésien et le ministère de la Défense avaient renforcé la législation contrôlant la vente d'armes.

LeRoux avait donc dû renoncer à l'Indonésie. Mais il ne se laissait jamais prendre au dépourvu et avait déjà d'autres pays en tête. LeRoux voulait détrôner Viktor Bout (arrêté en mars 2008) en devenant le plus gros trafiquant d'armes mondial. Dans son appartement de Manille, LeRoux avait lu des articles relatant l'arrestation de Bout, pour ne pas commettre les mêmes erreurs que son prédécesseur.

— Il s'est montré négligent, il aurait pu se méfier un peu plus…, avait dit LeRoux à Jack d'un ton moqueur.

Selon LeRoux, l'heure de gloire du Russe était déjà passée quand il avait été arrêté. Il était devenu prétentieux et négligent. Il voulait trop se faire voir et il en avait payé le prix. Les preuves réunies par les agents américains confirmaient la version de LeRoux. Au cours des perquisitions qui avaient suivi son arrestation, les agents avaient mis la main sur des vidéos tournées par Bout, où il se mettait en scène en train de faire des cascades nu dans la neige, de danser dans un club de karaoké, et où il s'affichait aux côtés de dictateurs sanguinaires et de tyrans. (En 2012, Bout a dû répondre de quatre chefs d'accusation, dont conspiration en vue de tuer des citoyens américains et de fournir des armes à des groupes terroristes. Il a écopé de vingt-cinq ans de prison.)

LeRoux aspirait à la même chose que Bout : il voulait être riche et avoir du pouvoir. Mais il voulait exercer son influence en sous-main, sans ostentation. LeRoux refusait également de travailler pour un gouvernement, contrairement à Bout qui bénéficiait certes du soutien du Kremlin mais était également soumis aux décisions arbitraires de Vladimir Poutine, qui pouvait ordonner du jour au lendemain de le faire disparaître. LeRoux préférait faire cavalier seul. Il assurait lui-même sa sécurité et s'imposait des règles extrêmement strictes : il ne se montrait jamais, communiquait uniquement sur Internet, n'utilisait jamais sa véritable identité et utilisait des intermédiaires pour collecter ou livrer l'argent et l'or.

LeRoux avait dit à Jack qu'il voulait faire éclater des conflits :

— L'instabilité politique et la guerre, c'est bon pour nos affaires.

Dans le restaurant vide, Jack, affamé et déshydraté, essayait de comprendre les terribles implications des propos de LeRoux.

— D'après ce que j'ai compris, le projet c'était de construire une petite ville totalement indépendante, sur la côte du Galmudug. Dans cette ville, on construirait des entrepôts pour stocker les armes et les munitions, une piste d'atterrissage pour livrer les armes, des logements pour les employés, une mosquée, on mettrait sur pied une petite armée pour assurer notre sécurité, on creuserait des puits pour irriguer et développer l'élevage, etc.

Au centre, LeRoux avait imaginé bâtir une forteresse imprenable et tout autour, des huttes pour les employés et les gardes. L'idée, c'était de construire un centre d'approvisionnement, d'où seraient livrées des armes aux combattants impliqués dans des conflits ou des guerres partout dans le monde. LeRoux avait déjà prévu des agrandissements si la demande était trop forte.

La ville nouvelle de LeRoux serait quasiment invisible. Il avait choisi de l'établir sur la côte du Galmudug parce que ce territoire n'avait aucune valeur géostratégique. L'islamisme radical n'y était pas implanté, et il n'y avait aucune activité économique, hormis quelques élevages de chèvres et de l'agriculture de subsistance. Aucun service de renseignement, aucune agence de police ne surveillait ce territoire reculé. Hors radars, la présence de LeRoux passerait inaperçue, ce qui lui permettrait de vaquer tranquillement à ses petites affaires.

LeRoux avait exposé son plan à Jack. La première phase du projet consistait à prendre le contrôle des principaux bazars d'armes de Somalie. Ces marchés à ciel ouvert attiraient des clients du monde entier, pas seulement d'Afrique mais également d'Asie du Sud, du Sud-Est, de l'Est et des îles du Pacifique. Les seigneurs de guerre et les groupes islamistes avaient besoin d'acheter des armes en permanence.

— Une fois qu'on aura construit des entrepôts de stockage d'armes en Somalie, on contrôlera le trafic d'armes sur tout le continent.

La seconde phase consistait à développer le site d'approvisionnement. LeRoux avait chargé un architecte de Manille de dessiner les plans d'un grand entrepôt autonome de stockage, d'où seraient livrées les armes. Ce plan était intitulé : « Plan de développement du site d'opérations avancées ». Il lui avait demandé de prévoir des agrandissements pour s'adapter à la demande. L'architecte avait prévu des bâtiments où on pourrait construire des bureaux, des chambres, des douches, des cuisines et des entrepôts pour stocker l'arsenal d'armes.

LeRoux voulait également créer un port privé, relié à la base, avec des équipements pour charger et décharger les armes et les marchandises et les transporter à terre sans se faire remarquer ni des garde-côtes ni des avions susceptibles de survoler les zones et de communiquer leurs observations aux services de renseignements.

À côté du port, LeRoux avait prévu d'aménager une piste d'atterrissage de deux kilomètres de long, où se poseraient les avions-cargos en provenance d'Europe, du Moyen-Orient, d'Afrique du Nord et d'Asie. LeRoux avait déjà acheté un avion militaire, un vieil Antonov AN-12 de taille moyenne, qui stationnait sur le tarmac de l'aéroport de Galkayo. L'avion n'était pas en bon état, mais quelques réparations suffiraient. Le plan de LeRoux était calqué sur le mode opératoire de Viktor Bout, qui se servait de vieux avions russes pour livrer des armes en pleine campagne à des groupes rebelles. Si l'avion s'écrasait à cause d'une avarie ou était saisi par les autorités, les pertes financières seraient minimes. LeRoux était prêt à sacrifier les membres de l'équipage. Il avait prévu d'acheter plusieurs Antonov russes et ukrainiens, pour livrer des armes en provenance d'Europe de l'Est et des matériaux de construction des Émirats arabes unis.

Cette ville invisible transformée en plaque tournante du trafic d'armes devait rapporter beaucoup d'argent. LeRoux comptait garder le camp de base construit par Jack à Galkayo. Jack y resterait pour superviser les opérations et réceptionner les marchandises, acheminées par camion depuis le port de Bosaso ou par avion depuis l'aéroport de Galkayo. L'aéroport était délabré. Quelques semaines auparavant, LeRoux avait négocié un marché avec des marchands d'armes ukrainiens : quand les pilotes chargés d'acheminer les armes avaient découvert qu'ils devaient atterrir à Galkayo, ils avaient refusé de décoller. Mais il en fallait plus pour dissuader LeRoux : il était certain qu'il pouvait rénover l'aéroport pour développer son trafic.

LeRoux et Jack étaient confrontés à un autre problème majeur à Galkayo et dans la ville artificielle sans nom : le manque d'eau.

LeRoux avait expliqué à Jack qu'il avait trouvé un moyen d'y remédier. Il voulait installer une usine de dessalement d'eau de mer sur la côte et des pipelines pour acheminer l'eau de Galkayo jusque dans les terres. Pour empêcher les shebabs de saboter les pipelines, il fallait également trouver un moyen de les surveiller en patrouillant sur environ 300 kilomètres.

— Les Somaliens n'en revenaient pas. LeRoux leur a fait croire qu'il voulait apporter de l'eau aux populations locales alors qu'en fait il s'en foutait complètement, mais il avait besoin d'eux. C'était un projet irréalisable.

Jack, qui avait fait un long voyage et avait le ventre vide, était comme assommé. Il était resté à écouter LeRoux sans dire un mot, en faisant mine de prendre des notes au dos d'un billet d'avion pour ne pas piquer du nez. Au bout d'une heure, les serveurs avaient commencé à s'affairer autour d'eux, pour préparer le service de midi. Jack avait pris une carafe pour se servir un verre d'eau. C'était gratuit.

Un serveur s'était dirigé vers eux pour prendre leur commande. Jack aurait tout donné pour un steak. Au Galmudug, il se nourrissait exclusivement de viande de chèvre et de galettes. Il n'en pouvait plus.

— On s'en va, avait dit LeRoux en congédiant le serveur d'un signe de main.

L'entretien était terminé.

Jack était mal à l'aise. Il était gêné d'avoir bu de l'eau sans consommer et il avait la tête qui tournait.

— À quelle heure est ton vol retour ? avait demandé LeRoux. J'ai besoin de toi sur place.

Ce n'était pas une question, c'était un ordre. Jack n'en revenait pas. Ce salaud le renvoyait en Somalie sans même lui laisser le temps de prendre une douche.

Mais il avait fait profil bas et avait répondu qu'il reprendrait l'avion quelques heures plus tard. Il avait pris un taxi jusqu'à l'aéroport.

Auparavant, LeRoux l'avait toujours traité avec respect. Pourquoi se montrait-il si cruel ? Jack ne s'expliquait pas ce revirement soudain de situation. LeRoux essayait peut-être d'asseoir son autorité.

Après avoir supporté les accès de colère d'un père alcoolique pendant vingt-quatre ans, Jack se considérait comme un dur à cuire et il en était fier. Mais là, la colère faisait monter son niveau d'adrénaline. Il s'était dirigé d'un pas décidé vers le guichet de la compagnie Cathay Pacific. Il avait une idée.

— À quelle heure part le prochain vol pour Addis-Abeba ? Ou Nairobi ?

— Le prochain avion pour Nairobi décolle dans quatre heures, monsieur, lui avait répondu l'employé au guichet.

Jack s'était dit qu'il emmerdait LeRoux et s'était tourné vers l'employé.

— Je voudrais un billet en classe affaires.

Il avait tendu la carte de crédit de LeRoux pour régler. Un billet en classe affaires, ça coûtait 3 000 dollars de plus. LeRoux aurait pu économiser 2 800 dollars en lui réservant une chambre à 200 euros dans un hôtel deux étoiles à Hong Kong. Mais il l'avait bien cherché. Ça lui apprendrait à ne pas se soucier du bien-être de ses employés.

Jack s'était installé dans le salon privé mis à disposition des voyageurs de classe affaires par la compagnie Cathay Pacific. Il y avait pris une longue douche brûlante. Le menu n'était pas très appétissant, alors il était sorti dans l'aéroport et avait trouvé un restaurant où il s'était attablé devant le plus gros steak du menu. De retour dans le salon, il s'était offert un verre de vin et un dessert. Au moment de l'embarquement, il avait découvert avec grand plaisir qu'il était le seul à voyager en classe affaires. Il avait enlevé ses bottes, baissé le dossier de son siège et s'était allongé confortablement. Il avait dormi à poings fermés pendant plusieurs heures. Une fois à Nairobi, il s'était rendu compte qu'il n'y avait pas de vol pour la Somalie avant plusieurs jours. Il avait alors loué une chambre d'hôtel et en avait profité pour se reposer et récupérer. Il aurait préféré prendre quelques jours de vacances à Hong Kong, mais il n'avait pas eu le courage de tenir tête à LeRoux. Plus tard, LeRoux régla la facture sans poser de questions, ce qui soulagea grandement Jack.

Mais, après avoir récupéré ses heures de sommeil en retard, il avait bien fallu affronter la réalité : Jack s'était fourré dans une sale affaire. LeRoux voulait devenir le plus gros trafiquant de drogue et d'armes au monde, et il était son complice.

Jusqu'à présent, Jack n'avait rien fait de strictement illégal. Mais il se rendait bien compte que LeRoux le tenait et qu'il était en train de le piéger pour le mettre à la tête de ses entreprises criminelles. LeRoux voulait se servir de lui comme couverture pour trafiquer de la drogue, des armes et peut-être pire encore. Comment faire pour se sortir de là ?

Jack n'avait pas beaucoup de temps pour réfléchir. Les ordres de LeRoux pleuvaient. Il avait une nouvelle idée à la seconde, dont il faisait part à Jack au fur et à mesure qu'elles germaient dans son esprit dégénéré.

LeRoux s'était mis en tête de contrôler le trafic de khat, une drogue inconnue en Occident, mais qui rapporte des millions de dollars en Afrique de l'Est. La plupart des trafiquants de khat sont somaliens. Ils importent la marchandise du Kenya à bord de petits avions qui décollent de l'aéroport de Nairobi. LeRoux avait envoyé deux mercenaires faire une offre aux trafiquants de khat. Ils leur avaient proposé d'allier leurs forces et de les aider à étendre leur réseau. Mais les trafiquants de khat avaient décliné l'offre. Jack était atterré.

— LeRoux n'avait rien compris. On ne peut pas aller voir ces types et leur demander de partager les bénéfices d'un trafic qui leur rapporte 3 millions de dollars par mois.

Mais LeRoux, qui ne restait jamais sur un échec, avait déjà une autre idée, encore plus ambitieuse : il voulait faire un coup d'État aux Seychelles, un archipel composé de cent quinze îles, au milieu de l'océan Indien. Les îles les plus proches du continent sont situées à cinq cents kilomètres des côtes d'Afrique de l'Est et les plus lointaines à environ deux mille kilomètres. LeRoux avait dit à Jack que Dave Smith lui avait présenté un homme qui prétendait être proche du président des Seychelles, James Alix Michel. L'homme lui avait offert 300 millions de dollars et un passeport diplomatique en échange de son aide. Il voulait l'aide des mercenaires de la société Echelon pour renverser Michel et accéder au pouvoir. LeRoux avait longuement réfléchi à ce projet : c'était une opportunité de gagner beaucoup d'argent et ça faisait longtemps qu'il cherchait à se procurer un passeport diplomatique en Afrique, au cas où les choses tourneraient mal pour lui aux Philippines. Il avait envoyé Hunter aux Seychelles pour évaluer la situation.

À son retour, Hunter semblait plutôt optimiste. Au cours des auditions avec la police, LeRoux a rapporté les propos tenus par Hunter.

— Il estimait qu'il faudrait environ trente mercenaires sur place pour renverser le gouvernement et écraser toute résistance.

Mais LeRoux n'était pas convaincu.

— J'ai répondu à Smith que je doutais de la viabilité de ce projet. Les mercenaires de la société Echelon avaient beau être des soldats entraînés, capables de renverser le gouvernement et de prendre le pouvoir, ils ne pourraient pas garder la situation sous contrôle très longtemps. Les Seychelles avaient des alliés dans la région. Si les pays voisins comme la Tanzanie intervenaient, les mercenaires ne pourraient pas résister.

LeRoux avait alors décidé de se tourner vers des projets plus lucratifs, qu'il pouvait organiser depuis sa ville invisible en Somalie. Il avait fait livrer au camp de Galkayo des équipements pour construire des serres dans lesquelles il comptait cultiver de l'opium, de la coca et de la marijuana. Il prévoyait d'utiliser l'eau de l'usine de dessalement pour irriguer les cultures. LeRoux dépêcha sur place un horticulteur philippin. Le pauvre homme dut passer plusieurs mois avec Jack, à l'abri des murs de béton du camp de base. Le comptable philippin qui l'accompagnait était terrifié. Tous les soirs, il s'endormait en serrant son ours en peluche.

Après avoir étudié les conditions climatiques et l'état des sols, l'horticulteur indiqua à LeRoux que ces cultures ne lui rapporteraient pas d'argent immédiatement. Même avec un système d'irrigation, la plantation, la culture et la récolte d'opium, de coca et de marijuana demandent beaucoup de main-d'œuvre et sont sensibles aux variations climatiques. La marijuana pousse partout, mais l'opium et la coca ne pousseraient pas dans le désert somalien.

À peine le diagnostic avait-il été posé que LeRoux était déjà passé à autre chose. Il voulait se lancer dans la fabrication de méthamphétamine. Comme c'est une drogue de synthèse, réalisée en laboratoire, il lui fallait des chimistes et quelques bidons de produits chimiques importés de Chine ou d'Inde. LeRoux avait informé Jack qu'il comptait bâtir une usine de fabrication de méthamphétamine dans le camp, près de l'aéroport. Il pensait utiliser les produits chimiques comme engrais pour les champs d'opium, de coca et de marijuana, et s'en servir pour fabriquer de la meth. Ce qu'il voulait, c'était trouver sa propre formule pour créer sa propre méthamphétamine et concurrencer la Corée du Nord.

Jack, qui commençait à craindre le pire, lui avait alors fait une contre-proposition. Un chef de tribu avait montré à Jack un site de forage pétrolier abandonné au Galmudug, que des ingénieurs américains avaient fermé quelques années auparavant parce qu'il n'était pas assez rentable. Jack avait conseillé à LeRoux d'entrer en contact avec une grosse entreprise pétrolière et de leur offrir ses services pour négocier un marché avec les chefs de tribu. Ainsi, l'entreprise américaine pourrait extraire du pétrole, tout en bénéficiant de la protection des chefs de tribu.

LeRoux avait écouté distraitement mais n'avait pas tardé à lui opposer une fin de non-recevoir. Ça ne l'intéressait pas de jouer les intermédiaires. Ça ne correspondait pas au personnage de génie solitaire qu'il s'était construit. Jamais Elon Musk ou Steve Jobs ne se seraient abaissés à travailler pour quelqu'un. Le champ de distorsion de la réalité était de plus en plus puissant. LeRoux avait dit à Jack qu'il était intéressé, à condition de tout gérer lui-même. Il avait commandé des équipements de forage en Chine et avait fait creuser des puits de deux cents à trois cents mètres. Mais les nappes pétrolières étaient plus profondes que prévu. Selon les experts, il fallait creuser sur environ sept cents mètres.

Pour ça, LeRoux avait besoin de capitaux. 10 millions de dollars, selon les calculs de Jack. LeRoux avait les moyens financiers de se lancer dans cette entreprise – Jack estimait qu'il possédait plus du triple de cette somme, sur des comptes à Hong Kong. Mais il fallait plusieurs années pour construire les infrastructures nécessaires et commencer à faire des profits, et LeRoux, comme on sait, n'était pas homme à attendre. Il voulait que ça aille vite, sinon ça ne l'intéressait pas. Le projet fut rapidement abandonné. Jack était abattu.

— C'était comme pour la pêche au thon dans le Pacifique, il aurait pu gagner des fortunes en faisant preuve de patience. Mais avec LeRoux, il fallait gagner de l'argent vite, et si possible illégalement. Il tenait à sa réputation de criminel. Ce qui l'excitait, c'était le goût du risque. S'il nous avait laissé le temps de construire une piste d'atterrissage sur la côte pour exporter le thon pêché en mer, il aurait pu gagner beaucoup d'argent, et même se servir de cette entreprise comme couverture pour importer des armes d'Europe de l'Est et accroître son pouvoir. Mais il n'avait aucune patience. Rome ne s'est pas construite en un jour, mais ça, LeRoux ne le comprenait pas.

LeRoux avait sans cesse de nouvelles idées et sautait sur la moindre opportunité qui se présentait à lui. Jack, qui avait une conception traditionnelle de l'entreprise, avait du mal à suivre. Pour lui, une entreprise, c'était comme une maison : on pose les fondations, et après seulement on peut ajouter un étage ou faire un agrandissement, mais l'essentiel, c'est d'assurer la cohésion de l'ensemble. Les méthodes de LeRoux étaient caractéristiques de l'économie du XXIe siècle : il passait d'un projet à l'autre, dans des secteurs d'activité apparemment sans rapports, et il attendait que ça prenne. Il avait un pied dans des projets aux quatre coins du monde, prenait la température, se faisait une idée du degré d'emmerdes que pouvaient lui causer les autorités locales. Mais surtout, il menait tous ses projets de front. Par exemple, quand il développait son entreprise en Somalie, il gérait en même temps une start-up de paris en ligne au Costa Rica, qu'il appelait « la Machine à sous ».

Le professeur Howard Stevenson, qui a théorisé et enseigné l'entreprenariat à la Harvard Business School dans les années 1980, définit ce concept comme « la poursuite d'opportunités sans tenir compte des ressources actuellement contrôlées ». Selon lui, les entrepreneurs sont des individus ou des groupes d'individus qui ne sont pas mus uniquement par le profit mais qui ont une vision, de l'audace et de l'ambition. Ces entrepreneurs non conformistes cherchent à s'affranchir des carcans de l'entreprise traditionnelle.

Selon Stevenson, ce n'est pas un hasard si la plupart des grands entrepreneurs ont commencé leur carrière sans un sou, comme il l'explique au magazine *Inc.* en 2012 :

« Ils ne s'interdisent pas de saisir une opportunité sous prétexte qu'ils n'ont pas d'argent. Ils ont l'habitude de mener à bien des projets sans ressources. »

Les entrepreneurs du XXIe siècle n'ont pas d'argent mais ils ont l'énergie obsessionnelle, le goût du risque, le désir de vitesse, la confiance en eux, l'envie de tout casser. Comme l'a dit Mark Zuckerberg, le cofondateur de Facebook, à un groupe de développeurs :

— Avancez vite et faites des dégâts. Si vous ne cassez rien, ça veut dire que vous n'êtes pas assez forts.

LeRoux avait intégré le modèle de la Silicon Valley : expérimenter, être flexible, prendre des décisions rapides, persévérer quand un projet semble prometteur, mais se barrer dès que ça commence à sentir mauvais. Comme le dit Jeff Reid, qui enseigne le commerce à l'université de Georgetown et a créé une bourse pour récompenser l'esprit d'entreprenariat :

— L'entrepreneur du XXIe siècle voit grand. Il cherche de nouveaux angles d'attaque. Il expérimente. S'il y a un marché à développer, il trouvera un moyen de le faire.

Si seulement LeRoux avait pu forcer un peu sa nature, il aurait pu manger des toasts à l'avocat et à la confiture de bacon avec les titans de l'informatique à Pacific Heights, le quartier de San Francisco où vivent les milliardaires. Mais LeRoux n'aimait pas les gens. Il préférait développer ses projets seul, comploter dans son *penthouse* aseptisé.

Jack avait continué à se soumettre aux ordres sans broncher, quoique à contrecœur, jusqu'à l'été 2010, quand un engin avait explosé près de la Land Rover que les hommes de Jack utilisaient pour patrouiller sur le camp de Galkayo. Cinq miliciens avaient été blessés par les morceaux de verre soufflés par l'explosion et avaient eu les tympans perforés. Il n'y avait pas d'hôpital à proximité. Jack avait appelé LeRoux pour lui demander ce qu'il devait faire.

— Enterre-les dans le désert ! avait dit LeRoux en éclatant de rire.

Les hommes n'étaient pas morts. Est-ce que LeRoux était en train de suggérer de les enterrer vivants ? Ou de les laisser se vider de leur sang avant de balancer du sable sur leurs cadavres ?

Jack n'en revenait pas. Même selon les standards de LeRoux, c'était du sadisme. Jack avait allongé les cinq hommes à l'arrière d'une Land Rover, les avait conduits jusqu'à un aéroport clandestin et avait convaincu des trafiquants de khat de les emmener à l'hôpital de Djibouti. Il s'est avéré que l'un des blessés était un cousin du président de la République de Djibouti (environ 60 % de la population de Djibouti a des origines somaliennes). Le président s'était assuré que tous les blessés reçoivent des soins. Ils avaient tous survécu à leurs blessures sans débourser un centime pour ce séjour à l'hôpital.

Quand Jack avait raconté l'heureux dénouement à LeRoux, ce dernier n'avait pas manifesté le moindre intérêt. Pour lui, ces soldats étaient des moins que rien. Il ne comprenait vraiment pas pourquoi Jack s'était donné tant de mal.

Plus tard dans l'été, ce fut au tour de LeRoux de se trouver en mauvaise posture. Bruce Jones, le capitaine du navire marchand *Captain Ufuk*, avait commencé à donner des interviews dans la presse locale pour dénoncer le trafic d'armes auquel il avait participé. Il avait contacté un journaliste du *Manila Bulletin* pour parler de ce qu'il appelait « le syndicat des trafiquants de Bataan ». Il avait donné des noms, dont celui de Dave Smith. Le nom de LeRoux ne figurait pas dans l'article, mais il était à n'en pas douter le prochain sur la liste.

Le 21 septembre 2010, à Ángeles, aux Philippines, le 4×4 Toyota de Jones et de sa femme, Maricel Aramay, avait été criblé de balles par deux tireurs à moto armés d'un calibre .45. Jones, qui était au volant, avait succombé à ses blessures. Aramay avait survécu. L'embuscade avait eu lieu en plein jour, dans une rue passante. Malgré les nombreux témoins, les tireurs n'ont jamais été identifiés.

Après son arrestation, LeRoux a fini par reconnaître qu'il avait commandité l'assassinat de Jones. Il avait ordonné à Smith de régler le problème, ce qu'il avait fait sans broncher.

Peu après l'assassinat de Jones, LeRoux avait envoyé un mail à Jack :

Prends le premier avion pour Hong Kong. Il faut que je te parle.

Jack n'avait pas osé contrarier LeRoux et avait pris un vol pour Hong Kong. Il n'était pas plus rassuré à l'idée de voir LeRoux que de vivre sous la menace des shebabs et des terroristes somaliens. Travailler avec LeRoux, c'était comme essayer de trouver le sommeil en sachant qu'il y a un mamba noir dans la chambre. On ne peut jamais savoir quand le serpent venimeux va décider de sortir de sous le lit pour passer à l'attaque.

LeRoux était en colère. Rien ne marchait comme prévu. Les entrepôts et la piste d'atterrissage n'étaient toujours pas opérationnels. Il ne comprenait pas (ou il ne voulait pas comprendre) les difficultés logistiques que rencontrait Jack, qui devait importer des matériaux de construction lourds (poutres métalliques, armatures de fer) et tout l'équipement qu'il fallait pour construire un port et une zone de transit.

LeRoux n'avait jamais travaillé sur le terrain. Il ne se rendait pas compte du temps nécessaire pour acheminer la marchandise par voie terrestre depuis Djibouti, et que ce qu'il commandait ne pouvait pas être livré en quelques semaines seulement.

— D'un point de vue logistique, ce projet était en train de tourner au cauchemar, raconte Jack.

LeRoux avait acheté le matériel nécessaire et l'avait fait livrer par cargo. Jack avait dû négocier avec les pirates somaliens pour qu'ils l'aident à acheminer les équipements et les armes jusqu'à la côte. Mais il fallait tenir compte des vagues, des rochers et des intempéries… Tout cela rendait très difficile l'acheminement du matériel et demandait beaucoup de main-d'œuvre.

Jack ne traînait pas les pieds, mais il ne mettait pas non plus beaucoup d'énergie à trouver des solutions. Il espérait que LeRoux revienne à son idée de départ, pêcher du thon et le revendre, mais il savait que ce projet n'avait au fond été qu'un prétexte pour l'attirer dans sa toile.

— Il était complètement mégalo. Il voulait coloniser des pays ! Construire son propre État ! Prendre le contrôle d'une île !

Jack n'avait pas déserté. Bien que plein de ressentiment et de peur, il continuait à obéir aux ordres. Il savait qu'il était mouillé jusqu'au cou, impliqué dans des trafics de drogue, d'armes, des kidnappings, et probablement une tentative de coup d'État... Si les autres tombaient, il tomberait avec eux et il finirait au trou, avec Dave Smith comme compagnon de cellule. LeRoux disparaîtrait dans la nature et, dès qu'il aurait à nouveau le champ libre, il monterait une nouvelle entreprise avec un nouvel imbécile comme Jack pour le remplacer.

Pour ne rien arranger, juste avant d'arriver à Hong Kong, Jack avait appris dans les journaux l'assassinat de Bruce Jones. Sur Internet, la mort de Jones était présentée comme un crime mystérieux. Mais Jack avait rencontré Jones à Subic Bay et il soupçonnait, à juste titre, que Dave Smith avait rejeté la responsabilité de l'échec de l'opération *Captain Ufuk* sur Jones et que, quand LeRoux avait senti le vent tourner, il avait commandité son assassinat.

LeRoux lui en avait apporté la confirmation au cours d'un nouveau rendez-vous dans le restaurant vide d'un hôtel de luxe, à Hong Kong. Une fois de plus, LeRoux avait refusé de commander à manger et avait prévu que Jack fasse l'aller-retour dans la journée.

Mais cette fois, Jack s'était versé un verre d'eau et était allé droit au but.

— Bruce, il lui est arrivé quoi ?

— Ce qui lui est arrivé, c'est ce qui arrive quand on joue avec le feu et qu'on fait foirer une opération, avait dit LeRoux avec un sourire en coin.

Jack se rendait compte que LeRoux était tellement imbu de lui-même qu'il s'octroyait le droit d'éliminer quiconque faisait un pas de travers. Jack avait déjà entendu parler de morts violentes survenues dans l'entourage de LeRoux, des hommes qui gravitaient autour de RX Limited ou du *Captain Ufuk*. Il ne connaissait ni le nom des victimes ni les détails des affaires mais, après avoir vécu avec Hunter et son gang de mercenaires, il se doutait qu'ils n'étaient pas payés uniquement pour transporter des cartons.

Jack décida qu'il était temps de partir. Ça faisait un moment qu'il y réfléchissait. C'était comme un mariage qui bat de l'aile. Il avait été happé par la gestion des problèmes au jour le jour. Mais c'était comme si LeRoux sentait que Jack était vulnérable, et face à lui Jack était paralysé, comme un cerf dans les phares d'une voiture.

C'est une femme qui précipita son départ.

Jack avait rencontré Anya en octobre 2009, dans un avion qui faisait la liaison entre Djibouti et Dubaï. Le coup de foudre. Anya était une femme mature, éduquée, raffinée, qui occupait un poste à responsabilités dans une multinationale.

Jusqu'à présent, Jack enchaînait les histoires d'amour foireuses. Quand on travaille dans le désert somalien, on ne cherche pas l'amour. Mais il avait eu un coup de foudre. Lorsque Jack et Anya avaient commencé à discuter dans l'avion, il avait été immédiatement séduit par son sourire ravageur et elle par son humour noir. Jack avait vaincu sa timidité et lui avait laissé son adresse mail. À sa grande surprise, quelques semaines plus tard, de retour en Somalie, Jack avait reçu un message. Ils s'étaient revus à Dubaï, où ils s'étaient promenés, avaient fait les magasins et s'étaient séparés en fin de journée. Le lendemain, ils avaient parlé pendant des heures sur la plage. Jack lui avait raconté son enfance chaotique.

Son père l'avait jeté dans une piscine à l'âge de cinq ans. À quinze ans, il était champion national de natation. La natation, c'est un sport solitaire, contrairement au foot ou au tennis. Alors que les garçons de son âge faisaient les quatre cents coups, se cassaient un bras ou une jambe, faisaient le mur, draguaient les filles, passaient leur permis et apprenaient la vie, Jack enchaînait les longueurs. Il n'entendait rien, sauf son entraîneur et son père qui lui criaient dessus.

Jack détestait plonger dans l'eau chlorée aux aurores, nager la brasse, le crawl, le papillon. Il en voulait à ses parents, en particulier à son père qui le forçait à aller à l'entraînement. C'était un ingénieur, chargé de la sécurité dans une usine nucléaire mais également amateur de vin. Il possédait une cave de 1 500 bouteilles. Il buvait en cachette et fumait cigarette sur cigarette. Il ne supportait pas que ses fils lui tiennent tête, en particulier Jack qu'il considérait comme le rebelle de la famille. Quand Jack rechignait à aller à l'entraînement, son père le battait, lui donnait des coups de pied, lui écrasait des mégots sur le dos. Une fois, il avait même brandi une arme et menacé de lui tirer dessus.

Quand Jack avait eu dix-huit ans, il avait fait ce que font les jeunes : il avait fui le domicile familial. Il était entré dans la marine américaine en tant que plongeur-démineur au sein d'une unité chargée de rechercher des mines de la Seconde Guerre mondiale en mer du Nord et dans la Manche. Jack était accro à l'adrénaline. Plonger dans les profondeurs boueuses pour retrouver des bombes larguées par les nazis, c'était la mission idéale pour lui. Jack et ses coéquipiers en trouvaient au moins deux par mois.

De 1990 à 1991, pendant la guerre du Golfe, Jack avait continué à travailler pour la marine, au sein d'une unité de destruction de mines sous-marines. Il s'agissait de repérer et de neutraliser des mines larguées par les forces de Saddam Hussein.

En parallèle, Jack continuait à pratiquer la natation à haut niveau. Il avait fait partie de l'équipe nationale de natation aux Jeux olympiques de Barcelone, en 1992. En raison de son manque de régularité, il avait été écarté au cours de la phase éliminatoire. Il pouvait malgré tout se targuer d'avoir participé aux Jeux olympiques.

Peu après le départ à la retraite de son père, les médecins lui avaient diagnostiqué un cancer en phase terminale. Jack était alors âgé de vingt-quatre ans. Il était rentré chez lui et avait passé six semaines à son chevet, à lui faire sa toilette, à le veiller et à le changer, jusqu'à ce que son corps lâche. Jack crevait d'envie d'entendre son père lui dire au moins une fois qu'il l'aimait, ce qui n'arriva jamais. Malgré tout, Jack ne regrettait pas de s'être occupé de lui dans ses derniers instants. Il avait fini par lui pardonner.

— Je lui ai tenu tête et je l'ai payé cher, mais en même temps c'est grâce à lui que j'en suis là aujourd'hui.

Grâce au modeste héritage laissé par son père, Jack avait monté une boîte de construction. Il aimait travailler de ses mains et s'était trouvé une vocation. Il faisait des journées de dix-sept heures, se tuant à la tâche pour essayer de maintenir à flot l'entreprise, au bord de la faillite à cause des taxes qui s'accumulaient. Il s'était marié à une jolie gymnaste qui s'était révélée être complètement névrosée. Après avoir demandé le divorce, il avait tout envoyé balader. Il avait liquidé son entreprise et décidé de partir aux Philippines. Il voulait voir du pays, et c'est ce qu'il avait fait, même si sa vie avait pris une tournure inattendue.

Jack pensait qu'Anya allait prendre ses jambes à son cou en entendant son histoire. C'était une femme intelligente, riche, belle et indépendante. Elle avait la vie devant elle. Pourquoi s'encombrer d'un type comme Jack ? Mais Anya était restée. Ils étaient allés à l'hôtel où ils avaient continué à parler jusqu'au milieu de la nuit. Ils s'étaient enlacés avant de s'endormir l'un à côté de l'autre.

Pendant plusieurs mois, Jack et Anya avaient continué à se voir régulièrement. Jack quittait son campement digne de *Sa Majesté des mouches*, prenait l'avion et retrouvait Anya à Dubaï. Ils avaient attendu trois mois avant de faire l'amour, mais ça en valait la peine. Jack a raconté qu'il avait « connu les joies du Kama-sutra ».

Jack avait tout raconté à Anya : les pirates, les trafiquants, ses deux divorces et le pouvoir que LeRoux avait sur lui.

— Je travaille pour un génie sociopathe, lui avait-il dit.

Il lui avait parlé de ses rendez-vous à Hong Kong avec LeRoux. Elle l'avait écouté attentivement avant de lui dire d'un ton solennel :

— Il faut que tu prennes une décision. Tu peux avoir une vie normale et parcourir le monde avec moi. Ou tu peux continuer à vivre en prenant des risques, sans savoir de quoi demain sera fait.

— Elle m'a ouvert les yeux, a dit Jack aux agents, plus tard. Je savais que je m'étais mis dans la merde. J'avais conscience du danger mais j'étais coincé, je n'étais plus capable de prendre du recul. Je ne côtoyais que des trafiquants. Mon quotidien, c'était de fréquenter quelques étrangers qui me racontaient leur vie et deux cent cinquante Somaliens qui vivaient dans la misère depuis des années. Anya m'a aidé à prendre de la distance et à me rendre compte qu'il y a plus à attendre de la vie.

En octobre 2010, Jack était allé à Djibouti et avait réussi à monter dans un avion des Nations unies qui rapatriaient des étrangers à Dubaï. Anya l'avait retrouvé là-bas. Il lui avait dit qu'il avait démissionné. LeRoux, c'était fini. Ils étaient allés sur le balcon de l'appartement qu'ils avaient loué pour quelques jours et avaient organisé une petite cérémonie. Ils avaient allumé des bougies, s'étaient versé un verre de vin rouge millésimé et avaient brûlé tous les faux passeports que possédait Jack. Ils avaient regardé les cendres retomber sur le sol en béton et être chassées par le vent.

Jack avait envoyé sa démission par mail à LeRoux. Il n'avait fourni aucune explication, à part qu'il ne voulait plus être mêlé à ses affaires de trafic de drogue et qu'il allait essayer de se trouver un boulot où on ne lui demanderait rien d'illégal.

À mesure qu'il se libérait de l'emprise de LeRoux, Jack prenait conscience de l'ampleur de sa colère et de ses blessures. À ce moment-là, il avait fait quelque chose de complètement inattendu. Il était allé sur le site de la CIA et avait envoyé un mail à l'adresse indiquée dans la rubrique Contacts. Si jamais on cherchait des informations sur LeRoux, il avait deux ou trois choses à dire.

Une fois sa colère retombée, il s'était rendu compte que ce qu'il venait de faire était plus que risqué. Heureusement, la CIA n'avait pas donné suite. Manifestement, LeRoux n'était pas dans le collimateur des services de renseignement américains.

Jack s'était installé à Dubaï et avait trouvé du travail. Il n'aimait pas cette ville. Sous des apparences de traditionalisme religieux, Dubaï était devenue la capitale internationale du blanchiment d'argent, détrônant la Suisse et les îles Caïmans. Dans son témoignage, il a dit aux agents :

— Dubaï, c'est le paradis pour les criminels. Ils peuvent faire ce qu'ils veulent. Les Pakis, les Afghans, les Somaliens… Ils se servent du système.

Quand il avait reçu la démission de Jack, LeRoux était entré dans une colère noire. Il avait envoyé deux hommes au Galmudug pour le remplacer : Shaun Wright, mercenaire blanc originaire d'Afrique du Sud, et Mischeck Dzichaunya, Zimbabwéen noir, ancien chef de la police sous Mugabe, qui avait déjà collaboré avec LeRoux sur le chantier naval.

Wright et Dzichaunya s'étaient révélés incapables de s'entendre avec les chefs somaliens. Ils n'avaient pas payé les hommes de Jack, qui avaient tous déserté, laissant le camp sans protection. L'affaire commençait à peine à rapporter de l'argent, et tout s'était écroulé. LeRoux avait perdu 3 millions de dollars.

Tout ça, c'était la faute de Jack. Un mois après sa démission, Jack reçut un message de Leo qui l'informait que LeRoux avait mis un contrat sur sa tête. Le même jour, il se rendit compte qu'il était suivi par Hunter, à Dubaï. Jack se voyait déjà avec un pistolet sur la tempe, mis en joue par Hunter, sous les yeux de LeRoux attendant avec impatience, en direct ou sur Skype, de le voir se faire sauter la cervelle.

Jack savait que Hunter n'avait pas un tempérament de leader. C'était un suiveur, il obéissait aux ordres et ne faisait rien de sa propre initiative. Jack aurait beau le supplier, si LeRoux lui avait donné l'ordre de le tuer, Hunter s'acquitterait de sa mission coûte que coûte. Si Jack voulait sauver sa peau, il fallait négocier directement avec LeRoux.

Il avait téléphoné à LeRoux pour lui demander de rappeler le tueur qu'il avait lancé à ses trousses. Mais LeRoux était fou de rage.

— Tu peux essayer de m'échapper mais tu ne pourras pas te cacher indéfiniment. Je vais bien finir par t'avoir, avait dit LeRoux. Quand quelqu'un me trahit, je l'élimine. Un jour ou l'autre, je te retrouverai, même au bout du monde. Tu sais que je vais t'avoir.

— Mais je ne vous ai pas trahi ! avait protesté Jack. Si vous ne rappelez pas Hunter, je vous balance.

— N'y pense même pas. Si je tombe, tu tombes, avait crié LeRoux avant de lui raccrocher au nez.

Jack avait attendu que la colère de LeRoux retombe. En 2010, peu avant Noël, il avait de nouveau essayé d'enterrer la hache de guerre. Il ne voulait pas passer le reste de sa vie à guetter par-dessus son épaule si Hunter était derrière lui ou à se faire du souci pour Anya.

Jack envoya à LeRoux une copie détaillée des comptes qu'il avait tenus au Galmudug. Il avait tout noté scrupuleusement et pouvait justifier de la moindre dépense.

Deux semaines plus tard, LeRoux l'avait rappelé. Il avait changé de discours. Il lui avait demandé pardon. Il voulait que Jack revienne travailler pour lui.

— Je sais que tu n'as rien fait de mal. Si un jour tu as besoin de boulot, appelle-moi. Tu es un type bien. Je sais que je peux te faire confiance.

Il lui demandait pardon ? Jack était touché. C'était la première fois qu'il entendait LeRoux s'excuser. D'ordinaire, il rejetait plutôt la faute sur les autres…

Il parlait de confiance ? C'était nouveau. Jack se souvenait très bien l'avoir entendu dire qu'il ne faisait confiance à personne.

Et effectivement, l'instant d'après, LeRoux s'était mis à descendre Dave Smith, en disant qu'il avait cru aux mensonges que Smith répandait sur le compte de Jack, parce qu'il était jaloux de la relation privilégiée qu'entretenait Jack avec LeRoux. Il voulait tout contrôler, mais LeRoux ne l'avait pas laissé contrôler Jack.

— On lui a réglé son compte à ce salopard, avait dit LeRoux avec un rire sardonique. C'est lui le voleur. Mais il ne remontera pas de sitôt sur sa bécane.

Sa bécane, c'était sa magnifique MV Agusta italienne.

Jack se doutait que par « réglé son compte », LeRoux entendait « assassiné ». Plus tard, il avait eu le récit complet des événements.

Après son arrestation, LeRoux a avoué à la police qu'il soupçonnait Smith de lui avoir volé des lingots d'or. Smith était chargé de récupérer l'or et de le cacher, mais il avait toujours refusé de dire où. Au lieu de lui poser directement la question, LeRoux avait mené sa propre enquête. Il était allé interroger une fille que Smith avait larguée. Elle lui avait dit que Smith avait volé l'or et qu'il projetait de le kidnapper, de le torturer, de lui extorquer de l'argent et de le tuer.

LeRoux, fou de rage, avait commencé par s'en prendre à l'associé de Smith, Henry Chu. LeRoux savait que Chu était chargé de cacher les armes que Smith avait récupérées sur le *Captain Ufuk*. Il s'était mis en tête que Smith avait demandé à Chu de cacher l'or et qu'il savait où il se trouvait.

LeRoux avait donné rendez-vous à Chu dans une de ses propriétés, dans la province de Batangas, sur la côte philippine. Il s'était servi d'un Taser pour le neutraliser. Marius, un mercenaire sud-africain blanc à la solde de LeRoux, avait balancé Chu dans l'eau. Marius était bâti comme une armoire à glace. Il avait une tignasse brune, une moustache et une barbe poivre et sel. C'était un ancien officier de police sud-africain, qui faisait à présent partie d'un gang de motards et se présentait sur LinkedIn comme « gestionnaire de risques » et proposait une « protection rapprochée ». Autrement dit, c'était un tueur à gages professionnel.

Luttant contre les vagues, Chu avait imploré LeRoux de lui laisser la vie sauve. Il avait hurlé que Chito, un ami de Smith, l'avait aidé à cacher l'or. Marius avait sorti Chu de l'eau et l'avait menotté avant de le tuer d'une balle dans la tête. Il avait lesté le corps avec une ancre avant de le jeter à l'eau.

Chito avait subi le même sort. Sous la torture, il avait avoué que Smith avait revendu l'or par l'intermédiaire d'un courtier. LeRoux et Marius avaient emmené Chito à Batangas, l'avaient jeté dans un bateau à moteur qu'ils avaient conduit en haute mer avant de le neutraliser et de le jeter par-dessus bord. LeRoux et Marius avaient ensuite bu un coup pour fêter ça.

Restait Smith. LeRoux lui avait donné rendez-vous dans une planque à Batangas. Smith ne se doutait de rien. Pour le faire venir, LeRoux lui avait dit qu'il avait besoin d'aide pour creuser un trou et enterrer un coffre rempli de 2 millions de dollars, de l'argent sale, qu'un « ami » lui avait confié. En soi, ça ne tenait pas debout. À quoi bon enterrer un coffre plein de billets ? Pourquoi ne pas mettre l'argent sur un compte secret à Hong Kong ou à Macao ?

Mais Smith n'avait pas posé de questions. Il s'était mis à creuser. Une fois Smith au fond du trou, dégoulinant de sueur, Marius avait sorti un pistolet 9 mm et lui avait tiré une balle dans la tête. D'après le récit de LeRoux, Smith, désorienté mais encore conscient, avait secoué les bras en criant :

— Mais pourquoi ? Pourquoi ? Pourquoi ?

Ensuite, il s'était écroulé. Marius avait tiré plusieurs balles, jusqu'à ce que son arme s'enraye. LeRoux avait pris le relais, tirant une rafale de mitraillette MP5. Une meute de chiens, attirés par l'odeur du sang frais, avait accouru. Le Boss les avait fait déguerpir, puis avait arraché l'arme des mains de Marius et avait frappé dessus de toutes ses forces pour la faire remarcher.

Marius était parvenu à la désenrayer et avait tiré encore cinq ou six balles dans le crâne de Smith. LeRoux s'était ensuite déchaîné sur le corps avec une autre rafale de mitraillette.

S'il n'avait pas amélioré ses talents de tireur en exécutant Smith, LeRoux avait cependant appris une chose d'importance sur lui-même. Il aimait tirer. Il aimait tuer. Chaque fois qu'il pensait à Smith, étendu dans ce trou à se vider de son sang, tandis que des chiens errants reniflaient son cadavre, LeRoux prenait son pied. Il voulait le refaire.

LeRoux et Marius avaient enveloppé le corps de Smith dans une bâche, l'avaient hissé sur un canot pneumatique, puis balancé en haute mer. Mais la bâche retenait l'air, et le corps flottait. LeRoux avait sauté dans l'eau et lacéré la bâche de coups de couteau.

Mais le corps ne coulait toujours pas. Marius avait démonté le moteur hors-bord Yamaha du Zodiac et l'avait attaché au corps, qui avait fini par s'enfoncer dans l'eau. LeRoux et Marius avaient alors regagné la côte et étaient allés en ville pour fêter ça.

LeRoux avait porté plainte pour le vol du Zodiac, pour que, si jamais le corps de Smith était repêché et que la police traçait le numéro de série du moteur, il ne soit pas impliqué. C'est dire sa naïveté. Quiconque regarde des séries policières sait qu'un bon enquêteur n'aurait pas eu besoin du numéro de série du moteur pour remonter à LeRoux. Il y avait des témoins, des gens qui connaissaient Smith et LeRoux, qui savaient qu'ils travaillaient ensemble. Il y avait également des preuves, des documents qui permettaient d'établir un lien entre lui et la victime, par exemple les papiers d'immatriculation des bateaux et des voitures et les actes de propriété. Les habitués du Sid's Sports ne manqueraient pas de remarquer la disparition de Smith, sans compter les collaborateurs de LeRoux et les employés de RX Limited.

Il y avait aussi la famille et les amis de Smith. LeRoux avait repris la maison, les voitures et tous les effets personnels de Smith (vêtements, bijoux, armes). Il avait interrogé sa femme et ses petites amies. Elles n'avaient rien à perdre, elles auraient pu le dénoncer.

Ce que LeRoux n'a jamais compris, c'est qu'on ne peut pas débrancher les gens, éjecter leur carte mémoire pour la mettre à la corbeille. Malgré ses talents d'entrepreneur, il ne comprenait pas ce que la plupart des enfants comprennent dès la maternelle : on récolte ce que l'on sème.

7

Pac-Man et Ironman

En 2011, peu avant Noël, Tom Cindric, agent de la DEA, était en train de feuilleter un rapport du Conseil de sécurité de l'ONU. Le rapport de 417 pages traitait de cas de violations de l'interdiction internationale de vente d'armes à des factions rebelles en Somalie.

Il ne savait pas exactement ce qu'il cherchait. Son supérieur, Wim Brown, responsable de la section Afrique du Groupe 960 et candidat à un poste en Afrique de l'Est, lui avait confié ce rapport, qu'il tenait lui-même d'un de ses amis, Rudy Attalah, ancien colonel et pilote dans l'armée américaine, qui travaillait pour la DIA (Defense Intelligence Agency) en Afrique. Atallah avait également travaillé au Pentagone, en tant que spécialiste du terrorisme en Afrique.

Atallah exerçait à présent en tant que consultant indépendant sur les questions de sécurité. Il était spécialiste de la Somalie et de la Corne de l'Afrique. Il collaborait avec le Pentagone et le Département d'État, où il lui arrivait de participer à des négociations avec des pirates somaliens en vue de libérer des otages, comme pour Richard Phillips, qui a inspiré le film *Captain Phillips*, avec Tom Hanks.

La situation politique s'était un peu apaisée en Somalie, depuis l'époque des guerres de territoire entre seigneurs de guerre. Atallah voulait éviter que les conflits reprennent et que des groupes djihadistes s'implantent. Atallah était né au Liban et avait émigré aux États-Unis pour fuir la guerre civile. Il avait à cœur d'apporter son aide au peuple somalien.

— La Somalie est restée sans gouvernement pendant vingt-deux ans. Je voulais comprendre comment la population avait réussi à survivre dans de telles conditions. Ça me rappelait mon enfance. J'ai grandi au Liban, pendant la guerre civile. J'ai été témoin de nombreuses exactions.

Quand Atallah avait lu le rapport du Conseil de sécurité de l'ONU, une information lui avait sauté aux yeux. Une mystérieuse entreprise nommée Southern Ace avait fait construire une base au Galmudug, recruté des civils pour assurer la sécurité et importé de grandes quantités d'armes. Sur le papier, le dirigeant de Southern Ace, un certain Edgar Van Tonder, avait également créé une entreprise en 2007, à Hong Kong, spécialisée dans l'import-export de « camions forestiers, de remorques et de pièces détachées. » Le rapport mentionnait également le nom de « Paul Calder LeRoux, alias Bernard John Bowlins, bailleur de fonds de l'entreprise. » Les services de renseignement en charge du dossier le soupçonnaient d'être le véritable dirigeant de l'entreprise et de se servir d'Edgar Van Tonder comme prête-nom. Le rapport faisait référence à une « source militaire » qui avait révélé des informations au sujet de Paul LeRoux aux services de renseignement. En revanche, il n'indiquait pas quel était le service de police en charge du dossier.

Atallah s'était immédiatement demandé pourquoi ce LeRoux (ou Bowlins) voulait établir une base au Galmudug. Pourquoi vouloir s'installer en plein désert, dans un territoire que tout le monde cherche à fuir ? Pour Atallah qui connaissait la région, ce projet était de nature à éveiller les soupçons. Il aurait mis sa main à couper que Southern Ace n'était pas une entreprise d'exploitation forestière. Il n'y avait pas d'arbres au Galmudug. Il n'y avait que le désert.

— Le mystère planait autour de Paul Calder LeRoux, a expliqué plus tard Atallah aux enquêteurs. Il fallait que je sache la vérité.

Atallah avait mené sa propre enquête. Il n'était pas allé très loin. Il s'était rendu compte que ni la CIA, ni la DIA ne disposaient de dossiers sur LeRoux et qu'aucun service de police ne semblait enquêter sur lui. Il n'avait pas réussi à tirer beaucoup d'informations des sources qu'il possédait sur place, mais il était certain d'une chose : étant donné que LeRoux trafiquait des armes, il contribuait à l'expansion de la corruption et à l'instabilité dans la région. Il fallait le neutraliser.

Mais comment faire ? Il n'était pas question de le tuer dans une attaque de drone. Atallah savait que l'armée américaine et l'OTAN s'opposaient à l'exécution sommaire de civils, même s'il s'agissait de fabricants d'explosifs, de trafiquants d'armes ou de criminels. Selon l'armée et les services de renseignement, ces hommes étaient des « agents pernicieux » qui devaient être remis aux mains de la justice et poursuivis dans leur pays ou aux États-Unis. On ne pouvait pas le juger en Somalie.

Atallah avait alors décidé de mettre la DEA sur le coup. Il avait fait la connaissance de Brown et Milione au cours de l'enquête sur Viktor Bout et Monzer al-Kassar. Le professionnalisme dont ils avaient fait preuve l'avait impressionné. Les agents avaient réussi à localiser le marchand d'armes et à monter une opération complexe, impliquant plusieurs agents infiltrés, qui leur avait permis de réunir assez de preuves pour les appréhender, les inculper et les juger aux États-Unis. Bout et al-Kassar avaient tous deux écopé de lourdes peines de prison.

S'il existait un service de police aux États-Unis capable de faire tomber LeRoux, c'était le Groupe 960.

— Les agents de la DEA vont droit au but et ne lâchent rien, pas comme la CIA qui perd du temps en paperasse inutile, a précisé Atallah.

Brown avait présenté Atallah à Cindric et Stouch qui venaient de boucler une affaire et étaient impatients de se lancer dans une nouvelle enquête. Atallah leur proposa de s'occuper de l'enquête sur LeRoux, dont les activités lui semblaient suspectes. Il leur transmit par mail le rapport du Conseil de sécurité.

Cindric comprit page 267 ce qui avait éveillé les soupçons d'Atallah et commença à prendre des notes. D'après le rapport, Southern Ace, l'entreprise de Paul Calder LeRoux, trafiquait de la drogue et des armes en Somalie, en récoltant des financements depuis une entreprise implantée à Manille, La Plata Trading, qui faisait des recherches pour développer « de nouvelles espèces de plantes hallucinogènes (opium, coca, cannabis) », adaptées au climat africain. Personne n'avait jamais réussi à cultiver la coca ailleurs que dans les Andes, où les conditions étaient optimales en raison de l'altitude et du climat. Si une entreprise parvenait à développer de nouvelles espèces adaptées au territoire africain, elle pourrait concurrencer les Colombiens et les Mexicains et s'implanter sur le marché de la cocaïne en Europe, au Moyen-Orient, en Australie et au Japon, où la cocaïne se vendait à prix d'or. L'effet d'une bombe sur le marché de la drogue. Ajoutez à cela l'héroïne et le haschich, pas plus compliqués à produire qu'ailleurs, puisque le pavot et le chanvre s'adaptent à de nombreux climats et peuvent être cultivés sous serre, et c'est le jackpot.

Selon le rapport du Conseil de sécurité, début 2011, la base de Southern Ace en Somalie avait disparu aussi rapidement qu'elle était apparue, et les milices chargées de la surveiller avaient été démantelées.

Cindric avait transmis à Eric Stouch le rapport du Conseil de sécurité ainsi que les éléments qu'il avait découverts en faisant une recherche rapide sur Google. Il voulait que Stouch abandonne ses affaires en cours pour se consacrer à ce dossier. Il avait dégainé son portable illico et composé le numéro de son partenaire.

— Si la moitié de ce que je t'ai envoyé est vrai, ce type est un vrai salopard, avait-il dit. Il faut qu'on en fasse notre prochaine cible.

— Laisse-moi le temps de lire ce que tu m'as envoyé, tu veux ? avait répondu Stouch, irrité.

Il avait raccroché. Cindric aurait mis sa main au feu que Stouch était en train de lever les yeux au ciel. Sa devise c'était : « Pas d'agitation inutile ». À l'inverse, Cindric était impulsif et capable de perdre son temps et son énergie en poursuivant des fausses pistes. Mais quelques minutes plus tard, Stouch avait rappelé Cindric.

— OK, tu as raison. Si la moitié de tout ça est vrai, on va se le faire.

Cindric était aux anges. Stouch était méticuleux, dur à déchiffrer et quasi impossible à impressionner. Ses coéquipiers le surnommaient Ironman[1], parce qu'il était fan de triathlon. Quand il était sur une piste, il ne lâchait pas. Il avait dû forger ça dans l'enfance, quand il aidait son père dans leur ferme de Pennsylvanie. Seul un fermier peut trimer autant, dans un climat aussi pourri et pour aussi peu d'argent.

Stouch avait joué au football dans la petite université où il étudiait la psychologie. À l'époque, il pensait devenir psychologue du sport ou enseignant, jusqu'à ce qu'il prenne un cours de criminologie. Le programme comportait des exercices sur le terrain. Il avait passé une nuit en planque dans un cimetière de Philadelphie, avec des flics qui poursuivaient un homme en cavale, au milieu des coups de feu, des trafiquants d'héroïne, des prostituées et des clients qui avaient des relations sexuelles entre les tombes.

1. Nom donné au format le plus long du triathlon (3,8 km de natation, 180,2 km de vélo et un marathon).

— C'était de la folie et c'était génial, a dit Stouch. L'action, ça me plaisait. J'en voulais plus. Je me suis dit que faire ce boulot, c'était être quelqu'un de bien.

Stouch avait commencé en tant que flic de terrain à Baltimore, capitale du trafic d'héroïne aux États-Unis. Le taux de criminalité y était élevé, avec environ trois cent soixante homicides par an. Stouch aimait être sur le terrain : enquêter sur des meurtres, planquer dans des cages d'escalier et dans des recoins obscurs, avec des mecs armés qui lui tiraient dessus, le tapaient, lui crachaient dessus, l'insultaient. Les enquêtes le fascinaient. Tous ces puzzles dont il fallait mettre les pièces bout à bout, tous ces faits à reconstituer, tous ces individus qu'il fallait essayer de comprendre…

Stouch est entré à la DEA en 1999. Grâce à son expérience sur le terrain, il a été assigné à une unité de police en charge du trafic de drogue dans la métropole de Baltimore-Washington. Il y a rencontré Tom Cindric, qu'il surnommait « l'agent fou ». Ils avaient tout de suite accroché.

Cindric était bavard, ce qui faisait de lui quelqu'un de charmant, sauf quand il s'énervait. Contrairement à son coéquipier, qui se fichait bien de tout ce qui n'était pas directement lié à son enquête en cours, Cindric voulait tout savoir. Il pouvait écouter pendant des heures des gens lui expliquer comment ferrer un cheval, construire une grange, cuisiner le chou farci, déterminer quels types d'haltères sont le plus adaptés à telle ou telle morphologie ou comment faire le meilleur barbecue. Il passait d'un sujet à l'autre : il pouvait discuter de comment dépecer un cerf et, la minute suivante, vanter la recette de confiture de myrtilles de Martha Stewart (« Garantie sans pectine ! »).

Le père de Cindric, Thomas Cindric Sr, était un ancien mathématicien et analyste, qui avait travaillé au sein de la National Security Agency (NSA). Il avait été repéré par Branch Rickey, le président et manager des Brooklyn Dodgers (plus connu pour avoir recruté Jackie Robinson, premier Noir à jouer au base-ball en Ligue majeure). Rickey avait été transféré à Pittsburgh, où il était devenu manager des Pittsburgh Pirates. Au début des années 1950, il avait fait la connaissance de Cindric Sr, petit génie des maths, à l'université de Pittsburgh. À l'époque, Cindric Sr n'avait pas d'argent. Son père (le grand-père de Cindric) avait émigré de Croatie et s'était installé dans la campagne de Pennsylvanie. Il avait vécu de petits boulots, y compris de contrebande d'alcool pendant la prohibition. Rickey avait proposé à Cindric Sr de travailler pour lui à mi-temps, pour payer ses frais de scolarité. Pour financer le reste de ses études, le jeune mathématicien s'était engagé comme réserviste dans l'armée américaine au sein du programme ROTC (Reserve Officers' Training Corps). Il était ensuite devenu officier dans l'aviation américaine et avait étudié à l'université de Washington dont il était sorti diplômé en mathématiques avancées. En 1965, il avait été recruté par la NSA, l'agence de contre-espionnage qui interceptait les communications des gouvernements étrangers et des criminels.

Les gradés de la NSA lui avaient fait gravir les échelons rapidement. Cindric Sr avait fini sa carrière à la National Cryptologic School, pour former les officiers du renseignement au décryptage des codes utilisés par les Soviétiques. Pendant la guerre froide, il avait travaillé jour et nuit, fumant cigarette sur cigarette, faisant les cent pas, dans l'attente d'intercepter un message ennemi. Il fulminait en imaginant le nombre de secrets qui échappaient aux satellites pourtant performants et extrêmement coûteux, chargés de surveiller les communications et les activités des services de renseignement soviétiques, avant de les transmettre à l'antenne de la NSA à Fort Meade, dans le Maryland.

Tom Cindric Sr était mort d'une crise cardiaque en 1987, à l'âge de quarante-sept ans. Il avait laissé derrière lui sa veuve, Mary Cindric, assistante administrative à la NSA, et trois enfants dont l'aîné, Tom Jr, alors âgé de vingt ans, étudiait à l'université du Maryland.

Tom Cindric Jr n'avait pas hérité du don de son père pour les mathématiques. En revanche, il possédait certaines des qualités d'un bon mathématicien : il était curieux, sceptique, dynamique et toujours insatisfait. Chaque fois qu'il travaillait sur une enquête criminelle, Cindric entendait la voix de son père qui le sermonnait :

— Tu ne peux pas te fier à tes intuitions ! Où sont les faits ? Pour comprendre le plan de la partie adverse, il faut connaître les faits. Ne crois pas ce qu'on te dit. Triangule. Ne fais pas d'hypothèses. Vérifie. Demande-toi ce que tu fais et ce que les autres font. Tout ce qui compte, ce sont les faits.

Le problème, c'est qu'on n'a jamais accès à la totalité des faits. Comme dans la légende indienne des aveugles et de l'éléphant[1] : une idée qui semble cohérente en théorie peut tout à fait être à côté de la plaque. Pour éviter de se faire avoir, il faut redoubler d'ardeur et s'appuyer sur des faits. Pas sur des théories, sur des faits.

C'était le mantra de Cindric :

— Dans une affaire, il y a ce qu'on croit, ce qu'on sait et ce qu'on peut prouver.

Pour trouver des preuves, il faut accepter de passer du temps à vérifier les éléments dont on dispose. Cindric y consacrait tout son temps. Il ne dormait pas beaucoup.

À l'université, Cindric était une boule de nerfs et de testostérone. L'entraîneur de football américain de son université l'avait repéré et l'avait recruté comme *linebacker* dans l'équipe des Terps du Maryland.

1. Fable utilisée pour montrer la relativité des points de vue : six aveugles, qui n'ont aucune idée de ce que peut être un éléphant, touchent chacun une partie de cet animal. Chacun émet une hypothèse différente sur l'apparence de l'éléphant selon la partie qu'il a touchée. Tous sont à la fois dans la vérité et dans l'erreur.

Après avoir obtenu son diplôme, Cindric avait pensé s'orienter vers des études de droit, mais au fond de lui il voulait être Sonny Crockett dans *Miami Vice*, un agent infiltré, spécialiste du narcotrafic, bourlingueur et couvert de cicatrices. Au lycée, Cindric passait son temps devant la série pour s'imprégner du style de Sonny Crockett. Il n'avait pas les moyens de se payer une veste Armani comme lui, mais il avait quand même acheté une veste de sport blanche qu'il arborait fièrement. Il devait faire sans les T-shirts roses South Beach et les pommettes hautes de Don Johnson, l'acteur qui incarnait Crockett à l'écran, et sans sa coupe de rebelle.

Mais il savait se battre. Il trouva un boulot comme videur, et il put parfaire ses compétences en matière de bagarre. Chaque fois qu'il rentrait à la maison avec la lèvre ouverte ou la main en sang, sa mère se lamentait.

— C'est pas comme ça que je t'ai élevé, lui disait-elle tout en désinfectant ses blessures avant de les envelopper dans de la gaze.

Elle lui répétait sans cesse de trouver un travail respectable. En 1990, un voisin qui était flic l'avait aidé à remplir un dossier de candidature pour entrer dans la police de Washington DC.

Malgré les bagarres, son casier judiciaire était vierge et, s'il y avait bien un talent dont devait disposer un agent de police au début des années 1990, c'était celui de savoir se battre. L'épidémie de crack faisait rage, et il fallait pouvoir se défendre quand on patrouillait dans les quartiers pauvres du sud-est de Washington. Les dealers n'avaient pas tardé à lui trouver un surnom : Pac-Man, du nom du jeune flic intrépide joué par Sean Penn dans le film *Colors*, sorti en 1988.

Son supérieur, Rick Clearwater, avait immédiatement décelé le potentiel de Cindric. Ce gosse avait de l'avenir. Il avait pris en main sa formation.

— La première étape, c'est d'apprendre à faire parler les suspects, lui avait dit Clearwater.

Il l'avait emmené dans une épicerie pour faire quelques courses : trois bouteilles de soda Nehi au raisin et quelques barres de céréales.

— Le Nehi au raisin, c'est le secret. Avec ça, ils finissent toujours par parler.

— Et je les paye de ma poche ? s'était exclamé Cindric.

— Tu en auras pour ton argent, avait répondu Clearwater en hochant la tête.

Ils avaient repris la voiture pour rentrer au poste et s'étaient installés en salle d'interrogatoire. Un suspect les attendait : un jeune homme rachitique, qui venait juste d'être arrêté.

— On a quelque chose pour toi, mec ! avait dit Clearwater.

— J'ai rien à vous dire, avait rétorqué le suspect.

Ensuite, il s'était tourné vers Cindric et avait craché :

— Et toi, Pac-Man, je t'emmerde.

Cindric s'apprêtait à riposter, mais Clearwater lui avait fait signe de garder son calme. Il s'était installé face au suspect avec un grand sourire, tout en le dévisageant. À ses heures perdues, Clearwater fabriquait des armes, ce qui demande d'être soigneux et méticuleux. Il observait avec la même minutie les petits escrocs qui défilaient en face de lui.

— Tu n'es pas obligé de la jouer comme ça, lui avait-il dit avec douceur.

— Qu'est-ce que t'en sais ?

— Arrête, tout ce qu'on veut savoir, c'est l'endroit où tu planques la came. Après on te laissera partir.

— J'ai rien à vous dire.

— Tu as soif ? J'ai apporté du Nehi raisin si tu veux.

Le gamin ne comprenait visiblement pas où Clearwater voulait en venir, mais il avait soif.

— Allez, mec, personne saura que tu as balancé. Ça restera entre nous.

— J'ai soif, donne-moi du Nehi.

Clearwater lui avait tendu la bouteille. Le gamin en avait bu une gorgée.

— Tout ce qu'on veut savoir, c'est où Jojo le Sourd planque sa came.

Le gamin avait bu la bouteille de soda et avalé une barre de céréales hyperprotéinée. Une fois rassasié, il avait balancé tout ce qu'il savait à propos de Jojo le dealer de crack, ses planques et son mode opératoire. En signant ses aveux, il avait demandé :

— Qu'est-ce qui va m'arriver maintenant ?

— Ça reste entre nous, avait répondu Clearwater. On te met en cellule cette nuit et demain on te relâche.

Clearwater n'avait pas inculpé le jeune suspect. L'arrestation n'avait pas été inscrite dans son casier judiciaire. C'était comme si cet interrogatoire n'avait jamais eu lieu.

En travaillant avec Clearwater, Cindric avait découvert qu'il était doué pour faire parler les gens. Il excellait à ce que les flics appellent « l'art de l'esbroufe », c'est-à-dire qu'il savait baratiner les gens pour obtenir ce qu'il voulait et, surtout, il savait repérer un autre beau parleur à des kilomètres.

Cindric réussit à devenir Sonny Crockett. Agent infiltré spécialisé dans le narcotrafic, il se glissa dans les rôles que son visage rond et ses joues roses lui permettaient de jouer. Il s'était fait passer pour un ancien détenu qui travaillait comme homme à tout faire au Laurel Parks, un circuit de voitures situé dans le Maryland, tout en dealant de la méthamphétamine et du PCP. Au cours de cette opération, il s'était distingué en faisant arrêter plus de dealers en flagrant délit que n'importe lequel de ses coéquipiers. La DEA n'avait pas tardé à le recruter, dès 1996.

Il avait fait ses débuts à Newark, dans le New Jersey, avant d'être transféré au bureau de Washington DC, au sein de l'unité de lutte contre le narcotrafic. Il y avait fait la rencontre de celui qui allait devenir son partenaire, Stouch. Si Pac-Man avait appris à Ironman qu'il fallait parfois enfreindre les règles, Ironman quant à lui avait appris à Pac-Man à faire preuve de rigueur et de finesse. Leurs chemins avaient fini par se séparer, mais ils n'avaient jamais perdu contact.

À l'été 2008, Milione avait intégré Stouch à la section Afrique du Groupe 960. Deux jours après sa prise de fonction, Stouch était dans l'avion pour la Sierra Leone. C'était sa première mission à l'étranger, il n'avait aucune idée de la façon dont il allait s'y prendre. Mais il savait comment fonctionnaient les voyous, et c'était suffisant. Il avait recruté plusieurs informateurs en Sierra Leone en les convainquant que leur meilleure chance de survie était de collaborer.

Le Groupe 960 avait résolu une série d'affaires en Guinée-Bissau, en Sierra Leone, au Ghana et au Liberia. Ils avaient également découvert un réseau de tunnels en Colombie, qui servaient à faire passer de l'argent à AQMI (al-Qaida au Maghreb islamique), l'un des groupes qui avaient succédé à al-Qaida, après la chute d'Oussama Ben Laden et était bien implanté en Afrique subsaharienne.

Si bien qu'à la fin de l'année 2011 la section Afrique du Groupe 960 avait été récompensée : le gouvernement avait augmenté leur budget, ce qui leur avait permis d'enquêter sur d'autres affaires. Milione voulait en profiter pour recruter un autre agent, et Stouch avait suggéré le nom de Cindric. Milione avait tout de suite décelé son potentiel : ce type était capable de parler aux délinquants dans une langue qu'ils connaissaient, de les retourner et d'en faire ses indics. Il comprit vite que Cindric était passionné et très intelligent et que, même s'il était prompt à s'emballer, Stouch serait là pour le recadrer et remettre la mission sur les rails.

Mais le plus important pour Milione, c'était que Cindric et Stouch étaient tous les deux capables de faire le pied de grue dans le froid pendant trois jours si le type qu'ils attendaient mettait trois jours à sortir. Cindric et Stouch étaient des obsédés du boulot, à l'ancienne. C'était leur vice. Pas les putes, l'alcool ou le jeu, mais le travail.

Pour Cindric et Stouch, le Groupe 960 était l'occasion de réaliser le rêve de tous les agents : débusquer un Intouchable. Un Intouchable, selon la définition du Groupe 960, c'est « quelqu'un qui agit au nez et à la barbe des forces de police sans qu'on puisse l'arrêter. Un Intouchable dispose généralement de ressources financières importantes et d'un réseau d'hommes politiques ou de policiers corrompus. Il est donc presque impossible d'infiltrer son cercle. Il existe deux types d'Intouchables : ceux dont les activités sont connues des services de police mais que les agents ne parviennent pas à arrêter parce qu'ils sont trop puissants et ceux qui passent sous les radars en se rendant invisibles. »

Pour savoir si on avait affaire à un véritable Intouchable, il suffisait de lâcher son nom et d'observer la réaction des collègues : s'ils levaient leur pinte avec un air d'envie, c'était un Intouchable.

Le mystérieux M. LeRoux était le candidat idéal, il cochait toutes les cases. Contrairement à Viktor Bout, dont la carrière criminelle déclinait quand le Groupe 960 s'était intéressé à lui, LeRoux était en pleine ascension.

Cindric et Stouch s'étaient mis à écumer le web à la recherche d'informations sur LeRoux et sur tous ceux qui étaient mêlés de près ou de loin à ses trafics. Ils avaient commencé par enquêter sur La Plata Trading, la société-écran dont le siège était situé à Manille et qui finançait le projet en Somalie. Les deux agents avaient découvert que La Plata Trading était propriétaire du *Captain Ufuk*, le bateau sur lequel des armes avaient été saisies en août 2009, sur l'île de Bataan.

Ils n'avaient pas tardé à découvrir que trois personnes impliquées dans cette affaire avaient été exécutées après la saisie : Bruce Jones, capitaine du bateau, Noemi Edillor, directrice des achats au sein de La Plata Trading, et Michael Lontoc, tireur d'élite et gérant de Red, White and Blue Arms, consignataire des armes saisies sur le bateau.

Plusieurs articles avaient été publiés dans la presse philippine suite à cette affaire, mais aucun ne mentionnait le nom de LeRoux. Cindric et Stouch avaient tout de même réussi à remonter jusqu'à lui et à établir un lien entre Red, White and Blue Arms, La Plata Trading et le *Captain Ufuk* avec l'aide de Carol Dillon, analyste du renseignement. Au vu du nombre de morts autour de cette affaire, il se tramait effectivement quelque chose de louche.

Cindric et Stouch avaient contacté les agents de la DEA à Manille, qui avaient entendu parler de Paul LeRoux dans le cadre de plusieurs affaires. En premier lieu par les agents du bureau de Minneapolis qui cherchaient des informations sur LeRoux et RX Limited. Ensuite, les agents de Manille avaient à leur tour mené leur enquête auprès de la police fédérale australienne, puisque LeRoux était un ressortissant australien, ce qui signifiait que l'enquête relevait également de leur juridiction. La police australienne leur avait alors signalé qu'elle venait de recevoir plusieurs mails anonymes. Ces mails étaient signés « Le Chat persan » et avaient été envoyés par quelqu'un qui voulait rencarder la police au sujet de LeRoux. Il ou elle prétendait avoir travaillé pour lui à Manille et en savoir long sur ses affaires, dont celle du *Captain Ufuk*. D'après les informations fournies par le Chat persan, LeRoux avait versé plusieurs millions de pesos à la police et aux autorités du département de Justice philippin afin de couvrir son implication dans l'affaire. Le Chat persan accusait également LeRoux d'avoir commandité les meurtres de Jones, Edillor et Lontoc. Il ou elle dénonçait enfin les activités de Southern Ace en Somalie et dévoilait que LeRoux était, une fois de plus, derrière tout ça. Southern Ace faisait déjà l'objet d'une enquête du Conseil de sécurité de l'ONU.

La police australienne avait transmis ces mails aux agents de la DEA à Manille, qui les avaient transférés à Cindric et Stouch. Les allégations n'avaient pas encore été vérifiées, même si la plupart des éléments du dossier étaient cohérents au vu d'autres informations avérées. Selon le rapport de la DEA, le Chat persan pensait être la prochaine cible de LeRoux et indiquait que d'autres membres de l'organisation étaient prêts à témoigner contre LeRoux mais ne le faisaient pas par crainte des représailles. Le lanceur d'alerte espérait visiblement que la DEA ouvre une enquête sur LeRoux, qui aboutirait à son arrestation et à son emprisonnement. Pour corroborer ses accusations, le Chat persan avait joint une liste de numéros de comptes en banque, de noms de sociétés-écrans et d'adresses de propriétés aux Philippines, à Hong Kong, en Thaïlande, à Djibouti, à Singapour, au Congo, en Israël, au Zimbabwe et en Somalie, qui appartenaient à LeRoux. Il ou elle avait également établi la liste des autorités corrompues au sein de la police et du gouvernement philippins.

Le Chat persan ne s'arrêtait pas là : il ou elle affirmait que LeRoux vendait des armes à l'Iran, en violation des sanctions internationales et qu'il avait envoyé un émissaire à Pékin afin d'acheter des armes à Norinco, fabricant d'armes pour l'armée.

Les mails du Chat persan, aussi détaillés soient-ils, ne fournissaient pas de preuves suffisamment étayées pour être utilisées devant un tribunal. Pour condamner LeRoux, les procureurs avaient besoin de témoins et de preuves matérielles. Cependant, ces mails étaient une mine d'or, qui ouvrait de nombreuses pistes. Si on se fiait à ces révélations et à d'autres éléments que Cindric et Stouch avaient découverts au cours de l'enquête préliminaire, LeRoux méritait toute l'attention du Groupe 960.

Cindric et Stouch avaient sélectionné dans un premier temps les informations du Chat persan les plus faciles à vérifier. Cindric avait trouvé sur Internet un rapport de Sunlight Foundation, un conseil de surveillance basé à Washington, qui reproduisait un document émanant d'une entreprise de conseil canadienne dirigée par Ari Ben-Menashe, un négociateur politique israélien, dont le nom est cité dans l'affaire Iran-Contra[1].

Selon le rapport de Sunlight Foundation, entre 2007 et 2008, LeRoux avait donné 12 millions de dollars à Ben-Menashe, pour qu'il lui serve d'intermédiaire auprès de Robert Mugabe, président du Zimbabwe. LeRoux voulait acheter un grand terrain confisqué à des fermiers blancs dans son pays d'origine. (Les agents ont appris plus tard que Ben-Menashe avait trahi LeRoux et que LeRoux, Smith et Hunter avaient prévu pendant un temps de le kidnapper au Canada et de le torturer jusqu'à ce qu'il avoue ce qu'il avait fait de l'argent. Mais c'était trop compliqué d'un point de vue logistique, et ils avaient fini par renoncer à ce projet.)

Cindric et Stouch ne possédaient pas encore de vue d'ensemble de l'affaire LeRoux/Ben-Menashe/Mugabe, mais le peu d'informations qu'ils détenaient confirmait leur intuition : LeRoux était un gros poisson. Peu d'hommes d'affaires sont prêts à sacrifier 12 millions de dollars pour acheter un terrain au Zimbabwe. Cet achat représentait un trop gros investissement pour un entrepreneur censé agir seul. Si on ajoutait les 3 millions de dollars que LeRoux avait perdus après la faillite de Southern Ace, ils avaient certainement affaire à un milliardaire.

LeRoux ne ressemblait pas aux barons de la drogue que la DEA avait l'habitude de traquer. Les trafiquants d'Amérique

1. Ou Irangate : scandale politique survenu sous la présidence de Ronald Reagan. Des autorités américaines sont soupçonnées d'avoir vendu des armes à l'Iran pour libérer sept otages américains détenus par le Hezbollah libanais.

latine comme Pablo Escobar et El Chapo étaient des ploucs, qui aimaient le bling-bling, mais qui dépensaient leur agent avec la plus grande rigueur quand il s'agissait de business. Ils savaient où était investi le moindre de leur peso et punissaient quiconque s'avisait de perdre une cargaison de drogue ou de l'argent. Leurs méthodes n'avaient rien de novateur. Mis à part les prostituées et le mode de vie tape-à-l'œil, ils étaient prévisibles et ennuyeux.

LeRoux, lui, était un joueur compulsif, et de ce fait il était certainement toujours en activité. Les joueurs compulsifs ne savent pas s'arrêter.

Mais qu'est-ce qu'il fabriquait, où et comment ? Dans tous les cas, il fallait s'attendre à du jamais-vu.

Cindric s'accrochait à son mantra : « Dans une affaire, il y a ce que tu crois, ce que tu sais et ce que tu peux prouver. » Il avait l'intuition que LeRoux était un criminel hors du commun, restait à le prouver.

— Il nous faut un indic, avait dit Cindric.

— Pas qu'un peu, avait répondu Stouch.

Cindric avait rappelé Atallah.

— Rudy, on a besoin d'un indic.

Atallah avait donné à Cindric le nom et les coordonnées de Joe Van der Walt, ancien agent du renseignement au sein de l'armée sud-africaine, devenu directeur de Focus Africa, une société privée de sécurité et de gestion des risques basée à Pretoria et qui offrait ses services à des compagnies minières et pétrolières installées en Afrique et au Moyen-Orient. Atallah, qui luttait contre le braconnage, connaissait bien le dossier car les trafiquants de drogue, d'armes, d'organes, d'or, de diamants et de bois exotique en Afrique étaient les mêmes que les braconniers.

Cindric avait appelé Van der Walt. Ce dernier avait confirmé avoir entendu parler de LeRoux et leur avait proposé son aide. Mais il avait mis en garde les agents.

— LeRoux est un homme influent, il bénéficie de soutiens au sein de la police et du gouvernement sud-africains. Il vaut mieux qu'on se retrouve en territoire neutre, par exemple au Botswana.

Brown, Cindric et Stouch avaient donc pris l'avion pour l'Afrique du Sud et retrouvé Warren Franklin, agent de la DEA en poste à Pretoria. Le 19 janvier 2012, ils avaient passé la frontière pour se rendre à Gaborone, capitale du Botswana. Peu de temps après leur arrivée à l'hôtel, le téléphone de Cindric avait sonné.

— Bouge-toi, Tommy, je t'attends dans le hall. Le grand barbu moche, c'est moi ! avait hurlé une voix au bout du fil.

Van der Walt ne passait pas inaperçu : c'était un colosse, avec un torse imposant, le visage congestionné, une tignasse de cheveux hirsutes et une barbe rousse. Il était venu avec son coéquipier, Nigel Morgan, vétéran du régiment d'élite des Irish Guards, devenu spécialiste en investissements en Afrique. Ils s'étaient installés tous ensemble au bar de l'hôtel, où ils avaient discuté jusque tard dans la nuit.

Van der Walt et Morgan avaient mené leur propre enquête. À partir de notes et de documents trouvés dans des bases de données ou obtenus de sources publiques, ils avaient établi que LeRoux était en train de construire rien de moins qu'un empire criminel transnational. Mais ils n'avaient pas de preuves solides, seulement des éléments isolés qu'il fallait encore connecter les uns avec les autres.

— LeRoux, c'est un fantôme. Il ne laisse aucune trace sur Internet, avait dit Van der Walt.

La rumeur faisait de LeRoux le cerveau d'un vaste réseau de trafic dans tout le sud de l'Afrique. Ses activités s'étendaient en Afrique du Sud, en Namibie, au Zimbabwe, au Botswana et en Somalie, où il trafiquait de la drogue, des armes, de l'or, des diamants et, en gros, tout ce qui lui passait sous la main. On le soupçonnait de blanchir de l'argent à travers la vente d'or et de diamants. Son nom était associé à au moins une demi-douzaine de sociétés de sécurité privées paramilitaires, qui embauchaient des mercenaires blancs et vendaient leurs services à des hommes influents en Afrique, dont des criminels. Selon leurs sources, LeRoux n'était pas inquiété par les autorités parce qu'il bénéficiait de soutiens haut placés au sein des gouvernements sud-africain et zimbabwéen.

On racontait que c'était un véritable colosse. Et si LeRoux était de taille à inquiéter des types qui eux-mêmes étaient de véritables armoires à glace, comme la plupart des Afrikaners d'origine néerlandaise ou anglaise, il y avait de quoi se montrer prudent.

À son retour, Cindric avait fait un rapport à Clearwater, qui avait écouté attentivement en hochant la tête. Il avait immédiatement surnommé LeRoux « Fat Cobra », du nom du méchant dans une comédie avec Michael Douglas et Albert Brooks. LeRoux était effectivement gros, insaisissable et malveillant. Ce surnom lui allait à ravir, mais Cindric et Stouch n'arrivaient pas à prendre leur cible au sérieux en l'appelant Fat Cobra. Ils avaient donc opté pour un surnom plus simple : le Gros. Il leur arrivait de s'interpeller en disant :

— Hé, tu as la plaque d'immatriculation du Gros ?

Gros ou pas gros, LeRoux était exactement la cible qu'il leur fallait : une créature fantastique, un être mythique que personne n'avait encore réussi à pincer. Il était planqué quelque part et les mettait au défi de l'arrêter. Cindric et Stouch pouvaient supporter le froid, la faim, la fatigue et la peur, mais ils ne pouvaient pas passer à côté d'un bon défi à relever.

8

Les Anniversaires, c'est pour les débutants

En rentrant d'Afrique du Sud, Brown, Cindric et Stouch s'étaient rendus directement dans le bureau de Milione pour faire le point. Milione les avaient interrompus :

— Vous n'allez pas me croire, mais je viens d'entendre parler de votre LeRoux.

Une heure plus tôt, Mark Nemier et Anthony Benedetto, spécialistes de cybercriminalité au sein de la DOS, étaient venus lui demander de l'aide sur une enquête lancée par les agents de la DEA à Minneapolis. L'enquête portait sur RX Limited, dont les activités semblaient louches. Selon Nemier et Benedetto, RX Limited était sans doute la plus grande entreprise de vente illégale de médicaments en ligne de l'histoire de la DEA. Les agents de Minneapolis avaient découvert que la société appartenait à un certain Paul LeRoux. Mark Nemier et Anthony Benedetto venaient solliciter l'aide de Milione pour enquêter sur cet homme en vue de l'inculper pour violation des lois américaines relatives à la vente de médicaments. Le problème, c'est que les médicaments vendus par RX Limited ne relevaient pas de la DEA, car il s'agissait principalement de somnifères et de tranquillisants, dont la vente sans prescription médicale constituait une violation du Food, Drug and Cosmetic Act.

Cindric et Stouch n'avaient pas entendu parler de l'enquête en cours à Minneapolis. Brown disposait de quelques informations à ce sujet, mais n'y avait pas prêté une grande attention. Au sein de la DOS, on distinguait deux catégories d'agents : les chasseurs et les cueilleurs. Les agents du Groupe 960 chassaient le gros gibier. Par conséquent, un vendeur de médicaments sur Internet n'était guère susceptible de les intéresser. Mais, une fois tous les éléments mis bout à bout, il s'avérait que le marchand d'armes sur lequel enquêtaient Cindric et Stouch et le propriétaire de RX Limited étaient une seule et même personne.

En parallèle, Derek Maltz, directeur de la DOS, commençait également à s'intéresser aux activités de RX Limited. Il y avait de grosses sommes d'argent en jeu. Les agents de Minneapolis avaient calculé qu'entre juin 2007 et août 2011 RX Limited et ses succursales avaient enregistré plus de 3 millions de commandes de médicaments. L'entreprise avait engrangé des bénéfices colossaux. L'argent (environ 500 000 dollars par mois) transitait par un compte FedEx au nom de l'entreprise. D'après les données bancaires auxquelles les agents de Minneapolis avaient eu accès, RX Limited avait déposé et retiré l'équivalent de 276 millions de dollars sur un compte en banque à Hong Kong – et ce n'était sans doute que la partie émergée de l'iceberg.

Cependant, jusqu'à nouvel ordre, ce n'était pas un crime de gagner de l'argent. Ni les agents de Minneapolis ni les spécialistes en cybercriminalité de la DOS n'avaient réussi à réunir de preuves assez solides pour établir que ces activités étaient illégales et poursuivre en justice les responsables de RX Limited.

Maltz avait décrété que les agents de la DOS devaient redoubler d'efforts pour récolter des preuves et, quand Maltz donnait un ordre, tous ses hommes s'activaient. Le patron de la DOS avait la cinquantaine. Il parlait comme un charretier, avec sa voix rauque et son débit de mitraillette. À la fin de chaque phrase, il donnait un coup de poing dans le bureau en hurlant :

— Vous me prenez pour un con ?

Certains agents mouraient d'envie de répondre par l'affirmative, mais personne n'osait le faire. Une fois par semaine, Maltz se faisait un devoir de passer la tête dans le bureau de Nemier et Benedetto pour leur mettre la pression.

— Alors, les gars, quand est-ce que vous allez vous bouger le cul et arrêter ce connard ? Qu'est-ce que vous foutez ?

Après une énième remontrance, Nemier et Benedetto avaient donc décidé de solliciter l'aide de Milione. Le hasard avait voulu qu'ils prennent cette décision le jour où Brown, Cindric et Stouch revenaient d'Afrique du Sud avec des informations au sujet de LeRoux.

Milione avait tout de suite mis le holà. Le Groupe 960 ne s'occupait pas des affaires de trafic de médicaments. Si l'individu sur lequel enquêtaient Nemier et Benedetto était effectivement le même que celui sur lequel enquêtaient Cindric et Stouch, il fallait leur transmettre le dossier, et non perdre du temps sur ce genre d'affaires. C'était un cas classique d'enquête interminable sur laquelle les agents pouvaient passer des années à réunir des preuves, démanteler des réseaux entiers de sociétés-écrans, faire des tableaux Excel et des graphiques, et tout ça, la plupart du temps, pour rien. Les dealers de médicaments étaient rarement condamnés.

— Alors OK, on va enquêter sur LeRoux. Mais seulement sur le trafic de drogue et d'armes, avait dit Milione.

Les médicaments peuvent également être considérés comme des drogues, mais Milione parlait des drogues dures : héroïne, cocaïne et méthamphétamine.

Cindric et Stouch avaient continué à creuser, jusqu'à avoir confirmation que RX Limited appartenait effectivement à LeRoux. Mais plus ils creusaient, plus le mystère s'épaississait. Ils prenaient la mesure de ce que les méthodes de notre homme avaient d'innovant. D'ordinaire, les criminels dont ils s'occupaient avaient chacun leur spécialité. Dans cette affaire, les opérations de RX Limited et les autres activités de LeRoux partaient dans tous les sens. Aucune logique, aucun point commun à part LeRoux lui-même. Les activités de RX Limited relevaient du crime en col blanc[1], contrairement aux trafics de grande envergure découverts par Cindric et Stouch en Afrique du Sud, qui relevaient du crime organisé transnational. La plupart du temps, les individus impliqués dans ces différents types de trafics n'étaient pas les mêmes.

C'est à ce moment que l'analyste du renseignement Carol Dillon avait fait une découverte inattendue au sujet de LeRoux. En traînant sur des sites de hackers, il s'était rendu compte que LeRoux était le créateur du programme de sécurité *E4M (Encryption for the Masses)*. En apprenant cette information, Cindric avait sauté de joie.

— C'est un codeur, putain ! Comme mon père !

— Je comprends rien à ce que tu racontes, avait dit Brown.

— Mon père était codeur. C'était un génie. Les anniversaires, c'est pour les débutants !

Brown et Stouch étaient restés interloqués. Les propos de Cindric n'avaient ni queue ni tête. C'était quoi cette histoire d'anniversaire ?

C'était une réplique d'un de ses films préférés, *Danger immédiat*. Un hacker de la CIA explique à Jack Ryan (joué par Harrison Ford) que les gens ont tendance à choisir leur date d'anniversaire

1. Crime financier, de type détournement d'argent, généralement commis par une personne respectable et de haut rang social.

comme mot de passe, mais que le type que Ryan veut coincer a réussi à créer des mots de passe extrêmement complexes, qui ne peuvent être décryptés que par un ordinateur capable de traiter des millions de combinaisons à la fois. Cindric murmurait cette réplique quand il se retrouvait face à une énigme à la fois complexe et stimulante. Quand il avait découvert que LeRoux était codeur, il avait pensé à cette phrase qu'on lui avait dite un jour à propos de son père :

— C'est extrêmement rare de rencontrer quelqu'un comme ton père, qui utilise tous les quadrants de son cerveau.

Cindric avait passé sa vie à essayer d'être à la hauteur de son père.

Pour lui, tout devenait encore plus excitant si LeRoux était effectivement un génie. Un enquêteur est le reflet de la cible qu'il poursuit. Plus la cible est complexe, plus l'enquêteur devient intéressant. Pour un agent de la DEA, enquêter sur un cybertrafiquant intouchable aux méthodes totalement innovantes, c'est une aubaine. Une cible comme LeRoux était séduisante parce que imprévisible, bien plus que Viktor Bout qui, malgré son intelligence hors du commun, entrait dans le moule du crime organisé du XXe siècle.

Milione commençait à partager l'enthousiasme de Cindric et Stouch. Il avait les yeux qui brillaient.

— On n'y arrivera pas sans indic. Il faut qu'on trouve quelqu'un pour infiltrer son cercle proche.

Brown, Cindric et Stouch avaient hoché la tête en signe d'approbation. Dans une enquête, la première étape, c'est de déterminer à qui on a affaire. Souvent, l'opinion que les agents se font à ce stade est fondée sur des spéculations, des hypothèses, des rumeurs qui courent. Au pire, c'est parfois même un coup de bluff. Le travail des forces de l'ordre, c'est d'ignorer ces hypothèses et de chercher des preuves matérielles irréfutables. Les agents de la DEA prennent ces règles très au sérieux car ils savent que la moindre virgule de travers peut leur faire perdre un procès, leur réputation, ou pire, les envoyer au placard faire un boulot de merde collés derrière un bureau.

Dans un tribunal, on ne croit que ce qu'on voit. Il fallait impérativement recruter un proche collaborateur de LeRoux et qu'il puisse fournir des enregistrements audio et vidéo pour que la partie soit gagnée à coup sûr.

Le problème c'est que, contrairement aux clients habituels de la DEA, LeRoux semblait bel et bien agir en solo. Est-ce qu'il avait ne serait-ce qu'un seul proche ? Cindric et Stouch envisageaient toutes les possibilités : était-il possible de recruter une ex-femme ? Une maîtresse ? Le Chat persan, dont ils ignoraient l'identité ?

À l'autre bout du monde, Warren Franklin, l'agent au bureau de la DEA en Afrique du Sud, était sur une piste. Après avoir accompagné Brown, Cindric et Stouch au Botswana, Franklin s'était rendu à l'ambassade des États-Unis à Pretoria pour faire quelques recherches au sujet de LeRoux. Il avait demandé à ses collègues de la CIA de chercher de leur côté. Souvent, les agents de la DEA se plaignent du manque de coopération de la CIA mais, cette fois-ci, Franklin avait eu de la chance. En tapant le nom de LeRoux dans une base de données, un agent de la CIA avait trouvé une information plus qu'intéressante. En octobre 2010, quelqu'un avait envoyé un mail à la CIA pour les mettre en garde contre Paul LeRoux. Personne n'avait donné suite, mais le nom et le numéro de téléphone du lanceur d'alerte anonyme avaient été enregistrés dans la base de données. Franklin n'avait pas tardé à transmettre les coordonnées de l'informateur à Cindric et Stouch.

Les deux agents se regardèrent en souriant de toutes leurs dents : contre toute attente, la chance était de leur côté.

Mais il ne fallait pas se réjouir trop vite. Le mail avait été envoyé seize mois auparavant, par un homme en cavale. S'il avait un tant soit peu de bon sens, il avait dû changer de numéro depuis belle lurette. Et, même si on arrivait à le contacter, comment réagirait-il ?

Paul Calder LeRoux dans une vidéo prise par Jack grâce à une mini-caméra cachée sous ses vêtements. *Source : DEA*

Dennis Gögel, un ex-sniper allemand et l'un des mercenaires de LeRoux, envoyé à Monrovia pour abattre deux hommes dans une opération

Slawomir Soborski, ancien agent des forces spéciales polonaises devenu mercenaire à la solde de LeRoux, piégé par la DEA en Estonie.
Source : DEA

Joseph Manuel Hunter, l'un des tueurs à la solde de LeRoux, en mission à Phuket, en Thaïlande. *Source : DEA*

Les agents infiltrés de la DEA Milione et Taj dans les rues de Monrovia. Photo surveillance organisée. *Source : DEA*

« Georges », le pilote français sous contrat avec la DEA pendant l'opération de Monrovia. *Source : DEA*

Lou Milione avec Donald Sutherland et Will Smith pendant le tournage du film *Six degrés de séparation*, en 1993. *Collection personnelle de Lou Milione*

Lou Milione incarnant « l'agent Joey Casich » dans une surveillance organisée pour piéger l'équipe de tueurs de LeRoux à Monrovia. *Source : DEA*

Photo surveillance de Taj incarnant Sammy le Libyen, dans le scénario mis en place par la DEA pour arrêter les hommes de LeRoux au Liberia. *Source : DEA*

L'agent de la DEA Eric Stouch dans la planque de Hunter à Phuket, Thaïlande. *Source : DEA*

L'agent de la DEA Tom Cindric dans le Maryland.
Collection personnelle de Tom Cindric

En haut à gauche : Texas Star II, le yacht de LeRoux, en mouillage à Fort Lauderdale. *Source : DEA. En haut à droite :* l'un des yachts de LeRoux en mouillage près de la côte thaïlandaise. *Source : DEA*

En bas à gauche : Le jet Westwind de LeRoux. *En bas à droite :* l'Antonov AN-12 à l'aéroport de Galkayo, en Somalie. *Source : DEA*

Un *penthouse* des tours jumelles de Salcedo Park, semblable à celui dans lequel LeRoux a vécu et travaillé quand il était à Manille.

Les tours jumelles du Salcedo Park à Manille, où se trouvaient les

À gauche : 204 kg de cocaïne trouvés dans l'épave du *JeReVe*, le voilier (ci-dessous) de LeRoux. *À droite :* 20kg de méthamphétamine extra pure nord-coréenne introduite à Phuket, en Thaïlande, par les hommes de LeRoux. *Source : DEA*

L'épave du *JeReVe*, échoué aux îles Tonga en novembre 2012. *Source : DEA*

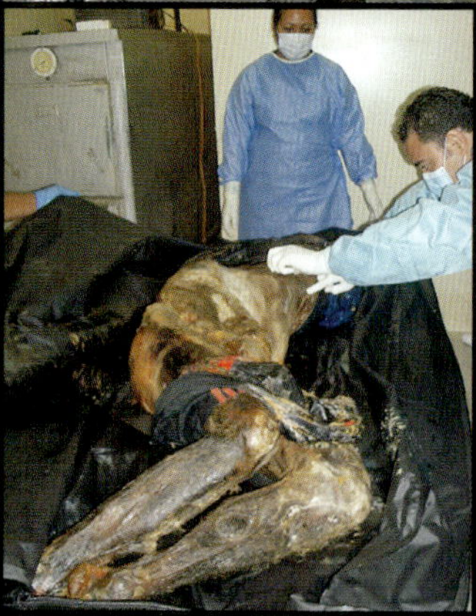

Le corps découvert sur l'épave a été identifié comme celui du Slovaque. *Source : DEA*

Jack, l'un des informateurs infiltrés au sein de l'organisation de LeRoux en Somalie. *Source : DEA.*

Ci-dessous : plan élaboré par LeRoux pour une base de trafic d'armes, de coca et de culture de pavot.

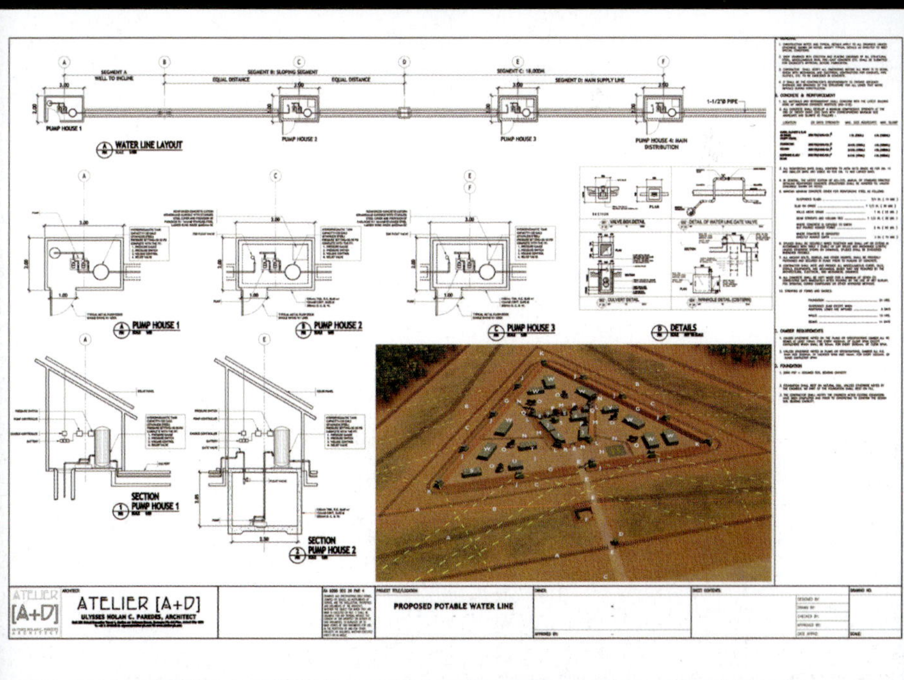

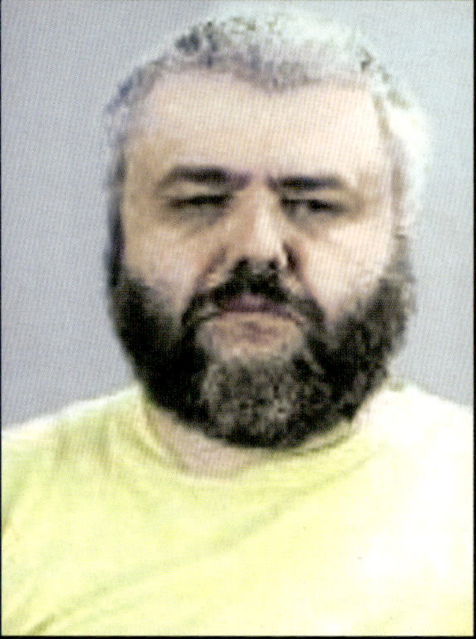

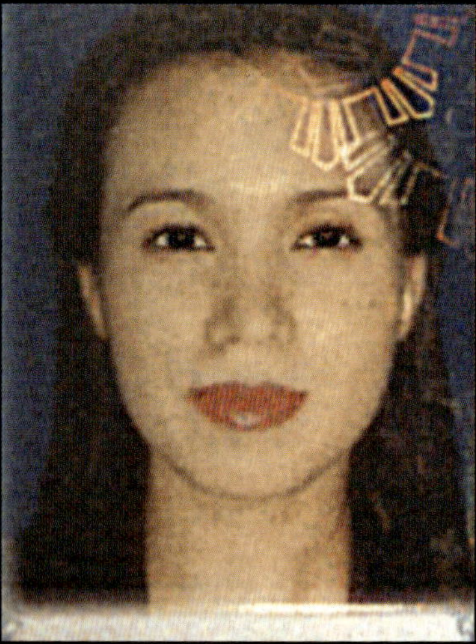

En haut à gauche : Paul LeRoux sur une photo prise quand il témoignait à la cour fédérale de Minneapolis.

En haut à droite : Paul LeRoux sur une photo non datée prise dans un aéroport. *Source : DEA*

En bas à gauche : le faux passeport zimbabwéen de Paul LeRoux, au nom de Bernard John Bowlins, l'un de ses nombreux pseudonymes. *Source : DEA*

En bas à droite: Cindy Cayanan, la comptable de LeRoux et la mère de deux de ses onze enfants. *Source : DEA*

LeRoux arrêté, avec Cindric (à gauche) et Stouch (à droite), en route pour New York. *Collection personnelle de Derek Maltz*

Derek Maltz, le chef de la Division des opérations spéciales, dans l'avion avec LeRoux. *Collection personnelle de Derek Maltz*

En haut à gauche : Monzer al-Kassar, un marchand d'armes syrien du groupe Septembre Noir ayant participé au détournement du *Achille Lauro* et collaboré avec les FARC, arrive à New York, le 13 juin 2008, avec l'agent du Groupe 960 John Archer, à gauche. *Source : Louis Lanzano/Associated Press*

En haut à droite : Le marchand d'armes Viktor Bout piégé par le Groupe 960, extradé à New York le 16 novembre 2010, entouré des agents du Groupe 960 Robert Zachariasiewicz (à gauche), Wim Brown (à droite), et du chef de groupe Lou Milione, à l'arrière-plan avec les lunettes. *Source : DEA*

En bas à gauche : Joseph Hunter, dit Rambo, escorté à la cour fédérale de New York par les agents Tom Cindric (à gauche) et Eric Stouch (à droite). *Source : Christopher Sadowski*

En bas à droite : LeRoux, après son expulsion du Liberia, débarque de l'avion de la DEA à Westchester County, à New York, escorté de Cindric (devant) et de Stouch (derrière). *Collection personnelle de Derek Maltz*

Normalement, dans ce genre de situation, on cherche toujours une troisième personne pour jouer les entremetteurs, assurer au témoin qu'il serait bien traité et surtout, protégé. Mais cette fois, ils n'avaient personne sous la main.

— On fait quoi ? avait demandé Stouch.

Devaient-ils continuer à se renseigner de loin sur ce mystérieux informateur ou devaient-ils tenter leur chance sur place, en reprenant ce foutu avion de l'enfer pour l'Afrique ? Cindric avait réfléchi quelques minutes avant de composer le numéro en lâchant :

— Qui ne tente rien n'a rien.

Un homme à la voix rauque, teintée d'un fort accent, avait répondu. Cindric s'était présenté :

— Bonjour. Tom Cindric à l'appareil. Je travaille pour le gouvernement américain. Avez-vous contacté la CIA il y a un peu plus d'un an ?

L'homme avait confirmé.

— Nous aimerions parler de M. LeRoux, avait ajouté Cindric.

Cindric avait ensuite expliqué que LeRoux représentait une menace pour les États-Unis et que c'était pour cette raison que les services de police enquêtaient sur lui. Si l'homme au bout du fil voulait collaborer à l'enquête, il pourrait bénéficier d'un programme de protection des témoins tant que LeRoux serait dans la nature. Une fois LeRoux arrêté, il n'aurait plus à s'inquiéter des représailles.

Il n'en fallait pas davantage à l'homme au bout du fil. Il leur avait donné son nom, qu'il avait d'ailleurs déjà indiqué sur le formulaire de la CIA. Mais il leur avait dit qu'ils pouvaient utiliser le nom de guerre que LeRoux lui avait attribué : Jack. Il avait accepté de retrouver Cindric et Stouch à l'aéroport international de Dubaï. De là, ils prendraient un avion pour Chypre. Cindric, Stouch et Jack s'étaient mis d'accord pour que le rendez-vous ait lieu à Larnaca, une ville relativement tranquille, loin des itinéraires empruntés par les marchands d'armes et où, à la connaissance de Jack, LeRoux n'exerçait pas.

Cindric et Stouch avaient immédiatement sauté dans un taxi pour se rendre à l'aéroport international de Washington-Dulles et attraper un avion pour Dubaï. Ils avaient toujours une valise à portée de main, car ils passaient plus de temps dans l'avion et les aéroports que dans leurs bureaux. C'était un aspect du métier qu'ils aimaient bien.

À l'aéroport de Dubaï, les agents s'étaient dirigés vers la porte d'embarquement du vol à destination de Larnaca. C'est là qu'ils avaient donné rendez-vous à Jack. Ils l'avaient immédiatement repéré : 1 m 87, cheveux bruns, la trentaine, bien bâti. Il avait les traits fins, les épaules larges et la taille étroite. Il tremblait comme une feuille et se balançait d'un pied sur l'autre, en scrutant autour de lui, comme s'il était en cavale. Logique, puisque c'était le cas.

— Il transpire comme une pute dans une église, avait glissé Cindric à Stouch.

Stouch s'était contenté de cligner des yeux, ce que Cindric avait pris pour un signe d'approbation. Les deux agents avaient salué Jack et bavardé quelques minutes. Jack avait peur. Il bégayait. Apparemment, il craignait d'être suivi par un certain Hunter. Il ne pouvait pas parler ici, devant la porte d'embarquement. C'était trop dangereux. LeRoux avait des espions partout, et l'aéroport international était une zone de transit vers Bagdad, Kaboul, Téhéran, Sanaa, Benghazi et tous les points chauds du monde. L'aéroport grouillait de soldats, de journalistes, d'avocats, de convoyeurs de fonds, de marchands d'armes, de profiteurs de guerre et d'espions en tous genres. C'était le terrain de chasse des services de renseignement du monde entier. Toutes les conversations qui avaient lieu dans cet aéroport étaient probablement enregistrées.

L'aéroport de Dubaï, c'était également le lieu de rendez-vous des membres du Facebook des mercenaires. Ils se retrouvaient au comptoir du McGettigan's, un pub irlandais miteux, pour boire une bière. Chaque fois qu'il passait par Dubaï, Jack avait envie de rire devant leurs tentatives maladroites pour passer inaperçus. Il les repérait de loin. Ils portaient tous les mêmes marques de vêtements de sport, vendus à prix réduit aux soldats américains et aux employés de sociétés de sécurité privées : lunettes de soleil Oakley, T-shirts Under Armour, montres Casio, chaussures Timberland, treillis à imprimé militaire et vestes North Face marron ou noires. Les plus audacieux arboraient des tatouages représentant des crânes, des serpents ou des proverbes. Tous les employés de LeRoux, qu'ils soient américains ou européens, fréquentaient le McGettigan's. C'était le seul endroit où on pouvait boire tranquillement une Guinness et manger un burger devant un match de foot, tout en répondant à ses mails.

Cindric, Stouch et Jack avaient embarqué dans l'avion pour Larnaca. Ils avaient loué des chambres au Hilton, pour débriefer Jack et le mettre à l'aise, loin de LeRoux. La première chose qu'il leur avait dite, c'était que LeRoux était un pur génie. Puis, une fois qu'il s'était lancé, il avait été impossible de l'arrêter.

— Vous savez, il ne ressemble à aucun autre criminel. Personne ne sait ce qu'il pense. Il a plusieurs partenaires, mais il contrôle tout. Personne ne peut prendre la moindre décision sans son accord. C'est un sociopathe narcissique. Un jour il vous traite comme son meilleur ami, le lendemain il est capable de commanditer l'exécution de toute votre famille.

Jack avait passé deux jours en compagnie des agents, à raconter son histoire et à déballer tout ce qu'il savait. À eux trois ils avaient descendu plusieurs packs d'eau et des litres de café. Jack leur avait parlé de l'entreprise de pêche, qui s'était transformée en entreprise de vente d'armes et de méthamphétamine. Il leur avait décrit le comportement étrange de LeRoux : sympathique au premier abord, puis menaçant sans crier gare.

— L'argent, ça le rend fou, avait dit Jack. À force de tuer des gens sans se faire prendre, il croit qu'il est intouchable.

Intouchable ! Jack venait de prononcer le mot magique. Mais Cindric et Stouch cachaient leur excitation, car il fallait la jouer finement pour ne pas effrayer leur homme, un peu comme face à un oiseau affolé qui vient d'entrer par une fenêtre et qui risque de se fracasser le crâne en voulant ressortir. Ils étaient sa seule échappatoire, mais il n'en avait pas encore totalement conscience. Cindric et Stouch exultaient. Ils savaient la chance qu'ils avaient eue de trouver un homme qui connaissait parfaitement leur cible et semblait prêt à collaborer avec eux. C'était le genre de situation qui ne se produisait jamais.

Jack savait qu'il risquait gros. Il était dans un hôtel, avec deux Américains qui attendaient de lui quelque chose qui pouvait lui coûter la vie ou ruiner celle qu'il avait construite avec Anya. Mais c'était également l'occasion de commencer une nouvelle vie aux côtés de la femme qu'il aimait.

Jack avait peur, mais il n'était pas lâche. Sur le terrain, en Somalie, il avait prouvé qu'il ne se dégonflait pas face au danger. Il avait montré fièrement aux agents la vidéo de la bataille avec les shebabs, filmée avec son téléphone portable, guettant leur réaction à chaque cri et à chaque explosion.

Travailler sous les ordres de LeRoux avait été une tout autre sorte de stress. Jack se sentait comme un rat pris au piège, et c'est pour essayer de s'en sortir qu'il avait laissé son numéro à la CIA. Dans les films, la CIA répondait tout de suite, mais lui, personne ne l'avait contacté. Pas d'instructions à suivre, rien, silence radio. Et voilà que ces gars apparaissaient, plus d'un an après, pour lui demander son aide ! Jack ne connaissait pas la DEA, mais Cindric et Stouch lui inspiraient confiance. Rasés de près, cheveux courts, impeccablement habillés, ils ressemblaient à ce qu'ils étaient :

des agents de police. Ils semblaient jouer franc jeu et avaient l'air sincèrement intéressés par ce que Jack avait à dire.

Mais, si Jack faisait tout ça, c'était surtout pour Anya. Il ne pouvait pas lui demander de risquer sa vie chaque jour, or, tant que LeRoux était dans les parages, Hunter était potentiellement sur leurs traces. Ils ne le lâcheraient pas. Ces deux agents américains, c'était sa chance. Une fois LeRoux et Hunter morts ou derrière les barreaux, Jack pourrait vivre avec Anya sans avoir à se cacher, voyager avec de vrais passeports, arrêter de fouiller la moindre chambre d'hôtel avant de s'y installer.

Stouch voyait bien que Jack hésitait. Mais c'était plus que compréhensible, et Stouch savait comment faire pencher la balance. Il avait incliné son visage couvert de taches de rousseur vers Jack et lui avait dit avec bienveillance :

— Imagine comme tu seras soulagé quand LeRoux sera en prison.

Jack avait hoché la tête vigoureusement.

— Il faut l'arrêter. Trop de gens sont morts sans raison.

— Ensemble, on peut y arriver, avait dit Cindric. Mais on a besoin de ton aide.

Il n'en fallait pas plus à Jack pour se décider. Il leur avait serré la main pour sceller le pacte.

Cindric et Stouch avaient alors exposé leur plan. Jack allait retourner travailler pour LeRoux, mais cette fois, en tant qu'informateur. Il devait regagner la confiance de LeRoux, enregistrer leurs conversations, transmettre leurs communications aux agents et les laisser rédiger à sa place les mails et les textos.

Jack pensait pouvoir y arriver. La dernière fois qu'il avait parlé à LeRoux, ce dernier semblait lui avoir pardonné. Il ne serait sans doute pas surpris si Jack lui proposait de revenir. L'un des points faibles de LeRoux, c'était que le champ de distorsion de la réalité le touchait lui aussi : il était convaincu que c'était lui le patron et que personne n'oserait le trahir.

Le 22 février 2012, Cindric et Stouch avaient accompagné Jack au bureau du procureur de Manhattan pour remplir les documents qui indiquaient qu'il travaillait à présent pour eux, en qualité d'informateur, et que son identité devait être gardée secrète. Ils avaient ensuite traversé la rue jusqu'au City Hall Park, s'étaient installés sur un banc face au pont de Brooklyn et avaient demandé à Jack d'appeler LeRoux, sur une ligne sécurisée.

— Salut, patron ! avait dit Jack. Les affaires à Dubaï, ça ne marche pas. Si vous avez du boulot pour moi, je suis prêt à revenir.

Cindric, Stouch et Jack avaient attendu. Moins de dix minutes plus tard, LeRoux avait rappelé pour faire une proposition à Jack.

— Je veux que tu retournes en Afrique, avait-il dit.

LeRoux voulait que Jack soudoie les autorités de plusieurs gouvernements africains afin d'obtenir de faux certificats qui lui permettraient d'acheter des armes de poing en Europe de l'Est et en Chine. Malgré le départ de Jack, LeRoux n'avait pas abandonné son projet de construire son Amazon des armes et il était toujours à la recherche de fournisseurs fiables, lesquels réclamaient toujours les certificats d'utilisation finale pour protéger leurs arrières. En vérité, personne ne prenait la peine de vérifier l'authenticité de ces certificats tant qu'ils étaient tamponnés par les autorités locales.

LeRoux offrait à Jack un salaire de 3 000 dollars par mois. C'était une somme dérisoire par rapport à ce qu'il gagnait auparavant, mais il y aurait des bonus si Jack effectuait des missions en extra.

— Accepte, avait dit Stouch à Jack.

Toujours aussi radin, avait pensé Jack.

Jack ne serait pas perdant. Il allait gagner ces 3 000 dollars, empocher un salaire supplémentaire pour son travail d'informateur et, en plus de ça, se dépêtrer de LeRoux. Ça n'avait pas de prix.

Cindric, Stouch et Jack durent ensuite attendre sept longs jours que le téléphone portable et l'ordinateur de Jack soient configurés par les analystes de la DEA, afin qu'ils puissent contrôler les appareils à distance et intercepter toutes ses communications avec LeRoux.

Le 29 février 2012, Jack reçut un mail qui contenait des instructions détaillées. LeRoux expliquait comment convaincre les bureaucrates africains de produire des certificats d'utilisation finale.

> Par exemple, disons que tu vas en Érythrée (les petits pays, c'est plus sûr, il vaut mieux éviter les grands pays comme l'Éthiopie ou les pays en guerre, qui sont surveillés par les services de renseignement). Tu commences par entrer en contact avec la police ou le ministère de la Défense. Tu repères quels services produisent les certificats d'utilisation finale et tu leur donnes de l'argent pour qu'ils te fournissent un document indiquant que la police érythréenne a besoin de 100 AK-47 fabriqués au Pakistan (on te donnera les informations sur le type d'armes qu'on veut et sur les fournisseurs). Ils impriment le certificat sur un papier à en-tête, ils le tamponnent et ils le signent. On paye 25 000 dollars au moment de la rédaction du document et 25 000 dollars une fois que le document est reconnu comme authentique par les services pakistanais.

LeRoux avait envoyé à Jack la liste des règles à suivre. Jack les connaissait déjà par cœur, mais le Boss aimait donner des leçons. Ne jamais utiliser sa véritable identité, ne pas donner rendez-vous dans l'hôtel où on séjournait, toujours utiliser au moins deux téléphones (un pour appeler ses contacts sur place, l'autre pour communiquer avec LeRoux), n'utiliser que l'ordinateur fourni par LeRoux, qu'il avait lui-même configuré, attendre d'avoir le certificat avant de verser l'argent et viser plutôt les petits fonctionnaires, qui avaient juste assez de pouvoir pour produire et signer les certificats et qui réclameraient moins d'argent que les hommes plus haut placés.

Jack s'était engagé à suivre ces règles à la lettre. Il avait ensuite pris l'avion pour l'Afrique pour commencer son nouveau boulot : travailler pour LeRoux et lui mentir. Travailler pour LeRoux, il savait faire. Lui mentir, il allait devoir apprendre sur le tas.

Cindric et Stouch étaient retournés à Washington pour planifier l'arrestation de LeRoux avec Brown et Milione. Leur plan, c'était d'attirer LeRoux dans un pays où les autorités accepteraient de l'extrader vers les États-Unis.

Deux pays étaient exclus d'office : les Philippines, où LeRoux avait installé son entreprise pharmaceutique depuis 2004, et le Brésil où il était en train de délocaliser ses opérations. En 2012, LeRoux venait de s'installer dans un appartement à Barra da Tijuca, un quartier chic situé au sud de Rio, au bord de la mer. Après l'échec de son projet de ville nouvelle en Somalie et celui des négociations avec Mugabe au Zimbabwe, il avait décidé de s'installer à Rio. Il voulait se mettre à l'abri au cas où la situation tournerait mal aux Philippines. Les relations diplomatiques entre le Brésil et les États-Unis étaient tendues : les tribunaux brésiliens refusaient d'extrader des criminels vers les États-Unis, y compris dans le cas d'étrangers comme LeRoux. Grâce à l'intervention de Jim Sparks, agent de la DEA à São Paulo et responsable du secteur de Rio, Cindric et Stouch avaient convaincu les agents brésiliens du service de lutte contre le narcotrafic de mettre le téléphone de LeRoux sur écoute. Pour appuyer sa demande, Sparks leur avait fourni un mandat officiel, produit à partir du dossier constitué par les agents de Minneapolis contre RX Limited. Les policiers brésiliens étaient ravis de participer à l'opération. Ils avaient deux ennemis en commun : les trafiquants de drogue et les hommes politiques. Les agents de la DEA comme Sparks leur fournissaient une aide précieuse sur le terrain depuis des années, et c'était l'occasion de leur rendre la pareille. Les agents avaient intercepté un appel de LeRoux, où il se vantait d'avoir mis enceinte une de ses maîtresses brésiliennes. C'était tout bénéf' : après l'accouchement, LeRoux pourrait demander la nationalité brésilienne et ne risquerait plus d'être extradé.

Restait à trouver le meilleur endroit où attirer LeRoux pour procéder à son arrestation. Il était exclu d'organiser l'opération en Europe de l'Ouest. Londres, Paris, Berlin et Vienne sont des endroits sûrs, pittoresques, où la police fait un travail efficace, mais l'administration y est trop pointilleuse, et l'extradition prendrait des années. Par ailleurs, les agents de la DEA ne voulaient pas que des hommes politiques, des diplomates américains et des agents de la CIA qui travaillaient en Europe de l'Ouest essayent au passage de s'attribuer la gloire de l'opération, ce qui pourrait tout foutre en l'air.

Ce qu'il fallait, c'était un pays où l'administration et la justice soient en mode survie, de manière à ce qu'elles ne chipotent pas et qu'elles soient plus que ravies de pouvoir se débarrasser rapidement d'un indésirable arrêté sur leur territoire. Les criminels aiment ce genre de pays : ils s'y croient à l'abri…

Cindric et Stouch avaient demandé à Jack de donner rendez-vous à LeRoux à Accra, capitale du Ghana. La DEA avait une antenne à Accra dont le responsable, Joe Kellums, entretenait de bonnes relations avec la police locale.

Mais LeRoux avait refusé.

Les agents avaient alors pensé à la Guinée. Ils pouvaient lui donner rendez-vous à Conakry, la capitale, dévastée par la guerre civile. C'était le type de ville qui attirait LeRoux. Milione et Brown y avaient également des contacts au sein de la police locale.

LeRoux avait décliné.

Et le Liberia ?

Voilà qui plaisait à LeRoux. Tout à fait son genre de pays : situation politique instable mais pays doté d'infrastructures de communication modernes, et facilement accessible en avion ou en bateau. Il pourrait aussi en profiter pour faire immatriculer ses yachts et ses cargos pour le transport de ses marchandises. Au Liberia, c'était facile et pas cher.

Les agents étaient satisfaits. Fombah Sirleaf, qui était à la tête de l'Agence nationale de sécurité du Liberia accepterait à coup sûr de l'arrêter proprement et sans leur mettre de bâtons dans les roues. Fombah Sirleaf était également le beau-fils d'Ellen Johnson Sirleaf, présidente du Liberia, ce qui faciliterait le processus d'extradition. Milione et Brown avaient fait la connaissance de Sirleaf en 2010, quand les agents libériens avaient intercepté des communications indiquant la présence de trafiquants de cocaïne colombiens à Monrovia. Ils cherchaient à corrompre les autorités locales pour que leurs bateaux remplis de cocaïne puissent faire escale au Liberia entre la Colombie, l'Europe et New York. Sirleaf avait contacté la DEA en disant :

— Nous sommes une démocratie toute neuve. Le trafic de drogue peut avoir un impact énorme sur la sécurité nationale. Il faut frapper fort pour envoyer un message aux trafiquants et leur signifier que nous ne tolérons pas ces activités sur notre territoire.

Sirleaf ne disposait pas des ressources suffisantes pour enquêter sur ces trafiquants et les traîner devant la justice. Il avait contacté Sam Gaye, agent de la DEA en poste à Lagos, en charge de l'Afrique de l'Ouest. Gaye s'était rendu au Liberia en compagnie de Milione et de Brown. Ils avaient équipé Sirleaf d'un micro avant qu'il invite les Colombiens et leurs intermédiaires africains chez lui, où il avait « accepté » de collaborer avec eux. La totalité de l'entretien avait été enregistré : les trafiquants avaient exposé en détail leur plan, qui était d'acheminer 6 tonnes de cocaïne (d'une valeur d'environ 150 millions de dollars) à Monrovia, de les diviser en plusieurs cargaisons et de les livrer en petites quantités à New York et en Europe.

Une fois en possession de l'enregistrement, Sirleaf et ses hommes avaient arrêté deux Colombiens, deux Ghanéens, trois Sierra-Léonais et le pilote russe. La présidente, Ellen Johnson Sirleaf, les avait remis aux mains de Milione et des agents du Groupe 960, qui avaient procédé à leur extradition vers les États-Unis. Elle avait ensuite fait une déclaration officielle sur la tolérance zéro de la République du Liberia face au narcotrafic.

Milione et Brown avaient ramené les prisonniers à New York, où ils avaient été poursuivis et condamnés par la cour fédérale de Manhattan.

Helen Cooper, correspondante du *New York Times* au Liberia, avait écrit :

Dans un pays où la corruption est monnaie courante, la décision de Fombah Sirleaf est un signe fort envoyé aux trafiquants.

Depuis, chaque fois que Milione et Brown se rendaient en Afrique pour une affaire, ils faisaient une halte à Monrovia. Les nuits d'été, on pouvait les trouver chez Fombah Sirleaf, à écouter Mozart et Everclear, et à échanger des informations sur les étoiles montantes du trafic de drogue et d'armes en Afrique de l'Ouest.

9

Éblouissez-le

Une opération comme celle-là, c'est une opération de séduction. Être désirable, mais rester distant. Attirer le criminel sans abattre toutes ses cartes en même temps. Plus il a du mal à obtenir ce qu'il veut, plus il a l'impression d'avoir gagné quand il l'obtient enfin. C'est dans la poche quand la cible croit que l'idée vient d'elle.

C'est ce que Cindric et Stouch devaient faire croire à LeRoux pour qu'il vienne en personne au rendez-vous. C'était un défi parce que LeRoux était prudent, et il préférait de loin utiliser des intermédiaires pour les grosses opérations. Jack leur avait raconté qu'une fois il l'avait entendu se moquer de Viktor Bout, qui avait pris le risque d'aller en personne à Bangkok pour négocier avec des trafiquants qui étaient en réalité des agents de la DEA.

Que fallait-il inventer pour parvenir à faire oublier tous ses principes à cet homme richissime, obsédé par sa propre sécurité, et le faire venir à Monrovia ? Quelle astuce pourrait lui donner l'impression qu'il le faisait de sa propre initiative ?

Milione pensait que ce n'était pas si compliqué que ça.

— C'est un criminel. Ce qu'il veut, c'est gagner de l'argent. Pour lui, l'argent, c'est le pouvoir, la gloire. Il cherche un nouveau territoire à conquérir.

— Je suis pas d'accord, avait rétorqué Cindric.

— Moi non plus, avait renchéri Stouch en se rangeant à l'avis de son coéquipier. Ce mec, c'est pas un escroc comme les autres.

Ce dont ils avaient l'impression, c'était que l'argent n'arrivait pas en première position dans le cœur de LeRoux. Non, ce qu'il préférait, c'était l'aventure. Il aimait par-dessus tout trouver de nouveaux angles d'attaque, auxquels personne n'avait pensé avant lui. Il voulait entrer dans la légende, être un précurseur. Alors, la question était : que manquait-il à son palmarès ?

— Les diamants de sang[1] ? avait suggéré Cindric.

Ce n'était pas une mauvaise idée. Les diamants de sang, ça correspondait à l'image d'aventurier sans pitié qu'il cultivait. Stouch connaissait quelqu'un qui pouvait les aider. Au cours d'une enquête sur des trafiquants de drogue colombiens en Sierra Leone et au Togo, il avait recruté un marchand d'or et de diamants israélien, qui avait passé plusieurs années à faire du trafic en Sierra Leone et au Panama et à blanchir l'argent de la vente au Moyen-Orient et en Europe. L'Israélien avait envoyé à Stouch des photos de diamants bruts. Stouch voulait que Jack transmette ces photos à LeRoux.

Mais l'idée tomba à l'eau. LeRoux n'était pas intéressé par les diamants de sang. Il avait déjà donné dans l'or et les diamants. Il ne s'intéressait plus qu'aux armes, à la méthamphétamine et à la cocaïne. Il avait rappelé Jack à l'ordre en lui ordonnant de se concentrer sur les certificats d'utilisation finale qu'il lui avait demandés.

— Putain, faut trouver autre chose, avait soupiré Cindric.

— On peut essayer la méthamphétamine, avait suggéré Stouch.

— Ouais, pourquoi pas ? avait dit Brown en haussant les épaules.

1. Ou diamants de conflits (en anglais *blood diamonds*) : nom donné aux diamants extraits de mines en Afrique et dont la vente sert à financer les conflits sur le continent.

Aux États-Unis, le trafic de méthamphétamine à grande échelle est passible d'une peine de dix ans de prison minimum.

Ils essayèrent de vendre l'idée à LeRoux dans une série de mails signés du nom de Jack. Dans le premier message, « Jack » disait connaître de riches bijoutiers en Europe du Nord par l'intermédiaire de sa famille. Grâce à eux, il avait rencontré un homme d'affaires israélien qui gérait des transactions d'or et de diamants tout en blanchissant de l'argent au Liberia pour le compte de trafiquants de drogue colombiens, qui essayaient d'installer un laboratoire dans un endroit isolé. Ces types ne voulaient plus avoir affaire aux Mexicains et pensaient se faire plus d'argent en travaillant seuls.

— Ça va lui plaire, avait dit Stouch. Il sait que les Mexicains sont prêts à tout pour niquer les Colombiens.

LeRoux avait laissé entendre à Jack, plusieurs années auparavant, qu'une famille de trafiquants mexicains qui contrôlaient la frontière entre Ciudad Juárez et El Paso la lui avait fait à l'envers quand il avait voulu faire passer une cargaison de Tramadol du Mexique aux États-Unis. Il s'était plaint à Jack que les Mexicains n'étaient pas fiables, qu'ils étaient méprisables, contrairement aux trafiquants colombiens qu'il considérait comme de vrais professionnels.

C'est parce qu'il avait tout essayé pour se faire une place sur le marché de la cocaïne en se passant de l'aide des Colombiens que LeRoux les tenait en aussi haute estime. Il avait pris la mesure de ce que la production et le trafic de cocaïne demandaient en termes de compétences, et ce dans des secteurs différents : agriculture, chimie, logistique et comptabilité. Or les trafiquants colombiens y étaient parvenus dans les années 1970 et 1980, avant l'invention des téléphones portables, des GPS, de Skype et des mails cryptés. Ils avaient réussi à créer une industrie mondialisée, qui générait des milliards de dollars de profits, à partir de quelques graines, de go-fast, d'avions Cessna. Il fallait avoir une sacrée paire de couilles.

Les agents tablaient sur le fait que LeRoux s'était déjà dit que, s'il ne pouvait pas les surpasser, il fallait se les mettre dans la poche. Or, il disposait d'une chose qu'ils n'avaient pas : son carnet d'adresses en Afrique et en Asie, continents au potentiel inexploité où les trafiquants pourraient écouler leur marchandise, en échange de cocaïne. Ils auraient aussi accès à la méthamphétamine nord-coréenne et ils auraient l'appui de sa vénérable personne et de son génie. Dans son délire mégalomane, il se disait probablement que personne ne lui arrivait à la cheville chez les Colombiens.

— L'idée que des trafiquants colombiens fassent appel à lui pour trafiquer de la drogue en Afrique et la transporter aux États-Unis et en Europe, ça va lui plaire, avait dit Stouch.

Cindric avait acquiescé, se félicitant de l'ingéniosité de son partenaire. Les cours de psychologie finissaient par payer. Pour attiser encore un peu plus le désir de LeRoux, Cindric avait rédigé un deuxième mail, indiquant que de prétendus trafiquants colombiens avaient l'intention de transporter de la cocaïne au Liberia et d'achever de la raffiner sur place.

Cette cocaïne en partie raffinée, les Colombiens l'appellent *permanganato*. C'est le terme utilisé pour la pâte extraite de la coca et stabilisée avec du permanganate de potassium.

Jack ajoutait dans son message que le *permanganato* se transportait légalement. Ce n'était pas tout à fait vrai, mais la pâte de coca pouvait facilement ressembler à du dentifrice, et de toute façon les douaniers ne la recherchaient pas particulièrement. Cindric et Stouch improvisaient, brodaient pour satisfaire la curiosité de LeRoux, avide d'en savoir autant que les Colombiens sur les astuces à utiliser pour déjouer la surveillance de la police.

— Il va sauter sur l'occasion de s'implanter au Liberia pour étendre son empire criminel.

Si les agents arrivaient à persuader LeRoux que les trafiquants colombiens avaient des relations au sein du gouvernement libérien, il allait certainement essayer d'en tirer parti pour étendre sa propre influence et faire du profit.

Cindric avait rédigé un troisième mail, pour conclure l'affaire. Il y précisait que les Colombiens voulaient également développer un autre produit, dont ils ne donnaient pas le nom. Pour le fabriquer, ils étaient en train de négocier l'achat de quantités industrielles de pseudoéphédrine, de phosphore rouge, d'iodine et d'autres substances chimiques, mais ils ne savaient pas encore où se les procurer ni comment les acheminer au Liberia. Ils cherchaient aussi à former leurs « cuisiniers », qui ne savaient fabriquer que de la cocaïne.

Comme prévu, LeRoux avait déduit de la liste de substances chimiques que les Colombiens voulaient fabriquer de la méthamphétamine. Et l'idée germa dans son esprit qu'il allait pouvoir proposer un deal à ces novices de la meth. Ce projet était de nature à flatter l'orgueil de LeRoux, qui rêvait de construire une coalition criminelle tentaculaire, générant des profits immenses, dont il pourrait prendre la tête, en s'associant éventuellement à un baron de la drogue venu des Andes.

Il était séduit. Il voulait éblouir les Colombiens, leur faire sentir qu'ils ne connaissaient rien à la vie et qu'il allait tout leur apprendre. Il fallait leur montrer, avec un véritable *tour de force*, qu'il était le seul homme à pouvoir leur fournir tout ce dont ils avaient besoin sur le continent asiatique. LeRoux avait demandé à Jack de dire aux Colombiens qu'il connaissait une recette pour fabriquer de la méthamphétamine de qualité supérieure. Il avait fait la liste de tous les ingrédients nécessaires, en ajoutant qu'il pouvait les faire livrer à Monrovia. Il avait écrit à Jack :

> Le mieux, c'est de leur proposer un *package* : ingrédients + formation.

Le *package* dont il parlait incluait non seulement les substances chimiques mais également un laboratoire mobile où les cuisiniers colombiens, formés par les hommes de LeRoux, pourraient synthétiser des cristaux de méthamphétamine. Il avait ajouté un schéma en pièce jointe.

En lisant ce mail, Cindric sut que LeRoux avait mordu à l'hameçon. Ils avaient réussi à le séduire. Il était plus que chaud.

Cindric avait montré le mail aux chimistes de la DEA, qui avaient confirmé que LeRoux était un véritable expert de la meth.

Mais l'éternelle question restait en suspens : comment être absolument sûr que LeRoux vienne en personne à Monrovia ?

C'est Jack qui trouva la solution. Au contact de tous ces agents de police expérimentés, son courage s'était affermi et son intuition s'était développée. Jack ne maîtrisait pas tous les rouages, mais pour lui, cette mission, c'était une question de vie ou de mort. Le danger est le meilleur des professeurs : Jack apprenait drôlement vite. Il avait appris à guetter toutes les réactions de LeRoux, ses mouvements brusques, ses grognements, ses hésitations, à anticiper ce qui pourrait lui déplaire et à sentir quand une opération virait à l'obsession.

Jack avait dit aux agents que le Boss était particulièrement emballé par ce marché avec les Colombiens, mais qu'il allait falloir la jouer fine car LeRoux se sentait déjà plus vulnérable que d'ordinaire, en plein déménagement entre Manille et Rio. Son ambition de surpasser Pablo Escobar et Viktor Bout ferait pencher la balance.

Lors de leur entrevue suivante, Jack avait pesé chacun de ses mots. C'était le moment d'abattre toutes les cartes.

— Ces hommes veulent vous rencontrer. Je pense que ce serait un manque de respect de refuser, avait-il dit.

Il avait prononcé cette phrase calmement et sans emphase, en s'assurant toutefois que LeRoux avait bien compris ce que sous-entendait l'expression « manque de respect ». La règle veut qu'on ne manque jamais de respect à un trafiquant colombien si on tient à la vie. Jack voulait que LeRoux imagine la réaction des Colombiens si, après avoir fait tout le chemin jusqu'à Monrovia, ils n'étaient accueillis que par un de ses sbires.

LeRoux voyait parfaitement. Lui-même se sentait roulé quand il avait affaire à des intermédiaires. Jack savait qu'il savait. Le piège se refermait : LeRoux promit d'aller au rendez-vous en personne.

Grâce à ces mails et à toutes les précisions de Jack, Cindric était plus que confiant quant au succès de l'opération. Il s'était enfin autorisé à souffler un peu et à passer un coup de fil à Stouch et Brown. Il exultait.

— On les tient !

Il leur restait cependant un élément de taille à régler. Il était essentiel que le rendez-vous entre Jack et LeRoux soit enregistré. C'était indispensable pour le procureur Preet Bharara et ses assistants du district Sud de New York, qui portaient toutes les affaires du Groupe 960 devant les tribunaux. Pas d'enregistrement, pas de procès. Le dossier ne pouvait pas reposer sur le seul témoignage de Jack, que n'importe quel bon avocat ne manquerait pas de mettre en doute. Pourquoi le jury devrait-il croire Jack sur parole ? Il pouvait très bien tout inventer. Les agents disposaient déjà des mails échangés entre Jack et LeRoux, mais ces documents étaient faciles à falsifier. Sur Internet, il n'est pas bien difficile de se faire passer pour quelqu'un d'autre. Non, les agents devaient convaincre le juge et le jury que LeRoux était personnellement impliqué avec Jack dans des affaires criminelles d'envergure. Pour cela, ils devaient arriver au tribunal avec assez de preuves, pour le faire déclarer « coupable hors de tout doute raisonnable ».

Cindric et Stouch avaient élaboré une stratégie pour que LeRoux convoque Jack à Rio pour s'entretenir de vive voix avec lui. Ils avaient rédigé un email qui flatterait son orgueil en donnant l'impression que Jack n'était qu'une marionnette qui exécutait les ordres, incapable de penser correctement par lui-même. « Jack » écrivait à LeRoux qu'il avait l'intention de se rendre au Panama pour rencontrer les dirigeants du cartel colombien afin de sceller le marché, mais qu'il attendait des instructions de LeRoux pour être sûr de ne pas dire ou faire de bêtises :

> Je crois qu'il faut que je te voie d'abord, pour qu'on passe en revue les détails. J'ai besoin de tes conseils avant de rencontrer ces mecs.

Le 29 avril 2012, LeRoux avait répondu en donnant rendez-vous à Jack le 11 mai, chez lui, dans la banlieue de Rio.

Bingo ! Cindric et Stouch jubilaient. LeRoux était tombé dans le panneau. Ils décidèrent de pousser le bouchon un peu plus loin : ils avaient les preuves de son trafic de méthamphétamine… et s'ils le chopaient aussi pour les armes ?

Milione et Brown avaient donné leur feu vert. Vu la quantité d'armes de poing en circulation sur le marché noir, il y avait une carte à jouer. Elles passent leur temps à être refilées de mains en mains. Les armes que LeRoux avait achetées pour armer les miliciens somaliens étaient probablement ensuite passées aux mains de groupes terroristes comme les shebabs, Boko Haram ou AQMI. Certaines étaient peut-être même détenues par des groupes au Moyen-Orient comme AQPA (al-Qaida dans la péninsule arabique), l'État islamique en Irak et en Syrie, le Front al-Nosra ou le Hezbollah libanais.

Les agents de la DEA avaient décidé de doubler la mise. Est-ce que LeRoux dealait aussi des missiles antiaériens… ? Si c'était le cas, on parlait de vingt ans de prison ferme. Minimum.

Cindric et Stouch firent croire à LeRoux que Jack avait un acheteur potentiel. Cet acheteur, c'était l'Armée Shan Unie, un groupe d'insurgés qui combattaient contre la junte militaire en

Birmanie. Les membres de l'État Shan finançaient l'insurrection en cultivant de l'opium qu'ils transformaient ensuite en héroïne avant de le revendre sur le marché thaïlandais. Les agents connaissaient un Occidental qui achetait des armes pour l'Armée Shan Unie et leur fila une authentique liste de courses.

Les agents pensaient qu'ils avaient leur chance, car LeRoux cherchait à étendre ses activités en Asie du Sud-Est depuis un bout de temps. Il ne résisterait pas à l'opportunité d'ajouter l'Armée Shan Unie à la liste de ses clients.

Cindric et Stouch avaient emmené Jack à Paris et lui avaient demandé d'écrire à LeRoux que son contact, un représentant de l'Armée Shan Unie, cherchait à se procurer des armes de moyenne et de petite taille, parmi lesquelles des missiles antiaériens, et plus particulièrement des missiles Strela, fabriqués en Russie, modèles SA-7 et SA-14.

Le mail que les agents avaient rédigé disait :

Mon contact m'a demandé le prix des armes suivantes :

Pour la défense aérienne : SA-7 ou équivalent. Ils veulent acheter 50 kits (1 dispositif de lancement équipé de 3 missiles – 50 dispositifs de lancement équipés de 150 missiles) + 150 missiles.

Pour la défense au sol : des SA-14 ou équivalent. Ils veulent acheter 12 kits (1 dispositif de lancement équipé de 3 missiles – 12 dispositifs de lancement équipés de 36 missiles).

Ils demandaient également le prix des équipements suivants :

Des détonateurs équipés de dispositifs à retardement M147, des mortiers légers M224, des fusils automatiques M249, des fusils antichar M107 et un char équipé d'un canon M242.

Ils veulent savoir si les armes peuvent être livrées dans des conteneurs par bateau dans le golfe du Bengale ou en mer de Chine méridionale.

Ils peuvent fournir un certificat d'utilisation finale, mais ils préfèrent qu'il n'y ait pas de documents permettant de remonter à eux.

Si vous êtes d'accord, je peux m'engager à leur livrer des armes en vue d'anéantir les avions et les hélicoptères américains et de l'ONU, qui patrouillent au-dessus des champs d'opium dans l'État Shan.

Après avoir envoyé ce mail, ils étaient allés déjeuner dans un café près de la station de métro Victor Hugo. Quelques minutes plus tard, les téléphones des agents s'étaient mis à sonner les uns après les autres. C'était Milione qui leur demandait de le rappeler de toute urgence.

— Qu'est-ce que vous foutez ? avait demandé Milione.

— On est à une terrasse, près du Trocadéro, avait répondu Stouch.

— On mange, avait ajouté Cindric. La bouffe est pas mal par ici.

Milione était en colère. Quelqu'un avait intercepté un mail suspect envoyé par Jack à LeRoux et avait commencé à fourrer son nez dans leur enquête. Les agents avaient confirmé qu'il s'agissait de leur mail.

— OK, je vais régler ça, avait bougonné Milione.

Cindric, Stouch et Jack avaient tranquillement fini de manger et étaient allés se promener.

Milione ne leur avait pas dit qui était le fouineur en question, il n'avait pas besoin d'en dire plus. Un randonneur expérimenté sait qu'un ours est sur sa trace bien avant de se retrouver nez à nez avec lui. Les agents travaillaient pour l'administration fédérale depuis assez longtemps pour se douter que la personne qui avait contacté Milione appartenait à la NSA ou à la CIA, et qu'une de ces agences avait intercepté le mail contenant le descriptif des armes recherchées par l'Armée Shan Unie. La mention de missiles antiaériens avait dû déclencher une alerte dans un système de surveillance top secret.

Un hacker ordinaire n'aurait pas pu pirater le canal de communication crypté que Jack et les agents utilisaient pour contacter LeRoux. Les communications auraient pu être interceptées par des services de renseignement étrangers (français, britanniques ou russes), mais les analystes n'auraient pas pris contact aussi rapidement avec Milione et ils ne lui auraient pas révélé le contenu des messages interceptés.

C'était nécessairement un service américain, probablement la CIA. Elle avait des agents de liaison au sein de la SOD. Ils connaissaient l'existence du Groupe 960, savaient que Lou Milione était à sa tête et avaient les moyens de le contacter rapidement.

Si Milione avait râlé, c'était pour mettre en garde ses agents et les inciter à mieux dissimuler leurs activités, si on ne voulait pas que la CIA comprenne trop vite qui était LeRoux. Plus tard, Milione avait dit sur le ton de la plaisanterie :

— J'avais peur que la CIA décide d'intervenir en kidnappant Jack ou en exécutant LeRoux.

En vérité, ni lui ni ses agents ne pensaient sérieusement que la CIA prendrait le risque de kidnapper un homme en plein centre de Paris ou d'envoyer un drone pour détruire une résidence de luxe à Rio.

En revanche, les agents de la DEA ne voulaient pas que la CIA mette la main sur LeRoux avant eux. Ça n'aurait pas été la première fois que la CIA aurait tenté d'approcher la cible d'une enquête de la DEA pour lui faire une proposition qu'il ou elle ne pouvait pas refuser… afin qu'il ou elle devienne informateur pour la CIA. Qui dit informateur dit source protégée, qui dit source protégée dit « pas de procès ». Pour Stouch, c'était plus que plausible :

— Ils peuvent essayer de recruter LeRoux pour en faire un indic. Il a le profil. Il fait des affaires dans des pays politiquement instables, il est implanté aux Philippines avec un accès privilégié à des réseaux terroristes en Iran et en Corée du Nord. C'est pas ma façon de faire mais, à leur place, j'essayerais de le recruter. Je le foutrais direct dans un avion. Si LeRoux accepte de travailler pour eux, c'est pas grave s'ils n'ont pas respecté la procédure. Mais à la DEA, c'est pas comme ça qu'on travaille. On traque un individu pour les crimes qu'il a commis. C'est noir ou c'est blanc. Et nous, on agit en toute transparence.

En théorie, les sources recrutées par la CIA ne sont pas exemptées de poursuites judiciaires mais, en réalité, la plupart passent des accords avec les services de renseignement pour échapper à la prison. Quand un agent de la DEA, du FBI ou du département de Justice veut quand même les poursuivre, il doit se battre. Parfois, ça remonte jusqu'au Conseil de sécurité nationale (National Security Council ou NSC). Mais, la plupart du temps, la DEA ou les autres formations préfèrent lâcher l'affaire.

Ces guerres de territoire se produisaient de plus en plus souvent. Certains dirigeants expérimentés de la CIA estimaient que les agents de la DEA marchaient sur leurs plates-bandes depuis la mise en place de l'opération *Endiguement* après le 11 septembre 2001, qui permettait le déploiement d'agents de la DEA spécialistes du narcotrafic au Moyen-Orient, en Asie du Sud et en Afrique. Mike Braun, chef des opérations de la DEA, avait supervisé cette opération, qui avait pour but d'empêcher les groupes terroristes d'empocher l'argent du crime organisé transnational. Mais, à Washington, les bonnes actions sont rarement récompensées. Pour la CIA, c'était une intrusion dans les relations diplomatiques qu'entretenaient ses agents avec les autorités locales. À chaque fois que de nouveaux agents de la DEA apparaissaient au Moyen-Orient ou en Asie centrale et du Sud, la CIA le vivait comme une invasion.

Cindric et Stouch avaient investi tellement de temps et d'argent dans l'opération contre LeRoux qu'ils espéraient de toutes leurs forces que Milione allait trouver une solution sans faire de vagues. En général, il parvenait à ses fins. Et effectivement, on n'entendit plus parler de ce *quelqu'un*.

Le jour où Cindric, Stouch et Jack s'apprêtaient à quitter Paris, ils reçurent de nouvelles preuves : la transcription d'une écoute téléphonique, qui incriminait sacrément LeRoux. Il avait passé un coup de téléphone que la police brésilienne avait intercepté, puis dont ils avaient transmis la transcription à Jim Sparks du bureau de la DEA à São Paulo. Il s'agissait d'instructions données par LeRoux à son employé Shai Reuven chez RX Limited, pour préparer sa rencontre avec le représentant du cartel colombien à Monrovia. Il voulait sortir le grand jeu pour l'impressionner. Il voulait que Reuven trouve un chimiste compétent, capable de montrer aux « cuisiniers » colombiens comment fabriquer de la méthamphétamine de qualité. Il avait essayé d'utiliser un langage codé pour se faire comprendre, mais c'était bien trop subtil pour Reuven, qui ne comprenait absolument pas où il voulait en venir. Voici la transcription de la conversation :

LEROUX : J'ai besoin que tu me trouves un cuisinier.

REUVEN : OK.

LEROUX : J'aime bien la bouffe mexicaine. Il me faut un cuisinier, compris ?

REUVEN : OK.

LEROUX : J'ai des clients au Liberia.

REUVEN : OK.

LEROUX : On va travailler avec eux, il leur faut un cuisinier.

REUVEN : Mais vous parlez d'un vrai cuisinier ?

LEROUX : Mais non, putain ! Je te parle de meth ! T'es con ou quoi ?

REUVEN : Quoi ?

LEROUX : Il me faut un cuisinier pour la meth !

REUVEN : OK, OK, j'ai compris.

LEROUX : Putain, c'est pas possible !

Reuven avait fini par répondre qu'il connaissait un chimiste spécialiste en méthamphétamine en Floride et qu'il allait le contacter.

Pour Cindric et Stouch, cette transcription, c'était du pain béni. Ils pouvaient voir comme s'ils y étaient LeRoux en train de trépigner à cause de l'employé qui ne comprenait rien, pour finalement exploser, oublier toutes les règles de prudence et balancer au téléphone qu'il fabriquait et vendait de la meth et qu'il allait apprendre à des Colombiens comment en fabriquer. C'était une preuve accablante. Les policiers brésiliens étaient en possession de l'enregistrement, c'était la voix de LeRoux, la preuve idéale pour les procureurs que LeRoux ordonnait à ses subordonnés de trouver un moyen de synthétiser de la meth. L'intention criminelle devait apparaître clairement pour le juge et le jury. La transcription, en particulier le moment où LeRoux s'exclamait (« Je te parle de meth ! T'es con ou quoi ? ») ne laissait aucune place au « doute raisonnable ».

Cindric et Stouch étaient allés faire un tour du côté de la tour Eiffel pour admirer les lumières qui l'illuminaient à la nuit tombée. C'était le printemps à Paris, une nuit étoilée à la Van Gogh. Une parenthèse enchantée.

Cindric avait profité de ce moment de répit pour appeler sa femme, Gena, ainsi que Michael Lockard, assistant du procureur de Manhattan, en charge du dossier LeRoux. Il voulait leur dire qu'il travaillait jour et nuit. Gena revenait du club d'équitation où elle travaillait et où leurs filles faisaient de la compétition. Lockard était au bureau, comme toujours. Cindric s'était dit qu'il valait mieux ne pas leur dire qu'il était en train d'admirer la tour Eiffel, sous un ciel étoilé.

La femme de Stouch, Kelli, travaillait dans un cabinet médical et se levait tôt le matin. Au vu du décalage horaire, Stouch avait jugé préférable de ne pas la déranger. Il trouva un autre moyen de se réconforter.

— On a bien mérité une petite crêpe.

Il se dirigea vers un kiosque et commanda quelques crêpes au Nutella, la pâte à tartiner aux noisettes et au chocolat dont les petits Français raffolent et qu'il trouvait bien meilleure que le Skippy au beurre de cacahuète auquel il carburait habituellement. Après tout, c'était une occasion spéciale. Un peu de sucre n'allait pas le tuer. Il avait bien le droit de profiter de Paris.

Le vendredi 11 mai 2012, Jack avait pris l'avion pour Rio. Il avait récupéré la clé de sa chambre d'hôtel et installé deux appareils dans la pièce : un micro pour enregistrer la conversation et une caméra pour la filmer. Pour la première fois depuis le début de l'opération, il ne pouvait compter que sur lui-même. Cindric et Stouch n'avaient pas pu l'accompagner à Rio à cause d'un problème de visa. Les relations diplomatiques entre les États-Unis et le Brésil étaient tendues, les autorités brésiliennes faisaient traîner les demandes de visa des employés du gouvernement américain.

Cindric et Stouch s'étaient envolés pour le Panama, où il était prévu que Jack les rejoigne après son rendez-vous avec LeRoux. Jack avait informé LeRoux qu'il comptait se rendre au Panama pour rencontrer les représentants du cartel colombien, la prudence dictait donc de s'y rendre effectivement. LeRoux était capable d'éplucher les transactions bancaires de Jack et de vérifier ses billets d'avion. Les agents n'excluaient pas non plus l'éventualité que LeRoux ait embauché quelqu'un pour espionner Jack, dans le monde réel ou virtuel. Jack allait suivre le plan à la lettre : il retrouverait LeRoux comme prévu, puis prendrait l'avion pour le Panama. Une fois arrivé, il irait à son hôtel, enlèverait les micros qu'il portait, transmettrait les enregistrements à la DEA avant de prendre quelques heures de repos.

Aux alentours de 21 heures, le taxi de Jack l'avait déposé devant l'immeuble de LeRoux, dans le quartier Barra da Tijuca. Sparks l'attendait dans une rue parallèle, avec une unité de policiers brésiliens spécialisée dans la lutte contre le narcotrafic. Il y avait un problème. Les policiers brésiliens avaient reçu un appel des agents de la DEA à Minneapolis, qui leur avaient dit que LeRoux était un individu extrêmement dangereux. Ils refusaient à présent de laisser Jack pénétrer seul dans le bâtiment parce que, s'il se faisait descendre, ils allaient se retrouver avec le cadavre d'un informateur américain sur les bras et ça, leurs supérieurs n'apprécieraient pas. La presse, elle, apprécierait un peu trop. Est-ce que Jack pouvait attirer LeRoux dans un lieu public, par exemple un restaurant ?

Mais Jack ne pensait pas que LeRoux allait essayer de le tuer. Il était à Rio pour parler affaires, il était toujours son petit prodige. Jack en avait immédiatement référé à Cindric et Stouch.

— Les flics veulent changer le lieu de rendez-vous. Paul n'acceptera jamais.

Cindric et Stouch avaient chargé Sparks de convaincre les policiers brésiliens de laisser l'opération se dérouler comme prévu et de leur expliquer que les agents de Minneapolis avaient exagéré. LeRoux avait commandité des meurtres, mais il n'avait jamais tué de ses propres mains. De plus, Jack leur avait dit que LeRoux ne savait pas se servir d'une arme. Enfin, il était peu probable que LeRoux dégomme quelqu'un dans son propre appartement, sous les yeux de son fils.

Sparks avait transmis toutes ces informations aux Brésiliens et leur avait également expliqué que le micro et la caméra dont Jack était équipé étaient minuscules et bien cachés. Après quelques pourparlers rapides en portugais, les policiers brésiliens avaient fini par céder : Jack pouvait passer.

Il prit l'ascenseur. C'est une femme qui lui ouvrit la porte, avec dans les bras un bébé joufflu au regard perçant.

— Ça fait flipper, on dirait un mini LeRoux ! s'était exclamé Cindric devant son écran.

Cette femme était inconnue des policiers. Ce n'était pas la petite amie attitrée de LeRoux, Cindy Cayanan. Cindy avait un physique de top model : mince, les pommettes hautes, les cheveux longs et raides. La femme qui était à la porte était petite et ronde. C'était probablement la mère du bébé que LeRoux avait eu pour obtenir la nationalité brésilienne, ou une autre de ses petites amies. Elle avait évité le regard de Jack et laissé les hommes entre eux pour parler affaires.

L'appartement de Rio ressemblait aux autres appartements de LeRoux à Manille : vue magnifique, pièces vides. LeRoux avait fait signe à Jack de le suivre sur la terrasse. Il s'était montré plus aimable que la dernière fois et lui avait offert un tabouret et un Coca zero avant de passer aux choses sérieuses.

Jack avait commencé par faire un récapitulatif de la situation. Les Colombiens voulaient fabriquer de la meth au Liberia, la stocker pour une courte période au Portugal avant de la livrer en petites quantités en Europe et aux États-Unis.

LeRoux gobait tout. Sur les enregistrements, le ton de sa voix trahissait son enthousiasme et son excitation. La suite de la conversation démontrait tous ses talents d'organisateur. Il avait réfléchi au projet de monter un laboratoire de fabrication de méthamphétamine au Liberia dans les moindres détails. Il avait même dressé une liste des autorités qu'il pouvait corrompre. Il savait où s'approvisionner, où, quand et comment introduire la marchandise au Liberia. Il avait également des notions de chimie et de science des matériaux pour synthétiser la méthamphétamine.

— Voilà mon plan, avait dit LeRoux. C'est de la bonne came, on va pouvoir se faire de l'argent. Je me suis déjà renseigné sur le prix des cristaux d'iodine et de l'acide sulfurique. Tout ça, c'est pas très cher. J'attends encore des infos sur le prix de la pseudoéphédrine. C'est pas difficile à trouver, aucun problème de ce côté. Je suis à peu près certain qu'on n'a pas besoin d'autorisation pour acheter l'iodine et l'acide sulfurique en Chine – sinon on l'achète à Hong Kong. Pour la pseudo, on aura besoin d'une autorisation. Mais, tant que les Colombiens ont un certificat d'utilisation finale, c'est bon.

La pseudoéphédrine est le principe actif de la méthamphétamine. Partout dans le monde, les services de police en surveillaient la vente. LeRoux avait examiné les différentes options pour acheter des bidons de pseudoéphédrine, qui variaient en fonction du prix et des délais de livraison. Il voulait exposer les options aux Colombiens et les laisser décider eux-mêmes ce qui avait le plus de valeur pour eux : le temps ou l'argent.

LeRoux avait expliqué à Jack que la pseudoéphédrine chinoise présentait l'avantage d'être bon marché et qu'on pouvait en commander plusieurs tonnes. Le problème, c'est que les usines de production chinoises exigeaient des certificats d'utilisation finale et des documents officiels. Avec la paperasse, la livraison prendrait au moins deux mois.

Si les Colombiens étaient pressés, il fallait acheter la pseudoéphédrine en Inde.

— On peut leur faire livrer de grandes quantités de pseudoéphédrine d'Inde quand ils veulent. On a déjà cinquante kilos disponibles. Ce sera plus rapide sans autorisation, on peut faire croire que c'est du chlore ou n'importe quoi. L'avantage c'est qu'on payera moins cher parce qu'on n'aura pas à distribuer des pots-de-vin aux Chinois pour qu'ils nous signent les autorisations. Par contre, si on achète la pseudo en Inde, on devra payer les douaniers pour qu'ils ferment les yeux, et le prix au kilo est deux fois plus cher. Mettons qu'en Chine on paye 1 500 dollars, en Inde on payera 2 500 dollars, ou quelque chose comme ça. Après l'Inde, la Chine, c'est à eux de voir.

Tout en écoutant LeRoux gamberger, Jack avait baissé les yeux et s'était rendu compte qu'un fil de son appareil d'enregistrement dépassait de sa manche. Sueurs froides. Il avait posé la main sur le bout qui dépassait en tâchant de garder son sang-froid et de ne pas trembler tandis qu'il le remettait sous sa manche. Si LeRoux le grillait et décidait d'inspecter sa manche, c'était foutu. L'enquête tombait à l'eau, et Jack ne ressortait certainement pas vivant de cet appartement.

Du calme, s'était dit Jack en sentant qu'il commençait à paniquer. Il suffit d'inventer un mensonge, n'importe quoi. Il me croira. Je suis toujours son protégé.

LeRoux avait baissé les yeux vers la manche de Jack. Décidément, rien ne lui échappait. Il avait levé les sourcils, sans dire un mot.

— Putain de gadget de plongée, avait dit Jack en haussant les épaules. C'est vraiment de la merde.

LeRoux avait hoché la tête et avait continué à palabrer. Jack avait étouffé un soupir de soulagement. LeRoux faisait manifestement confiance à Jack, lui qui avait pourtant juré qu'il ne ferait jamais confiance à personne. Sans doute parce que Jack lui permettait de réaliser son nouveau rêve, collaborer avec les Colombiens. LeRoux avait commencé à parler du laboratoire mobile qu'il projetait de construire.

— Ce qu'on va faire, c'est qu'on va tout livrer d'un coup : la salle blanche, la hotte, les produits chimiques… On fout tout ça dans un conteneur, et on leur envoie.

— Oui, comme c'est en Afrique, ça ne devrait pas poser de problème, avait répondu Jack, qui avait retrouvé un rythme cardiaque normal.

— Ouais, sinon ça va leur prendre des mois pour réunir les pièces et les assembler. Moi, je sais comment ça marche. On leur livre le truc prêt à l'emploi, sinon ce sera six mois dans la vue.

Au détour de la conversation, LeRoux avait ajouté :

— Je suis prêt à acheter l'autre truc.

L'autre truc, c'était la cocaïne colombienne. En échange du laboratoire et des matières premières pour synthétiser la méthamphétamine, il voulait acheter des tonnes de cocaïne pour les revendre trois fois plus cher en Australie ainsi qu'en Asie de l'Est et du Sud-Est. Ce n'était pas la première fois qu'il essayait de passer un marché avec des trafiquants pour acheter de la cocaïne, il n'avait encore jamais réussi à dealer avec les trafiquants colombiens. Il voulait acheter la came directement au producteur.

— Quand est-ce qu'ils peuvent me livrer l'autre truc en Europe ? avait demandé LeRoux.

Il était pressé.

— Je veux que ce soit livré là où j'en ai besoin. Soit au Royaume-Uni, soit en Espagne.

Il en voulait d'abord 10 kg et, si la marchandise lui plaisait, il en prendrait 50.

Il était ensuite revenu au sujet de la méthamphétamine nord-coréenne, dont il était prêt à négocier le prix pour les Colombiens.

— C'est de la bonne came, de la très bonne came. On peut en acheter pour eux s'ils veulent. C'est du haut de gamme ! Vraiment haut de gamme ! Importée directement de Corée du Nord. C'est eux qui la fabriquent. Et il n'y a aucun contrôle. On m'a dit qu'ils en produisent jusqu'à 6 tonnes par mois. C'est le max. Personne n'achète autant de came. Les plus gros acheteurs, c'est les triades chinoises. On leur achète, ils nous livrent par bateau.

La méthamphétamine nord-coréenne coûtait beaucoup plus cher que la méthamphétamine mexicaine ou colombienne mais, d'après LeRoux, elle se vendait aussi beaucoup plus cher sur le marché asiatique, car elle était de meilleure qualité. LeRoux avait prévu de se la procurer par l'intermédiaire de Kelly Reyes Peralta, le barman du Sid's Sports, qui avait des contacts avec le représentant d'une triade chinoise à Manille, Lim Ye Tiong Tan. LeRoux avait récemment acheté 48 kg de méthamphétamine pure, à 60 000 dollars le kilo. C'était un prix exorbitant, vu que le prix au kilo était de 10 000 dollars en Thaïlande. Mais LeRoux acceptait de payer plus cher afin de maintenir de bonnes relations (*guanxi* en chinois) avec les triades chinoises. Ce concept de *guanxi* est essentiel à comprendre pour quiconque veut faire affaire en Chine. LeRoux était déterminé à se faire bien voir des triades chinoises pour que ses membres l'aident ensuite à acheter les armes qui sortaient des usines d'État de République populaire de Chine. Ces usines produisaient des pistolets, des grenades, des mortiers et des mines de bonne qualité, vendus pour un prix dérisoire.

Le but ultime de LeRoux, c'était de mettre la main sur un missile chinois ou coréen, ou sur un système de guidage, par l'intermédiaire des triades. Une fois en possession de l'un ou l'autre, il avait prévu de faire de la rétro-ingénierie, c'est-à-dire de démonter l'engin pour en étudier le fonctionnement. Ainsi, il pourrait copier la technologie chinoise ou coréenne pour fabriquer des missiles intelligents et les vendre à l'Iran.

LeRoux s'était également vanté de pouvoir tirer profit du prix exorbitant auquel les triades chinoises et les Nord-Coréens vendaient la méthamphétamine.

— Tu sais, cette merde, tu peux la revendre 150 000 dollars le kilo. Tout dépend du marché. La meth, ça peut rapporter plus que l'or. En Australie, on peut la vendre 150 000 dollars le kilo, au Japon 190 000. Donc, si quelqu'un veut nous acheter de la came en Asie, on peut leur en fournir. On a 50 kg de meth disponibles tout de suite. Tu comprends, Jack ? Ça vaut plus cher que cinquante kilos d'or.

LeRoux avait ajouté qu'il avait déjà recruté deux chimistes, un Britannique et un Américain. Il était prévu qu'ils se rendent au Liberia pour apprendre aux fabricants de cocaïne colombiens à synthétiser la meth.

(Évidemment, c'était Reuven, l'Israélien à qui LeRoux avait demandé de trouver un « cuisinier », qui s'était chargé de les trouver.)

LeRoux avait ensuite donné des instructions à Jack : il devait se renseigner sur l'itinéraire emprunté par les Colombiens pour livrer la cocaïne aux États-Unis. LeRoux était à la recherche d'un nouvel itinéraire pour transporter des opioïdes du Mexique aux États-Unis.

— L'oxy et le roxi, ça se vend comme des petits pains aux États-Unis, avait dit LeRoux.

L'oxy, c'est le diminutif d'oxycodone, un antalgique de synthèse à base d'opioïdes, commercialisé sous le nom d'OxyContin. Le roxi (ou roxy), c'est le surnom donné au Roxicodone, un autre antalgique à base d'opioïdes.

Jusqu'à présent, LeRoux faisait transiter ses livraisons par le Canada ou le Mexique. Le problème, c'est que ça devenait trop risqué. LeRoux s'était plaint que la police du Texas fouillait les camions et les voitures à la frontière et se mettait à faire des contrôles aléatoires sur l'autoroute.

— Une fois qu'on a réussi à faire passer la came au Texas, c'est pas fini. C'est comme s'il y avait une autre putain de frontière à passer. Moi ce que je veux, c'est livrer la came en Floride, à New York et en Californie.

LeRoux était prêt à tout pour éviter de passer un marché avec les dynasties de trafiquants mexicains qui contrôlaient les *plazas*, ces routes utilisées par les trafiquants pour introduire de la drogue aux États-Unis.

Il était parti dans un monologue raciste sur les Mexicains.

— On a déjà perdu un million de dollars à cause d'eux, avait-il grommelé. Des escrocs de bas étage, incapables de tenir parole. Tout ce qu'ils savent faire, c'est arnaquer les gens et tout faire foirer. Je sais pas si tu es déjà allé au Mexique, mais c'est un vrai pays de branleurs ! Là bas, personne ne travaille.

C'est pour ça que les Colombiens l'intéressaient tout particulièrement.

Les trafiquants colombiens possédaient de gros réseaux de vente en gros et de distribution de drogue à New York et à Miami. LeRoux espérait que les représentants des cartels dont il s'apprêtait à faire la connaissance pourraient lui donner des conseils pour éviter les trafiquants mexicains au sud de la frontière et déjouer la vigilance des flics texans au nord.

— Cette opération au Liberia, c'est une aubaine !

LeRoux bavait d'envie.

— Ils ne pourront plus se passer de nous. On va leur fournir ce dont ils ont besoin. Nous, on est réglos, on n'arnaque personne et on a de l'argent.

Au détour de la conversation, LeRoux avait également parlé à Jack d'un nouveau système financier qu'il était en train de mettre au point.

— Les virements, c'est simple mais ça laisse des traces. C'est trop dangereux.

Le Bureau de lutte contre le crime organisé et les triades avait récemment pincé LeRoux, il avait perdu 20 millions de dollars. C'était un pactole accumulé grâce à des opérations autour de lingots d'or, achetés en Afrique, entreposés dans une planque au nom d'Edgar Van Tonder à Hong Kong. Edgar Van Tonder, c'est le Sud-Africain qui avait également servi de prête-nom à

LeRoux pour monter la société Southern Ace. Après avoir perdu 20 millions de dollars, n'importe quel homme d'affaires serait au fond du trou. Pas LeRoux.

— Tous les jours, il y a un problème, avait-il dit d'un ton calme, presque badin. Tout ça parce qu'on fait trop de virements. On passe notre temps à transférer de l'argent d'une banque à une autre. Cette année, il faut qu'on trouve un système plus sûr. On va passer à l'argent liquide.

— L'argent liquide ? avait répété Jack, interloqué.

— Oui. L'argent liquide, ça ne laisse pas de traces. Toutes ces banques et leurs putains de règles, ça devient ingérable. Les flics mettent leur nez partout, ils saisissent de l'argent, ils posent trop de questions. Ça nous fait perdre du temps. Comme si on avait que ça à faire ! Mais ne t'inquiète pas, je sais comment on va faire.

LeRoux avait prévu de demander aux Colombiens de le payer en liquide. Il voulait exclusivement des billets de 500 euros.

— Les gens se rendent pas compte du poids de l'argent liquide. Pour transporter un million de dollars, il faut deux ou trois sacs, facile.

— C'est sûr que ça ne passe pas inaperçu, avait acquiescé Jack sans comprendre où LeRoux voulait en venir.

— Un million, c'est beaucoup plus facile à transporter en euros.

LeRoux avait fait ses petits calculs. Il avait l'habitude de manier de grosses sommes, il savait qu'un million de dollars en billets de 500 euros, ça pèse exactement 2,5 kg. Une petite valise suffit pour tout faire rentrer. En revanche, un million en billets de 100 dollars, ça pèse presque 10 kg. Il faut un gros sac de voyage. C'est pour ça que les criminels expérimentés préfèrent transporter de l'argent en coupures de 500 euros, surnommées les billets Ben Laden.

LeRoux avait ajouté que 500 euros, c'est l'équivalent de 650 dollars environ. Une fois de plus, les chiffres étaient exacts :

d'après le taux de change, 500 euros valaient 647,10 dollars, un peu plus pour les transactions ordinaires.

LeRoux avait raccompagné Jack à la porte.

— Merci pour l'accueil et le Coca, avait dit Jack pour meubler. C'est joli ici, ça donne envie de jouer au beach-volley.

LeRoux n'avait pas relevé.

— Rappelle-toi ce que je t'ai dit. Pour commencer, c'est mieux d'acheter la came en Inde.

À 22 h 10, Jack était dans un taxi, en route pour l'hôtel. Le lendemain matin, il avait pris l'avion pour le Panama, où Cindric et Stouch l'attendaient. Il leur avait remis le micro et la caméra qu'il avait portés durant son rendez-vous, et Stouch avait téléchargé les vidéos sur son ordinateur portable.

— C'est un peu sombre, avait-il fait remarquer.

— Oui, mais LeRoux est reconnaissable. Ça fera l'affaire, même si la vidéo n'est pas de très bonne qualité.

Cindric avait ensuite transféré les enregistrements sur son ordinateur et mis ses écouteurs. Le son était de bonne qualité. Cet enregistrement constituait une preuve accablante.

— Ça vient confirmer tous nos soupçons, avait dit Cindric.

Il jubilait. Ils avaient appelé Brown à la SOD pour l'informer des progrès de l'enquête.

— Bon boulot, les gars ! avait dit Brown. On le tient. On a la preuve qu'il fait des deals pas nets.

Mais il leur manquait la touche finale : la drogue sur la table. Une image vaut mille mots, il fallait une preuve tangible que LeRoux était bien en possession des kilos de méthamphétamine et qu'il avait l'intention de les mettre sur le marché.

Jack avait repris contact avec LeRoux pour lui demander d'envoyer un échantillon de méthamphétamine nord-coréenne à montrer au représentant du cartel colombien.

— Pas de problème, je vais demander à l'Irlandais de s'en occuper, avait répondu LeRoux.

L'Irlandais, c'était Phil Shackels, un mercenaire originaire d'Irlande du Nord. LeRoux les avait embauchés, lui et son partenaire Scott Stammers, escroc anglais champion de kick-boxing, pour superviser la vente de drogue et d'armes au sein de son empire criminel en pleine croissance.

Jack avait transmis à LeRoux l'adresse d'une société (Global Resources and Services), dont le siège était situé à Monrovia, en inventant qu'il avait monté cette société pour blanchir l'argent de la vente de cocaïne et de méthamphétamine. En réalité, Global Resources était une société-écran, créée par Sam Gaye, qui avait quitté la DEA pour s'installer à Monrovia, où il était né. Sam Gaye travaillait à présent pour le gouvernement libérien comme consultant sur les questions de sécurité. Cindric et Stouch avaient falsifié les registres de la chambre du commerce pour s'assurer que le lieu et la date de l'entreprise soient conformes aux dires de Jack, si LeRoux faisait des vérifications.

Une semaine plus tard, Cindric et Stouch avaient reçu un coup de téléphone de Sam Gaye pour les informer qu'il avait reçu un colis dans la boîte aux lettres de Global Resources. Ce colis était probablement une pièce à conviction. Il fallait le manipuler selon un protocole établi, pour qu'il soit recevable devant un tribunal.

Le 31 mai 2012, Cindric et Stouch avaient pris l'avion pour Monrovia afin de récupérer le colis. Gaye était venu les chercher en voiture. Monrovia, c'est une ville bordélique. Partout, c'est le chaos : des lignes téléphoniques qui pendent, des bouts de métal éparpillés, des hommes et des femmes qui vivent dans des bidonvilles. Il n'y a pas de réseau d'électricité, seulement des générateurs qui alimentent la ville. Sam Gaye avait cru bon de préciser, comme pour s'excuser :

— Autrefois, c'était une ville magnifique. Mais, entre 1989 et 2003, la ville et une grande partie de la campagne ont été ravagées par la guerre.

Gaye s'était arrêté devant le local de Global Resources. Pour accéder à la boîte aux lettres, Cindric et Stouch avaient dû jouer des coudes pour se frayer un chemin à travers une foule d'hommes qui traînaient sur le trottoir. Ils étaient les seuls étrangers à des kilomètres à la ronde. Ils avaient serré les bretelles de leurs sacs à dos, espérant ne pas être pris à partie.

Après avoir récupéré le colis, Gaye les avait ramenés chez lui. Cindric avait déchiré l'emballage en papier kraft.

— Merde, avait-il lâché. C'est un album photo.

Il l'avait ouvert délicatement. L'album était creux. De petits paquets contenant chacun entre cinq et six grammes de cristaux de méthamphétamine étaient dissimulés à l'intérieur. Très malin.

Les agents devaient à présent rapporter la méthamphétamine aux États-Unis pour l'enregistrer comme pièce à conviction. Il fallait d'abord la présenter au laboratoire de la DEA en Virginie, puis devant la cour fédérale, à New York. Ils avaient pris un vol direct pour les États-Unis. Mieux valait éviter de passer par l'Europe, où les contrôles aux frontières sont plus stricts. Après avoir mis la méthamphétamine dans des sachets spéciaux de la DEA, ils avaient pris l'avion à Accra pour l'aéroport international JFK. Quand ils avaient déclaré ce qu'ils transportaient aux douaniers ghanéens, on leur avait souri en leur faisant signe de passer. Après ça, Cindric et Stouch n'étaient pas particulièrement rassurés de monter dans l'avion… combien d'autres sacs n'avaient pas été fouillés ? Il fallait s'estimer heureux si l'avion n'explosait pas en plein vol.

Les chimistes de la DEA avaient confirmé que LeRoux avait raison de dire que cette méthamphétamine était exceptionnelle. Les cristaux étaient purs, à 99,6 %. Ils provenaient certainement d'une usine d'État parce qu'il est quasiment impossible de parvenir à une telle qualité dans un laboratoire mobile, comme celui que LeRoux voulait fournir aux Colombiens.

Mais il y avait aussi un autre élément intéressant dans ces cristaux. Ils présentaient des traces d'un produit chimique organique qui équivalait à une signature. C'était seulement la deuxième fois qu'ils le décelaient dans de la méthamphétamine. La première fois, c'était dans un lot produit en Corée du Nord et saisi en Corée du Sud.

La Corée du Nord avait lancé un programme de fabrication de missiles et voulait se doter de l'arme nucléaire. Pour financer ses recherches, il lui fallait des fonds, que le trafic de méthamphétamine était tout à fait apte à fournir. D'après un rapport du Bureau des Nations unies sur le narcotrafic, l'Asie de l'Est et du Sud-Est ainsi que l'Océanie représentent un immense marché.

Milione comprit qu'il fallait passer à l'étape supérieure.

— Il faut qu'on présente les preuves au grand jury pour assurer nos arrières.

Assurer leurs arrières, ça voulait dire constituer un dossier fédéral contre LeRoux. Pour ce faire, le procureur devait présenter les pièces à conviction devant un grand jury réuni dans le district Sud de Manhattan. Cindric avait passé un coup de fil à Lockard pour lui faire un résumé rapide de la situation.

— On convoque un grand jury la semaine prochaine ? avait-il lancé.

C'était une façon de demander à Lockard s'il pensait que le dossier tenait la route. Lockard avait accepté.

— OK, à votre retour, on s'en occupe.

Lockard avait tenu parole et convoqué un grand jury. C'était un gentleman, sorti de l'université de Virginie un diplôme de droit en poche. Il avait l'air d'avoir appris par cœur des sections entières du code fédéral, il était capable de citer de mémoire des arrêtés de jurisprudence. Au cours des audiences, il était impassible. Cindric et Stouch l'avaient surnommé Atticus, du nom de l'avocat droit et honnête du roman de Harper Lee, *Ne tirez pas sur l'oiseau moqueur*. Lockard était un homme intègre et perfectionniste, qualités essentielles dans les tribunaux new-yorkais. Un bon procureur ne doit pas se laisser impressionner par la horde d'avocats parfois célèbres qui défilent à la barre, doit savoir résister à un juge trop pointilleux, tenir tête à des jurés obtus.

Le rôle de Lockard et de ses collaborateurs, c'était de faire la part des choses. Les agents de la DEA devaient aller vite et frapper fort : il fallait qu'ils innovent. Les criminels potassaient les comptes rendus d'audiences et devenaient incollables sur les méthodes de la DEA, surtout quand ils étaient au trou et n'avaient rien d'autre à faire de leurs journées. Il n'était pas question de jouer les cow-boys et d'enfreindre la loi pour autant. Si les agents agissaient hors du cadre légal, le dossier pouvait être classé sans suite. Or, la dernière chose qu'ils voulaient, c'était mettre en péril l'organisation et les pouvoirs du Groupe 960. Lockard et ses collaborateurs étaient là pour rappeler Cindric et Stouch où était la limite à ne pas franchir, comme ça, au moins, s'ils voulaient passer outre, ils savaient qu'ils devaient la jouer fine.

Le 21 juin 2012, Cindric et Stouch attendaient patiemment devant le tribunal Daniel Patrick Moynihan, sur Pearl Street, au sud de Manhattan. Ils n'étaient pas autorisés à assister aux débats, mais devaient être disponibles au cas où Lockard et ses collaborateurs auraient besoin en urgence d'une photo ou d'un document. On était au mois de juin mais il faisait très chaud, plus de 30°, avec un taux d'humidité proche de 100 %. Le tribunal était un haut bâtiment de pierre, avec de grandes verrières qui chauffaient au soleil. À l'intérieur, le système vétuste d'air conditionné ne servait à rien, on crevait de chaud.

Lockard avait fini par sortir de la salle de débats, le sourire aux lèvres. Le grand jury venait de lui remettre un mandat d'arrêt sous scellé, au nom de Paul Calder LeRoux. LeRoux était inculpé pour « conspiration en vue de distribuer 100 kg de méthamphétamine destinée à être importée aux États-Unis. »

L'acharnement de Cindric et Stouch avait porté ses fruits. Le grand jury venait de voter à l'unanimité en faveur de l'inculpation de Paul LeRoux.

— À partir de l'affaire en Somalie, c'était dans la poche, avait dit Lockard.

10

« JE REFUSE DE MONTER DANS L'AVION. »

À la surprise générale, la demande d'extradition fut approuvée sans encombre. Les diplomates de l'ambassade américaine de Monrovia avaient présenté le mandat d'arrêt fédéral au ministre de la Justice libérien, qui appliqua la loi relative aux ressortissants étrangers. LeRoux était officiellement un étranger indésirable sur le territoire national.

Les employés du ministère de la Justice du Liberia rédigèrent un avis d'expulsion, envoyé à la présidente Ellen Johnson Sirleaf pour approbation. La présidente étant en déplacement officiel, l'avis fut signé par Brownie J. Samukai, ministre de la Défense, le 21 septembre 2012.

À présent, il ne restait plus qu'à attirer LeRoux à Monrovia, où il était prévu que les policiers de l'Agence de sécurité nationale du Liberia procèdent à son arrestation avant de le remettre aux mains de Cindric et Stouch, chargés de l'escorter aux États-Unis.

Jack avait envoyé un message à LeRoux, pour l'informer qu'il avait rencontré les Colombiens au Panama et que tout s'était bien passé. Il précisait qu'il avait rencontré un certain Diego, émissaire du cartel colombien en Afrique – c'était en fait un indic de Cindric et Stouch, un ancien trafiquant de cocaïne colombien qui avait été arrêté dans le Midwest et avait passé un marché avec la DEA : il travaillait pour eux en échange de la nationalité américaine.

Cindric et Stouch avaient choisi Diego parce qu'il correspondait exactement au portrait que LeRoux se faisait d'un dirigeant de cartel colombien : grand, élégant, les cheveux poivre et sel, le nez aquilin et les pommettes hautes. Il dégageait une impression d'autorité. Diego avait rejoint Cindric, Stouch et Jack à Monrovia, en attendant l'arrivée de LeRoux, qui déclencherait le lancement de l'opération.

Mais LeRoux faisait traîner les choses. Jack lui avait envoyé un mail rédigé par Cindric et Stouch pour l'informer que tout était prêt en vue de la rencontre avec Diego à Monrovia, mais LeRoux n'arrêtait pas de trouver des excuses pour retarder son arrivée, et Jack ne pouvait pas trop insister sous peine d'éveiller ses soupçons.

Ce fut le début d'une longue attente. C'était la saison de la mousson à Monrovia. La pluie tombait sans discontinuer. L'air était lourd. Cindric, Stouch, Jack et Diego séjournaient dans l'hôtel le plus luxueux de Monrovia, le RLJ Kendeja Resort and Villas. Selon les standards de Monrovia, c'était un hôtel haut de gamme mais, depuis la guerre, la plage et la piscine n'étaient plus entretenues. Malgré tout, Stouch, qui s'entraînait pour son prochain triathlon, tenait absolument à se baigner.

— N'importe quoi, lui a dit Cindric. Tu veux vraiment nager dans cette eau croupie ? Tu vas attraper des parasites et finir comme ces mecs dans *Monsters Inside Me*.

Mais Stouch ne s'était pas laissé démonter. Il allait courir aussi souvent que possible, sautant par-dessus les cadavres d'animaux qui pourrissaient le long de la route et les amoncellements de déchets. Mais la pluie ne s'arrêtait pas et, la plupart du temps, Cindric, Stouch, Jack et Diego ne pouvaient pas sortir de l'hôtel. Un jour, alors qu'une pluie diluvienne s'abattait sur leur balcon de fortune, Jack avait fait irruption dans la chambre pour les informer que LeRoux avait une fois de plus retardé son départ. Stouch avait craqué.

— J'en peux plus.

Ce séjour forcé à Monrovia lui rappelait de mauvais souvenirs. Quatre ans auparavant, alors qu'il était en mission dans un coin reculé du Togo, il s'était effondré. Il avait passé des heures à interroger des trafiquants colombiens arrêtés par des flics togolais corrompus. Stouch était sec et musclé. Il n'avait pas de gras pour lutter contre les effets de la déshydratation et des diarrhées. Il s'était réveillé dans un dispensaire et avait juste eu la force de dire :

— Je ne veux pas mourir ici.

Wim Brown, son partenaire, l'avait fait transférer dans une clinique tenue par des missionnaires français où l'hygiène était meilleure. Stouch avait autorisé une infirmière à lui poser une perfusion. Quand il s'était réveillé, la clinique était déserte. C'était le 4 novembre 2008, Barack Obama venait d'être élu président des États-Unis. La nouvelle qu'un fils d'Afrique devenait président des États-Unis s'était répandue, et tout le personnel de la clinique était dehors à scander : « Obama, Obama ! ». Stouch avait arraché sa perfusion et avait fait le mur pour retourner à l'hôtel miteux où il séjournait avec Brown. Il s'était glissé dans son lit plein de punaises, avait bu plusieurs litres d'eau, mangé une barre protéinée et une banane. Il s'était ensuite fait la promesse solennelle de ne jamais revenir au Togo s'il en sortait vivant. Et voilà que quatre ans plus tard, il était à Monrovia, dans une puanteur et une humidité similaires.

— J'en peux plus de ces conneries ! a dit Stouch. J'ai déjà donné, j'en peux plus !

— Ça va aller, répétait Cindric, comme pour se convaincre lui-même.

Les générateurs tournaient jour et nuit pour alimenter l'hôtel en électricité, imprégnant l'air d'une odeur tenace d'essence. Les murs étaient criblés d'éclats de balle. Cindric pouvait presque se représenter la guerre et sentir l'odeur aigre du sang et de la chair en décomposition. Cindric, Stouch et Jack se regardaient sans dire un mot. Stouch avait fini par rompre le silence.

— Putain, on va pas rester là comme des cons !

Il fallait remotiver les troupes. Ils étaient descendus au bar commander des bières et des shots. C'était soirée karaoké. Ils avaient chanté *Get Down on It* et d'autres tubes de Kool & the Gang et des années 1980, et étaient restés discuter avec les barmen et les serveuses jusqu'à la fermeture.

En se réveillant le lendemain, ils avaient écrit d'autres mails à envoyer à LeRoux et ils avaient recommencé à attendre.

Le 25 septembre 2012, soit une semaine après leur arrivée à Monrovia et quatre jours après la signature de l'avis d'expulsion, Jack reçut enfin un texto de LeRoux l'informant qu'il était en route pour l'aéroport de Rio avec Cindy Cayanan. De là, ils prendraient l'avion pour Monrovia.

Milione et Maltz prirent immédiatement place à bord d'un Bombardier Global Express. Si tout se passait comme prévu, LeRoux allait bientôt monter dans le même avion pour être jugé à New York. Plusieurs membres du Groupe 960 et des agents qui travaillaient dans cette région d'Afrique étaient venus en renforts.

Les agents installèrent le centre de commandement des opérations dans la salle de réunion de l'hôtel Kendeja. Milione, Brown, Cindric, Stouch et les agents qui venaient d'arriver passèrent en revue les détails de l'opération en faisant des schémas sur le tableau blanc mis à leur disposition. Milione leur avait conseillé d'établir un plan simple et facile à mémoriser, afin de minimiser les risques. Le plan était le suivant :

Jack devait attendre LeRoux et Cayanan à la sortie de l'avion en compagnie des hommes de Fombah Sirleaf et les faire entrer sur le territoire sans passer les contrôles aux frontières. Ce petit manège était censé faire croire à LeRoux que Diego était de mèche avec les policiers libériens.

Une fois à l'extérieur du terminal, les « flics corrompus » devaient escorter LeRoux, Cayanan et Jack jusqu'à une voiture où un chauffeur (en réalité un policier libérien) les attendrait. Ce dernier devait les conduire au Palm Spring Resort, un hôtel fermé, ultra-sécurisé, avec vue sur l'Atlantique, piscine, casino, tout le tralala. L'hôtel était un peu délabré mais, selon les standards du Liberia, les chambres étaient confortables. Cindric et Stouch avaient choisi cet hôtel car il était bien situé, à l'extérieur de la ville, supposément à l'abri des regards de la police et de la DEA.

Jack avait réservé une chambre avec balcon au premier étage pour LeRoux et Cayanan. La chambre était en forme de L, équipée d'un lit king size, d'un minibar, d'un écran plat et du wi-fi. Pour lui, Jack avait pris une chambre standard, juste en dessous, au rez-de-chaussée, avec vue sur le parking. La chambre attenante à celle de LeRoux avait également été réservée par les agents de la DEA.

L'agent Matt Keller du Groupe 960 était chargé de surveiller la chambre pendant la nuit. Il devait s'installer dans le poste de commandement pour écouter les conversations, enregistrées par un micro planqué dans la chambre, qui fonctionnait comme un babyphone. Keller devait maintenir une surveillance constante pour s'assurer que LeRoux ne sorte pas de l'hôtel pendant la nuit. LeRoux allait certainement dormir à poings fermés après le vol. Le lendemain, LeRoux devait retrouver Jack pour qu'ils aillent ensemble jusqu'à l'hôtel de Diego. Au cours de cette entrevue, LeRoux et Diego devaient mettre au point les derniers détails de l'échange de méthamphétamine nord-coréenne et de cocaïne. C'est le moment que les policiers libériens choisiraient pour intervenir, arrêter LeRoux, lui lire ses droits et le remettre aux mains de la DEA. Puis ce serait le moment où tout le monde pourrait souffler.

Ça, c'était l'idée. Les faits furent plus chaotiques.

Avant l'arrivée de LeRoux à Monrovia, les policiers libériens et Joe Kellums, agent de la DEA en poste à Accra, étaient allés dans la suite de LeRoux pour installer le micro dans un radioréveil apporté de Washington pour les besoins de l'opération.

PFFFFTTT ! PUTAIIIIIIN ! Au moment où les agents avaient essayé de brancher le radioréveil, l'appareil avait explosé. La tension du générateur de l'hôtel était trop puissante et fluctuait de manière imprévisible.

Keller avait regardé le radioréveil qui avait fondu autour du micro d'un air déconfit et s'était tourné vers les agents libériens pour leur demander :

— Vous avez du matos pour arranger ça ?

Les Libériens avaient filé au poste de police d'où ils étaient revenus avec un gadget fabriqué en Chine, de la taille d'un vieux talkie-walkie. Kellums l'avait retourné au creux de sa main et l'avait caché dans un vase, sous un bouquet de fleurs, qu'il avait posé sur la table de chevet de LeRoux.

L'arrivée de LeRoux se déroula comme prévu. LeRoux était sorti de l'avion en traînant les pieds, polo bleu trop large, bermuda, tongs. Jack l'attendait à la sortie de l'avion. En arrivant à l'hôtel, il était monté directement dans sa chambre avec Cayanan.

Une heure plus tard, Keller avait téléphoné à Cindric et Stouch depuis le centre de commandement. Il avait plaqué son portable contre le haut-parleur qui transmettait ce qui se passait dans la chambre. Le gros LeRoux était chaud. Cindric et Stouch entendaient Cayanan hurler :

— BAISE-MOI LEROUX ! OH OUI BAISE-MOI !

Les cris étaient suivis d'une série de bruits sourds, de coups, de grognements, de jappements et de craquements. On aurait dit qu'un réalisateur de porno amateur tournait un film de bondage pendant un tremblement de terre. Comment une femme de cinquante kilos pouvait-elle avoir des relations sexuelles aussi brutales avec un colosse comme LeRoux, c'était un mystère qui faisait beaucoup rire Cindric. Keller, lui, n'était pas d'humeur à plaisanter.

— Merci, les gars. Il faut que je me tape ces conneries toute la nuit, a-t-il grogné. Vous allez me le payer.

Pour la première fois depuis plusieurs semaines, Cindric et Stouch avaient bien dormi.

Pas Keller. Il devait rester éveillé car le micro n'enregistrait pas. Keller pouvait seulement écouter ce qui se passait dans la chambre et vérifier que tout était normal. Les coups de boutoir de LeRoux avaient fini par s'arrêter, aussitôt remplacés par des ronflements extrêmement sonores. On aurait dit un rhinocéros enrhumé.

En plein milieu de la nuit, Keller avait entendu LeRoux parler dans son sommeil. Après ses différents déplacements entre Manille, Rio et Monrovia, il devait subir les effets du décalage horaire. Keller n'avait pas pu s'empêcher d'éprouver un peu de pitié pour LeRoux. S'il avait su que c'était sa dernière nuit de liberté, il serait sans doute sorti faire la bringue, même si, d'après les informations dont disposait Keller, LeRoux n'était pas un fêtard. Mais il n'aurait sans doute pas dit non à un cocktail. Keller n'aurait pas dit non à un cocktail. Mais il était en planque, alors il avait sagement ouvert une bouteille d'eau.

Le lendemain matin, alors que LeRoux et Cayanan étaient descendus prendre leur petit déjeuner, Kellums avait rejoint Keller au poste de commandement. En regardant les écrans de vidéosurveillance, ils virent les femmes de ménage ouvrir la porte de LeRoux pour faire la chambre. Elles avaient changé les fleurs dans les autres chambres du couloir… Le sang de Kellums ne fit qu'un tour. Si une des femmes de ménage sortait les fleurs du vase, elle ne manquerait pas de trouver le micro.

Kellums s'était alors précipité à l'étage et s'était mis à virevolter autour de la femme de ménage, avec des manières dignes de Nathan Lane, la drag-queen de *Birdcage* (un remake de *La Cage aux folles*). Il avait commencé à vanter les mérites de toutes les lotions, des savons et des shampoings rangés dans le chariot avant de pénétrer dans la chambre et de s'extasier sur le bouquet de fleurs, en clamant à qui voulait l'entendre qu'il voulait absolument ces fleurs splendides dans sa chambre. Il avait empoigné le vase, attrapé les fleurs et les avait posées sur sa tête pour s'en faire un chapeau. C'étaient des fleurs en plastique, mais Kellums exagérait tellement qu'on aurait pu croire que ces fleurs avaient été cueillies dans les jardins de Babylone.

Kellums était un ancien tireur d'élite de l'armée de terre américaine. Il avait servi en Irak et à Jalalabad, point chaud du trafic d'héroïne, au sud-est de l'Afghanistan. Il était très brun et, sur le terrain, il s'était laissé pousser les cheveux et la barbe. Il ressemblait plus à un vendeur d'alcool cajun pendant la prohibition qu'à un danseur travesti.

— C'était quoi ça ? a demandé Keller une fois Kellums revenu dans la chambre.

— Un grain de folie, a répondu Kellums calmement.

Après le petit déjeuner, LeRoux avait raccompagné Cayanan à la chambre avant son rendez-vous avec Jack à 10 heures, au café de l'hôtel. Jack devait le briefer avant le rendez-vous avec Diego. La salle de petit déjeuner était décorée de motifs rouges et dorés d'inspiration chinoise. LeRoux portait un énième polo bleu. Il n'avait pas l'air de souffrir de la chaleur. Et il venait d'apprendre une bonne nouvelle. C'était la première fois que Jack le voyait d'aussi bonne humeur. Ça faisait des mois qu'il était en pourparlers avec l'Organisation des industries de défense iranienne pour leur acheter des armes, et Téhéran venait d'accepter le marché. Tout ce qui lui restait à faire, c'était de soudoyer un quelconque fonctionnaire africain pour obtenir un certificat d'utilisation finale bardé de tampons officiels qui permettrait aux Iraniens de se couvrir si la police ou les services de renseignement leur posaient des questions sur l'identité de l'acheteur. LeRoux attendait que cette opération aboutisse depuis 2008.

— En Iran, on peut acheter toutes les armes qu'on veut, avait dit LeRoux, la mine réjouie.

Selon lui, la seule arme que les Iraniens refusaient de vendre, c'étaient les missiles antiaériens. Ça tombait mal, car il en avait besoin pour conclure son marché avec l'Armée Shan Unie. Mais c'était trop risqué pour l'Iran. Si un groupe terroriste abattait un avion de ligne et que les autorités remontaient la piste, le pays risquait des sanctions de la communauté internationale. Les autorités de Téhéran ne voulaient pas prendre ce risque.

Comme l'Iran, la Chine refusait de vendre des missiles antiaériens à LeRoux, par crainte des sanctions internationales. LeRoux avait essayé de faire affaire avec Poly Technologies, l'entreprise d'État qui fournissait des armes bon marché à l'Armée populaire de libération chinoise, qui vendait également des armes de petite taille à des entreprises privées. (En 2014, le gouvernement américain a placé Poly Technologies sur liste noire pour vente illégale d'armes et violation du Traité sur la non-prolifération des armes en Iran, en Corée du Nord et en Syrie).

Mais il en fallait davantage pour décourager LeRoux. Il s'était mis en tête de se procurer des missiles antiaériens par l'intermédiaire de trafiquants de mafias russe et serbe. LeRoux, qui ne doutait de rien, voulait tout simplement faire de l'Armée Shan Unie son nouveau client. L'Armée revendiquait des territoires sur les hauts plateaux de l'État Shan au nord de la Birmanie, de la Thaïlande et du Laos. L'État Shan possédait largement de quoi s'offrir toutes les armes possibles et imaginables, parce que leur monnaie d'échange, c'était l'opium blanc de Chine, qui donnait la crème de la crème de l'héroïne.

L'État Shan est situé en plein cœur du Triangle d'or, où fleurissent les champs de pavot. Depuis 1949, les soldats de l'Armée Shan Unie et les nationalistes chinois cultivent l'opium à grande échelle sur les hauteurs. La production a connu un pic au cours de la guerre du Vietnam et au début des années 2000. Mais aujourd'hui, les quantités d'opium produites dans le Triangle d'or ne sont pas suffisantes pour rivaliser avec l'opium afghan. Cependant, les trafiquants continuent à considérer que l'héroïne birmane est de meilleure qualité et sont prêts à dépenser de grosses sommes pour s'en procurer. L'héroïne birmane à base d'opium blanc de Chine était en train de faire son retour sur le marché. LeRoux y voyait une occasion de se faire de l'argent. Beaucoup d'argent.

Après ses digressions sur l'Iran, la Chine et l'État Shan, LeRoux avait ramené la conversation sur le rendez-vous avec Diego. Il avait trouvé une source à Bombay capable de lui procurer les substances chimiques nécessaires à la fabrication de la méthamphétamine (la pseudoéphédrine et l'éphédrine). C'était de la bonne came, issue de l'industrie pharmaceutique. LeRoux pensait pouvoir acheter une tonne de pseudoéphédrine et d'éphédrine pour un million de dollars. Et bien sûr les revendre cinquante fois plus cher aux Colombiens.

— C'est une mine d'or ! avait dit LeRoux à Jack. On commence avec une tonne. Mille kilos de pseudo et d'éphédrine de première qualité.

S'il achetait la marchandise en Inde, la seule difficulté consisterait à éviter les bateaux de police qui patrouillaient en mer au large des côtes indiennes et africaines. LeRoux avait étudié les itinéraires empruntés par la police et avait déterminé une route à suivre pour transporter la marchandise sans se faire remarquer.

— L'essentiel, c'est d'éviter le détroit de Malacca. C'est une zone très surveillée. Mais on peut passer par la mer de Chine méridionale, au large de la Thaïlande et du Vietnam. Il faut juste rester dans les eaux internationales et éviter les eaux territoriales chinoises.

LeRoux avait déjà décidé de la façon dont il allait écouler la cocaïne qu'il espérait acheter aux Colombiens. Il prévoyait de la vendre aux triades chinoises, pour un prix compris entre 20 et 50 millions de dollars la tonne.

— Il me faut de grandes quantités de cocaïne. D'après mes calculs, je peux vendre entre deux cents et mille unités par mois.

Si tous les plans de LeRoux aboutissaient (l'importation de pseudoéphédrine, la fabrication de méthamphétamine et le trafic de cocaïne en quantité industrielle), il entrerait dans le cercle très restreint des trafiquants de drogue milliardaires. Seuls El Chapo et trois ou quatre barons de la drogue avaient accédé à ce statut, qui avait contribué à asseoir leur réputation d'Intouchables.

LeRoux et Jack quittèrent l'hôtel pour être à l'heure au rendez-vous avec Diego au Golden Gate. Avant de sortir sous la pluie battante, LeRoux s'était tourné vers Jack et lui avait tendu quelques billets de cent dollars en lui demandant de trouver une laverie bon marché à Monrovia.

— Ces enfoirés veulent m'arnaquer ! Tu te rends compte, ils veulent me faire payer deux dollars pour laver un polo.

— Bienvenue en Afrique, avait répondu Jack en faisant mine de compatir.

Il n'en pensait pas moins. Il se disait :

Quel gros radin ! Il gagne des millions et il veut même pas lâcher deux dollars pour faire laver et repasser ses chemises.

Quand ils furent arrivés à l'hôtel Golden Gate, Jack présenta Diego à LeRoux. Le Colombien était habillé avec goût, il portait une chemise soigneusement repassée et un pantalon à l'ourlet impeccable. Il lui avait tendu une main manucurée. Diego ressemblait à un homme d'affaires espagnol. Il avait décoché à LeRoux un sourire très professionnel et parfaitement calculé : il savait comment avoir l'air intéressé tout en restant sur la défensive et jouer à merveille le rôle du type à qui on ne la fait pas.

LeRoux avait pris place face à Diego, dans un fauteuil en cuir confortable, en bombant le torse autant que sa bedaine le lui permettait. Il avait repris ses bonnes manières britanniques en se répandant en excuses pour le retard de livraison du laboratoire mobile qu'il avait promis à Diego.

— Si vous avez le moindre problème pour le monter, je vous enverrai des hommes pour vous aider. C'est aussi simple que ça ! avait-il dit en claquant des doigts.

Diego lui dit ensuite qu'il était curieux : pourquoi avait-il choisi de s'implanter aux Philippines ? LeRoux était ravi de parler de lui :

— C'est le pays le plus instable d'Asie. À partir des Philippines, on peut livrer la marchandise n'importe où. On peut livrer la came à Hong Kong, au Japon, en Australie. Les prix sont très compétitifs. Par exemple la marchandise que vous produisez [la cocaïne] se vend 150 000 dollars le kilo en Australie. L'autre produit [la méthamphétamine], au Japon, on peut le vendre 100 000 dollars le kilo. Les Philippines sont bien placées pour inonder le marché asiatique, et c'est un pays pauvre, certes pas aussi pauvre que le Liberia, mais quand même, les gens ne crachent pas sur un salaire décent.

Diego reconnut qu'il était impressionné par la qualité de la méthamphétamine que LeRoux lui avait fait livrer. LeRoux se rengorgea :

— La came vient directement de Corée du Nord. Là-bas, c'est légal d'en fabriquer. Ils ont un labo grand comme ça pour en produire, dit-il en écartant les bras pour indiquer que le laboratoire faisait la taille de l'hôtel. On peut en acheter jusqu'à six cents kilos par mois.

LeRoux avait ensuite expliqué à Diego qu'il se procurait la meth par l'intermédiaire d'un représentant d'une triade chinoise qui faisait sortir la marchandise illégalement et négociait ensuite le prix de vente. LeRoux pensait pouvoir le convaincre de baisser le prix en échange de 200 kg de cocaïne colombienne par mois, que la triade revendrait ensuite en Asie.

— Si on leur fournit de la cocaïne de bonne qualité, ils baisseront leurs prix. Si on négocie bien, on peut s'en sortir pour 20 000 ou 25 000 dollars max pour la meth.

Diego hocha la tête. Pour flatter LeRoux, il lui dit qu'il avait entendu que, malgré son succès et sa richesse, LeRoux continuait à mener une vie normale. LeRoux, qui n'avait pas saisi l'ironie de la remarque, lui répondit qu'en effet il conduisait une voiture ordinaire, pas une voiture de course. Une voiture ordinaire, c'était un Range Rover, qui coûtait entre 90 000 et 100 000 dollars aux États-Unis et que LeRoux avait sans doute acheté plus du double aux Philippines. Pour accréditer la remarque de Diego, LeRoux raconta en toute simplicité comment il avait commandité l'assassinat d'un de ses hommes, Dave Smith, un flambeur qui se baladait dans les rues de Manille au volant de sa Mercedes ou de sa Lamborghini.

— Vous savez ce qui me faisait le plus chier ? avait ajouté LeRoux. C'est que son yacht était plus grand que le mien.

LeRoux changea de sujet. Il expliqua à Diego qu'il projetait d'acheter des armes en Iran mais qu'il avait besoin de certificats d'utilisation finale. Est-ce que Diego savait comment s'en procurer ?

Diego, déstabilisé par le tour que prenait la conversation, recentra le débat sur la vente de méthamphétamine. Il avait reçu des instructions claires de Cindric et Stouch et devait s'en tenir au plan. Il était là pour conclure une vente de méthamphétamine. Il n'était pas censé improviser sur d'autres sujets.

Diego informa LeRoux que son organisation était prête à acheter 100 kg de méthamphétamine nord-coréenne. Il s'arrangerait ensuite pour faire transporter la drogue à New York grâce aux contacts qu'il possédait sur place.

LeRoux hocha la tête.

— Marché conclu.

Diego se leva pour serrer la main de LeRoux, fit un signe de tête à Jack et quitta la pièce. Jack et LeRoux rentrèrent au Palm Spring Resort.

En sortant, Diego s'était rendu directement au centre de commandement de la DEA, à l'hôtel Kendeja, pour remettre le micro et les enregistrements à Cindric et Stouch. Alors que les agents téléchargeaient les enregistrements, Diego s'était effondré sur une chaise en ouvrant une bouteille d'eau. Il avait soufflé :

— Putain, je m'attendais pas à ça. Le type est là, à parler froidement d'exécuter des gens et de faire un deal avec l'Iran.

— C'est typique de LeRoux, dit Stouch.

LeRoux était capable de passer du coq à l'âne. Il voulait plaire aux Colombiens. Il pensait que Diego aimait tuer autant que lui. Ou peut-être était-il nerveux d'être en présence d'un de ces trafiquants colombiens qu'il vénérait. Il voulait se montrer sous son meilleur jour et faire comprendre à Diego que lui aussi était capable de commanditer des assassinats.

Stouch appela Brown pour le tenir au courant du déroulement de l'opération.

— Qu'est-ce que vous attendez pour l'interpeller ? demanda Brown. Vous pensez qu'il y a encore quelque chose à en tirer ?

— Je sais pas, qu'est-ce que t'en penses, Cindric ?

— Si tu penses qu'on a ce qu'il faut, on l'arrête, Stouch.

Cindric sortit retrouver les deux agents de police libériens chargés de procéder à l'arrestation et les accompagna jusqu'au centre de commandement. Ils mesuraient tous les deux environ un mètre quatre-vingt-cinq pour plus de cent kilos. Contrairement à LeRoux, ils n'avaient pas un gramme de graisse. Vu leur corpulence, ils passaient certainement leur temps à la salle de sport.

— OK, c'est parti, dit le plus gradé des deux.

— Ça risque d'être un peu décevant, glissa Stouch à Cindric. On va rester en arrière et les laisser faire le boulot.

Cindric, Stouch, Brown et les policiers libériens grimpèrent dans les 4x4 garés devant l'hôtel, et le convoi se mit en route pour l'hôtel de LeRoux. Pour une fois, il ne pleuvait pas, mais il faisait lourd. Cindric et Stouch suivirent les policiers libériens jusqu'au premier étage et restèrent quelques pas en arrière, tandis qu'ils frappaient à la porte de la suite de LeRoux. Brown recula encore d'un pas.

— Room service, dit l'un des policiers.

Il n'avait pas la voix d'un garçon d'étage, mais c'était une tactique qui s'était révélée efficace pour faire ouvrir la porte à un suspect. Cayanan lâcha son iPad et ouvrit la porte.

Elle se retrouva nez à nez avec les policiers libériens, qui entrèrent dans la chambre. LeRoux s'était changé, il avait mis un polo orange et tournait le dos à la porte. Il avait les yeux fixés sur l'écran de son ordinateur. Un des officiers cria :

— Les mains en l'air ! Monsieur LeRoux, vous êtes en état d'arrestation.

LeRoux fit volte-face, délaissant son ordinateur, et répéta d'une voix aiguë :

— Qu'est-ce que j'ai fait ? Qu'est-ce que j'ai fait ?

Avec son polo orange trop grand, on aurait dit une citrouille géante. L'officier libérien réitéra son ordre :

— Monsieur, levez les mains en l'air !

LeRoux ne s'exécutait pas. Cayanan était pétrifiée.

— Ne faites pas de gestes brusques, lança Cindric de loin.

Les yeux de LeRoux étaient fixés sur l'ordinateur qu'il n'avait pas eu le temps de verrouiller. Cindric se dit qu'il fallait intervenir : il se précipita dans la pièce pour s'emparer de l'ordinateur et empêcher LeRoux de faire une manipulation qui effacerait la totalité de son contenu.

Entre-temps, LeRoux s'était allongé par terre. Il avait décidé de faire de la résistance passive. Les agents libériens n'arrivaient pas à lui passer les menottes. Stouch s'était approché et cherchait le point de pression sur la mâchoire de LeRoux, censé provoquer une douleur invalidante sans tuer. Mais LeRoux ne flanchait pas. Il avait manifestement une résistance hors du commun à la douleur.

— Putain, dit Cindric.

La pluie, la chaleur et maintenant cette comédie ! C'était trop. Cindric sentait-il revenir ses vieux réflexes acquis en se battant dans les bars ? Brown remarqua que ses poings se serraient et que son visage devenait rouge. Il connaissait ce regard. Cindric était sur le point de coller une droite à LeRoux.

— Tom, stop ! cria Brown.

— Monsieur LeRoux ! répéta le Libérien. Arrêtez ou je tire !

Stouch était penché sur LeRoux, à la recherche d'un autre point de pression pour le mettre K-O, mais le colosse semblait insensible à la douleur. LeRoux secouait la tête et les épaules pour se débarrasser de Stouch, comme s'il s'agissait d'un vulgaire insecte.

— Si vous vous obstinez à ne pas coopérer, je vais être obligé de tirer, répéta le Libérien.

— Eric, dégage ! cria Cindric.

La patience du Libérien commençait à atteindre ses limites. Stouch finit par lâcher LeRoux. Un agent de la DEA – Stouch ne savait pas lequel – était en train de crier au policier libérien de ranger son arme. Mais le Libérien ne l'écoutait pas et il répétait à présent son avertissement pour la troisième fois.

Après quelques minutes qui parurent interminables, LeRoux finit par céder et par tendre les bras. Les policiers lui passèrent enfin les menottes.

Stouch se faufila jusqu'à Cindric.

— Je m'attendais pas à ça !

— Ta gueule, répondit Cindric avant de se tourner vers LeRoux. Monsieur LeRoux, je suis Tom Cindric, agent spécial au sein de la Drug Enforcement Administration. Nous avons un mandat d'arrêt et un avis d'extradition à votre nom.

Brown ajouta :

— Vous êtes inculpé pour conspiration en vue d'importer et de vendre 10 kg de méthamphétamine aux États-Unis.

LeRoux les ignorait ostensiblement. Il se tourna vers les policiers libériens.

— Mes frères, si on réglait ça entre nous ? Après tout, on est tous africains. Pas comme lui ! dit-il en désignant Cindric. Emmenez-moi au poste de police. Qu'est-ce que je peux vous offrir ? De quoi avez-vous besoin ?

— N'essayez pas de m'acheter, avait répondu l'officier libérien le plus gradé.

Il fit signe à son partenaire d'escorter LeRoux hors de l'hôtel. Les Libériens installèrent LeRoux à l'arrière d'un 4x4 de police blindé, suivis de près par Cindric.

Jack observait l'opération depuis sa chambre d'hôtel, qui donnait sur le parking. Il regardait les agents libériens qui poussaient LeRoux pour le faire monter dans le 4x4. LeRoux semblait en possession de tous ses moyens. Jack se disait qu'il était sans doute en train d'analyser la situation pour trouver un moyen de se tirer d'affaire, une fois arrivé au poste de police.

On frappa à la porte. C'était Stouch, qui avait les joues toutes roses sous l'effet de l'adrénaline.

— Fais ta valise, on y va ! lança-t-il à Jack.

Jack s'était exécuté. Il avait fourré ses affaires dans une valise et s'était précipité dans une voiture de police garée sur le parking. L'homme au volant était chargé de le conduire à l'hôtel Kendeja. Sur place, Cindric et Stouch le conduisirent dans une pièce et lui demandèrent de s'enfermer à clé de l'intérieur.

Pendant ce temps, au Palm Spring Resort, Stouch était en train de réunir les effets personnels de LeRoux et de les placer sous scellés. Il mettait un soin extrême à manipuler les ordinateurs et les téléphones portables, qui serviraient de pièces à conviction. Les objets devaient ensuite être remis aux techniciens de la DEA chargés de les analyser. Stouch monta ensuite à son tour dans un 4x4 de l'Agence nationale de sécurité du Liberia en compagnie de Cayanan, qui avait été également arrêtée mais serait bientôt relâchée et autorisée à rentrer à Manille.

Le 4x4 s'arrêta devant les bureaux de l'Agence nationale de sécurité, un bâtiment délabré de trois étages, sans ascenseur. Au même moment, Milione et Brown arrivaient en sens inverse, dans une voiture de location. Ils montèrent tous ensemble à la salle d'interrogatoire où LeRoux était en train de s'époumoner, proposant des pots-de-vin à tous les officiers qui passaient. Il exigeait un avocat libérien. Il voulait comparaître devant un juge libérien. Les policiers refusaient toutes ses requêtes et continuaient à remplir leurs documents.

Cindric appela le téléphone de Jack pour qu'il puisse profiter du boucan.

— Écoute ça, tu l'as bien mérité !

C'était la première fois que Jack sentait que LeRoux avait peur. Les policiers n'avaient pas l'intention de s'en prendre à lui physiquement, mais ils contrôlaient la situation. Ils ne voulaient pas de son argent. S'il y avait bien une chose que LeRoux ne supportait pas, c'était de perdre le contrôle. Il était au bord de la crise de nerfs.

Après l'appel, Jack avait lancé son téléphone sur le lit et s'était allongé à plat ventre. Il s'était endormi immédiatement. Cela faisait bien longtemps qu'il n'avait pas dormi sur ses deux oreilles.

À l'intérieur du poste de police, les agents libériens accomplissaient les formalités d'usage. LeRoux, qui avait la voix cassée à force de crier, s'était tourné vers Milione qui n'avait pas encore ouvert la bouche. Il avait observé le comportement des autres agents et en avait déduit que c'était lui le chef. Cindric était le plus grand, Stouch le plus musclé, Brown le plus élégant, mais c'était Milione qui dirigeait l'opération.

— Je préfère vous prévenir que je refuse de monter dans l'avion pour être extradé.

— Oui, j'ai cru comprendre, avait dit Milione d'un ton calme mais ferme.

LeRoux était menotté, et c'était dur de le faire bouger. C'était un poids mort. Sous ses bourrelets se cachait une force insoupçonnée. Il avait la carrure d'un haltérophile russe et des jambes courtes mais musclées. Ils durent s'y mettre à huit (quatre agents libériens ainsi que Cindric, Stouch, Brown et Milione) pour le mettre debout et le tirer tant bien que mal dans l'escalier jusqu'au parking, sous une pluie battante.

Là, LeRoux se laissa tomber sur le macadam en appelant à l'aide et en criant qu'on essayait de le kidnapper. Les huit hommes durent le traîner jusqu'au van douze places que les agents de la DEA avaient loué pour le conduire jusqu'à l'aéroport. Ils le poussèrent à l'arrière jusqu'à ce que ses fesses entrent en entier dans l'habitacle. Les policiers libériens s'installèrent de part et d'autre du prisonnier tandis que les agents de la DEA prenaient place à l'avant et à l'arrière. Carol Dillon, analyste de la DEA, se hissa sur la banquette arrière sans cesser de prendre des notes sur le déroulement de l'opération. Il devait ensuite faire un rapport pour le tribunal. Après avoir claqué et verrouillé les portières, le chauffeur démarra enfin le van.

À peine sur la route, Milione s'était tourné vers LeRoux, agacé. Il lui avait fait la morale comme un coach sportif qui sermonne un joueur indiscipliné.

— Paul, ça suffit maintenant. Vous ne pouvez pas vous comporter comme ça. C'est indigne de vous.

LeRoux avait laissé échapper un rire narquois.

— En même temps, je vous ai prévenus, avait-il dit d'un ton boudeur. Je refuse de monter dans l'avion.

— Vous allez vous tenir correctement à présent, c'est d'accord ? avait demandé Milione en lui lançant un regard sévère.

LeRoux avait lâché en ricanant :

— Oui, oui.

— Sûr ?

— Oui, oui.

LeRoux avait manifestement envie de lui rire au nez. Le visage de Milione s'assombrissait à vue d'œil. La colère commençait à monter.

— À votre place, je n'opposerais pas de résistance une fois dans l'avion.

Il parlait doucement, mais Cindric, Stouch et Brown connaissaient ce ton.

— Au moindre faux pas, c'est vous qui en payerez les conséquences. On n'hésitera pas à utiliser la force si nécessaire.

Cindric, Stouch et Brown savaient que Milione ne ferait jamais de mal à un prisonnier et n'autoriserait personne à toucher un cheveu de LeRoux. Selon lui, c'était immoral, en plus d'être contraire à la Constitution. En revanche, s'il devait utiliser la force pour protéger ses hommes, il n'hésiterait pas un seul instant. Cindric disait souvent en plaisantant :

— Si tu décides de faire chier Lou, il vaut mieux être bien préparé parce qu'il ne lâchera pas l'affaire.

Si même Cindric, qui avait l'habitude de se battre et pratiquait la boxe thaï, craignait la colère de Lou Milione, LeRoux avait du souci à se faire.

Le convoi avait pris la route de l'aéroport. La pluie avait repris. Il faisait lourd à l'intérieur du van plein à craquer.

Soudain, les agents sentirent distinctement le véhicule s'affaisser. Ils avaient crevé. Il ne manquait plus que ça. Cindric et Stouch échangèrent un regard las. C'était quoi la prochaine étape : un tremblement de terre ? Une inondation ?

Les policiers libériens sortirent du véhicule, le soulevèrent avec un cric et changèrent le pneu, vite fait bien fait. Ils avaient l'habitude. Au Liberia, les routes sont en mauvais état, et c'est la routine de crever. Le 4x4 reprit sa route.

Ils arrivèrent à l'aéroport à 22 heures. Quelques minutes plus tard, les agents étaient dans l'avion et LeRoux attaché à son siège avec des sangles. À peine la porte de l'avion s'était-elle refermée que les agents virent apparaître le vrai visage de Paul LeRoux.

Il regardait de droite à gauche, comme un ordinateur en train de restaurer ses données. On pouvait voir qu'il analysait la moindre information à sa disposition dans l'habitacle. Cindric et Stouch observaient LeRoux, fascinés. Ils purent lire dans ses yeux le moment exact où il assembla la dernière pièce du puzzle.

C'est Jack ! Il travaille pour eux ! Ça veut dire que la DEA a eu accès à tout ce que j'ai dit et écrit à Jack. Je suis dans la merde. OK, il est temps de reprendre la situation en main.

Son polo orange, trempé de sueur et de pluie, collait à sa bedaine. Il avait les mains et les pieds menottés. Il puait la transpiration. Tout le monde puait dans cet avion.

Pourtant, il avait redressé les épaules et s'était métamorphosé en Paul le P-DG, qui gérait sa multinationale d'une main de maître, et comme en train d'organiser une réunion. S'il avait eu affaire à des agents plus jeunes et moins expérimentés, il aurait pu les piéger. LeRoux était un homme charismatique, à qui il était difficile de résister. Il avait bombé le torse en adressant un petit sourire narquois aux agents qui l'entouraient.

— Bien joué, messieurs.

Il marqua un silence pour ménager son effet.

— Mais, si vous êtes à mes trousses, c'est que vous vous intéressez à de plus gros poissons.

— Le but de l'opération, c'était de vous arrêter, dit Stouch. C'est vous le poisson.

— Ah non, il y a plus gros..., répondit LeRoux d'un ton lourd de sous-entendus.

— Alors quoi ? demanda Cindric.

— Les États-nations, mes amis, les États-nations...

Cindric lança un regard à Brown, qui voulait dire : *Putain, où est-ce qu'il veut en venir ?*

— Mais encore ? ajouta Stouch.

— L'Iran ? La Corée du Nord ? Ça vous dit quelque chose ?

11

Reine d'un jour

C'était parti.

— Qu'est-ce que vous avez à nous offrir ? demanda Cindric.

— Ça dépend de ce que vous me donnez en échange, répondit LeRoux du tac au tac.

Il avait repris du poil de la bête. Cindric secoua la tête.

— On ne peut rien vous promettre.

— Sans garanties, je ne vous dirai rien.

— Qu'on soit bien clair. On n'en est pas à notre coup d'essai, dit Milione. L'arrestation de Viktor Bout, c'est nous. On lui a proposé un marché, il a refusé et il a préféré aller en prison. Nous, on n'a rien à perdre.

Le manège avait continué pendant deux heures, jusqu'à ce que la faim et la fatigue se fassent sentir. LeRoux demanda un Coca light et un sandwich. Cindric alla chercher des sandwichs et des sodas pour tout le monde. Une fois son taux de sucre revenu à la normale, Stouch se tourna vers LeRoux.

— Si vous ne voulez pas vous mettre à table, on ne va pas insister. C'est pas dans notre intérêt. Moi je peux rien vous promettre. Tommy peut rien vous promettre. Lui, c'est notre patron (Stouch désigna Brown du doigt), il ne peut rien vous promettre non plus.

Et lui, c'est son patron (il montra Milione), lui non plus il ne peut rien vous promettre. Et lui, vous le voyez ? (Il se tourna vers Derek Maltz dont le regard noir était fixé sur LeRoux.) C'est le grand chef et, même lui, il ne peut rien vous promettre. Donc, soit vous vous mettez à table tout de suite, soit on attend d'être arrivés à New York et on négociera avec le procureur.

Putain, j'espère qu'il va fermer sa gueule, on est tous crevés, pensait Cindric.

— OK, je comprends, avait répondu LeRoux. Dans ce cas, j'ai des choses à vous dire.

Stouch procéda à la lecture de ses droits et lui fit signer une déclaration où il indiquait qu'il y renonçait. LeRoux parla treize heures sans s'arrêter. Il commença par Bout. Bout s'était montré très imprudent. Il connaissait l'histoire du marchand d'armes russe sur le bout des doigts et savait qu'il purgeait actuellement une longue peine de prison pour avoir accepté de vendre plusieurs centaines de missiles antiaériens IGLA fabriqués en Russie à des hommes qui s'étaient fait passer pour des membres des FARC. Bout leur avait dit qu'avec ces missiles ils pouvaient abattre des hélicoptères et tuer des soldats américains. Les faux guérilleros étaient équipés de micros, et la conversation avait été enregistrée. Les procureurs qui avaient instruit l'affaire avaient utilisé ces propos pour réclamer la peine maximale (la prison à perpétuité). Ils n'avaient pas obtenu gain de cause car la juge fédérale Shira A. Sheindlin avait émis des doutes quant à la culpabilité de Bout.

— Vous avez beau condamner ce qu'il fait, Bout reste un homme d'affaires, avait-elle dit au cours des débats.

Malgré tout, les jurés avaient condamné Bout à une peine de prison de vingt-cinq ans. À l'époque, Bout avait quarante-cinq ans.

LeRoux ne pouvait pas compter sur l'indulgence des jurés. Il ne voulait pas prendre le risque de passer vingt-cinq ans derrière les barreaux et encore moins d'y finir sa vie. En se remémorant la conversation avec Diego, il en avait déduit que la DEA était en possession d'un enregistrement où il parlait de vendre des missiles antiaériens. Il l'avait également écrit dans les mails qu'il avait envoyés à Jack. Il était foutu. Sa seule chance, c'était d'éviter que les agents fassent figurer les missiles antiaériens sur le procès-verbal. Il allait devoir négocier. Il devait orienter les agents vers d'autres cibles haut placées. Il connaissait la devise des agents de la DEA et des procureurs : « Recruter et viser toujours plus haut. » Quelle était sa marge de manœuvre ?

LeRoux commença par exposer aux agents les projets qu'il menait de front un peu partout dans le monde. On aurait dit un champion d'échecs, en train de jouer plusieurs parties simultanément. LeRoux passait d'un échiquier à l'autre et déplaçait les gens comme des pions. L'une de ces parties d'échecs avait eu lieu en Somalie : Jack leur avait déjà parlé de cette opération en détail, vu que c'était lui, le pion.

Grâce aux informations fournies par Jack, les agents avaient une vague idée des activités de LeRoux en Iran, en Corée du Nord, en Chine, au Brésil, aux Philippines et en Afrique. Mais ils n'avaient pas de vue d'ensemble. LeRoux était passé maître dans l'art de compartimenter ses différentes opérations. À mesure qu'il déroulait la longue liste de ses aveux, les agents comprirent qu'il avait créé tout un microcosme de ruses et de jeux qui formaient une toile inextricable qu'il était le seul à pouvoir démêler. LeRoux parlait très rapidement, les agents avaient du mal à suivre le rythme de son cerveau extrêmement performant. Ils essayèrent de lui faire ralentir la cadence.

— OK, si on essaye de schématiser, qui est-ce que vous mettriez en haut du tableau ?

— D'une part, Kim Jong-un, dit LeRoux.

Kim Jong-un était le dirigeant suprême de Corée du Nord, qui avait une coiffure étrange et cherchait à acquérir l'arme nucléaire.

— D'autre part, l'ayatollah Khamenei.

Ali Khamenei était le Guide suprême de la Révolution islamique iranienne. Il était à la tête d'un régime qui s'était lancé dans une course à l'arme nucléaire et vendait des armes au Hezbollah et à d'autres groupes terroristes.

LeRoux se mit alors à décrire une conspiration dont personne ne soupçonnait l'existence. Il expliqua qu'il aidait l'Iran à développer un système de guidage avancé pour équiper des roquettes et des missiles. Grâce à ce système de guidage, l'Iran serait désormais équipé de missiles à longue portée, susceptibles de menacer en premier lieu Israël et les pays ennemis de l'Iran dans le monde arabe, mais également les États-Unis.

LeRoux estimait que, pour que les agents comprennent, il fallait tout reprendre depuis le début. Il avait commencé à travailler avec l'Iran en 2008, alors qu'il venait de créer Red, White and Blue Arms et voulait s'approvisionner en armes. Son objectif, c'était d'acheter « des armes lourdes, des roquettes, des mitraillettes et des explosifs » et de les revendre. Il voulait s'implanter localement, puis étendre ses opérations pour conquérir le monde, comme il l'avait fait avec son entreprise de médicaments. LeRoux cherchait un fournisseur et savait que, malgré les sanctions internationales, les autorités iraniennes ne céderaient pas à la pression occidentale et accepteraient de lui vendre des armes. Dans l'accord que LeRoux a négocié avant son procès, il indique qu'il avait envoyé Nestor Del Rosario, un Philippin qui travaillait pour RX Limited, et son assistant Rogelio « Ogie » Palma en mission à Téhéran. LeRoux les avait chargés de prendre contact avec des représentants de l'Organisation des industries de défense iranienne, le complexe militaro-industriel dirigé par l'État, pour tâter le terrain et voir si une collaboration était envisageable. LeRoux s'était dit que Del Rosario et Palma, qui avaient le teint basané, n'éveilleraient pas les soupçons en Iran, contrairement à lui, qui avait la nationalité britannique et avait vécu en Afrique du Sud, et qu'on ne manquerait pas de soupçonner de contre-espionnage pour la CIA ou le MI5.

À leur retour, Del Rosario et Palma avaient fait un compte rendu enthousiaste de leur mission. Ils avaient rencontré le chef de la DIO, qui avait manifesté de l'intérêt, et même s'ils n'avaient encore rien signé ils étaient confiants. Après deux voyages supplémentaires à Téhéran, ils avaient obtenu une confirmation verbale. La DIO leur avait fourni le catalogue des armes disponibles à la vente. Après un troisième voyage, en 2009, Del Rosario et Palma étaient revenus avec une liste de matériel que l'Iran voulait acheter par l'intermédiaire de LeRoux. Cette liste contenait essentiellement des composants électroniques extrêmement spécifiques et du matériel informatique de pointe. C'était la contrepartie exigée par l'Iran.

À l'époque, Téhéran cherchait à étendre et à moderniser son arsenal d'armes, qui avait diminué après la guerre entre l'Iran et l'Irak et n'était plus à la pointe de la technologie. Ce projet prenait du temps, en raison des sanctions imposées par les États-Unis et la communauté internationale pour forcer le régime islamique à arrêter les programmes de recherche en vue d'acquérir l'arme nucléaire et à cesser de fournir des armes à ses alliés dans le monde arabe. Les dirigeants de la DIO étaient donc friands d'hommes d'affaires peu scrupuleux prêts à leur servir de prête-noms pour acheter des armes. Cette liste, c'était un test. Les Iraniens voulaient voir si LeRoux était prêt à se soumettre à leurs exigences. Selon Anthony Cordesman, spécialiste de la politique militaire de l'Iran au Center for Strategic and International Studies (CSIS), un think tank respecté à Washington :

— C'est comme ça que procèdent les Iraniens depuis 1980. Ils sont devenus experts dans l'art de se servir d'hommes d'affaires qui pensent eux-mêmes manipuler l'Iran. Ils trouvent un intermédiaire et lui demandent de leur procurer du matériel. En échange ils lui donnent de l'argent ou ils lui vendent des armes. Pour eux, c'est sans risque.

Un certain nombre de matériaux qui figuraient sur la liste de LeRoux étaient utilisés dans la fabrication d'armes nucléaires. Les Iraniens voulaient apparemment fabriquer des explosifs à base de substances chimiques en vente libre, sans doute pour armer la Force Al-Qods, l'unité d'élite des Gardiens de la révolution, et les alliés de l'Iran (le Hezbollah libanais, le Hamas et le Jihad islamique palestiniens, les milices chiites irakiennes et les rebelles houthis au Yémen). La liste était composée principalement de pièces utilisées dans la fabrication de missiles. Les Iraniens étaient également à la recherche d'un missile air-air Phoenix pour en étudier le fonctionnement. Les missiles air-air présentent la particularité de pouvoir être tirés depuis un avion. Le missile Phoenix a été utilisé jusqu'en 2004 pour équiper les avions de chasse F-14 Tomcat, utilisés par les marines américains. Les Iraniens voulaient aussi mettre la main sur le schéma d'un missile de croisière pour étudier sa fabrication. Enfin, ils voulaient des gyromètres à fibre optique, disponibles uniquement aux États-Unis et en Europe de l'Ouest, des systèmes de guidage avancés pour missiles, des plates-formes vibrantes et des souffleries supersoniques pour tester les missiles.

LeRoux savait pertinemment à quoi ce matériel était destiné. Un homme comme lui, spécialiste de l'armement militaire, savait où trouver les livres blancs de l'armée iranienne et les rapports des agences de renseignement américaines, qui insistaient sur le fait que tout au long des années 2000, en dépit des sanctions, Téhéran avait réussi à constituer la plus grosse réserve de missiles balistiques du Moyen-Orient.

La fabrication de missiles était la priorité absolue de Téhéran, car ils étaient moins chers et plus maniables que des avions de chasse, et que l'Iran pourrait ensuite facilement distribuer les petites roquettes et les missiles aux troupes mobiles du Hezbollah ou du Hamas.

Les missiles iraniens étaient de courte portée et manquaient de précision. La plupart s'écrasaient dans le désert en manquant Israël. Cordesman écrit à ce propos, dans un rapport publié en octobre 2014 par le CSIS :

> En raison de la portée létale limitée et du manque de précision des roquettes iraniennes et des missiles balistiques à courte portée, la plupart des projectiles lancés par l'Iran n'atteignent pas la cible visée, ce qui limite les dégâts. Ces missiles ne sont pas équipés de systèmes de guidage suffisamment performants ni de radars. En revanche, si l'Iran parvient à se doter de ce type de technologie, les missiles iraniens deviendront des armes de destruction massive, bien plus dangereuses que les systèmes d'armement traditionnels.

Au moment de l'arrivée de Del Rosario et Palma en Iran, la DIO essayait de développer des missiles longue portée, capables d'anéantir une cible précise, avec en ligne de mire, les États-Unis. Les ingénieurs de la DIO travaillaient également clandestinement à améliorer leurs missiles balistiques à courte portée. La fabrication de missiles intelligents était un enjeu de taille, qui pouvait faire basculer le conflit, non seulement entre l'Iran et Israël, mais également en Syrie, où plus d'un million de civils avaient déjà perdu la vie, et des millions d'autres avaient dû fuir le pays. L'Iran soutenait le régime de Bachar el-Assad.

LeRoux n'avait aucun scrupule à faire affaire avec l'Iran. Il voulait même se rendre indispensable. Car il ne courait pas seulement après l'argent – même si la perspective de gagner 100 millions de dollars était alléchante. Il voulait participer à des « projets » pour lesquels il faisait preuve de beaucoup plus d'attachement et de passion que pour ses maîtresses, sa famille ou ses proches. Le marché iranien était un nouvel échiquier à ajouter à sa collection.

Il y voyait une opportunité de passer à la vitesse supérieure : des armes de poing aux missiles antiaériens et aux armes de destruction massive.

LeRoux s'était mis à étudier la conception des missiles. Il n'avait pas de formation d'ingénieur en armement, mais il en fallait plus pour l'arrêter. Il n'avait jamais rencontré de problème auquel il n'avait pas trouvé de solution et il n'avait pas peur de le faire savoir aux Iraniens.

Il leur avait répondu que la liste de matériaux fournie par l'Iran était irréaliste. Certains matériaux n'étaient vendus qu'aux États-Unis, où les règles en matière d'export de matériel militaire étaient extrêmement strictes et où les services de police avaient des méthodes agressives. Et, même si la DIO parvenait à mettre la main sur un missile, les ingénieurs et les fabricants iraniens n'avaient pas l'expertise nécessaire pour en reproduire la technologie. Les missiles utilisés par les États-Unis et par l'OTAN étaient difficiles à fabriquer, à entretenir, et étaient très coûteux.

LeRoux leur avait alors proposé une solution alternative : il était en mesure de leur fournir des missiles moins sophistiqués que les missiles américains mais plus élaborés que ceux que les Iraniens possédaient déjà. À cause des sanctions internationales établies par le Traité international sur la non-prolifération des armes (International Traffic in Arms Regulations ou ITAR), ratifié par plusieurs pays riches dont le Canada, la France, l'Allemagne, l'Italie, le Japon, le Royaume-Uni et les États-Unis, l'Iran avait interdiction d'acheter des récepteurs GPS et des outils de navigation inertielle, qui rendent les missiles beaucoup plus efficaces. À l'époque, l'ITAR imposait que les puces électroniques des récepteurs GPS vendus dans le commerce soient dégradées pour cesser de fonctionner à 20 000 mètres d'altitude et à une vitesse de 2000 km/h (autrement dit quand ces récepteurs étaient fixés à un missile), ou quand ils étaient reliés à un drone portant une charge de 500 kg.

LeRoux avait annoncé aux Iraniens qu'il était en mesure de fabriquer à bas prix un système de guidage équipé d'un GPS « qui pourrait servir à lancer des missiles tactiques ou balistiques ». Il disait avoir mis au point une technique pour reprogrammer les puces électroniques de récepteurs GPS vendus dans le commerce et grâce à laquelle les Iraniens pourraient fabriquer des missiles intelligents et esquiver les sanctions internationales. Les conséquences en seraient à vrai dire épouvantables. En 2017, le National Air and Space Intelligence Center (NASIC) a publié un rapport à ce sujet :

> Si l'Iran et la Corée du Nord parviennent à se doter de systèmes de guidage par satellite (type GPS) pour équiper leurs missiles balistiques à courte portée, ces missiles pourront frapper une cible à quelques dizaines de mètres près. La précision de ces missiles sera un atout de taille pour les artilleries iranienne et nord-coréenne en vue de détruire des cibles stratégiques.

Les Iraniens pourraient alors viser une cible dans un bâtiment, ou même une pièce à l'intérieur d'un bâtiment, une voiture, un camion.

Cindric et Stouch étaient suspendus aux lèvres de LeRoux. Ils prenaient peu à peu conscience de l'ampleur du complot qu'il était en train de leur révéler, d'un ton neutre, comme s'il vantait les mérites d'une moissonneuse-batteuse dernière génération et pas de missiles balistiques. Si l'Iran se dotait de missiles intelligents, le régime pourrait menacer Israël et tous les pays du Moyen-Orient. Ces missiles pourraient être programmés pour frapper des bâtiments, des infrastructures stratégiques (stations d'épuration, centres de commande et de contrôle, nœuds de communication, aéroports, installations militaires, etc.). Le système de défense aérienne israélien (ou Dôme de fer) ne serait pas en mesure d'intercepter ces missiles avant qu'ils atteignent leurs cibles militaires ou politiques. Ça voulait dire des morts, des tirs de riposte, de nouveaux morts... Les pays du Golfe entreraient en guerre au Moyen-Orient, et l'arme nucléaire serait sûrement de la partie.

Les agents ne pipaient mot. On nageait en plein scénario catastrophe.

Pour mener à bien son projet, LeRoux avait recruté des chercheurs qui faisaient des essais préparatoires dans un laboratoire situé dans un entrepôt de la province de Cavite, près de Manille. L'équipe se composait entre autres d'un ingénieur en électronique et d'un codeur, chargés de développer un appareil pour intercepter les communications téléphoniques (la « Station X »). Cet appareil était censé donner l'alerte si les autorités philippines rôdaient autour de l'entrepôt et du laboratoire. LeRoux estimait qu'il dépensait déjà assez d'argent en pots-de-vin, il ne voulait pas débourser un centime de plus. Au cours de l'entrevue avec Jack à Rio, il s'était plaint que les Philippins essayaient de l'escroquer.

LeRoux ne voulait pas que quiconque vienne entraver son projet de missiles intelligents, qui devait générer à terme des profits colossaux. En 2010, il avait recruté entre vingt et vingt-cinq ingénieurs en armement, la plupart originaires d'Europe de l'Est, pour composer sa propre équipe de recherche et développement. LeRoux était devenu consultant pour la DIO iranienne, à l'image d'entreprises américaines comme Boeing, Locke ou Motorola qui collaborent avec le Pentagone.

LeRoux avait divisé le projet en plusieurs parties. En plus du projet de système de guidage, il voulait que son équipe s'attelle à la conception d'un missile de croisière (comme le Tomahawk américain). Les Iraniens voulaient s'équiper d'un missile de croisière furtif d'une portée de 1 500 kilomètres, capable d'échapper à la surveillance des radars. LeRoux avait affirmé que, si l'Iran était prêt à investir dans du matériel plus performant et à lui laisser quelques années, il était capable de le leur fournir.

LeRoux cachait à ses ingénieurs que le missile était destiné à l'Iran. Il les menait en bateau, prétendant qu'ils participaient à un projet d'analyse spectrale ou à la construction d'un nouveau type de drones destinés à rechercher des dépôts de minéraux dans les confins de l'île Mindanao.

Les cadres de la DIO avaient dû être satisfaits des avancées de LeRoux, car ils lui avaient demandé de déménager son laboratoire à Téhéran. LeRoux avait décliné l'offre, sous prétexte que ses ingénieurs étaient originaires d'Europe de l'Est et seraient immédiatement repérés par les services de renseignement occidentaux.

En vérité, comme toujours, LeRoux avait une idée derrière la tête. Selon Jack, il avait prévu de doubler la mise. Il était parvenu à la conclusion que, s'il pouvait gagner 100 millions de dollars en vendant sa technologie pour missiles aux Iraniens, il pourrait multiplier ses bénéfices en la vendant à d'autres acheteurs. Il avait l'intention de se servir du projet iranien pour créer des missiles bon marché, qu'il pourrait refourguer à des seigneurs de guerre, des dictateurs et des guérilleros africains ou asiatiques. Un missile intelligent, ça ne se refuse pas. Il suffit d'en posséder quelques-uns pour être en position de force.

LeRoux cachait bien entendu ses intentions aux Iraniens. Il ne voulait pas se les mettre à dos, au cas où il aurait besoin de venir se mettre à l'abri chez eux, d'autant plus qu'il sentait le vent tourner côté philippin. Fin 2009, après la saisie d'armes à bord du *Captain Ufuk* dans la péninsule de Bataan, LeRoux avait eu vent d'une enquête que la police fédérale australienne menait sur lui. L'Australie, qui avait des lois très strictes en matière de vente d'armes, avait fait de la lutte contre le trafic d'armes dans le Pacifique une priorité. Mais LeRoux était prêt à riposter si les policiers australiens s'intéressaient de trop près à ses activités. Il avait donné 50 000 pesos (environ 1 200 dollars) à un employé du ministère des Affaires étrangères philippin en échange du dossier de l'agent de la police fédérale australienne qui travaillait à l'ambassade d'Australie à Manille. Ce dossier contenait son nom, son adresse personnelle ainsi que le nom de sa femme et de ses deux filles. LeRoux avait d'abord pensé demander à Dave Smith de le prendre en filature, mais il avait changé d'avis. C'était trop dangereux.

LeRoux avait préféré faire ses propres recherches, sur Internet, en s'inscrivant dans un groupe privé créé par des femmes de diplomates en poste à Manille. Elles parlaient de leurs familles et des événements qu'elles organisaient. LeRoux ne précisait pas ce qu'il comptait faire de ces informations, mais il en parlait avec détachement, sans voir où était le problème.

Les policiers philippins soudoyés par LeRoux avaient fait fuiter des documents relatifs à l'enquête menée par les agents de la DEA à Minneapolis. Il n'était donc pas exclu qu'il doive aller frapper à la porte de l'Iran. S'il parvenait à obtenir l'asile, il serait l'ultime Intouchable.

À la demande de ses clients de la DIO, LeRoux avait créé un serveur de transfert de fichiers sur Internet, une sorte de *cloud* privé, où ses ingénieurs postaient régulièrement les schémas des missiles sur lesquels ils travaillaient. Ainsi, les scientifiques iraniens et les ingénieurs de la DIO pouvaient se connecter sur le serveur et télécharger les documents dont ils avaient besoin.

LeRoux avait programmé le serveur pour ne laisser aucune trace, il ne gardait pas d'historique en mémoire. On ne pouvait pas savoir si les scientifiques iraniens s'étaient connectés et avaient téléchargé des documents. LeRoux avait mis en place une mesure de sécurité supplémentaire : si le serveur était piraté ou fermé par les policiers, ceux-ci ne pourraient pas savoir sur quel type de missiles travaillaient les ingénieurs.

En 2010, LeRoux avait livré les premiers produits finis aux Iraniens : il s'agissait de deux mélanges explosifs, produits à partir de substances chimiques dérivées de produits ménagers en vente libre.

Le premier mélange était composé de débris d'argent et de sels utilisés en chimie. Le second d'un édulcorant pour café qui contenait des traces de tétranitrate d'érythritol (ETN), une substance de la famille du tétranitrate de pentaérythritol (PETN), utilisée dans le plastic.

Le mélange à base d'édulcorant était plus dangereux. Dans la plupart des pays, la police et la douane sont entraînées à identifier les éléments chimiques susceptibles d'entrer dans la composition d'engins explosifs (comme le nitrate d'ammonium, le chlore de piscine ou le liquide de frein), mais une cargaison d'édulcorant pour café ne risquait pas d'attirer l'attention des services de douane.

C'est pourtant un explosif extrêmement puissant. LeRoux avait calculé que ce mélange pouvait atteindre une vitesse de détonation de 7 500 km/h contre 8 500 km/h pour le C-4.

Le produit correspondait aux attentes de la DIO, qui cherchait un mélange explosif artisanal dont la formule pourrait être transmise à des cellules terroristes à l'extérieur de l'Iran. C'était la recette parfaite : un terroriste pouvait se procurer de l'édulcorant à l'épicerie du coin et mettre au point un engin explosif artisanal viable.

Les autorités de la DIO avaient versé la somme convenue : 5 millions de dollars en lingots d'or, remis fin 2010 à Dave Smith à bord du yacht de LeRoux, le *Mou Man Tai*. Le transfert avait eu lieu dans les eaux internationales au large de l'Indonésie. Selon LeRoux, il n'avait jamais vu les lingots d'or, qui avaient été volés par Smith. D'où son exécution. Il valait mieux éviter de contrarier LeRoux.

LeRoux prétendait que c'était la seule fois où il avait mis au point une formule pour fabriquer des explosifs. Il avait besoin d'argent pour payer les ingénieurs. Ce n'était qu'une étape pour parvenir à ses fins : fabriquer un missile intelligent.

LeRoux avait réussi à acheter aux États-Unis certains composants électroniques qui figuraient sur la liste de la DIO, en dépit des lois américaines et des sanctions internationales. LeRoux avait demandé à un de ses employés, Jonathan Wall, d'acheter des « marchandises à double usage » (c'est-à-dire des matériaux qui peuvent être vendues à des fins commerciales ou militaires), dont la vente est régulée par le département du Commerce américain. Pour contourner les sanctions internationales, LeRoux avait chargé Wall de faire les emplettes, puis de les faire sortir du territoire américain. Il avait acheté des moteurs à réaction pour faire des tests, des simulateurs de vol X-Plane, des puces GPS, un four en fibre de carbone Heatcon (vraisemblablement pour construire des pointes coniques) du perchlorate de potassium, de l'acide nitrique et du mercure liquide, une hotte de laboratoire, une pompe à vide et des condensateurs électroniques.

Dans son témoignage, LeRoux a prétendu qu'il ne savait pas ce que les Iraniens prévoyaient de faire avec ce matériel. Pourtant, quasiment tous les matériaux de la liste entrent dans la fabrication de missiles, voire d'armes nucléaires (même si l'Iran refuse d'admettre qu'il cherchait à se doter de l'arme nucléaire). Si une substance comme le mercure liquide peut servir à fabriquer un thermomètre, elle entre aussi dans la composition du lithium-6, un isotope qui joue un rôle clé dans la fabrication du tritium, une forme instable d'hydrogène qui peut contribuer à faire exploser un engin nucléaire et à l'alléger. De même, la pompe à vide est une marchandise à double usage, qui peut servir à pomper l'air hors d'une centrifugeuse utilisée pour enrichir de l'uranium au cœur d'un réacteur nucléaire. Un condensateur fonctionne comme un interrupteur électronique – c'est ce qui déclenche un jet de lumière dans les photocopieuses. Mais les condensateurs électroniques sont également utilisés comme déclencheurs dans les bombes nucléaires, pour provoquer le processus de fission.

Cindric et Stouch insistèrent pour que LeRoux explique clairement ce qu'il avait fait de ces matériaux. LeRoux prétendit n'être au courant de rien, que ses clients étaient libres de faire ce qu'ils voulaient du matériel qu'il leur procurait. En droit, ce concept se nomme l'aveuglement volontaire ou délibéré. C'est courant chez les marchands d'armes, pour qui le business se porte mieux quand on ne pose pas de questions.

En parallèle, LeRoux était également impliqué dans d'autres trafics, soit pour se procurer les matériaux dont il avait besoin, soit pour diversifier ses activités. Il multipliait les parties d'échecs. Il développait par exemple des composants destinés à fabriquer de petites armes portatives pour la Nouvelle armée populaire (NPA), un groupe communiste séparatiste qui occupait une partie de la province de Batangas, à une centaine de kilomètres de Manille. Une organisation qui figure sur la liste américaine des organisations terroristes.

LeRoux raconta comment il avait acheté un chantier naval dans la province de Batangas pour entretenir ses yachts et des bateaux amarrés dans les environs. C'était légal, même s'il utilisait ce chantier à des fins criminelles, pour entretenir sa flotte privée. En 2010, les guérilleros de la NPA avaient commencé à traîner autour du chantier naval, et LeRoux avait décidé qu'il avait besoin d'une police d'assurance. Il avait contacté le Comptable (il ne connaissait que son nom de guerre) et lui avait proposé de verser de l'argent aux guérilleros en échange de leur protection.

Le Comptable avait exigé de l'argent et des armes : explosifs, détonateurs, igniteurs et téléphones portables transformés en détonateurs. LeRoux lui avait fourni des explosifs militaires C-4, stockés dans la réserve de l'entreprise Red, White and Blue Arms. Il ne possédait pas de détonateurs et avait donc décidé d'en fabriquer. Ça ne semblait pas sorcier. Et le client est roi. Par ailleurs, LeRoux était curieux de savoir s'il était capable de fabriquer un détonateur de ses propres mains. Il avait trouvé un tutoriel sur Internet, grâce auquel il avait réussi à fabriquer deux ou trois détonateurs artisanaux à partir de téléphones portables. Il les avait donnés au Comptable.

Les détonateurs avaient fonctionné, pour la plus grande joie de LeRoux. Le Comptable l'avait informé par téléphone que les guérilleros avaient fait exploser un pont, dans la province de Batangas. Mais les guérilleros n'étaient pas satisfaits. Ils estimaient que LeRoux ne payait pas assez en échange de leur protection : ils réclamaient 50 000 pesos par mois (soit environ 1 200 dollars). LeRoux leur avait versé cette somme pendant environ un an. Plus tard, le Comptable lui avait dit que la NPA avait également fait exploser les bureaux d'une compagnie minière implantée aux Philippines, Philex Mining. Une preuve supplémentaire que ses détonateurs étaient performants.

Si LeRoux avait voulu faire la révolution, il serait devenu le Q[1] du monde criminel. Il était capable de mettre au point tous les gadgets électroniques imaginables. Il aurait eu une longue liste de clients prêts à payer le prix fort.

Mais ça n'amusait pas LeRoux, de vendre des engins explosifs aux terroristes. C'était du déjà-vu, pas assez novateur : les groupes armés font exploser des ponts depuis l'invention de la poudre, un téléphone portable peut servir de détonateur pour faire exploser une bombe depuis des décennies.

Ce que voulait LeRoux, c'était innover. Inventer. Être le premier. Il voulait repousser les frontières de l'imagination et construire sa propre dystopie. Quand il s'absorbait dans un nouveau projet,

1. Personnage fictif, qui invente et fournit des gadgets à James Bond dans les romans d'Ian Fleming.

il était envahi d'une énergie qui mettait son cerveau en branle et lui procurait une douce euphorie. LeRoux voulait fasciner les autres. Il ne voulait pas inspirer la crainte ou l'admiration mais la fascination. Il voulait rivaliser avec Dieu.

Alors qu'il fabriquait des missiles et des détonateurs, il avait eu une nouvelle idée. Le chantier naval menacé par les guérilleros pouvait devenir un atout. C'était peut-être la solution à un de ses problèmes.

Les ingénieurs de Cavite réclamaient du combustible liquide pour tester les roquettes qu'ils avaient fabriquées. Ils avaient demandé du perchlorate de potassium, qu'ils comptaient utiliser comme oxydant et comme combustible pour alimenter les moteurs solides des lance-roquettes, du perchlorate d'ammonium (un autre oxydant), du PBHT pour servir de liant, et de l'aluminium en poudre pour intensifier la déflagration. Ces composés chimiques sont vendus à Hong Kong, mais il est interdit de les importer aux Philippines. Les contrôles aux frontières sont stricts, et ces produits sont généralement saisis par les douaniers.

Un jour, Reyes Peralta, le barman et dealer de cocaïne du Sid's Sports, et Lim, le représentant de la triade chinoise, avaient laissé échapper devant LeRoux que la Corée du Nord avait un sous-marin Diesel à vendre.

LeRoux avait sauté sur l'occasion. En achetant un sous-marin, il pourrait échapper aux contrôles aux frontières. Il pourrait alors acheter des produits chimiques en Inde ou en Chine et les livrer sur le chantier naval.

LeRoux avait négocié ferme le prix du sous-marin, mais la Corée du Nord avait refusé son offre à 5 millions de dollars. Qu'à cela ne tienne, il construirait son propre sous-marin. Il avait recruté cinq ingénieurs et leur avait demandé de concevoir deux sous-marins, de dix et trente mètres, sur un chantier naval, dans la province de Batangas.

Juste avant son arrestation, LeRoux venait d'apprendre que les plans du sous-marin de dix mètres étaient achevés. Il était censé avoir une autonomie de 3 000 kilomètres, assez pour rejoindre un vaisseau dans les eaux internationales, transférer la marchandise et l'introduire clandestinement aux Philippines. LeRoux estimait que la construction du sous-marin ne prendrait pas plus d'un mois.

Cindric l'avait interrompu :

— Attendez, comment vous pouviez être sûr qu'il était opérationnel ? Vous alliez monter à bord ?

— Moi ? Bien sûr que non ! avait dit LeRoux en haussant les épaules.

Il comptait demander à quelques-uns de ses employés philippins de le submerger. Et, si le sous-marin ne remontait pas à la surface, bah, quelques Philippins de plus ou de moins...

LeRoux assurait que le projet de missile iranien avançait, même s'il restait du travail. Les ingénieurs voulaient procéder à des essais dans la province de Batangas : LeRoux leur avait fourni une soufflerie et des infrastructures. Fin 2011 ou début 2012, les ingénieurs avaient testé un petit missile pour étudier l'effet de la force g sur les gyroscopes, qu'ils essayaient de régler.

Une semaine plus tard, les ingénieurs avaient repéré un petit avion de tourisme qui survolait le chantier naval. Après avoir vérifié le numéro d'immatriculation auprès d'un fonctionnaire corrompu, ils soupçonnaient l'engin d'être un avion du gouvernement. LeRoux, qui était paranoïaque, en avait déduit qu'il était sous surveillance et que son nom figurait sur une liste noire (même s'il ne savait pas exactement qui voulait sa peau). Il avait utilisé le système d'interception installé sur son téléphone portable pour scanner les ondes radio et repérer les téléphones portables qui bornaient autour du laboratoire clandestin et pourraient indiquer la présence d'une unité de police ou de l'armée.

À sa place, n'importe qui aurait pris la fuite. Pas LeRoux. Moins d'une semaine plus tard, il avait appris que des terroristes avaient trouvé la mort dans une attaque de drone américain à proximité du chantier naval.

LeRoux préféra s'enterrer. Il fit creuser un bunker près du chantier naval, où les ingénieurs avaient procédé à des tests en utilisant un simulateur de l'aviation fédérale américaine. Ce simulateur exécutait des algorithmes qui reproduisaient les conditions de lancement des missiles.

Les résultats des simulations n'étaient pas probants. LeRoux avait alors décidé de construire des infrastructures plus performantes, en surface, sur un territoire isolé, en Afrique du Sud. Là-bas, il serait à l'abri des avions de reconnaissance et des drones espions. Pour donner une apparence de légalité à cette entreprise, il avait créé une société-écran en Afrique du Sud, Maple Africa Tech, qu'il avait dotée d'un site Internet.

Il avait pensé déménager ses installations sur une île qui lui appartenait mais, avant d'avoir pu mettre son plan à exécution, l'île avait été envahie par des militants de l'organisation Abou Sayyaf, un groupe de séparatistes musulmans qui opèrent dans les îles du sud des Philippines.

Cindric et Stouch avaient à nouveau interrompu LeRoux :

— Attendez, vous venez de dire que cette île vous appartient ?

LeRoux les regarda avec un sourire narquois. C'était la réaction qu'il attendait.

— Tout criminel qui se respecte possède une île.

Il ne plaisantait qu'à moitié. Il était effectivement propriétaire d'une île, qu'il avait achetée dans un de ses délires mégalomanes. Il n'avait jamais oublié les oligarques russes de la Côte d'Azur, qui traînaient sur le ponton de leurs super yachts. Ces multimilliardaires possédaient des bateaux, des filles, des gardes du corps et des villas de luxe, mais LeRoux était prêt à parier qu'aucun d'entre eux ne possédait son île. Acheter une île, c'était envoyer un message aux oligarques russes, aux dirigeants de cartels colombiens, aux leaders des triades chinoises et à tous les puissants que LeRoux jalousait : *Matez mon île !*

Les exécutions qu'il commanditait étaient aussi des messages, envoyés à ceux qui l'avaient martyrisé quand il était adolescent, gros et mal dans sa peau : *Vous vous en êtes pris à moi ? Maintenant allez vous faire foutre. Je vous ai baisés et je peux vous faire descendre si je veux.*

Cindric, qui cherchait à analyser le comportement de LeRoux, était arrivé à la conclusion suivante :

— Selon moi, LeRoux souffre de l'inverse du syndrome du Chevalier blanc. Il n'est pas là pour sauver le monde, il est là pour le conquérir. LeRoux, c'est le Chevalier noir.

Après plusieurs heures passées à interroger LeRoux, Carol Dillon avait déjà noirci plusieurs douzaines de pages de son carnet. Les agents avaient encore du mal à saisir toutes les implications du projet iranien. À un moment, LeRoux avait explosé : il s'était tourné vers Brown, qui se tenait en retrait et qui, aux yeux de LeRoux, était plus compétent que les autres. Il avait dit d'un ton hautain :

— Je préférerais être interrogé par des agents qui comprennent de quoi je parle.

En vérité, Milione était le seul à ne pas gober tous les aveux de LeRoux. Pour comprendre un individu, il faut lui ressembler. Milione bluffait comme personne et il savait reconnaître un bluffeur. LeRoux avait réussi à embobiner les agents qui étaient désormais suspendus à ses lèvres. Pour Milione, LeRoux cherchait à faire diversion.

Il faisait semblant de se montrer coopératif – et dans une certaine mesure il l'était –, mais son long soliloque avait surtout pour but de détourner l'attention des agents, à la manière des grenades assourdissantes que lancent les équipes du raid pour faire diversion et permettre aux tireurs d'élite d'abattre un criminel. Il faudrait des mois pour obtenir des preuves de ce trafic avec l'Iran, et rien ne garantissait que les agents puissent monter un dossier solide. Même s'ils y parvenaient, il faudrait solliciter l'avis d'experts. Si les agents réussissaient à prouver que LeRoux avait violé les lois relatives à l'exportation de munitions, il pourrait être poursuivi, mais l'enquête impliquerait de nombreuses agences (le FBI, le département de la Sécurité intérieure) et plusieurs branches des départements du Trésor, des Affaires étrangères, de la Défense, du Commerce et de la Justice. Cette conspiration avait trop de ramifications, et la DEA risquait d'être dessaisie de l'enquête.

S'il y avait bien une chose que Milione détestait, c'était de devoir collaborer avec d'autres agences. En général, c'était un vrai merdier. Si chacun avait son mot à dire, le dossier avait de grandes chances de ne jamais aboutir.

Milione voulait empêcher Cindric et Stouch de perdre de vue le dossier qu'ils avaient monté, une solide affaire de trafic de drogue, que la DEA pouvait gérer seule. Le narcotrafic, c'est la chasse gardée de la DEA. Milione voulait pousser LeRoux à admettre sa participation à l'affaire de trafic de méthamphétamine. L'acte d'accusation signé par Lockard faisait mention d'une « conspiration en vue de distribuer cent kilos de méthamphétamine destinés à être importés aux États-Unis. » Il fallait obtenir des aveux. Cindric et Stouch maîtrisaient le dossier, les faits étaient simples, propres et accablants. Si LeRoux mentait, les agents s'en rendraient compte immédiatement, et il saurait que les agents savaient qu'il mentait. En cas de duel, les agents pouvaient recadrer LeRoux et l'empêcher de jouer la montre.

Pour Milione, il était primordial que les aveux soient obtenus dans l'avion. Une fois au sol, LeRoux risquait de se ressaisir, d'invoquer le cinquième amendement, de réclamer un avocat et de refuser de parler. Les agents n'avaient pas besoin de ses aveux pour l'inculper pour trafic de méthamphétamine, ils avaient suffisamment de preuves (les échantillons, les enregistrements). Mais, s'ils arrivaient à lui faire passer un deal en vue de négocier sa peine[1], ils pourraient continuer à le débriefer et à enquêter sur les autres dossiers, en particulier les multiples trafics d'armes et de drogue en Iran et en Corée du Nord. Ils pourraient également consacrer leur énergie à traquer ses complices à travers le monde. Puisque de toute évidence ça se bousculait, et à des endroits de la planète insoupçonnés.

Au moment de la pause, Cindric vint s'affaler à côté de Milione, qui lui exposa sa théorie dans les grandes lignes :

— Maintenant, on arrête de le suivre dans ses délires et on se concentre sur le trafic de meth. Il nous faut des aveux.

Cindric acquiesça. Milione avait parlé sur un ton calme, mais Cindric savait qu'il ne fallait pas le faire répéter deux fois s'il tenait à son boulot. Il était retourné s'installer à côté de Stouch et lui avait glissé :

— À partir de maintenant, on se concentre sur la meth.

Stouch avait hoché la tête avec soulagement. Il avait déjà participé à des enquêtes sur des affaires de trafic d'armes de destruction massive en Iran et il savait très bien que ces affaires étaient complexes et aboutissaient rarement à des condamnations. Milione avait raison. Ils pouvaient charger LeRoux pour trafic de meth, ils avaient des preuves solides. La meth, c'est du poison. Les jurés n'ont aucune indulgence pour les trafiquants.

Les agents changèrent donc de stratégie. Chaque fois que LeRoux essayait de faire diversion en changeant de sujet, ils revenaient

1. Aux États-Unis, possibilité pour l'accusé de passer un accord avec le procureur afin d'obtenir une remise de peine en échange d'informations. C'est ce qu'on appelle *a plea bargain* (« un accord en amont du procès »). Il n'existe pas d'équivalent légal en France.

au trafic de méthamphétamine. LeRoux avait fini par confirmer ce que les enregistrements prouvaient déjà, à savoir qu'il avait effectivement essayé de vendre de la méthamphétamine nord-coréenne à Diego, en sachant que la drogue était destinée à être importée à New York. Ils tenaient leurs aveux.

Milione et Brown avaient alors échangé un regard qui signifiait : *C'est dans la poche !* Ils firent un signe de tête à Cindric et Stouch. C'était une affaire rondement menée.

Mais les agents n'en avaient pas fini avec LeRoux. Ils voulaient lui extorquer le maximum d'informations à propos des autres trafics dans lesquels il était impliqué, avant l'atterrissage. Il ne leur restait plus beaucoup de temps. Au cours de l'interrogatoire, Milione avait remarqué que LeRoux avait un tic. Chaque fois que Cindric et Stouch mentionnaient le nom d'un homme ou d'une femme qu'ils le soupçonnaient d'avoir fait exécuter, LeRoux se raclait la gorge. Milione avait l'habitude des criminels : ce tic signifiait que LeRoux avait la gorge sèche. Et il avait la gorge sèche parce qu'il était en train de mentir ou de faire diversion. Milione s'approcha de LeRoux pour lui demander, d'un ton plein de sollicitude :

— Vous avez soif ? J'ai l'impression que vous avez la gorge sèche. Vous voulez un verre d'eau ?

LeRoux hocha la tête et accepta la bouteille d'eau que lui tendait Milione. Il lui lança un regard qui disait : *Vous savez. Je sais que vous savez. Vous savez que je sais que vous savez…*

Le jeudi 27 septembre 2012, au petit matin, l'avion de la DEA atterrit à White Plains, dans l'État de New York. Cindric, Stouch et Brown escortèrent LeRoux jusqu'à la cour fédérale de Manhattan où on prit ses empreintes et son identité. Il rencontra les avocats que la cour avait commis d'office pour assurer sa défense, en attendant qu'il constitue sa propre équipe.

Une fois ces formalités effectuées, les agents conduisirent LeRoux à l'hôtel Marriott, près du pont de Brooklyn, où ils avaient loué une suite pour poursuivre l'interrogatoire. Ils l'autorisèrent à prendre une douche et lui donnèrent sa valise et ses effets personnels, récupérés à l'hôtel de Monrovia. LeRoux enfila des vêtements propres, ce qui fut un soulagement pour tout le monde.

Les agents prirent place autour de la table. LeRoux était la reine d'un jour. En langage judiciaire, cette expression décrit la négociation de l'accord entre l'accusé et le procureur. C'est l'occasion pour les juges et les procureurs de soutirer des informations au criminel, à propos d'autres criminels impliqués dans des trafics similaires.

Dans le district Sud de New York, les procureurs n'accordent jamais l'immunité, même si l'accusé prétend pouvoir dénoncer le diable en personne. En revanche, il n'est pas rare que le procureur s'engage à effacer certaines charges et à plaider pour une peine moins importante en échange d'informations.

L'accusé reconnaît sa participation à certains crimes dont la justice a connaissance et fait part de ce qu'il sait concernant d'autres crimes, parfois plus graves. Si le procureur juge ces informations dignes d'intérêt, il peut accepter de réduire la peine. Cependant, le procureur n'honore cet accord que s'il est convaincu que l'accusé a témoigné en toute honnêteté. Si le procureur découvre que l'accusé a menti ou caché des informations, l'accord tombe à l'eau. Par ailleurs, le procureur ne peut pas garantir que le juge fédéral accorde une remise de peine au prévenu. Il se contente de faire des recommandations, que le juge peut choisir d'ignorer. Tout ça peut se terminer par une peine maximale.

En acceptant de collaborer, l'accusé prend donc un risque considérable. Il est contraint de dire tout ce qu'il sait sans aucune garantie en retour. Le jeu n'en vaut la chandelle que lorsqu'on est pris en flagrant délit et qu'on est sûr de ne pas sortir indemne du procès. LeRoux se trouvait dans cette situation : les agents avaient un dossier solide, c'était sa seule chance de ne pas finir sa vie derrière les barreaux.

Le procureur, par contre, n'était pas obligé de passer un accord avec LeRoux. En général, on ne lance la procédure que quand on estime que l'accusé a des révélations importantes à faire et que son témoignage est essentiel. LeRoux, la reine d'un jour, devait donc se montrer convaincant. En présence de ses avocats, il s'apprêtait à révéler ce qu'il savait de crimes sur lesquels le gouvernement enquêtait ou à dénoncer des crimes dont personne n'avait encore connaissance. Les négociations pouvaient durer des jours ou des semaines, selon la complexité des affaires. Une fois que LeRoux aurait déballé tout ce qu'il savait, les procureurs et les avocats se mettraient d'accord et rédigeraient un document officiel où ils feraient une offre à LeRoux.

Ces négociations eurent lieu dans un hôtel et non pas au tribunal fédéral de Manhattan. En effet, au tribunal et en prison, les rumeurs circulent vite. Les agents ne savaient pas encore à quoi LeRoux allait leur servir mais, quelle que soit la tournure des événements, ils devaient garder l'effet de surprise.

Jonathan Marvinny et Sabrina Shroff, les deux avocats commis d'office, arrivèrent à l'hôtel pour s'entretenir avec leur client. Ils commencèrent par l'informer des risques que comportait ce type d'accord. Après avoir laissé les avocats en tête à tête avec LeRoux, le procureur Michael Lockard et son supérieur Michael Farbiarz, qui codirigeait l'Unité de lutte contre le terrorisme et le narcotrafic pour le district Sud de New York, firent leur entrée.

Jonathan Marvinny et Sabrina Shroff avaient dit à LeRoux que c'étaient les procureurs et non les agents de police qui avaient le pouvoir d'accepter ou non l'accord, si bien que dès qu'ils avaient franchi la porte LeRoux avait retrouvé ses bonnes manières, se montrant extrêmement courtois – plus aucune trace d'arrogance. Son but, c'était de montrer aux procureurs qu'il n'était pas là pour quémander. Qu'il n'était pas en position de faiblesse. Il se comportait comme un client. Il tendit la main à Lockard.

— Bonjour, procureur Lockard. Je suis Paul LeRoux. Comment allez-vous ?

— Bonjour, monsieur LeRoux, répondit Lockard sur le même ton. Il me semble que vous avez des choses à nous dire.

C'était parti. LeRoux était la reine d'un jour.

— Nous allons écouter votre version des faits. En échange, nous vous garantissons que rien de ce que vous nous dites ici ne sera utilisé contre vous. Le seul cas où ces informations peuvent être utilisées contre vous, c'est si vous acceptez l'accord et que nous nous apercevons que vous nous avez menti.

Lockard ajouta que les procureurs et les enquêteurs pouvaient utiliser ces révélations pour lancer des enquêtes, dans le cadre de nouvelles affaires. S'ils découvraient des preuves contre LeRoux dont l'accusé n'avait pas fait mention au cours des négociations, il pourrait être inculpé dans ces affaires.

LeRoux n'avait rien à gagner à ne pas dire la vérité. Mais c'était plus compliqué que ça… En bon homme d'affaires, il voulait toujours négocier et excellait dans l'art de ne jamais abattre toutes ses cartes d'un seul coup. En outre, LeRoux était un mythomane, dépourvu de tout sens moral. Il n'était peut-être même pas capable de déterminer lui-même quand il disait la vérité et quand il mentait.

Pourtant, il était prêt à prendre ce risque. Comme l'a dit Cindric plus tard :

— Il contrôlait la situation.

Il avait bien réfléchi et pris sa décision : il voulait passer un accord avec les procureurs, en respecter les termes et passer à autre chose. Il signa une déclaration qui confirmait qu'il savait à quoi il s'engageait. L'un des avocats parapha le document, ainsi que Lockard et Cindric. Les agents répéteraient cette procédure chaque jour, jusqu'à ce que les procureurs aient entendu tout ce que LeRoux avait à dire et qu'ils prennent leur décision.

LeRoux commença par raconter son enfance, ses études d'informatique, ses premières expériences professionnelles en tant que programmeur et son attrait pour l'entreprenariat : la création de RX Limited, comment cette entreprise de vente de médicaments était peu à peu devenue une couverture pour trafiquer des armes et des drogues dures, ainsi que son projet de créer une plate-forme de vente d'armes en Somalie. LeRoux expliqua aux procureurs que ces trafics semblaient sans rapport, mais qu'en réalité ils s'imbriquaient comme des Lego. Par exemple, s'il voulait acheter des armes de poing fabriquées en Chine et de la méthamphétamine nord-coréenne, il fallait qu'il donne ce qu'il voulait à son intermédiaire (en l'occurrence le représentant de la triade chinoise), à savoir de la cocaïne. Par conséquent, il devait passer un marché avec un trafiquant de cocaïne colombien. S'il voulait vendre des armes à l'Armée Shan Unie, il devait leur fournir des missiles Stinger, ce qui signifiait qu'il devait activer ses contacts au sein de la mafia serbe et avoir quelque chose à leur proposer en échange.

Étant donné la misanthropie avancée de LeRoux, il était assez ironique de voir qu'il passait son temps à négocier et surprenant de constater à quel point il était passé maître dans l'art de faire jouer ses relations. Il savait parfaitement qu'il était essentiel d'avoir un réseau.

— Je versais des pots-de-vin à droite et à gauche. Je donnais de l'argent pour que la police ferme les yeux sur mes activités criminelles partout dans le monde.

Parfois, LeRoux versait de l'argent uniquement parce qu'il en avait les moyens. Par exemple, en 2007 ou en 2008, un employé israélien de LeRoux lui avait dit qu'un entrepreneur israélien spécialiste des nouvelles technologies avait de gros problèmes avec la justice et avait besoin d'une aide financière. Kobi Alexander était le P-DG de Comverse Technology, une entreprise qui générait des milliards de profits et dont le siège était situé à Long Island. Il venait de fuir les États-Unis pour se réfugier à Windhoek, en Namibie, et il était sur le point d'être inculpé par le district Est de New York, à Brooklyn, pour avoir escroqué 140 millions de dollars à ses clients après une manipulation boursière. Le département de la Justice faisait pression sur le gouvernement namibien pour obtenir l'extradition d'Alexander. LeRoux avait saisi cette opportunité de faire ami-ami avec celui qui, en plus d'être un célèbre homme d'affaires israélien, se trouvait aussi être le fils du dirigeant d'une grosse compagnie pétrolière. LeRoux avait pensé qu'en l'aidant il pouvait espérer une contrepartie plus tard. On peut aussi supposer qu'en tant que Chevalier noir du cyberespace il considérait qu'il était de son devoir de rendre service à ses pairs. Il avait pris l'avion pour l'Afrique du Sud avec 750 000 dollars en liquide, qu'il avait confiés à un intermédiaire, Chris Miller, qui s'était rendu en Namibie.

LeRoux ne savait pas exactement ce qui s'était passé ensuite. Miller avait certifié que l'argent avait été remis à un proche du président namibien, censé le remettre au juge chargé de l'enquête sur Alexander. Miller était mort d'une crise cardiaque peu après cette mission. Le juge avait été remplacé, et les négociations en vue de l'extradition avaient traîné pendant plusieurs années. Pendant ce temps, Alexander et sa famille étaient confortablement installés à Windhoek, faisant des dons à des associations locales jusqu'en 2016, où Alexander avait réussi à négocier un accord avec le gouvernement américain. Il avait été condamné à une amende de 53 millions de dollars, à céder ses biens et à purger une peine de prison de trente mois. En mars 2018, après treize mois de détention, Alexander avait été remis à la police israélienne avant d'être libéré pour bonne conduite. S'il était reconnaissant de l'aide de LeRoux, il ne l'avait jamais manifesté. LeRoux disait n'avoir jamais obtenu aucune contrepartie à ces 750 000 dollars.

LeRoux racontait cet épisode sans amertume. Les affaires, c'est quitte ou double. Parfois on gagne, parfois on perd, ça fait partie du jeu.

Au moment de son arrestation, LeRoux consacrait la plupart de son énergie à la fabrication de missiles intelligents pour l'Iran. Les agents et les procureurs lui demandèrent de rédiger une note détaillant ce qu'il comptait vendre à la DIO. Il en résulta une liste très technique, qui suggérait que LeRoux avait déjà transmis des informations à la DIO en vue de construire un système de guidage de missile non soumis aux restrictions de l'ITAR (c'est-à-dire aux lois américaines faites pour empêcher les États-voyous comme l'Iran de se doter de technologies permettant de fabriquer des missiles intelligents).

LeRoux proposa de leur montrer exactement ce qu'il avait fourni. Les agents lui donnèrent accès à son ordinateur portable, d'où il sortit fièrement des vidéos de petits prototypes, ainsi que d'un drone, mis au point par ses ingénieurs. Selon lui, ce drone pouvait être chargé d'explosifs et assigné à une cible.

LeRoux ne manifestait aucun remords. Il se fichait que son travail serve à détruire les gratte-ciel de Tel Aviv ou la vieille ville de Jérusalem inscrite au patrimoine mondial de l'Unesco. La perspective semblait même plutôt l'amuser. Il n'était même pas mû par des considérations pratiques : le siège de RX Limited était situé en Israël et pouvait très bien souffrir directement des bombardements, compter des victimes dans ses rangs. Mais LeRoux aimait ce projet, et c'était tout ce qui importait. Son seul regret était d'avoir été arrêté alors qu'il touchait au but. Il se consolait en se disant que, grâce à la technologie qu'il avait mise au point avec son équipe, les Iraniens pouvaient fabriquer eux-mêmes des missiles guidés.

Si ce projet aboutissait et que les Iraniens reconnaissaient sa contribution au projet, il pourrait se réjouir, car c'était son ticket pour entrer au panthéon des criminels. Mais, s'il était derrière les barreaux, il y avait fort à parier que les Iraniens risquaient de s'attribuer tout le mérite de ce succès.

LeRoux parla pendant toute la nuit du jeudi 27 au vendredi 28 septembre 2012. Il faisait de son mieux pour paraître à la fois enjoué et raisonnable.

— Il respire la confiance en lui, avait analysé Stouch. Il est charmeur et il est capable de s'adapter à son interlocuteur.

LeRoux essayait de s'attirer la sympathie de Lockard, qui avait le pouvoir de décider des termes de l'accord. Mais, au grand dam de LeRoux, Lockard était impassible. Il se contentait de hocher la tête, sans rien laisser paraître de ses émotions. Lockard était passionné par son travail et il ne se laissait jamais déstabiliser.

Les agents restèrent avec LeRoux jusqu'au vendredi après-midi. Ça faisait environ soixante heures qu'ils n'avaient pas dormi. LeRoux avait encore de l'énergie, mais les agents avaient besoin de faire une pause. Ils ajournèrent la session, saluèrent les avocats et raccompagnèrent LeRoux au Metropolitan detention center, une prison fédérale située à Brooklyn, où séjournaient les prévenus dans l'attente de leur procès.

Ils rentrèrent tous à Washington pour passer du temps en famille, faire quelques lessives et rattraper leur sommeil en retard. Le dimanche soir, ils étaient de retour à Brooklyn.

Au cours de la semaine qui suivit, une routine s'instaura entre LeRoux et les agents. Chaque jour, Cindric et Stouch allaient le chercher au centre de détention de Brooklyn pour le conduire à l'hôtel Marriott, où il était auditionné par les procureurs en présence de ses avocats. Brown se joignait systématiquement à eux. Parfois, d'autres agents du Groupe 960 assistaient aux discussions. Pour plus de discrétion, Cindric et Stouch avaient décidé que les interrogatoires auraient lieu à l'hôtel Marriott et non au tribunal. Ils ne voulaient pas que quiconque voie LeRoux entrer et sortir.

Le trajet entre la prison et l'hôtel était sans danger, à l'abri des regards, hormis un passage entre le hall d'entrée du Marriott et la chambre. Il fallait prendre l'ascenseur, et les agents mettaient systématiquement une veste sur les épaules de LeRoux pour cacher son uniforme de prisonnier (c'était un uniforme gris et non pas orange). Cependant, il était impossible de savoir ce qui pouvait passer par la tête de LeRoux. Un jour, une vieille dame était montée dans l'ascenseur juste derrière eux. Cindric et Stouch n'en menaient pas large. Chacun se disait : *Pourvu qu'il ne prenne pas cette pauvre vieille en otage.* Si LeRoux avait décidé de faire une scène, Cindric et Stouch auraient dû le maîtriser, devant les employés et les clients du Marriott.

Mais il n'y avait pas lieu d'avoir peur, car LeRoux voulait se montrer sous son meilleur jour. Il n'était pas repenti, mais il s'était créé un nouveau personnage : Paul, cybercriminel courtois, prêt à coopérer avec la police. Ce rôle, c'était son seul espoir de s'en sortir. Il voulait se faire bien voir de Lockard et du juge en charge de son dossier. Paul ? C'est un homme poli, toujours prêt à rendre service.

Les analystes de la DEA avaient pris le contrôle des boîtes mails et des téléphones de LeRoux pour avoir accès aux messages et répondre en se faisant passer pour lui. Il leur avait donné ses mots de passe et les codes qui permettaient de décrypter les messages qu'il recevait.

Les agents purent faire croire que LeRoux continuait à gérer ses affaires depuis le Brésil. Personne ne devait savoir qu'il avait disparu ni soupçonner qu'il était en train de collaborer avec la police. Pendant les interrogatoires, Cindric et Stouch lui donnaient accès à son ordinateur portable pour qu'il prenne des nouvelles de ses associés, tout en surveillant et enregistrant tout ce qu'il tapait, pour l'empêcher de donner l'alerte. Ils versaient également les salaires des employés, en piochant l'argent sur des comptes en banque à Hong Kong, afin d'endormir tout soupçon.

LeRoux et Cayanan s'écrivaient souvent. Elle était persuadée qu'il avait mis en scène son arrestation à Monrovia pour aller s'envoyer en l'air dans un bordel quelque part. Cindric demandait régulièrement de ses nouvelles, même s'il avait accès aux mails et qu'il savait tout.

— Comment va Cindy le dragon ?

— Oh ! elle me prend la tête, grognait LeRoux.

Mais il semblait aimer la façon dont elle le traitait. LeRoux et Cayanan avaient une relation tumultueuse. Un jour, elle lui avait écrit qu'elle voulait faire des études de droit. Les agents étaient convaincus qu'elle ferait effectivement une assez bonne avocate.

Il existe un véritable art du débriefing. Il faut que les conditions soient réunies pour que l'accusé soit content, relaxé et, surtout, bavard. Un petit coup de stress et le suspect peut se replier sur lui-même. Cindric et Stouch avaient passé des heures à réfléchir à comment mettre LeRoux en confiance. Ils savaient que son QI était plus élevé que le leur et qu'ils ne pouvaient pas rivaliser avec son intelligence. C'était déjà une chance qu'ils aient réussi à l'arrêter et à le fourrer dans un avion. Il s'était trouvé au mauvais endroit au mauvais moment, comme quelqu'un qui prend un café au Starbucks au moment où une voiture se plante dans la vitrine. Maintenant qu'ils le tenaient, il fallait réussir à le mater. Cindric et Stouch savaient que LeRoux analysait leurs comportements et leurs réactions pour les manipuler. Ils devaient garder la tête froide, sympathiser avec lui, être attentifs à ses besoins tout en maintenant la distance nécessaire.

— Il faut qu'il dépende de nous, qu'on soit la personne vers qui il se tourne quand il a besoin de parler : confident, frère, mère, tout ça à la fois. Il faut lui faire comprendre qu'on se soucie de lui et qu'on sait qu'il prend cette décision pour le business.

Tous les midis, Cindric et Stouch lui apportaient un Coca light et un Big Mac. Quand LeRoux n'avait pas le moral, un bon burger sauce spéciale suffisait à le remettre d'aplomb.

La première semaine de débriefings s'acheva sans que LeRoux perde une seule fois le contrôle de la situation. Il avait joué à la perfection la reine d'un jour. Il était persuadé d'être en bonne voie pour obtenir un accord, et sans doute l'était-il. À une exception près.

Il refusait de parler des meurtres.

12

Marée de pions

LeRoux était prêt à admettre qu'il avait payé des mercenaires pour intimider des gens. Mais, quand les agents essayaient de creuser, il butait toujours sur le concept de meurtre. Il disait :

— J'ai seulement demandé à untel et untel de régler ce problème.

Ou :

— Je ne suis pas responsable de ce qui s'est passé. C'est Dave Smith.

C'était plus simple de mettre la faute sur le dos de Smith qui, on le sait, était mort.

Ou :

— Ça, c'est Hunter.

Dès que Cindric et Stouch évoquaient les meurtres, les tics de LeRoux réapparaissaient. Il avait la gorge sèche. Il répondait par monosyllabes. Il était tendu. Il ne tenait pas en place.

Les agents avaient peu à peu renoncé à toute velléité de paraître amicaux. Ils harcelaient LeRoux de questions. Ils ne pouvaient pas utiliser les techniques de l'armée ou de la CIA pour obtenir des aveux : mettre LeRoux en situation de stress, le priver de sommeil, mettre la musique à fond, menacer de lui faire du mal. Parce que, au sein de la DEA, du FBI et des services de police, on considère que des aveux obtenus sous la menace ne sont pas recevables. Mis en état de stress extrême, les accusés sont prêts à avouer n'importe quoi pour mettre fin à la torture.

Cindric et Stouch avaient chacun leur technique. Stouch était un esprit logique : il voulait démontrer à LeRoux que ses réponses n'avaient aucun sens. Il était capable de s'acharner sur lui pendant des heures.

— Comment ça, lundi ? Vous venez de dire que ça s'est passé dimanche. Réfléchissez. C'était lundi ou dimanche ?

Ou :

— Vous avez dit que vous étiez seul. Maintenant, vous prétendez que vous étiez avec Smith.

Ou :

— OK, donc c'est Marius qui a tiré le premier ? Ou c'est l'autre ? Décidez-vous ! Vous n'avez pas l'air très sûr de vous. Reprenons depuis le début. Vous avez dit que…

Cindric, au contraire, jouait sur les émotions. Quand LeRoux niait, il l'engueulait.

— C'est bon, Paul, on sait tous que vous racontez n'importe quoi ! Ça sert à rien de mentir !

Stouch enchaînait, plus calmement :

— Allez, Paul, on est là pour vous aider.

Brown se contentait d'observer de loin. De temps en temps, il intervenait pour faire une blague. Mais en général, Cindric et Stouch n'étaient pas d'humeur à plaisanter.

— Vous savez, les gars, c'est pas comme ça qu'il va avouer, disait Brown.

— C'est bon, Wim, lâche-nous, rétorquait Cindric.

Brown comprenait où ses collègues voulaient en venir, mais il n'était pas d'accord avec leurs méthodes. Il trouvait que Cindric et Stouch étaient trop durs avec LeRoux. Brown ne voyait pas l'intérêt de le brusquer, étant donné que la plupart des crimes dont il parlait ne relevaient pas de la justice américaine. Les agents pouvaient prendre leur temps, ils n'étaient pas à une semaine près.

Pour Cindric et Stouch, c'était tout le contraire. LeRoux était un manipulateur, il essayait de jouer au plus fort, il cherchait la bagarre. Chaque fois que Brown suggérait de lâcher du lest, Cindric s'énervait.

— Putain, mais il sait qu'il est responsable de ces meurtres. Je veux qu'il crache le morceau. On va le faire chier jusqu'à ce qu'il avoue. On sait qu'il les a commandités. C'est un putain de menteur. Il nous cache des trucs. Putain de connard !

Stouch intervenait ensuite pour calmer le jeu.

— L'essentiel, c'est qu'on renverse la situation et qu'on prenne le contrôle. LeRoux est sans doute plus intelligent que nous, mais on a une longueur d'avance. On sait ce qu'il nous cache. Interroger des meurtriers, c'est notre boulot. On sait quand quelqu'un ment.

Les procureurs auraient plus de mal à négocier un accord avec un meurtrier, mais Cindric et Stouch ne pouvaient pas fermer les yeux pour autant. Ils avaient un principe : « Mieux vaut un pacte avec le diable que pas de pacte du tout. »

— Mike, j'espère que t'es prêt, avait dit Stouch à Lockard. Ces mecs, il les a tués.

— C'est vrai ? Tu en es sûr ?

— Bien sûr qu'il les a tués. La question, c'est est-ce qu'il va avouer ou pas.

La nuit du vendredi 5 octobre 2012, après le départ des avocats et de Brown, Cindric et Stouch raccompagnèrent LeRoux à la prison de Brooklyn. Les deux agents montèrent à l'arrière de la voiture et s'installèrent de part et d'autre de LeRoux. Ils étaient littéralement collés à lui. Leurs yeux étaient injectés de sang. Ils commencèrent à le bombarder de questions. Quand l'un s'arrêtait, l'autre enchaînait.

— Écoutez, Paul, vous savez, si le procureur passe un accord avec vous, vous allez encore être interrogé, disait Stouch. Et, si on découvre que vous nous avez caché quelque chose, vous êtes foutu.

— Paul, renchérissait Cindric. Vous ne nous dites pas tout. Vous ne nous avez pas parlé des meurtres.

— On ne vous croit pas, enchaînait Stouch. Vous nous faites perdre notre temps. Prenez vos responsabilités. La vérité, on va la découvrir, ce n'est qu'une question de temps. Vous avez toujours réussi à vous en sortir en manipulant les autres, mais on n'est pas dupes. À vous de voir.

— Voilà comment les choses vont se passer, avait fini par dire Cindric. On vous laisse le week-end pour réfléchir. Si vous vous obstinez à mentir et qu'on découvre que vous avez commandité ces meurtres alors que le procureur a signé un accord avec vous, vous êtes foutu. Vous aurez beau avoir collaboré avec la police, si vous ne nous avez pas dit toute la vérité, l'accord n'aura plus aucune valeur. Je comprends que c'est un choix difficile mais, si vous voulez un accord, vous n'avez pas le choix.

LeRoux les avait regardés sans dire un mot. Cindric et Stouch l'avaient remis aux mains d'un garde chargé de l'escorter jusqu'à sa cellule, avant de se rendre à Penn Station pour prendre le train pour Washington.

Le lundi matin, LeRoux s'était installé devant la table et avait dit :

— J'ai discuté avec mon avocat.

Les agents avaient face à eux Paul le P-DG. Il contrôlait la situation. C'est lui qui décidait. Il n'était pas sur la défensive. Après avoir pesé le pour et le contre, il avait décidé de se mettre à table.

— J'ai bien réfléchi. C'est vrai, il y a des choses que je ne vous ai pas dites.

LeRoux se lança consciencieusement dans le récit détaillé de chaque meurtre. Il parlait rapidement, sans exprimer le moindre remords, comme s'il faisait la liste des dernières fusions-acquisitions effectuées par sa société.

Il avoua avoir payé pour le meurtre de Bruce Jones, le capitaine du *Captain Ufuk*, qui trafiquait des armes. Selon lui, Dave Smith avait demandé à John Nash, un sinistre Britannique qui traînait à Subic Bay et à Angeles City, d'exécuter Jones. Il reconnut avoir payé Nash pour le meurtre de Joe Frank Zuñiga, porté disparu depuis juin 2012. Nash avait montré à LeRoux une photo prise avec un téléphone portable, sur laquelle on voyait un cadavre enveloppé dans une bâche en plastique, en déclarant que c'était le cadavre de Zuñiga ou du moins ce qu'il en restait. Selon LeRoux, Nash avait admis s'être « débarrassé » du corps. (En mai 2014, Nash a été arrêté par le National Bureau of Investigation (NBI) des Philippines. Le directeur, Virgilio Mendez, interrogé par le *Philippine Daily Inquirer*, a déclaré que Nash avait embouti un véhicule de la NBI en essayant de s'enfuir et était considéré comme « une menace pour la sécurité nationale ». Mendez a ajouté qu'une enquête était en cours au sujet des liens entre Nash et une organisation internationale de trafiquants d'armes qui opérait aux Philippines. Nash était accusé d'avoir usurpé l'identité d'une personne décédée, grâce à un certificat de décès établi en Californie. Les autorités du NBI, contactées par le journaliste, ont refusé de révéler l'identité de leurs sources, arguant qu'ils étaient tenus par le secret professionnel.)

LeRoux décrivit les circonstances de la mort de Dave Smith.

— Ce fils de pute a eu ce qu'il mérite. S'il revenait faire le toutou, je sortirais de la voiture et je lui donnerais un bon coup de pied au cul.

Ça n'avait rien d'amusant mais, en s'imaginant Dave Smith, le tueur à gages froid et méthodique, accro à la meth, en train de faire le toutou, Cindric fut pris d'un fou rire. Il en avait mal au ventre. Mais, au fur et à mesure que LeRoux continuait ses révélations, le rire s'était transformé en effroi. LeRoux était obsédé par la vengeance et les représailles. Il n'aimait personne, il était prêt à trahir tout le monde et, pourtant, il voulait que ses employés lui soient entièrement dévoués.

Les agents voyaient bien que LeRoux avait pris son pied en tuant Smith. Cette exécution avait réveillé en lui une pulsion de meurtre, qui l'avait ensuite conduit à exécuter d'autres employés devenus gênants.

Selon LeRoux, début 2011, Hunter était revenu à Manille après avoir passé Noël en famille dans le Kentucky. LeRoux lui avait alors raconté l'exécution de Dave Smith, qu'il soupçonnait de vol. Il avait dit à Hunter que c'était désormais à lui que revenait la charge de diriger les mercenaires et d'organiser les opérations commandos.

Selon les déclarations de LeRoux, consignées dans l'accord rédigé par le tribunal fédéral, le premier commando dirigé par Hunter était composé de « Christophe » (Chris) DeMeyere, vétéran belge de la Légion étrangère française, qui travaillait avec LeRoux et Smith depuis la création de RX Limited en 2005, et d'un colosse noir néo-zélandais qui se faisait appeler Mack Daddy ou Daddy Mack. (L'auteure a tenté de retrouver DeMeyere et Mack Daddy pour qu'ils témoignent, sans succès.)

LeRoux avait donné à Hunter la liste des cibles à exécuter.

Le nom de Nestor Del Rosario, l'émissaire de LeRoux en Iran, figurait au sommet de la liste. En 2011, LeRoux s'était rendu compte que Del Rosario avait détourné entre 2 et 4 millions de dollars. Il l'avait mis au pied du mur et lui avait dit que, si le vol était avéré, c'était un homme mort. Après ces menaces, Del Rosario a disparu. Plus tard, les agents ont mené leurs propres investigations et en ont déduit que Del Rosario était probablement le Chat persan, celui qui avait contacté la police australienne et, à travers elle, la DEA.

La seconde cible sur la liste était une femme de trente et un ans, Noemi Edillor, directrice des achats au sein de Red, White and Blue Arms.

LeRoux avait demandé à Tony, l'un de ses hommes à tout faire, de prendre un Smith & Wesson calibre .22, équipé d'un silencieux, dans la réserve et de le livrer à Hunter.

Noemi Edillor était également agente immobilière. Hunter, qui a lui aussi passé un accord avec le procureur après son arrestation, a dit qu'il avait ordonné à DeMeyere et à Mack Daddy de la contacter pour acheter une propriété. Selon ses déclarations, le 23 juin 2011, les deux hommes de main lui ont donné rendez-vous à son bureau et l'ont exécutée sur le pas de la porte, d'une balle dans la tête. En l'absence de témoins, personne n'a été arrêté, et l'affaire a été classée sans suite. Hunter était satisfait. Ses hommes avaient fait du bon travail. Il s'est vanté de leur efficacité dans une conversation interceptée par la police thaïlandaise et la DEA.

— Ils l'ont tuée devant la porte. Il pleuvait ce jour-là, et il n'y avait personne dehors. Un vrai travail de professionnels.

Les tueurs à gages savent que la pluie est le temps idéal pour éviter de se faire repérer. Le bruit de la pluie étouffe celui des voitures, des pas, des cris et des coups de feu.

Mais LeRoux ne partageait pas l'avis de Hunter.

— Bien sûr que non, je n'étais pas satisfait. C'était du travail d'amateurs. Ils ont eu de la chance qu'il pleuve.

LeRoux avait refusé de payer DeMeyere et Mack Daddy tant qu'il n'aurait pas la preuve qu'Edillor était morte. Hunter lui avait répondu par un mail cinglant, avec un lien vers un article en ligne qui faisait état du meurtre d'Edillor. On y lisait le témoignage du mari, qui avait trouvé le corps ensanglanté dans la rue, près de l'entrée. La DEA a découvert ce mail après l'arrestation de Hunter :

La voilà votre putain de preuve. Maintenant vous allez payer mes gars dès demain. Ils font le sale boulot, et voilà comment vous les remerciez. Vous avez intérêt à verser les salaires et les bonus demain et d'arrêter de vous foutre de notre gueule.

Ce n'était pas dans les habitudes de Hunter de s'adresser comme ça à LeRoux, qui avait compris par la même occasion qu'il était allé trop loin, car il avait augmenté le salaire de Hunter à ce moment-là, passant de 12 000 à 15 000 dollars par mois. Ensuite, il avait ajouté des noms sur la liste.

Parmi eux, la veuve de Dave Smith et leur fils. LeRoux continuait à ruminer, et ça ne lui suffisait pas de savoir que Smith était mort dans d'atroces souffrances. Il voulait aussi éliminer sa famille. Mais, dans un élan de compassion, Hunter avait dit à DeMeyere de les épargner.

Plus tard, LeRoux avait ajouté les noms de certains employés et de sous-traitants de RX Limited. C'en était trop pour DeMeyere et Mack Daddy, qui avaient refusé d'obéir et étaient partis. DeMeyere voulait rentrer chez lui en Belgique et Mack Daddy en Nouvelle-Zélande.

LeRoux refusa dans un premier temps d'entrer dans les détails de ce qui s'était passé ensuite. Après plusieurs heures d'interrogatoire, il finit par reconnaître que Hunter avait constitué un nouveau commando pour poursuivre les exécutions. Ce commando était responsable du meurtre de Catherine Lee, agente immobilière qui avait aidé LeRoux à trouver des propriétés de luxe et qui, selon lui, en avait profité pour l'escroquer. LeRoux prétendait ne pas se souvenir du nom des assassins de Catherine Lee.

Les agents étaient allés vérifier tout ça dans le journal local. Le corps de Catherine Lee avait effectivement été retrouvé le 13 février 2012, sur un tas d'ordures, dans un quartier pauvre de Manille. L'enquête piétinait à cause du manque de preuves.

Manille est une ville où le taux de criminalité est élevé, mais les policiers avaient rapidement éliminé l'hypothèse d'un vol à l'arrachée qui aurait mal tourné. Quand on avait trouvé son corps, Catherine Lee portait toujours une bague en or à la main gauche et un bracelet en argent au poignet. Son portable Nokia C3 était également dans son sac à main.

Les agents avaient épluché les rapports de police jusqu'à tomber sur un élément qui étayait la thèse d'une exécution. Catherine Lee avait été tuée de deux tirs à bout portant au visage : ce n'était ni un accident ni une erreur. Elle connaissait son tueur et lui faisait confiance. Le tueur avait réussi à s'approcher d'elle et avait certainement dégainé son arme brusquement. C'était un message, destiné à dissuader les employés de LeRoux de l'arnaquer : « Voilà comment vous finirez si vous ne respectez pas les règles. »

Le Boss était incapable de cacher la délectation qu'il éprouvait en se remémorant les meurtres. Son visage s'animait, ses yeux brillaient. Il était visiblement fier de lui et n'éprouvait pas le moindre remords.

— Si on ne l'avait pas arrêté, il aurait continué à tuer des gens, avait dit Stouch à Cindric. Ce n'était qu'un début. Aucun doute là-dessus. Il est persuadé d'être plus intelligent que tout le monde et qu'il peut tuer des gens sans être arrêté. Il aime ça.

Les interrogatoires se poursuivirent pendant encore une semaine au Marriott, avant d'être transférés dans une salle du tribunal, sur Pearl Street. Chaque jour, des policiers américains escortaient LeRoux menotté jusqu'au tribunal, le mettaient en cellule avant de lui enlever les menottes, puis l'un des agents lui remettait les menottes pour l'escorter jusqu'à la salle d'interrogatoire, située à une vingtaine de mètres de la cellule. C'était une petite pièce sans fenêtre, qui ne contenait qu'une table de conférence entourée de chaises des années 1960 ou 1970. Les murs étaient d'un blanc crasseux, et la tapisserie se décollait dans les coins.

Cindric et Stouch étaient à présent certains de la collaboration pleine et entière de LeRoux. Ils le laissèrent reprendre son rôle de P-DG, présider les interrogatoires, au bout de la table, et parler autant qu'il voulait. Ils lui demandaient son avis et le traitaient comme un consultant. C'était de la manipulation psychologique. LeRoux en avait probablement conscience, mais il se laissait prendre au jeu, heureux d'avoir l'impression d'être aux commandes comme au bon vieux temps. C'est un mécanisme de défense. Ensuite, à la fin de la journée, il réintégrait sa cellule.

Un jour, Keller, qui faisait partie du Groupe 960, était entré dans la salle où se déroulaient les interrogatoires. Keller n'avait pas oublié les ébats de LeRoux et de Cayanan qu'il avait été forcé d'écouter pendant des heures, la nuit précédant son arrestation. Cet épisode était resté gravé dans sa mémoire.

LeRoux lui avait lancé un regard de mépris et s'était adressé à lui comme à un larbin.

— Je ne sais pas si vous êtes au courant, mais vous nous interrompez alors qu'on est en train de travailler.

Keller n'en revenait pas. Cindric était intervenu pour lui faire signe de ne pas riposter. Keller n'avait pas dit un mot et avait quitté la pièce avec soulagement.

LeRoux avait de bonnes relations avec les agents, en particulier avec Cindric, qui le faisait rire. Cindric et Stouch étaient convaincus que LeRoux n'avait jamais eu d'amis. C'était une véritable anguille, et il était difficile de savoir qui était le vrai Paul. Parfois, ils avaient face à eux Paul l'orphelin, génie solitaire abandonné par ses parents. Apparemment, LeRoux avait craqué devant ses avocats, en se lamentant que ses parents (on ne sait pas s'il parlait de ses parents adoptifs ou de ses parents biologiques) l'avaient trahi.

Les agents refusaient de le prendre en pitié. Ils savaient que ce n'était qu'une mise en scène et que LeRoux était un manipulateur.

Mais LeRoux avait une emprise sur Cindric et Stouch. En l'écoutant parler de l'Iran et de la Corée du Nord, ils se prenaient à rêver à la façon dont ils pourraient utiliser LeRoux pour infiltrer des réseaux criminels partout dans le monde.

— Paul parvient à vous faire croire que tout est possible, avait dit Cindric. Le monde vous appartient. Il en est convaincu et il a un vrai talent de persuasion.

Même en prison, le pouvoir magique de LeRoux fonctionnait encore, et il pouvait ensorceler ses interlocuteurs.

Cindric et Stouch se prenaient au jeu, imaginaient mille et une manières d'infiltrer les réseaux criminels iraniens et nord-coréens. La Corée du Nord fabriquait de la méthamphétamine depuis des années pour financer le régime, mais personne n'avait réussi à pénétrer les arcanes criminels de Pyongyang et à prouver que le régime utilisait l'argent du trafic pour financer son programme nucléaire. Toutes les preuves réunies par la DEA tendaient à confirmer cette hypothèse mais, comme le disait Cindric : « Dans une affaire, il y a ce que tu crois, ce que tu sais et ce que tu peux prouver. »

LeRoux proposa à Cindric et Stouch de se rendre lui-même en Corée du Nord pour tendre un piège aux trafiquants de meth. Il pouvait aussi leur fixer un rendez-vous en territoire neutre et porter un micro pour enregistrer les échanges et fournir des preuves à la DEA. Qui autorisait la fabrication de méthamphétamine ? Qui la supervisait ? Qui récoltait l'argent ? Quels comptes en banque et quelles sociétés-écrans étaient utilisés ? Grâce à LeRoux, la DEA pouvait avoir accès à toutes ces informations.

Mais Cindric et Stouch préféraient se servir de LeRoux pour déjouer le complot iranien. Ils avaient veillé à ce qu'il reste en contact avec la DIO depuis son arrestation. Le 23 octobre 2012, Cindric et Stouch firent parvenir une lettre au Département marketing de la DIO à Téhéran, imprimée sur du papier à en-tête

Red, White and Blue Arms et signée de la main de LeRoux. Dans cette lettre, « LeRoux » demandait le prix de 250 cartouches 5.56 OTAN ainsi qu'un catalogue des produits vendus par la DIO.

Cindric et Stouch voulaient seulement tâter le terrain, mais les Iraniens mordirent carrément à l'hameçon. Le 29 janvier 2013, LeRoux reçut un fax. C'était une invitation des autorités de la DIO lui proposant de venir visiter le pays et lui demandant de les informer s'il envisageait de poursuivre la collaboration.

Le fax était signé du nom de Morteza Farasatpour, directeur adjoint en charge du commerce au sein de la DIO. (En 2017, Farasatpour a été interdit de séjour sur le territoire américain pour avoir aidé la Syrie à mettre au point des armes chimiques.)

Les agents voulaient savoir quelles armes possédait l'Iran, et soudain LeRoux leur ouvrait les portes de la DIO, leur donnait accès à son programme d'armement, à ses activités en Syrie et au Liban et aux opérations des Gardiens de la révolution islamique, en particulier de la Force Al-Qods qui entraînait, approvisionnait et finançait des groupes terroristes dans de nombreux pays. Les agents voulaient notamment savoir ce que la DIO avait fait des explosifs à base d'édulcorants que LeRoux avait mis au point. Ils espéraient également déterminer si les ingénieurs iraniens avaient utilisé le système de guidage pour missile que les ingénieurs de LeRoux leur avaient transmis.

Mais il y avait un problème de taille : si Cindric et Stouch voulaient utiliser LeRoux pour espionner l'Iran ou la Corée du Nord, il fallait le libérer, l'équiper d'un micro et lui fournir plusieurs téléphones portables.

Cindric avait soumis cette idée à Brown.

— Il faut qu'on le libère. Paul peut espionner l'Iran ou la Corée du Nord et nous ramener des informations. Il a des couilles. Il serait plus utile sur le terrain.

Brown avait été pris d'un fou rire. Libérer LeRoux ? Elle était bonne celle-là. LeRoux les avait complètement embobinés. Les agents de la DEA se prennent tous pour Indiana Jones, ils veulent explorer des territoires inconnus, sont prêts à prendre tous les risques pour mettre la main sur le trésor… C'était le rêve de Brown, mais aussi de Cindric, Stouch et de tous les agents du Groupe 960. Sinon, ils n'auraient pas fait partie de cette équipe.

— Écoutez, les gars, je comprends, mais il faut vous enlever cette idée de la tête, avait dit Brown.

Il riait encore en accompagnant les agents jusqu'au bureau de Milione, au deuxième étage.

— Tom et Eric ont une idée à te soumettre.

— On veut libérer LeRoux, avait dit Cindric.

— Vous vous foutez de ma gueule ?

Le ton était sans appel. Milione avait croisé le regard de Brown qui se mordait les lèvres, et ils avaient tous les deux éclaté de rire. Cindric et Stouch s'étaient immédiatement braqués. Stouch avait répondu d'un ton agressif :

— Écoute, Lou, voilà comment on voit les choses. Pour arrêter le diable, tous les moyens sont bons. Si on veut empêcher des complots internationaux, on a besoin de Paul LeRoux.

Milione s'efforçait de reprendre son sérieux.

— Je vais vous expliquer pourquoi on ne va pas remettre LeRoux en liberté.

Milione avait énuméré les risques énormes qu'une telle libération comportait, mais Cindric et Stouch continuaient à argumenter. Chacun jouait son rôle : les agents testent les limites, leur supérieur les recadre.

Milione les avait renvoyés dans leurs bureaux, non sans un sourire bienveillant que Cindric et Stouch avaient interprété comme un signe qu'il était de leur côté et qu'à leur place il aurait fait pareil.

Mais, en tant que responsable du Groupe 960, sa réponse était claire : Paul LeRoux ne serait pas remis en liberté. Avec du recul, Cindric et Stouch durent admettre que Milione avait eu raison de leur tenir tête. Ils n'auraient jamais pu dormir sur les deux oreilles en sachant LeRoux en liberté.

Par ailleurs, fin 2012, Cindric et Stouch avaient découvert un élément nouveau, qui avait mis au second plan leurs rêves d'opérations en Iran et en Corée du Nord. En décembre, LeRoux leur avait révélé une information qui avait eu l'effet d'une bombe. Il avait parlé de Rambo.

Qui était ce Rambo ?

— Il se fait appeler Rambo, mais son vrai nom c'est Joseph Hunter, avait dit LeRoux. Il a remplacé Dave Smith à la tête de ma société de sécurité privée. Il est américain.

LeRoux leur avait décrit Hunter en quelques mots : c'était un soldat américain à la retraite, qui avait exécuté plusieurs personnes sur ordre de LeRoux et qui recrutait d'anciens militaires pour en faire des tueurs à gages.

Jack leur avait déjà parlé de Hunter, c'était le type qui le terrifiait, le bras armé de LeRoux. C'était lui qui avait suivi Jack pendant plusieurs mois. Mais les agents n'avaient pas pris la juste mesure du danger que représentait Hunter avant que LeRoux aborde le sujet.

Après les révélations de LeRoux, Cindric et Stouch avaient réévalué leurs priorités. Hunter, c'était un ancien soldat qui mettait des compétences acquises dans l'armée au service du crime organisé, mettant en danger des citoyens américains.

La priorité, c'était de trouver Hunter et le mettre hors d'état de nuire. LeRoux leur avait dit que Hunter avait encore entre six et huit victimes sur sa liste, sans compter qu'il travaillait peut-être pour d'autres que LeRoux. La mort dans l'âme, Cindric et Stouch abandonnèrent le trafic de méthamphétamine en Corée du Nord pour se consacrer à la traque de Hunter.

Ce soir-là, Cindric et Stouch décidèrent d'aller prendre un verre près de leur hôtel, après avoir confié LeRoux à l'officier de police américain chargé de le ramener à la prison de Brooklyn.

— Putain, quel merdier ! soupira Stouch.

Cindric resta silencieux pendant un moment. Soudain, il posa sa pinte de bière en disant :

— On n'a qu'à placer toutes les pièces sur le même échiquier.

— OK, mais comment on fait ? Tu as une idée ?

— Non, mais on va trouver.

Ils échangèrent des idées. Le plan, c'était de tendre un piège à Hunter. C'était comme écrire une pièce de théâtre, sauf que les enjeux étaient plus importants.

— On va demander à Hunter de constituer une nouvelle équipe de sécurité, dit Stouch.

— Bonne idée ! répondit Cindric.

— On va demander aux candidats d'envoyer des CV.

— OK, alors on cherche des vétérans de l'armée qui parlent anglais et qui peuvent se déplacer en Europe. Une fois qu'on a constitué une équipe, on peut s'en servir pour attirer Hunter.

— Ouais, carrément.

— On n'a qu'à organiser une rencontre avec les dealers de meth nord-coréens.

— Ouais, on n'a qu'à confier une mission aux mercenaires : protéger Diego, les trafiquants de cocaïne colombiens et les Nord-Coréens.

— OK, alors si on résume, Hunter est chargé de protéger les Colombiens.

— Les Colombiens achètent de la méthamphétamine de Corée du Nord par l'intermédiaire de Lim et de Kelly, enchaîna Stouch.

Lim, c'était Lim Ye Tiong Tan, le représentant de la triade chinoise à Manille. Kelly, c'était Kelly Reyes Peralta, le barman et fournisseur de méthamphétamine qui travaillait au Sid's Sports.

— Il reste Stammers et Shackels. Ceux-là, on n'arrivera pas à s'en débarrasser. Il va falloir les prendre à leur propre jeu.

À cette période, Stammers et Shackels trafiquaient de la cocaïne entre la Thaïlande et l'Australie. Comme LeRoux, ils avaient une nouvelle idée à la minute. Sauf que les leurs étaient généralement mauvaises.

Avant l'arrestation de LeRoux, ils avaient installé un laboratoire de fabrication de méthamphétamine dans l'appartement de Shackels à Manille. Ni l'un ni l'autre ne maîtrisaient le processus chimique de fabrication, et ils n'avaient jamais réussi à produire de la méthamphétamine. Ensuite, ils avaient passé un accord avec un général cambodgien pour installer un laboratoire de fabrication de méthamphétamine au Cambodge. Le plan était tombé à l'eau quand ils s'étaient rendu compte qu'ils ne disposaient pas des produits chimiques nécessaires pour cristalliser la méthamphétamine.

LeRoux avait lui aussi essuyé quelques échecs, notamment quand il avait essayé de s'implanter sur le marché de la cocaïne, une denrée rare en Asie de l'Est et au Japon, qui pouvait rapporter plus que la méthamphétamine. Entre 2010 et 2012, il avait acheté 20 ou 30 kg de cocaïne à un ancien officier de police philippin. La marchandise provenait d'une cargaison de cocaïne perdue en mer. La brigade des stupéfiants avait récupéré la cocaïne, qui s'était échouée sur l'île Cimarron, et le policier véreux l'avait ensuite vendue à LeRoux. Mais la cocaïne était endommagée par l'eau salée et impropre à la consommation. En d'autres termes, LeRoux s'était fait rouler.

Ensuite, LeRoux avait passé un marché avec un gangster israélien. Ce dernier proposait de lui vendre 50 kg de cocaïne provenant de la branche équatorienne d'une organisation internationale de trafic de drogue, dirigée par Daniel « El Loco » Barrera, un trafiquant colombien sans scrupule qui se prenait pour Pablo Escobar et qui était « le dernier des grands barons de la drogue ».

Les espoirs que LeRoux avaient mis dans cette opération s'étaient effondrés à la mi-septembre 2012 quand Barrera avait été arrêté au Venezuela et extradé vers la Colombie, puis vers les États-Unis, où il était notamment accusé d'avoir vendu des tonnes de cocaïne et blanchi des dizaines de millions de dollars. Barrera avait été jugé et condamné à trente-cinq ans de prison. Sitôt après son arrestation, LeRoux n'avait pas perdu de temps et il avait envoyé un voilier en Équateur pour récupérer la cocaïne que Barrera lui avait vendue. Une fois la cargaison à bord, le voilier avait repris la mer, mais le mât s'était brisé dans une tempête, et le bateau avait dû faire demi-tour et accoster en Équateur pour procéder à des réparations. Il y avait fort à parier que la cocaïne avait été saisie par la police à ce moment-là, mais LeRoux ne savait pas exactement ce qui s'était passé.

Début 2012, Stammers et Shackels avaient passé un marché avec la mafia serbe. Ils comptaient acheter 150 kg de cocaïne péruvienne et transporter la marchandise aux Philippines afin de la vendre à Lim.

LeRoux avait proposé de récupérer la cocaïne à bord de son voilier, le *JeReVe*, pour l'acheminer en haute mer et la transférer sur un bateau plus gros, assez résistant pour traverser le Pacifique jusqu'aux Philippines. Mais, alors que l'opération était sur le point d'être finalisée, LeRoux avait été arrêté et il n'avait donc pas pu fournir de bateau pour transporter la came.

Stammers, Shackels et les Serbes, qui ne savaient pas que LeRoux avait été arrêté et qu'il collaborait maintenant avec la police, décidèrent de tenter le coup avec *JeReVe*. Le voilier, dont l'équipage se composait de marins d'Europe centrale, partit du Pérou et disparut en mer avant d'atteindre l'autre côté de la ceinture pacifique. En novembre 2012, les policiers de l'archipel des Tonga découvrirent une épave sur un récif de l'atoll de Luatafito, au nord de l'archipel. C'était tout ce qu'il restait du *JeReVe*, qui avait fait naufrage dans les mers du Sud. Le capitaine Ivan Vaclavik était porté disparu, et les policiers trouvèrent un cadavre en état de décomposition avancée dans la cale, ainsi que 204 kg de cocaïne (les 150 kg achetés par LeRoux et 54 kg que les mafieux serbes s'étaient procuré par leurs propres moyens). D'après les journaux, la police australienne avait réussi à identifier le corps grâce à un passeport trouvé dans l'épave du voilier ainsi qu'à des échantillons d'ADN. Il s'agissait de Milan Rindzak, un Slovaque, le second sur le bateau.

Mais Stammers et Shackels refusaient de s'avouer vaincus. Ils bombardaient LeRoux de mails pour lui proposer des opérations élaborées pour acheter de la drogue, des armes ou les deux. Cindric et Stouch, qui surveillaient la correspondance de LeRoux, lisaient attentivement leurs mails. Certaines idées étaient complètement farfelues, mais d'autres tenaient la route. Il fallait impérativement arrêter ces deux hommes, ainsi que Hunter et les mercenaires.

— On peut les charger de transporter la came, suggéra Stouch.

— Ouais, on peut leur dire de la livrer aux États-Unis.

Cindric et Stouch firent un schéma de l'opération sur les serviettes en papier du bar. Le lendemain, ils allèrent au tribunal exposer leur plan d'attaque aux procureurs. Michael Lockard et sa collègue, Rachel Kovner, les regardèrent avec des yeux ronds, mais Cindric ne se laissa pas décourager.

— Crois-moi, une fois que tout sera fini, cette opération restera dans les annales, dit-il à Stouch.

Au cours des semaines qui suivirent, Cindric et Stouch passèrent scrupuleusement en revue chaque étape de l'opération, demandant conseil à Milione et Brown chaque fois qu'ils rencontraient une difficulté. Voilà comment ils envisageaient les choses :

Diego et son partenaire, Geraldo (un autre informateur américano-colombien), allaient recruter Hunter et son équipe de mercenaires pour exécuter un contrat criminel dont la cible était un agent de la DEA et son informateur, sous prétexte que les deux hommes constituaient une menace pour les activités de LeRoux et du cartel colombien. Tuer un agent américain dans l'exercice de ses fonctions n'importe où dans le monde est un crime fédéral, passible de la peine de mort ou de la prison à perpétuité. La loi s'applique également aux étrangers qui assistent les agents américains dans leurs missions (informateurs, traducteurs, guides, etc.).

LeRoux avait dit à Cindric et Stouch que Hunter et les mercenaires étaient installés à Phuket, dans une planque que LeRoux venait d'acheter.

Selon les standards de la DEA, la Thaïlande est l'endroit idéal pour monter une opération. Depuis la guerre du Vietnam, la DEA entretient de bonnes relations avec l'unité de lutte contre le narcotrafic de la police thaïlandaise. De nombreux policiers thaïlandais ont été formés au centre de la DEA, à Quantico, en Virginie, et les agents de la DEA collaborent régulièrement avec la police thaïlandaise et leur fournissent des équipements. En organisant l'opération en Thaïlande, Cindric et Stouch pourraient compter sur l'aide des policiers thaïlandais pour installer des micros et des caméras dans la planque ainsi que dans les endroits où les mercenaires avaient leurs habitudes.

Les agents avaient prévu de demander aux dealers de méthamphétamine de collecter la marchandise et l'argent à Phuket, de manière à ce que les policiers thaïlandais puissent procéder à leur arrestation après celle de Hunter et des mercenaires.

Pour des raisons de sécurité, il fallait trouver un moyen de séparer les mercenaires. C'est à ce moment-là qu'intervenait l'opération au Liberia. LeRoux dirait à Hunter de dépêcher une équipe au Liberia pour exécuter une cible. Cindric et Stouch pourraient ensuite compter sur Fombah Sirleaf pour arrêter les mercenaires.

Pour rendre le scénario crédible, Cindric et Stouch voulaient constituer un dossier sur les cibles, que LeRoux transmettrait à

Hunter. Pour ce faire, ils avaient besoin de photos du faux agent de la DEA et de son indic.

Le scénario était le suivant : l'informateur était censé être un capitaine de bateau d'origine libyenne qui, comme beaucoup de jeunes Méditerranéens cosmopolites, aurait adopté un mode de vie occidental. Son nom serait Zaman, Sammy pour ses amis américains. Il fallait quelqu'un pour tenir ce rôle, et les deux agents avaient lâché d'une seule voix :

— Taj. C'est un rôle fait pour lui.

Taj faisait partie du Groupe 960 depuis mars 2012. Au moment de l'opération, il était plongé dans une enquête sur deux barons de la drogue afghans, peut-être les plus gros trafiquants d'héroïne au monde. Mais c'était une affaire complexe, qui ne risquait pas d'aboutir de sitôt. Cindric et Stouch contactèrent Taj qui accepta immédiatement de jouer le jeu. Il serait l'une des cibles de Rambo. Il avait largement le temps de poser pour quelques photos.

Restait à déterminer qui jouerait le rôle de la seconde cible, Casich, l'agent de la DEA.

— Je vais le faire ! dit Milione.

— Vraiment ? répondit Stouch, étonné.

— Oui, vraiment.

— OK.

Personne n'osait dire au patron que sa place était plutôt derrière son bureau. Plus tard, Milione a expliqué pourquoi il s'était proposé.

— Je n'essayais pas de jouer les héros, mais on ne pouvait pas se contenter de prendre une photo au hasard sur Internet. C'était trop risqué. Et je voulais que ça reste entre nous. Il fallait à tout prix éviter les fuites susceptibles de compromettre l'opération.

Les agents ne pouvaient pas se contenter de piocher une photo sur Internet. Si les tueurs à gages faisaient des recherches, il fallait que la photo corresponde à une personne réelle. La mission impliquait également de se rendre à Monrovia, pour prendre des photos avec Taj dans les bars et restaurants de la ville. Il fallait un peu de temps, et Milione était le seul dans l'équipe à en avoir.

Du temps, il n'en avait pas tant que ça. En tant qu'agent spécial responsable du groupe, il avait une charge de travail supérieure à celle de ses hommes. Il supervisait quatre équipes d'agents de la DEA, dont l'énergie était parfois difficile à canaliser. La vraie raison pour laquelle il s'était proposé c'était que, si jamais l'opération tournait mal, il ne voulait pas mettre en danger un de ses hommes. Il se sentait capable de gérer seul la situation. C'était également l'occasion pour lui d'aller à Monrovia pour soutenir les efforts de Fombah Sirleaf qui faisait du bon boulot dans la lutte contre la corruption au sein de l'Agence nationale de sécurité du Liberia, et qu'il voulait féliciter en personne.

Cindric et Stouch avaient briefé LeRoux au sujet de l'opération. Il leur avait tiré son chapeau. La plupart des criminels auraient refusé de démanteler l'empire qu'ils avaient eu tant de mal à construire mais, pour LeRoux, construire et démolir, c'était la même chose. La vie était un jeu d'échecs. On avait devant soi une multitude de plateaux et de pièces. Il n'aurait aucun mal à trouver d'autres tueurs et d'autres trafiquants. L'argent n'était pas un problème. Il faudrait en sacrifier une partie mais il avait des comptes à l'étranger, que les agents ne risquaient pas de découvrir, et il pourrait gagner à nouveau de l'argent une fois sorti de prison. Il n'excluait pas la possibilité de continuer ses activités criminelles même derrière les barreaux. Il suffisait d'avoir accès à un ordinateur et à une connexion Internet. LeRoux avait deux raisons de vivre : mener de nouveaux projets et accroître son pouvoir. Cette opération lui offrait la possibilité de combiner les deux.

Chaque matin, LeRoux prenait place en bout de table dans la salle d'interrogatoire vide du tribunal comme pour présider un conseil d'administration. Il gardait la tête haute, bombait le torse dans sa veste grise de prisonnier et se montrait courtois avec ses interlocuteurs, comme le roi du monde décidé à se montrer sous son meilleur jour.

LeRoux et les agents avaient établi une routine. À chaque début de session, Cindric et Stouch donnaient son ordinateur à LeRoux et le surveillaient tandis qu'il envoyait des mails à Hunter et à d'autres employés que la DEA prévoyait d'arrêter au cours de l'opération. Il s'assurait que ses hommes à Manille, à Phuket, à Jérusalem et à Rio avaient reçu leur salaire, que les commandes étaient passées et que les équipements étaient entretenus. En tout, après son arrestation, LeRoux a dépensé un million d'euros, principalement pour payer ses employés. Il a également mis ses voiliers à disposition de la DEA. (En avril 2013, Milione et ses hommes ont utilisé un de ces voiliers pour attirer un ancien chef de la marine originaire de Guinée-Bissau, le contre-amiral Jose Americo Bubo Na Tchuto, dans les eaux internationales afin de l'arrêter pour participation à un trafic de cocaïne colombienne entre l'Afrique de l'Ouest et les États-Unis. Il a ensuite plaidé coupable et a aidé la police à identifier d'autres Africains haut placés qui autorisaient les Colombiens à trafiquer sur leur territoire.)

Face à un ordinateur et à un clavier, LeRoux était impressionnant, et on comprenait tout de suite comment il avait acquis sa réputation de codeur à son arrivée en Europe. Il entrait en « mode zombie » comme disent les geeks. Il était capable de passer des journées entières devant son ordinateur sans fournir le moindre effort physique.

Quand venait l'heure du déjeuner, les agents achetaient de quoi manger dans un kiosque en face du tribunal. LeRoux n'était pas compliqué. Il voulait toujours la même chose. Au petit déjeuner, il mangeait invariablement un bagel nature, avec du fromage à tartiner et un Coca light. Au déjeuner, il prenait une *quesadilla* de poulet sans poulet, des frites et un Coca light.

— Pourquoi vous enlevez le poulet ? avait un jour demandé Cindric. Vous n'aimez pas ça ?

— Si, ça va. Mais je préfère la garniture.

Il aimait la sauce, la salade, le *pico de gallo*[1] et le fromage. Rien ne l'empêchait de manger à la fois la garniture et le poulet, mais il ne fallait pas chercher à comprendre. Il buvait toujours du Coca light ou du Coca zero. Il prenait parfois un café et, de temps en temps, remplaçait le Coca par un Sprite.

La serveuse connaissait sa commande par cœur. Dès que Cindric ou Stouch entrait dans le fast-food, elle criait au cuisinier :

— Une *quesadilla* de poulet sans poulet et un Coca light !

Comme chacun sait, les pizzas new-yorkaises sont les meilleures au monde. Un jour, Cindric et Stouch, espérant faire plaisir à LeRoux, lui en avaient apporté une part, qu'il avait à peine touchée.

— Je préfère les pizzas de Domino's, avait-il râlé.

Un autre jour, Cindric était allé au Shake Shack, une chaîne de restauration rapide haut de gamme, pour lui acheter un bon burger, débordant de garniture.

— Eh, avait dit LeRoux en fronçant les sourcils. J'aurais préféré un Big Mac.

— Pourquoi ?

— J'aime bien leur sauce spéciale.

Cindric et Stouch avaient mené leur petite enquête pour savoir si LeRoux s'était lié avec d'autres détenus, en prison.

— Vous parlez aux autres détenus ? avait demandé Stouch.

LeRoux avait acquiescé. Il s'entendait bien avec certains criminels en col blanc, qui savaient jouer aux échecs. Il avait également rencontré des hackers criminels (en argot informatique, des « chapeaux noirs »). Il voulait se mesurer à eux sur leur propre terrain et leur montrer sa supériorité.

1. Mélange de tomates, d'oignons et de *jalapeños*.

Mais la plupart des détenus étaient des petits délinquants sans aucun intérêt, et LeRoux les méprisait au même titre que le système éducatif américain et les Kardashian. En prison, le seul programme qui passait à la télé, c'était le *reality show* des Kardashian. LeRoux ne comprenait pas pourquoi les détenus regardaient cette imbécillité navrante.

Le seul sujet dont LeRoux ne se lassait pas de parler, c'était le sexe. LeRoux prenait un malin plaisir à essayer de les impressionner.

— J'ai plus de femmes que n'importe qui dans cette prison, se vantait-il. J'en ai sept.

Sept femmes et… combien d'enfants ? Onze au bas mot.

Il en avait quatre avec Lilian, deux avec Cindy et, à sa connaissance, cinq avec d'autres femmes. Mais il n'excluait pas d'en avoir quelques autres ailleurs, dont il ignorait l'existence.

— Pourquoi vous faites ça ? avait demandé Cindric. Une femme, ça vous suffit pas ?

— Cindy, je suis pas marié avec elle, mais c'est comme ma femme.

— Et les autres ?

— Qu'est-ce qui me dit que ces gosses sont vraiment les miens ?

Un jour, il avait reçu un mail d'une femme qui vivait aux Philippines, avec en pièce jointe la photo d'un enfant. Les agents avaient intercepté le mail et le lui avaient montré.

— Regardez, Paul, on dirait que vous êtes papa ! avait dit Stouch.

LeRoux avait secoué la tête.

— Il faut absolument que je commence à demander des tests ADN. Ces enfants sont de plus en plus moches.

Cindric, qui adorait sa femme et ses enfants, devait avoir l'air horrifié car LeRoux avait cru bon d'ajouter :

— Vous savez, Tom, en Asie, c'est normal d'avoir plusieurs femmes.

— Mais non, c'est pas normal. Vous les traitez comme du bétail ! C'est pas normal d'acheter des femmes, comme ça.

LeRoux avait haussé les épaules sans en démordre.

— Si, si, en Asie, c'est normal.

En fin de journée, les agents avaient mal à la tête et ne rêvaient que d'une bonne douche et d'une bonne bière. Après six ou huit heures passées à anticiper les réactions de LeRoux tout en flattant son ego démesuré, ils étaient épuisés. C'était comme essayer de dompter un loup. Parfois, LeRoux se comportait comme un berger allemand, une boule de poils qui ne pensait qu'à jouer, mais il suffisait de ne pas lui accorder assez d'attention ou de le regarder de travers et il devenait ingérable.

Mais LeRoux avait le don de stimuler la créativité des agents.

— J'ai une idée, avait dit un jour Cindric.

Au moment où les mercenaires de LeRoux débarqueraient à Monrovia, la police ne les arrêterait pas immédiatement. La procédure normale, c'était de les cueillir à la sortie de l'avion pour être certains qu'ils n'étaient pas armés. Mais Cindric voulait que la police laisse les mercenaires se rendre à leur hôtel. Les agents pouvaient se servir de Georges, le pilote français, qui se ferait passer pour l'homme de main de LeRoux en Afrique. Georges les escorterait jusqu'à un stand de tir où il leur remettrait les pistolets-mitrailleurs Heckler & Koch MP6 qu'ils convoitaient. Les hommes de Sirleaf en civil prendraient des photos des mercenaires tirant en rafale sur des cibles à forme humaine. Ainsi, les agents disposeraient d'images très parlantes pour convaincre les jurés de la violence de ces hommes.

— Ça me plaît bien ! avait dit Stouch.

Mais Milione était intervenu :

— Non, c'est pas possible, les gars, avait-il dit avec fermeté.

— Pourquoi pas ? avait rétorqué Cindric. On contrôlera la situation.

— C'est hors de question ! On ne va pas leur fournir des armes.

— Vous avez complètement pété les plombs ! avait ajouté Brown.

— Vous voulez leur donner des putains d'armes ? avait à son tour hurlé Maltz, le chef de la DOS. Sur le papier, c'est bien joli, mais vous êtes complètement inconscients ou quoi ?

Cindric avait renoncé à son idée, la mine renfrognée. L'arrestation se ferait sans armes.

Le plan B, c'était du gâteau. Il s'agissait d'attirer les quatre mercenaires à Monrovia pour que la police libérienne les arrête à la sortie de l'avion, pendant que la police thaïlandaise se chargeait d'arrêter Hunter et les dealers de méthamphétamine à Phuket.

Milione avait validé ce plan. Plus simple, moins de risques.

Au printemps 2013, Cindric et Stouch avaient dû passer la main. Ils n'avaient plus le temps de surveiller LeRoux chaque jour, pendant qu'il donnait des ordres par mail à Hunter à Phuket, aux employés de RX Limited à Manille et à Jérusalem, et à Stammers et Shackels, où qu'ils se trouvent. Deux jeunes agents du Groupe 960 avaient pris le relais : Matt Keller et Taj.

Keller n'éprouvait pas la moindre fascination pour LeRoux.

— Il me fait peur. C'est un sociopathe au mieux, et probablement un psychopathe.

Keller était doué d'une grande capacité d'abstraction. Il saisissait rapidement les enjeux d'une situation et ne voyait pas l'intérêt de perdre du temps à flatter l'ego de ce gros mec bizarre.

Taj, au contraire, savourait chaque instant passé avec LeRoux. Taj était un agent infiltré. Ce qu'il aimait, c'était être sur le terrain et plonger son regard dans celui d'un homme prêt à le tuer. Pour sauver sa peau, il devait être capable d'anticiper les réactions de son adversaire et de réussir à voir clair dans son jeu.

Pour Taj, LeRoux était l'incarnation du pervers, un cas d'école sans précédent. Il l'observait tandis qu'il envoyait des mails à ses employés et se demandait comment il se comporterait avec lui s'il était infiltré. Comment ferait-il pour le manipuler ? Comment anticiperait-il ses réactions ? Taj rêvait de s'introduire dans le cerveau de LeRoux pour prendre des notes sur ce qui s'y passait, comme un enfant qui rêve de jouer au dernier jeu vidéo à la mode.

— J'aimerais bien passer deux semaines en tête à tête avec lui pour le mettre en confiance et qu'il me raconte ce qui lui passe par la tête. Je pourrais apprendre plein de choses, lui parler, comprendre sa manière de penser, ce qu'il pense des gens.

Taj était un acteur-né, un vrai caméléon. Il pouvait se faire passer pour un dealer, un tireur d'élite, un délinquant, un conspirateur, un étudiant, un immigré, un diplomate... Il savait qu'il devait la vie à cette capacité à incarner chacun de ses rôles tout en restant crédible, qu'il n'avait échappé à la mort que grâce à sa présence d'esprit et à son instinct. Sur le terrain, on n'a pas de temps pour des suppositions et on n'a pas droit à l'erreur. On n'a pas de seconde chance. Les dealers de drogue n'ont aucun scrupule à exécuter un homme. Qu'est-ce qui empêchait un dealer de le descendre et de lui piquer les 100 000 dollars qu'il transportait ?

— Rien, lui avait dit sa partenaire, Gina Giachetti, qui l'avait formé. Tu ne peux compter que sur toi-même.

Taj avait bien intégré ce principe. Un agent infiltré doit se débrouiller seul. Les renforts ne sont là que pour protéger sa hiérarchie. Ils sont cachés derrière des voitures, dans des camions ou au milieu des passants, et il leur faut entre six et huit secondes pour intervenir. Si un trafiquant a décidé de descendre l'homme en face de lui, il ne lui faut pas plus de deux secondes. Pour survivre, il faut savoir s'adapter, prendre des décisions rapides et garder son calme. Si une opération tourne mal, il faut dégainer son arme rapidement. Chaque fois qu'il participait à une opération d'infiltration, Taj portait un mini Glock 27 à la ceinture. Ce n'était pas une arme très puissante mais, de près, elle suffisait à neutraliser un agresseur.

Taj avait rapidement appris à se faire passer pour différents criminels : il avait été tour à tour membre du gang des Crips, de celui des Bloods, Norteño (le nom qu'on donne aux Chicanos de Californie du Nord, qui passent leur temps à se battre contre les Sureños, un gang américain affilié à des trafiquants mexicains), Chicano de Los Angeles, mais il était aussi capable de se faire passer pour un camionneur sikh faisant des allers-retours au volant de son poids lourd pour exporter de la cocaïne et de la marijuana au Canada et importer de l'ecstasy et des graines de cannabis du sud de la Colombie britannique. Quand il se sentait menacé, il devenait *chingón*, ce qui signifie qu'il faisait semblant de péter les plombs pour entuber ses interlocuteurs. Quand ses cibles commençaient à douter de lui, il se mettait à hurler que de toute façon c'étaient des flics, qu'il allait les balancer et qu'il ne travaillerait plus jamais avec eux. Ils finissaient invariablement par s'excuser. Il n'avait pas besoin de maîtriser la langue ou les codes culturels. Il s'en sortait avec quelques connaissances superficielles et une bonne dose de bluff.

Taj mettait à profit les heures passées avec LeRoux pour tester ses techniques maintes fois éprouvées sur un cobaye totalement différent des autres. Il n'avait jamais rencontré de criminel comme lui. Il avait entendu dire que le prisonnier n'aimait pas la compagnie et avait décidé de relever le défi.

— Je vais passer la journée avec vous, avait-il annoncé à LeRoux la première fois qu'il l'avait rencontré. Je serai peut-être là demain aussi. Si vous voulez faire une pause et parler un peu, je suis là.

— Entendu. Enchanté, avait répondu LeRoux avec la brusquerie qui le caractérisait. Je peux avoir mon ordinateur, s'il vous plaît ?

Taj lui avait tendu son ordinateur portable. LeRoux s'était installé et avait commencé à pianoter sur le clavier. Il répondait aux mails de ses hommes aux Philippines et en Thaïlande.

En milieu de matinée, Taj lui avait demandé s'il voulait boire quelque chose.

— Oui, je veux bien un Sprite.

Toujours aussi peu engageant. Taj s'était exécuté.

— Qu'est-ce que vous voulez manger ?

— Une *quesadilla* de poulet sans poulet.

Taj était déjà au courant. Il lui avait apporté son repas et avait attendu pendant que LeRoux mangeait sans dire un mot.

Mais, une fois rassasié, LeRoux avait commencé à faire quelques confidences, parlant à Taj de ses activités aux Philippines, de sa femme, des terroristes du groupe Abou Sayyaf, qui lui avaient volé son île, et des affaires qu'il faisait avec la triade chinoise et avec la Corée du Nord.

— Comment ça va en prison ? avait ensuite demandé Taj.

— Bah, maintenant que je suis là…, avait répondu LeRoux en haussant les épaules. Ils m'ont arrêté à cause du trafic de méthamphétamine mais, vous savez, je ne compte pas faire de vieux os en prison.

— Parlez-moi de ces mecs avec qui vous communiquez.

LeRoux avait lâché en ricanant :

— Oh ! c'est une bande de toxicos. Ils font pitié. Ils ne pensent qu'à l'argent. Je peux leur dire de faire n'importe quoi tant que je leur file de l'argent. Avec Cindric et Stouch, on est en train de monter une opération contre eux.

LeRoux avait rapidement compris comment parler à Taj et il arrivait à se glisser dans ce rôle pendant un temps. Devant Taj, il se montrait humble et courtois.

LeRoux raconta à Taj qu'il se sentait australien. Comment pouvait-il savoir que Taj s'était lié d'amitié avec des soldats australiens en Afghanistan ? Taj avait combattu pendant plusieurs années aux côtés de troupes australiennes, qui contrôlaient le nord de la province de Helmand, considérée par la DEA comme la chasse gardée des cartels d'héroïne afghans, l'équivalent de Medellín en Colombie. Il n'avait pas parlé de son passé à LeRoux, mais LeRoux était capable de deviner les pensées de son interlocuteur, comme beaucoup de criminels. Il suffisait de parler et d'attendre que le regard de l'autre le trahisse.

Quand Taj avait regardé les vidéos de LeRoux prises pendant l'opération qui avait conduit à son arrestation, il avait vu un autre homme, un homme qui donnait des ordres d'un ton sec, qui scellait des deals monstrueux en riant. Taj saluait en son for intérieur les talents de comédien de LeRoux.

Souvent, au cours de ses missions d'infiltration, Taj s'employait à déterminer ce dont sa cible était le plus fière. Ensuite, il faisait mine de s'enthousiasmer, et sa proie, flattée, commençait généralement à se confier à lui sans même s'en rendre compte. LeRoux était fier de son intellect. C'était par là que Taj allait le prendre.

— J'espère que vous allez vous en sortir. Ça me rend malade de savoir que quelqu'un comme vous pourrit en prison alors que vous avez tant à nous apprendre.

LeRoux exultait.

— Vous savez quoi ? Je suis capable d'accomplir de grandes choses, avait répondu LeRoux.

— Je n'en doute pas. On ferait une bonne équipe. Vous êtes intelligent. On a besoin de gens comme vous.

— Oh ! je vous remercie.

— Je suis sérieux. Les gens comme vous sont un atout pour la DEA.

Taj avait réussi à briser la glace.

Mais LeRoux avait lui aussi réussi à s'insinuer dans l'esprit de Taj. Taj lui confia qu'il était plongé dans une enquête pour coincer un taliban. LeRoux avait-il des contacts parmi les talibans ?

Évidemment, LeRoux avait répondu par l'affirmative et il s'était montré si convaincant que Taj envisagea de se servir de lui pour mettre fin au trafic d'héroïne mené par les talibans. En relâchant LeRoux, il pourrait l'utiliser comme appât pour attirer un baron de l'héroïne sur une île tropicale où Taj et ses collègues seraient prêts à le coffrer…

Comme Cindric et Stouch avant lui, Taj avait dû se forcer à revenir sur terre.

LeRoux était comme une araignée qui attire une mouche dans sa toile. Il semblait inoffensif, assis sur son siège, dans son survêtement de prisonnier gris, à taper sur le clavier de son ordinateur. Mais, imperceptiblement, il s'insinuait dans l'esprit des agents pour les convaincre de le relâcher.

Le 4 février 2013, LeRoux avait obtenu la première partie de ce qu'il voulait : un accord avec les procureurs en vue d'obtenir une remise de peine. Lockard et Kovner avaient rédigé un mémo de seize pages adressé à leurs supérieurs hiérarchiques pour appuyer la requête de LeRoux. Le tribunal du district Sud de New York acceptait de lui donner le statut d'informateur. Le procureur Bharara avait signé le document pour entériner cet accord.

LeRoux plaidait coupable de sept chefs d'accusation : conspiration en vue d'importer de la méthamphétamine aux États-Unis, violation des sanctions internationales contre l'Iran, blanchiment d'argent, fraude bancaire, piratage informatique, assistance à un criminel et corruption en Afrique (il s'agissait de l'affaire Kobi Alexander, un cadre informatique accusé de délit d'initié à Brooklyn) et violation des lois fédérales relatives à la vente de médicaments. Cette dernière accusation faisait suite à l'enquête menée par la police de Minneapolis sur les activités de RX Limited. Si on s'en tenait à ces accusations, LeRoux risquait entre dix ans de prison et la perpétuité. Il comptait sur la clémence des jurés et visait une peine inférieure à douze ans de prison. Le 19 février 2014, LeRoux comparut devant le tribunal fédéral pour officialiser cet accord.

L'accord stipulait que LeRoux ne serait pas poursuivi pour conspiration en vue de tuer sept personnes aux Philippines. Les procureurs avaient conclu que le gouvernement américain n'était pas habilité à juger ces crimes. À de rares exceptions près, les assassinats sont jugés dans le pays où ils sont commis. Une loi américaine entrée en vigueur en 1996 dans le cadre de la lutte contre le terrorisme stipule qu'en cas de conspiration en vue de tuer ou de kidnapper quelqu'un qui vit à l'étranger l'affaire peut être considérée comme un crime fédéral, passible de la prison à perpétuité. Cependant, pour invoquer cette loi, il faut que les procureurs prouvent que l'accusé a commis au moins un acte terroriste sur le sol américain. Les procureurs n'ayant aucune preuve de séjours de LeRoux aux États-Unis, il ne pouvait donc pas être accusé d'avoir commandité un meurtre sur le sol américain. L'accord contenait également une clause garantissant que LeRoux serait jugé aux États-Unis, au cas où le gouvernement philippin demanderait son extradition.

Les procureurs avaient aussi accepté d'abandonner les poursuites pour conspiration en vue de vendre des missiles antiaériens à des groupes terroristes. Ils manquaient de preuves pour étayer cette accusation, car LeRoux n'avait pas acheté ces armes lui-même et ne les avait pas livrées au représentant de l'Armée Shan Unie.

Malgré tout, cette décision avait été difficile à prendre pour les procureurs de Manhattan, en particulier pour Bharara, qui avait la réputation de lutter sans relâche contre les criminels. Quand l'affaire serait rendue publique – ce qui ne manquerait pas d'arriver – il aurait du mal à expliquer pourquoi il avait accepté de passer un accord avec un homme qui avait avoué son implication dans une série de meurtres. Mais Bharara et ses adjoints avaient signé cet accord pour obtenir ce que LeRoux leur avait promis : l'arrestation d'un commando de tueurs, dirigé par Joseph Manuel Hunter, un Américain du Kentucky âgé de quarante ans.

Le fameux Hunter, plus connu sous le nom de Rambo.

13

À la poursuite de Rambo

Qui était Joseph Hunter ?

Les agents disposaient de quelques informations à son sujet, mais était-il vraiment le tueur froid et implacable que LeRoux et Jack leur avaient décrit ?

Ils ne pouvaient pas exclure que LeRoux brosse un portrait accablant de Hunter pour lui mettre les meurtres sur le dos. Il savait pertinemment que plus le portrait de Hunter serait sombre, plus les agents auraient besoin de son aide pour l'arrêter.

Sur le papier, Hunter avait des états de service irréprochables. Une entrée de son dossier, datée du 18 mars 1991, indiquait :

> Le sergent Joseph M. Hunter a obtenu le titre de *Distinguished Graduate* de la… classe 3-91. Cette récompense lui a été décernée suite à une compétition acharnée contre d'autres étudiants, pour ses compétences théoriques et pratiques. Ses performances remarquables, sa détermination à se surpasser ainsi que son désir d'accomplir toutes les missions qui lui ont été confiées ont servi d'exemple à l'ensemble de sa promotion. Cet individu est prêt à exercer à des postes à responsabilités.

Mais cette entrée avait été rédigée il y a plus de vingt ans. Les gens changent. La seule façon de savoir ce que Hunter était devenu, c'était de le surveiller de près alors qu'il préparait les crimes qu'il s'apprêtait à perpétrer. Comme le dit Milione :

— Notre boulot, c'est d'observer les criminels quand ils croient que personne ne les regarde. Mais nous, on est là. Il y a une certaine pureté dans le fait de voir qui ils sont vraiment.

Cindric et Stouch voulaient tendre un piège à Hunter, en plaçant un agent infiltré équipé d'un micro pour enregistrer un échange compromettant. Cindric et Stouch avaient décidé de continuer à faire croire que LeRoux avait déménagé à Rio pour faire alliance avec un groupe de trafiquants colombiens.

C'est Diego, l'ancien trafiquant qui travaillait pour la DEA depuis des années, qui se ferait passer pour le chef du cartel. Le rôle était taillé sur mesure pour lui. Il s'était déjà imprégné des opérations de LeRoux et de ses associés lors de l'opération à Monrovia. Le gros Geraldo se ferait passer pour le lieutenant de Diego. Il avait le même profil que Diego : c'était un ancien trafiquant de drogue repenti, qui avait été naturalisé américain et collaborait avec la DEA depuis plusieurs années. Cindric et Stouch avaient rédigé un mail signé LeRoux, que ce dernier devait envoyer du « Brésil » (en réalité du tribunal de Manhattan) pour ordonner à Hunter de se rendre à Bangkok pour rencontrer les Colombiens avec qui il allait travailler. Voici le mail, reproduit ci-dessous :

> Le rendez-vous en Thaïlande, c'est pour discuter avec les Colombiens du niveau de sécurité qu'ils attendent au cours de leurs déplacements et des missions qu'ils veulent te confier. Ces mecs, c'est des hommes d'affaires. Je bosse avec eux sur différents projets en Amérique du Sud et en Afrique. Ils m'ont demandé si je connaissais quelqu'un capable d'assurer leur sécurité au cours de leurs déplacements et d'évaluer la sécurité de leurs opérations.
>
> Ils vont te confier des missions secrètes. Si tu acceptes de travailler pour eux, ça veut dire que tu es prêt à faire des

trucs illégaux sans laisser de traces. C'est des extras. Sinon votre boulot à toi et tes gars, c'est de leur servir de gardes du corps et d'évaluer la sécurité de leurs opérations. Fais gaffe aux mecs que tu recrutes : ils doivent pouvoir voyager sans se faire arrêter ni contrôler à la frontière.

On s'occupe des outils dont vous aurez besoin pour ces missions. Dans certains pays, il faut éviter certains outils pour passer la douane. Avec mes partenaires, on vous fournira les outils nécessaires pour les missions secrètes.

Dis-moi si tu peux aller en Thaïlande. Ça, c'est les différents points à traiter. Les Colombiens y vont fin janvier. Je t'enverrai de l'argent pour couvrir les frais du voyage et tes dépenses sur place. Dis-moi si tu veux voyager avec un des hommes que tu prévois d'embaucher pour que j'envoie de l'argent en plus pour son billet et ses dépenses sur place. On a des contacts en Thaïlande qui peuvent vous trouver un logement et une caisse. Le plus urgent, c'est ton visa.

Hunter n'avait posé aucune question. Il était déjà au courant que LeRoux faisait affaire avec des trafiquants colombiens. Il savait également que les « missions secrètes » dont parlait le Boss, c'étaient des exécutions.

Hunter accepta de rencontrer Diego et Geraldo le 26 janvier 2013, au Landmark Hotel, à Bangkok. L'hôtel était situé dans une grande tour impersonnelle. L'intérieur était tout en marbre.

En arrivant, Hunter était sur ses gardes. Ça faisait longtemps qu'il pensait que LeRoux voulait le punir d'une quelconque trahison, et il s'attendait à se retrouver nez à nez avec ses meurtriers. Les deux Colombiens ne faisaient qu'accentuer cette impression : Diego le regardait d'un air sombre, Geraldo était robuste et jovial, mais ça le rendait menaçant. Il donnait l'impression d'être capable de vous faire sauter la cervelle avec le sourire.

Une fois installés au bar de l'hôtel, sur des fauteuils en cuir, Diego et Geraldo avaient écouté poliment Hunter leur expliquer qu'il n'aimait ni faire la fête ni manger dans des restaurants de luxe, qu'il ne courait pas après les femmes, et qu'il ne buvait pas d'alcool. Ils commandèrent de l'eau et des sodas et allèrent droit au but.

Diego et Geraldo commencèrent par se présenter : ils travaillaient avec LeRoux depuis plusieurs années, sur des opérations de trafic de drogue et d'or. Ils se déplaçaient avec de grosses sommes d'argent et avaient besoin de gardes du corps pour assurer leur sécurité et celle de leurs hommes. Ils avaient ce qu'il fallait en Amérique du Sud, où ils payaient des groupes d'extrême-droite pour assurer leur protection et exécuter leurs ennemis, mais ils n'avaient personne en Asie et en Afrique. Le travail qu'ils proposaient à Hunter consistait à transporter de la drogue, à manipuler des armes et de l'argent et à commettre des meurtres. Bien entendu, Hunter et ses hommes recevraient des primes pour ces extras.

Hunter était-il intéressé pour faire des extras ?

Hunter avait répondu par l'affirmative.

Les Colombiens étaient équipés de micros et de caméras pour filmer et enregistrer la réponse de Hunter, ainsi qu'un long monologue sur son sujet préféré : lui-même.

— Vous savez, j'ai passé vingt et un ans dans l'armée. Vous avez probablement entendu parler du premier régiment des rangers américains et de la 32e division des parachutistes. J'en ai fait partie. J'ai aussi dirigé une unité des forces spéciales. Je peux vous donner mes états de service : je me suis battu à Grenade en 1983, au Panama en 1989 et ensuite j'ai effectué trois missions en Irak en tant que consultant civil pour l'armée. J'ai travaillé pour deux entreprises, Triple Canopy et DynCorp. J'ai été formé à la Ranger School. J'ai suivi plusieurs formations très pointues. Je suis habitué à manipuler des armes Heckler & Koch. Quand j'étais instructeur, j'ai appris à des militaires à manipuler des pistolets-mitrailleurs Heckler & Koch, en particulier le MP5. J'étais LE spécialiste du MP5. J'ai suivi une formation dans le renseignement, qui s'intitulait : « Maîtriser les outils du renseignement afin de lutter contre le terrorisme ». J'ai tout fait, j'ai fait partie d'une unité du raid dans la police de Los Angeles, j'ai suivi des cours pour apprendre à manipuler les explosifs…

Hunter s'était arrêté pour reprendre son souffle.

— Voilà, mais je ne fais plus partie de l'armée. Maintenant, je suis consultant en sécurité. Mon boss m'a dit que vous aviez besoin de plusieurs hommes ?

Hunter précisa qu'il était en train de recruter de nouveaux mercenaires pour renouveler son équipe de sécurité. Afin de prouver aux Colombiens qu'il était professionnel et rigoureux, comme tout gérant de société de sécurité privée qui se respecte, il se lança dans une description détaillée du processus de recrutement. Il sortit une pile de CV de sa mallette. Le premier appartenait à Dennis Gögel.

— Vous voyez ce gars ? C'est le numéro un dans son domaine, avait dit Hunter. C'est un sniper, il était dans l'armée allemande. Il est prêt à tout. C'est des gars comme lui qu'il nous faut : il a été en Afghanistan. Il est capable de faire des tirs de précision ultra-rapides. C'est un copain à moi qui me l'a recommandé, un instructeur de tir américain. Croyez-moi, ce gars, il va faire des merveilles.

Le deuxième CV sur la pile, c'était celui du copain de Gögel, Michael Filter, ancien sniper de l'armée allemande comme lui et vétéran d'Afghanistan. Les autres candidats étaient tous des vétérans de l'armée américaine ou de l'OTAN.

— Je les ai choisis parce que ce sont des tireurs d'élite confirmés et qu'ils sont prêts à effectuer d'autres missions, avait dit Hunter. Ils sont motivés. Ils veulent travailler pour Paul.

Diego l'avait interrompu sèchement :

— C'est pas plutôt l'argent qui les motive ?

Geraldo avait ensuite dit à Hunter que lui et Diego voulaient prendre le temps d'effectuer des recherches sur chaque candidat avant de prendre leur décision. Ils voulaient s'assurer que les recrues étaient capables de tenir leur langue, parce qu'ils « risquaient de voir beaucoup de choses ».

Ces « choses » dont parlait Geraldo, c'était un euphémisme pour parler de meurtres.

— Forcément, ça les motive, avait répondu Hunter. C'est vrai qu'on se fait pas mal d'argent. Mais moi, c'est surtout que mon ancien boulot me manque. C'est pareil pour ces mecs.

Il raconta à Diego et Geraldo qu'il avait dit à ses hommes qu'ils n'étaient pas là pour défoncer des portes et tout casser. Ils devaient être de vrais magiciens, accomplir leurs missions en restant invisibles et en ne laissant aucune trace. Il s'était manifestement inspiré de LeRoux.

Cindric et Stouch attendaient la fin du rendez-vous planqués dans une chambre d'hôtel à Bangkok, où Diego et Geraldo devaient leur rapporter les micros et les enregistrements.

— Putain, ils se prennent tous pour Jason Bourne[1], avait fait remarquer Cindric en écoutant les enregistrements. Ils ont une vie de merde et ils sont persuadés que comme ça ils vont sauver leur âme. Pour eux, être tueur à gages, c'est un truc romantique. Ces gars, ils regardent trop la télé et ils jouent trop aux jeux vidéo.

Après un long échange par mail avec LeRoux, Hunter donna rendez-vous à Diego et Geraldo le 8 mars, à Phuket. Cindric et Stouch s'y rendirent avec les deux indics quelques jours avant le rendez-vous. Sur place, ils retrouvèrent Pat Picciano, du bureau

1. Espion, ancien tueur de la CIA amnésique, incarné par Matt Damon dans la saga du même nom.

de la DEA à Bangkok, et des techniciens qui étaient là pour aider la police thaïlandaise à installer un système de surveillance audio et vidéo en circuit fermé à l'intérieur de la planque de Hunter. Le 8 mars, Picciano demanda à Bee, son assistant thaïlandais, de se faire passer pour le chauffeur des Colombiens et d'aller chercher Hunter à l'aéroport de Phuket.

Le jour même et les jours qui suivirent, Hunter se rendit plusieurs fois à l'hôtel où séjournaient Diego et Geraldo, d'abord seul, puis en compagnie de trois mercenaires (Gögel, Filter et Slawomir Soborski, ex-commando de l'armée polonaise).

Diego et Geraldo servirent aux mercenaires la même histoire que celle qu'ils avaient déballée à Hunter un peu plus tôt : ils étaient là pour représenter un groupe de trafiquants colombiens. Ils cherchaient des gardes du corps pour assurer leur sécurité lors de transactions. Ils précisèrent que les gardes du corps seraient également chargés de transporter de la drogue, des armes et de l'argent et qu'on pouvait leur demander d'exécuter des traîtres.

Après le rendez-vous avec les Colombiens, Hunter et ses hommes étaient rentrés dans leur planque, où ils s'étaient installés dans le salon pour discuter de la situation. Le système de surveillance enregistrait toute la conversation. Sur l'index des cassettes de la DEA on peut lire : « Hunter détaille ses activités au sein de PCL : vente d'armes, surveillance, intimidation, meurtres ».

Hunter expliqua que LeRoux payait bien mais que les mercenaires ne devaient pas voler d'argent et que, s'ils s'avisaient de le faire, Hunter les retrouverait où qu'ils soient. Il laissa entendre qu'il n'hésiterait pas à les tuer et leur raconta ce qui était arrivé à Dave Smith, mort pour avoir volé de l'argent à LeRoux. Il expliqua également que, si les Colombiens leur demandaient un « extra », ça voulait dire un meurtre sous contrat.

Qui était vraiment Rambo Hunter ? Comment se comportait-il quand il croyait que personne ne le surveillait ? Les agents avaient à présent leur réponse.

La vidéo montrait clairement que Hunter était dangereux et déterminé. Il ne s'agissait pas d'un *serial killer* fou, il n'était pas en train de faire l'apologie du meurtre. Non, il était froid et méthodique. Et ça n'était pas plus rassurant. Tuer était un travail comme un autre. Il se comportait comme un mécanicien qui doit nettoyer un moteur ou changer le liquide de frein.

À mesure que la vidéo avançait, Cindric et Stouch voyaient s'additionner les preuves solides. Les agents avaient donné à Diego et Geraldo la consigne de faire répéter plusieurs fois à Hunter en quoi consistaient les « extras ». Ils voulaient des preuves irréfutables à présenter aux jurés lors du procès. Il fallait pouvoir certifier que chacun des hommes du groupe était conscient qu'on pouvait lui demander de commettre des meurtres et avait décidé de participer à ces opérations en connaissance de cause. Et le résultat était accablant : aucun juge, aucun membre d'un jury d'assises ne pouvait les visionner sans avoir l'intime conviction que ces hommes étaient prêts à tuer des inconnus pour de l'argent.

Pendant deux ou trois jours, Diego et Geraldo avaient rencontré chaque mercenaire en tête à tête pour lui demander s'il était conscient de ce à quoi il s'engageait. Ces entretiens ont été enregistrés. Chacun des mercenaires a répondu qu'il comprenait les enjeux de ces opérations et qu'il voulait y participer.

Diego et Geraldo confièrent alors une première mission aux mercenaires. C'était une mission banale : surveiller un yacht de LeRoux qui contenait une cargaison d'armes ou de drogue. Ainsi, les agents pourraient établir que Hunter et ses hommes avaient sciemment participé à une conspiration en vue de trafiquer de la drogue ou des armes.

Cindric, Stouch, Diego et Geraldo retournèrent aux États-Unis, persuadés que le plan allait fonctionner comme sur des roulettes. Mais il y eut un imprévu : en lisant les mails de LeRoux au tribunal fédéral, ils repérèrent un message préoccupant de Hunter, daté du 19 mars :

> Il s'est passé un truc bizarre à la planque. Le mec qui est venu nous chercher à l'aéroport, il est venu à la planque quelques jours avant notre arrivée. Il était avec trois autres Thaïlandais et ils ont ouvert le coffre-fort. Je sais pas si vous êtes au courant. Sinon, j'ai reçu un appel d'une femme qui m'a demandé si la voiture des proprios était disponible. Je sais pas de quoi elle parle, il n'y a jamais eu de voiture ici. D'après la femme de ménage, les types qui sont venus ont pris la voiture en disant qu'ils la rapportaient au garage et qu'il fallait pas en parler.

Cindric et Stouch détricotèrent la situation en parlant avec LeRoux puis avec Picciano, qui était rentré à Bangkok. Ils comprirent que la femme de ménage que Hunter avait embauchée avait déformé ce qui s'était passé. Mais il était exact que, quelques jours avant l'arrivée de Hunter, Bee, l'assistant thaïlandais de Picciano, était allé dans la planque avec des policiers thaïlandais pour installer le système de surveillance. Bee et les policiers avaient ouvert le coffre-fort, à la recherche du faux passeport de LeRoux.

Cindric et Stouch concoctèrent une réponse pour Hunter, signée LeRoux, qui expliquait que Bee était son homme à tout faire en Thaïlande et qu'il était parfois chargé de petits boulots pour lui. Dans un mail daté du 19 mars 2013, les agents écrivirent :

> Le mec qui est venu vous chercher à l'aéroport, il travaille pour moi en Thaïlande. Il y avait un 4x4 dans la planque. On l'avait apporté il y a 5 ans. Je lui ai demandé de l'emmener au garage pour le réparer et de le rapporter à la maison pour pas payer de frais de transport. Rassure la femme de ménage, c'est eux qui ont ouvert le coffre-fort parce que Smith avait laissé

mon passeport quelque part dans la planque (le passeport qui a servi pour l'acte de propriété de la maison), c'est ça qu'il cherchait. (si tu le trouves, tiens-moi au courant, c'est un passeport vénézuélien).

Cette réponse ne suffit pas à convaincre Hunter. Il fouilla la maison de fond en comble et au grenier il trouva la boîte de contrôle électronique connectée au système d'enregistrement. Il la débrancha et envoya immédiatement un mail à LeRoux :

On a trouvé des caméras et un lecteur DVR dans la maison ! ! ! Les gars veulent plus y retourner. Ils veulent louer une autre maison. Il nous faut 30 000 balles sinon on se tire. Ils sont plus très chauds pour travailler pour les Colombiens, ils veulent savoir ce qui se passe. Moi je reste dans la planque, les mecs vont ailleurs. Vu ce qu'on leur demande, ils veulent une augmentation, au moins 10 000 dollars chacun. À la base, on leur demandait juste de protéger des fonds, et maintenant ils doivent faire plein d'autres trucs. En plus ils sont en stress pour la maison. Ils veulent faire des extras ASAP. Ils sont prêts, il suffit que tu me laisses gérer ça mais là, c'est louche.

Cindric et Stouch commençaient à paniquer sérieusement. Comment rattraper la situation ?

— Oh putain, vous croyez qu'on est grillés ? souffla Cindric.

— Mais non, ne vous inquiétez pas, avait simplement dit LeRoux avec un sourire en coin, sans se départir de son calme habituel. C'est normal, je mets toujours des caméras de surveillance dans mes planques pour surveiller ce qui se passe.

Les agents s'étaient détendus. Oui, ça pouvait fonctionner, ça valait le coup d'essayer. De toute façon, ils n'avaient pas vraiment le choix.

Ils installèrent LeRoux devant la webcam de son ordinateur portable et se reculèrent de quelques pas pour ne pas apparaître à l'écran. LeRoux skypa Hunter pour lui expliquer la situation. Ce que Hunter venait de trouver, c'était le système de surveillance qu'il avait lui-même installé. Évidemment qu'il en avait un, il n'allait quand même pas laisser sans surveillance tout ce qu'il cachait dans cette planque ? Qu'est-ce que Hunter avait l'intention de faire, appeler les flics ? En plus, il y avait plein de voleurs à Phuket à cause des touristes bourrés qui faisaient des proies faciles.

Hunter ne croyait pas un mot de cette histoire. Il avait vu les caméras, elles étaient plus sophistiquées qu'un simple système de sécurité.

— Je sais qui les a installées, dit-il. C'est les Colombiens.

— Mais non, c'est juste des caméras de sécurité, répondit LeRoux.

Il rassura cependant Hunter en lui disant que s'il voulait une autre maison, il pouvait en louer une. Il payerait le loyer. LeRoux avait ensuite raccroché et s'était tourné vers les agents en riant :

— Bon, ça va. Il croit que c'est les Colombiens.

Cindric n'en revenait pas.

— Même quand tout pue le flic, il arrive à s'en sortir. Paul, c'est un bulldozer, il écrase tout sur son passage. Sa réputation est telle que personne n'envisage deux secondes qu'il puisse bosser pour les flics.

Hunter avait peut-être eu peur, mais ça ne l'empêchait pas de chercher à se faire encore de l'argent. Il demandait 30 000 dollars à LeRoux pour louer une autre maison, ce qui était une somme énorme, étant donné qu'une grande villa en bord de mer ne coûtait pas plus de 2 000 dollars par mois dans cette région. Hunter voulait en plus une augmentation pour ses hommes : 10 000 dollars par mois pour chacun. LeRoux avait accepté, mais Hunter raconta à ses hommes que LeRoux avait accepté de les augmenter de 9 000 dollars par mois seulement… il leur piquait au passage 1 000 dollars chacun.

Cindric et Stouch l'avaient échappé belle. La bonne nouvelle, c'est que les techniciens de la DEA à Bangkok avaient eu le temps de télécharger les vidéos du système de sécurité juste avant que Hunter le découvre. Tout ce qu'il avait dit sur les saloperies qu'il avait faites pour le compte de LeRoux, c'était dans la boîte.

L'étape suivante, c'était de confier aux mercenaires des missions à risque, afin de les habituer à obéir, pour finir par leur demander d'exécuter quelqu'un.

Shackels et Stammers venaient également de débarquer à Phuket, à la recherche de drogue et d'armes à trafiquer. Comme d'habitude, ils avaient plusieurs projets sur le feu. Le 9 mars 2013, Stammers présenta Diego et Geraldo à un Chinois nommé Chen, qui avait une grande quantité d'armes de poing à vendre. Grâce à un interprète, Chen expliqua à Shackels et Stammers qu'il voulait vendre des missiles chinois HN-5 (des imitations de missiles Stinger soviétiques). De nombreux groupes terroristes sont prêts à tout pour mettre la main sur ces missiles. Chen et son partenaire, un Anglais, étaient en mesure de livrer une centaine de systèmes de missiles antiaériens tirables à l'épaule, dont un lance-missiles et deux missiles, au prix de 25 000 dollars l'unité, soit 2,5 millions de dollars en tout. Diego et Geraldo entamèrent les négociations.

Shackels et Stammers saisirent cette occasion en or de se faire du fric. Ils proposèrent de servir d'intermédiaire aux Colombiens et organisèrent une série de réunions avec des trafiquants d'armes de différentes nationalités. En avril, ils invitèrent Diego et Geraldo à l'île Maurice pour leur présenter leurs contacts de la mafia serbe, que Shackels et Stammers surnommaient : « les criminels de guerre ». Cindric et Stouch avaient tout de suite donné leur feu vert. Pour eux, c'était l'occasion d'infiltrer le monde souterrain des marchands d'armes. Sur ordre des agents, LeRoux avait confié une mission à Gögel, Filter et Soborski : se rendre à l'île Maurice, afin d'assurer la sécurité des Colombiens. Si les mercenaires acceptaient, ce serait une preuve à charge supplémentaire au procès.

Avec l'aide de la police mauricienne, les agents mirent sur écoute la salle de réunion et photographièrent les invités. À la surprise générale, le rendez-vous s'était carrément transformé en réunion au sommet de marchands d'armes de toutes sortes. Quatre Serbes, représentant différentes branches de la mafia serbe en Amérique du Sud, en Europe, en Afrique et en Australie, étaient présents. Ils étaient bien implantés sur tous les continents. Ils étaient très intéressés par une éventuelle collaboration avec les cartels colombiens pour trafiquer de la cocaïne et avec la Corée du Nord et les triades chinoises pour transporter de la méthamphétamine et de l'ecstasy.

Les agents décidèrent d'organiser une seconde réunion pour évaluer les forces en présence. Deux vendeurs d'armes respectables y assistèrent : Johan Erasmus, un Sud-Africain qui fournissait des armes légalement à plusieurs gouvernements et agences de sécurité, et Erik Iskander-Goaied, un homme d'affaires qui possédait la double nationalité suédoise et tunisienne. Cindric et Stouch espéraient obtenir des informations sur la façon dont la DIO iranienne se procurait des armes. Erasmus, interrogé par l'auteure, se souvient avoir expliqué aux agents qu'il ne faisait pas affaire avec l'Iran mais que, pour des raisons commerciales, il avait essayé de surveiller les transactions iraniennes, en particulier en Afrique.

— L'Iran est spécialisé dans la fabrication d'armes de poing. Ils dépassent la Chine. Mais ils ont une offre limitée. Leurs munitions sont également de bonne qualité. En échange des armes et des munitions qu'ils vendent en Afrique de l'Ouest, ils achètent de l'or et du pétrole en grande quantité. À cause des sanctions internationales, ils ont dû développer de nouveaux itinéraires pour livrer la marchandise.

Erasmus a ajouté qu'au cours de la réunion Bill Meintjes, l'avocat sud-africain de LeRoux, lui a demandé de l'aider à collecter une partie ou la totalité des cent millions de dollars promis par les Iraniens en échange de la technologie de guidage de missile. Erasmus prétend avoir décliné l'offre.

Cindric et Stouch avaient organisé ces deux réunions à l'île Maurice pour vérifier la théorie de LeRoux selon laquelle tous les marchands d'armes du monde allaient s'arracher le système de guidage de missile et le drone de surveillance qu'il avait conçus pour l'Iran. Il était convaincu que les trafiquants d'armes allaient se battre pour vendre ces technologies à des États-voyous et à des groupes terroristes, en échange d'une commission. Cindric et Stouch décidèrent d'enquêter sur les clients potentiels et d'utiliser cette opportunité pour infiltrer le monde nébuleux des marchands d'armes. Ils demandèrent à LeRoux de rédiger une note technique à propos du système de guidage, qu'ils confièrent ensuite à un agent infiltré (un pilote canadien nommé John) qui jouait le rôle de représentant commercial : il devait expliquer le fonctionnement du système et répondre aux questions des clients. John était expert en systèmes d'armement. Il pouvait passer des heures à parler des dernières innovations dans ce domaine. Les Serbes avaient mordu à l'hameçon : oui, ils voulaient en savoir plus.

Mais la situation devenait tendue entre les infiltrés. Georges, le pilote de brousse français, était également du voyage. Il avait accompagné les mercenaires à l'île Maurice pour s'assurer qu'ils arrivent à destination. Sur place, il avait retrouvé son ami Erasmus, qu'il avait rencontré alors qu'ils travaillaient au service de Joseph Mobutu, le président-dictateur de République démocratique du Congo. Erasmus, qui travaillait alors pour les services de renseignement sud-africains, conseillait Mobutu en stratégie militaire. Georges était le pilote de Mobutu. Georges avait donné une grande tape dans le dos d'Erasmus.

— Salut, vieille branche !

En revanche, Georges était en mauvais termes avec son partenaire, John le Canadien. Georges aimait fanfaronner, tandis que John était calme, pointilleux, un peu naïf et très religieux. La situation avait commencé à dégénérer quand John s'était mis en tête de sauver Georges, qui lui avait rétorqué qu'il ne croyait pas en Dieu et qu'il n'avait pas besoin de John. Il avait ajouté que John faisait mal son travail et que les marchands d'armes n'allaient pas tarder à le démasquer. Il avait averti les agents.

— Si vous continuez à me demander de travailler avec lui, je vais finir par le buter. Ce débile a failli nous faire prendre. J'ai ramé pour nous sortir de là.

Heureusement, aucun coup de feu n'avait été échangé, et tous étaient rentrés sains et saufs à Phuket.

La tension monta d'un cran au cours de la réunion du 18 mai 2013, à Phuket. Ce jour-là, Diego avait convoqué Hunter et ses hommes à l'hôtel pour leur annoncer une bonne nouvelle.

— On a enfin un extra à vous proposer ! avait-il annoncé avant d'utiliser volontairement le nom de code dont ils avaient convenu. On a une taupe.

Geraldo lâcha que la taupe était liée à l'affaire du bateau qui avait fait naufrage, le *JeReVe* de LeRoux, qui s'était échoué sur l'archipel des Tonga et dont la cargaison (204 kg de cocaïne) avait été perdue. La découverte de l'épave avait fait la une des journaux australiens. Diego prétendit que deux autres cargaisons de drogue avaient été interceptées depuis par la police, ce qui était très louche. Il devait y avoir une taupe dans ses rangs. Il expliqua aux mercenaires qu'il leur donnerait les détails de la mission sous peu, s'ils l'acceptaient.

— On s'en occupe, avait dit Hunter.

Ça aurait dû être la fête à la planque, rien de tel qu'un bon voyage avec une mission à la clé pour réjouir des mercenaires.

Mais Diego ruina l'ambiance en se mettant à hurler sur Hunter, qui était arrivé en retard, et à traiter son équipe de tous les noms en leur disant à tous qui était le patron.

Diego improvisait. Or, en jugeant bon de s'éloigner du scénario établi avec Cindric et Stouch, il compliquait les choses. Il s'était tellement pris au jeu qu'il avait décidé de donner à son personnage un supplément d'âme : celui d'un connard prétentieux.

Le 20 mai 2013, Hunter envoya un mail à LeRoux pour se plaindre de la façon dont Diego l'avait traité. Il était furieux.

> Diego m'accuse d'avoir manqué à mes obligations mais j'y peux rien. Il nous donne l'heure du rendez-vous une heure avant. Comment voulez-vous qu'on soit à l'heure ? Même la Delta Force n'est pas prévenue une heure à l'avance. Le temps de réunir les hommes, d'aller à l'hôtel. Il n'y a pas de taxi dans le coin. À part un gars, on s'est tous mis à deux sur des motos 125 cm^3. L'hôtel était à 35 km. Diego nous avait juste balancé une adresse, on savait pas où c'était, et il y avait plus d'électricité dans la planque, on ne pouvait même pas vérifier l'adresse sur Internet vu qu'Internet était coupé. On s'est cassé le cul pour aller là-bas et on s'est fait engueuler parce qu'on était en retard et qu'ils nous avaient attendus. Il faut nous prévenir en avance, comment voulez-vous que je réunisse tout le monde et que je me rende à une destination inconnue en une heure ! ! !... Les gars sont prêts à faire le boulot, mais dites à Diego de nous lâcher un peu. On n'est pas là pour glander jusqu'à fin juin. Qu'ils nous donnent une mission, les gars feront ce qu'on leur demande, mais juste qu'ils arrêtent de nous traiter comme de la merde. Sans vouloir manquer de respect à Diego, mes gars c'est des pros. La mission, ils la feront proprement, tant qu'on les traite pas comme de la merde.

Georges s'était rangé du côté de Hunter. En sortant du rendez-vous, il était directement allé voir Cindric et Stouch, qui planquaient non loin de là en attendant de récupérer les enregistrements. Georges leur avait dit que Diego en faisait trop. On ne traite pas n'importe comment des vétérans des armées américaine et européenne. Ils n'allaient pas tarder à se rebeller, il fallait que Diego se calme.

— Il leur parle vraiment comme de la merde. On va se faire gauler, avait dit Georges aux agents. La situation est en train de nous échapper. Les mercenaires commencent à en avoir ras le cul, ça se voit dans leurs yeux.

— Tu crois que tu peux reprendre la situation en main ? avait demandé Cindric.

— *Bien sûr*[1], avait répondu Georges avec un haussement d'épaules très français. Laissez-moi faire.

Les agents avaient allumé le smartphone de LeRoux (ils ne se déplaçaient jamais sans) et avaient envoyé un message à Hunter de la part du Boss.

> Je vais régler ça avec Diego. C'est un vrai connard mais il connaît le business. Je m'en occupe.

Cindric et Stouch reprirent l'opération en main et rebattirent les cartes. À partir de maintenant, Georges serait le bras droit de LeRoux en Afrique et en Asie. C'est à lui que Hunter devrait en référer.

Diego et Geraldo s'occuperaient de la bande de trafiquants de drogue et d'armes (Stammers, Shackels, Lim et Reyes Peralta). Les trafiquants et les mercenaires ne se connaissaient pas, car LeRoux prenait bien soin de séparer les différentes branches de son organisation, par mesure de sécurité. Il n'y avait aucune chance que les mercenaires parlent des Colombiens aux trafiquants et vice versa.

1. En français dans le texte.

Diego avait râlé, mais Cindric et Stouch ne lui avaient pas laissé le choix. C'était le seul moyen de rattraper l'opération. C'était non négociable.

Le lendemain de la réunion qui s'était transformée en règlement de comptes, Georges sonna à la porte de la villa louée par Hunter. Il l'informa avec beaucoup de professionnalisme qu'il s'était entretenu avec LeRoux et que Diego avait eu un comportement « inacceptable » qui avait poussé le Boss à remanier son équipe. À partir de maintenant, c'était lui qui prenait le relais pour planifier et coordonner les opérations.

Hunter semblait soulagé. Il avait dit à Georges :

— Nous ce qu'on veut, c'est faire le boulot pour lequel on est payés.

Georges lui avait souri en lui tendant plusieurs smartphones sur lesquels il avait installé le logiciel de cryptage PGP pour garantir la confidentialité des communications. Il avait demandé aux mercenaires d'utiliser exclusivement ces téléphones pour communiquer avec lui et avec les Colombiens. Ces téléphones étaient bien entendu équipés de traceurs, qui permettaient à Cindric et Stouch de suivre le moindre de leurs déplacements.

En juin, Georges confia une nouvelle mission aux mercenaires. Il s'agissait de se rendre à Nassau aux Bahamas pour surveiller 300 kg de cocaïne (en réalité, une simple poudre) dans la soute d'un avion privé en route pour les États-Unis. L'opération s'était déroulée sans problème.

Mais, juste au moment où Cindric et Stouch pensaient avoir repris le contrôle de la situation, un nouvel obstacle se mit en travers de leur chemin. Le 15 août, Hunter se pointa à l'hôtel où séjournait Georges, à Phuket. Il était en compagnie de Gögel et de Tim Vamvakias, un petit homme qui avait dû être beau autrefois mais à qui la vie n'avait pas fait de cadeau.

— Il faut que je te parle, dit Hunter à Georges.

Il semblait de mauvaise humeur.

— On va prendre des mesures de sécurité avancées. Ce qu'on va faire, c'est qu'on va monter dans ta chambre et on va fouiller tout le monde. On laisse les téléphones ici, on laisse tout, prends juste les papiers dont tu as besoin, on va aller discuter sur la plage.

Georges n'en menait pas large. Que se passerait-il si Hunter découvrait le micro dont il était équipé ? Il essaya d'éviter la fouille au corps en disant qu'il était l'intermédiaire de LeRoux et qu'il était là pour transmettre les ordres mais Hunter insista :

— C'est toujours pareil, quand on commence à travailler avec quelqu'un. Au début ça se passe bien et deux mois plus tard... Regardez, lui par exemple !

Georges n'aurait pas su dire qui était visé, de Gögel ou de Vamvakias.

— Si ça se trouve, demain il va me balancer. Je sais pas. Je préfère assurer mes arrières.

Georges prit le temps de dévisager Hunter. Il avait le regard vitreux, il était défoncé et il puait. Ça faisait visiblement un moment qu'il n'avait pas pris de douche. Hunter disait à tout le monde qu'il ne buvait pas d'alcool, mais Georges était sûr qu'il avait pris quelque chose. Ou alors il commençait à péter les plombs sous l'effet de stress. Vamvakias avait l'air bourré, Gögel avait juste l'air con. Celui dont il fallait se méfier, c'était Hunter. Les quatre hommes se dirigèrent vers la chambre de Georges.

Georges avait déjà entendu Hunter se vanter de sa maîtrise des armes à feu et des techniques de combat rapproché. Mais il lui semblait plutôt que c'était un gros lâche. S'il était aussi compétent qu'il le prétendait, pourquoi laissait-il ses hommes faire le sale boulot ? Pourquoi n'était-il pas sur le terrain, à leurs côtés, pour prendre la direction des opérations ? En plus, Georges s'était rendu compte qu'il passait son temps à embrouiller tout le monde et à piquer de l'argent. Il n'éprouvait que du mépris pour Hunter.

— Ce mec, c'est un tas de merde. Si je pouvais le tuer de mes propres mains, je n'hésiterais pas une seconde.

Georges ne plaisantait qu'à moitié. Il avait déjà tué des hommes.

Tandis que Georges se dirigeait vers l'hôtel, flanqué de Hunter, Gögel et Vamvakias, il avait essayé d'analyser rapidement la situation. Il n'était pas en position de force. Si ça dégénérait, c'était trois contre un. Georges avait beau courir vite, il ne pourrait pas les distancer sans prendre le risque de se faire tirer dessus. Il ignorait si Hunter était équipé d'un détecteur capable de repérer le micro qu'il portait. C'était la première fois qu'il était muni de ce type de micros pour une opération. Il ne savait pas exactement comment ça marchait.

Les quatre hommes sortirent de l'ascenseur et se dirigèrent vers la chambre 4305, au quatrième étage. Georges jeta un coup d'œil par la fenêtre pour trouver une issue en cas de problème. Elle donnait sur la piscine. En même temps, on peut se faire tirer dessus même dans une piscine.

Il lui fallait un plan B pour justifier qu'il porte un micro si jamais les mercenaires le trouvaient. Il les baratinerait en leur faisant croire que LeRoux ne faisait pas confiance à Hunter et qu'il avait insisté pour que Georges porte un micro. Georges savait que Hunter craignait LeRoux et les Colombiens. Il ne mettrait pas en doute cette version.

Hunter demanda à Georges de laisser ses affaires dans la chambre pour que Gögel et Vamvakias puissent les fouiller. Gögel fit passer un détecteur le long du corps de Georges. En passant devant la poche où se trouvait le micro, l'appareil resta muet. Georges se détendit.

Hunter demanda ensuite à Georges, Gögel et Vamvakias de le suivre sur la plage pour discuter loin des oreilles indiscrètes. Même si ses hommes n'avaient pas trouvé de micro dans la chambre, il n'était pas entièrement rassuré.

— Putain, c'est pas possible d'être parano à ce point, grogna Georges. À la plage, on peut se faire repérer. Ta mission, c'est d'exécuter un agent de la DEA, ce serait pas mal d'être un peu discret.

Mais Hunter ne voulait pas en démordre. C'est sur la plage qu'ils finalisèrent l'opération. À leur retour à l'hôtel, Georges donna à Hunter les fausses photos de surveillance de Casich et Sammy ainsi qu'un rapport listant les lieux qu'ils fréquentaient à Monrovia. Le document avait été conçu pour faire croire à Hunter que c'était le cartel colombien qui avait mis Casich et Sammy sous surveillance.

— Lui, c'est la cible numéro un, dit Georges en montrant aux mercenaires une photo de Milione/Casich seul et une photo de Milione/Casich en compagnie de Taj/Sammy. Joseph Casich et son pote.

Hunter montra la photo de Taj.

— Il s'est laissé pousser la barbe.

Il parcourut ensuite la liste des cafés et des restaurants fréquentés par les deux hommes à Monrovia. Il s'arrêta sur l'un d'eux.

— C'est là qu'on va les liquider. Aucun problème.

— Ouais, aucun problème, renchérit Vamvakias.

— Ils ont une caisse ? demanda Hunter.

— Oui.

— Il nous faut la marque et le numéro d'immatriculation.

Georges indiqua que les deux cibles se déplaçaient plutôt en taxi.

— Alors comme ça, ils aiment se faire des petites balades ? demanda Vamvakias.

— Haha, ils ont peur de rien, ajouta Gögel.

— D'après vos informations, ces gars sortent dîner au resto tous les soirs, c'est ça ? Et ils traînent toujours ensemble ?

— Oui.

— OK, très bien.

Georges avait raconté que Casich et le Libyen passaient leur temps à traîner dans les bars et à draguer.

Ils évoquèrent rapidement les masques en latex qu'ils s'étaient procurés pour se faire passer pour des Libériens noirs. C'étaient des masques de bonne qualité, conçus pour le théâtre. Ils avaient intérêt à faire l'affaire, car ils coûtaient 1 400 dollars pièce. Les mercenaires ne voulaient pas les mettre dans leurs valises car, en cas de fouille, ce serait dur de trouver une explication crédible. Georges proposa de s'occuper des masques, en plus de leur fournir des véhicules (voiture et motos) pour qu'ils puissent se déplacer à Monrovia.

— Il nous faudrait deux casques aussi, ajouta Vamvakias. Au cas où on déciderait de leur foncer dessus.

Ils passèrent ensuite à leur sujet favori, les « outils » dont ils avaient besoin pour l'opération. Ils parlaient bien évidemment des armes.

— Alors, on veut deux MP7 équipés de silencieux et deux .22 long rifle équipés de silencieux, annonça Vamvakias.

Georges leur proposa en plus une carabine calibre .308. C'était le fusil utilisé par les snipers de l'armée américaine et de l'OTAN pour effectuer des tirs de précision.

— Pourquoi pas, au cas où ! répondit Vamvakias. Mais je pense qu'il faudra s'approcher relativement près, pour être sûrs de pas les manquer. C'est pour ça que des MP7 automatiques, ce serait plus pratique.

— En plus les carabines .308, ça fait vachement de bruit, ajouta Gögel. On peut pas installer de silencieux dessus. Avec un silencieux, c'est plus facile de s'approcher de la cible, de l'éliminer et de se tirer.

— Ouais, et le .22 c'est pour finir le boulot, renchérit Vamvakias. Au cas où l'arme s'enrayerait. Dans ce cas-là, on se servira du .22. Ce qu'il faut, c'est frapper vite et fort, vérifier que les deux cibles sont bien mortes et se tirer. Si on est bien équipés, c'est bon. Georges, tu prends les masques, tu nous trouves une moto et une voiture, et on peut y aller. Je viens de penser à un truc, si tu pouvais nous trouver des gants en latex aussi. Tu sais, des gants en latex bon marché, ce serait plus sûr, pour éviter d'avoir de traces de poudre sur les mains.

La tension semblait redescendue d'un cran. Vamvakias s'excusa même d'avoir donné une si longue liste d'armes à l'origine. Il expliqua que c'était parce que lui et Gögel ne savaient pas exactement comment l'opération allait se dérouler mais, maintenant qu'ils en savaient plus, ils pouvaient être moins gourmands.

Georges leur dit de ne pas s'inquiéter. Il avait des contacts en Afrique du Sud qui pouvaient leur fournir toutes les armes qu'ils voulaient.

— Quand même, ce serait bien d'avoir des MP7, insista Vamvakias.

Il précisa que les exécutions auraient lieu devant un bar, sur le front de mer.

— Le plus important, c'est d'avoir des silencieux, et aussi des armes automatiques pour tirer en rafale.

Une fois les derniers détails réglés, les trois hommes allèrent au bar de l'hôtel boire des bières et parler de l'Afrique, des femmes et de la politique française. À un moment, Georges se leva pour aller aux toilettes. Après avoir uriné, il chantonna une chanson de Frank Sinatra. C'était un message pour les agents qui écoutaient :

Regrets, I've had a few
But then again, too few to mention
I did what I had to do and saw it through without exemption
I planned each charted course, each careful step along the byway

And more, much more than this, I DID IT MY WAAAYYY.[1]

Plus tard, lorsque Cindric et Stouch écoutèrent la cassette, ils reçurent le message cinq sur cinq. Ils avaient eu tort de choisir Diego pour faire affaire avec les mercenaires. Diego, c'était un trafiquant de drogue. Il savait parler à d'autres trafiquants de drogue. En revanche, pour s'adresser à un mercenaire, il faut un autre mercenaire. Georges avait agi à sa façon, et ça avait marché.

En rejoignant Hunter, Georges se dit que c'était le moment de mettre les points sur les *i*. Il était censé être l'ombre de LeRoux, ses yeux et ses oreilles sur le terrain, il fallait qu'il montre que c'était lui le chef. Georges avait été commandant dans la marine française, il avait l'habitude de donner des ordres.

Georges fit savoir à Hunter que dorénavant il lui saurait gré de ne plus le fouiller. Autant il comprenait qu'on fouille les personnes extérieures à l'organisation par mesure de sécurité, autant entre partenaires on devait se faire confiance. Vamvakias dit d'un ton boudeur :

— C'est vrai.

— Je n'ai rien à cacher, continua Georges. En revanche, je suis dans l'obligation de rapporter à Paul que vous m'avez fouillé. Est-ce que ça vous pose problème ?

— Allez-y, répondit Hunter. Je travaille à ma façon.

— Mais moi aussi, mon ami, lâcha Georges en lui décochant un sourire assassin.

Après avoir encore parlé de quelques nanas de Phuket (que les mercenaires décrivaient comme un « Disneyland pour adultes »), ils quittèrent le bar. Hunter partit seul de son côté.

1. « Des regrets, j'en ai quelques-uns/Mais là encore, trop peu pour en faire état/J'ai fait ce que j'avais à faire, je suis allé jusqu'au bout/J'ai mené ma vie comme je l'entendais, j'ai tracé mon chemin avec prudence/Mais bien plus que ça : je l'ai fait à ma façon. »

Vamvakias et Gögel s'excusèrent du comportement de Hunter. La fouille, c'était son idée, eux, ils faisaient confiance à Georges, mais ils devaient obéir aux ordres. Ils se séparèrent après avoir convenu d'un rendez-vous le lendemain.

Gögel et Vamvakias avaient peur de Hunter. Ils lui obéissaient au doigt et à l'œil. Georges ne pouvait pas compter sur eux. Si Hunter leur donnait l'ordre de le tuer, ils l'exécuteraient sans poser de questions. Il les avait quittés en faisant un signe de main et était rentré lentement jusqu'à l'hôtel où l'attendaient les agents de la DEA. En arrivant, il s'était écroulé sur une chaise, visiblement ébranlé. Il avait lâché :

— Putain, quel merdier !

Cindric lui avait tendu une bière. Il s'en voulait de ne pas avoir expliqué à Georges comment fonctionnait le micro dont ils l'avaient équipé. Le micro n'émettait pas de signal, il se contentait d'enregistrer le son et de tout stocker sur une puce électronique. L'avantage, c'est qu'il ne pouvait pas être repéré. L'inconvénient, c'est que les communications n'étaient pas transmises en direct et que les agents ne pouvaient donc pas aider Georges s'il était en danger. De toute façon, ils savaient tous dans cette pièce que même dans le cas contraire, si un de ces types décidait de dégainer, personne ne pourrait rien y faire.

Georges avait haussé les épaules avant de se radoucir un peu. Il n'était pas du genre à attendre que quelqu'un vienne à son secours. C'était un baroudeur, qui avait l'habitude de voyager dans des endroits dangereux (Argentine, Mali, Côte d'Ivoire, Malte, Sierra Leone, etc.). Il avait beaucoup d'histoires à raconter. C'est la vie qu'il avait choisie, à l'opposé de celle, tranquille, de son père, instituteur à la retraite. Mais il avait peur d'avoir fait foirer la mission en tenant tête à Hunter.

Cindric et Stouch ne pensaient pas que Hunter puisse se braquer au point d'abandonner la mission. Vu le nombre de fois où il avait réclamé des « extras », il avait sûrement besoin d'argent. Et, tôt ou tard, l'un des mercenaires se rendrait compte que Hunter les volait et lui mettrait une balle dans la tête. Personne n'irait pleurer sur son sort.

Mais il y avait un point sur lequel Cindric et Stouch étaient d'accord avec Georges : la situation pouvait encore leur échapper. Hormis Soborski, qui gardait la tête froide, tous les autres étaient à moitié fous.

Cindric et Stouch dirent à Georges d'aller se reposer un peu. Mais Georges n'avait pas envie de dormir. Ce qu'il voulait, c'était un bon whisky pour se requinquer. Il se mit en quête d'un bar. Les agents restèrent dans la chambre, car ils avaient encore du travail. Ils devaient télécharger les enregistrements sur leurs ordinateurs et les écouter.

C'est à ce moment-là qu'ils se rendirent compte qu'il y avait un problème. Hunter prévoyait d'envoyer seulement Gögel et Vamvakias à Monrovia (Gögel comme tireur, Vamvakias pour le couvrir), alors que les agents avaient compté sur le fait que Hunter enverrait probablement Filter et Soborski en renforts. S'ils restaient avec Hunter, la police thaïlandaise aurait du mal à tous les maîtriser en même temps.

C'est à ce moment-là que l'idée d'attirer Filter et Soborski en Estonie avait germé. Les agents du bureau de la DEA à Copenhague entretenaient de très bonnes relations avec l'unité de lutte contre le narcotrafic, ainsi qu'avec le raid. L'Estonie avait récemment rejoint l'Union européenne et l'OTAN, et le gouvernement estonien voulait montrer sa bonne volonté. Cindric et Stouch avaient une idée en tête : pourquoi ne pas envoyer les deux mercenaires en mission à Tallinn, pour leur demander de servir de gardes du corps à Diego au cours d'un rendez-vous avec un trafiquant serbe ? Ça semblait envisageable.

Cindric envoya un texto à Hunter depuis un des smartphones de LeRoux.

> On a besoin de deux autres gars mi-septembre, pour un boulot de surveillance. Ensuite on aura peut-être besoin d'eux dans les pays baltes pour sécuriser un rendez-vous avec des Serbes.

Les agents avaient fixé la date de l'opération *Coup de filet*. Celle-ci aurait lieu le 25 septembre 2013. Les arrestations devaient avoir lieu simultanément, afin d'éviter tout risque qu'ils se préviennent entre eux. Par mesure de précaution, les agents avaient décidé de faire tomber tous les membres de l'organisation de LeRoux le même jour.

Pendant ce temps, Diego et Geraldo étaient en pleines négociations avec Shackels et Stammers, en vue d'acheter de la méthamphétamine nord-coréenne et de la livrer à « la Grosse Pomme » (c'est-à-dire à New York). Lim avait laissé entendre que le régime de Pyongyang cautionnait la fabrication et la vente de méthamphétamine.

— Le gouvernement nord-coréen a fait semblant de démanteler tous les labos, avait dit Lim. Mais en réalité, ils sont toujours en activité. Le gouvernement voulait faire croire aux Américains qu'ils ne vendaient plus de méthamphétamine, mais ils se sont contentés de déménager les labos. Nous, les Chinois, on est les seuls à pouvoir acheter de la méthamphétamine nord-coréenne.

Les agents avaient noté scrupuleusement cette information. Cela signifiait que Lim et la triade chinoise achetaient de la méthamphétamine directement en Corée du Nord : ils avaient la preuve que le régime de Pyongyang avait menti en prétendant avoir fermé les laboratoires. En réalité, le régime cautionnait toujours la fabrication et la vente de méthamphétamine, en autorisant certains laboratoires nord-coréens à rester en activité.

LeRoux avait déjà acheté 100 kg de méthamphétamine nord-coréenne par l'intermédiaire de Lim. La marchandise était stockée en Thaïlande et aux Philippines. Lim avait dit à Diego et à Geraldo que la triade dont il faisait partie était prête à leur en vendre en plus grande quantité. Ils disposaient d'une réserve de 10 tonnes de méthamphétamine nord-coréenne stockée dans un entrepôt. La vente d'une telle quantité de méthamphétamine rapporterait assez d'argent pour permettre à la Corée du Nord de poursuivre ses programmes d'armement.

Stammers et Shackels s'étaient déclarés prêts à transporter de grandes quantités de méthamphétamine pour le compte de LeRoux. Ils avaient déjà décidé de l'itinéraire qu'ils emprunteraient pour introduire la drogue en Thaïlande et la transporter jusqu'à Bangkok. Pour vérifier que cet itinéraire était viable, ils avaient fait livrer un conteneur rempli de 4,7 tonnes de feuilles de thé de Chine jusqu'à l'entrepôt qu'ils avaient choisi. Si le conteneur avait contenu de la méthamphétamine nord-coréenne, ils en auraient tiré 300 millions de dollars minimum, trois fois plus en passant par des petits dealers de rue. Les feuilles de thé avaient passé le test : livrées à Bangkok sans encombre. Stammers et Shackels avaient hâte de passer aux choses sérieuses.

Diego et Geraldo avaient donné rendez-vous aux quatre trafiquants dans un hôtel de Phuket, le 25 septembre, pour finaliser l'opération en vue de livrer la marchandise à New York.

Mi-septembre, Cindric et Stouch installèrent le centre de commandement des opérations au Marriott, l'hôtel de luxe de Phuket. Ils avaient dressé une longue liste de vérifications de dernière minute. Tout était noté dans des carnets, des fichiers et sur un tableau blanc accroché au mur, à côté d'une carte du monde.

Tous les matins, à l'aube, Stouch courait vingt kilomètres. Il ne dérogeait jamais à cette routine. Il empruntait toujours le même itinéraire, le long de la plage, zigzaguant au milieu des gens nus, encore bourrés ou à moitié endormis. Un matin, une meute de chiens sauvages l'avait poursuivi, et un des clebs l'avait mordu jusqu'au sang. Picciano avait dû le conduire aux urgences où un médecin lui avait prescrit une série d'injections contre la rage.

Cindric pratiquait la boxe thaïlandaise. Il piquait aussi des sprints sur le terrain de foot à côté de l'hôtel. La veille de l'opération *Coup de filet*, un troupeau de buffles d'Asie était sorti du bois alors qu'il traversait le terrain en courant. Le gardien de l'hôtel avait jailli hors de sa guérite et les avait chassés comme si de rien n'était.

Cet incident avait déclenché une réaction étrange chez Cindric, qui s'était mis à rire sans pouvoir s'arrêter. En arrivant, Stouch l'avait trouvé rouge comme une tomate, à moitié en train de s'étouffer de rire. Il ne savait même pas pourquoi il était dans cet état-là. Sans doute à cause de la tension accumulée au cours des derniers mois. S'occuper d'une source, gagner sa confiance, c'est un travail de tous les instants. LeRoux était le pire de tous. Pour l'instant, il se montrait coopératif, mais les agents pouvaient quasiment entendre les rouages de son cerveau qui fonctionnait à plein régime. Quel était son plan pour la fin de partie ? Quand allait-il abattre ses cartes ?

Et si cette affaire n'était qu'un pétard mouillé ?

Soudain, Cindric s'arrêta de rire, se leva d'un bond et dit à Stouch :

— Je viens d'avoir une vision. Tout va bien se passer.

Stouch leva les yeux au ciel. Il n'accordait pas beaucoup de crédit aux visions de son partenaire.

14

Comme un Ninja

Pourtant, c'était une vision prophétique. La chance leur avait souri. Le dieu des flics était avec eux.

Contre toute attente, les forces de police, les procureurs et les officiers d'immigration de trois pays avaient réussi à se coordonner. Les présidents, les services de renseignement et les ministres de la Défense n'avaient pas fait d'ingérence. Aucun avion n'était tombé en panne. Aucune information n'avait fuité. Les criminels étaient tous là où la police avait prévu de les cueillir, sauf Hunter, mais il n'était pas loin et il n'avait pas d'arme.

Le 26 septembre 2013, quand le jour s'était levé sur New York, les mercenaires et les trafiquants de méthamphétamine à la solde de LeRoux étaient tous hors d'état de nuire.

Les mercenaires et les dealers étaient en prison. Les démarcheurs téléphoniques, les pilotes et les employés, qui avaient continué à recevoir leur salaire pendant un an pour maintenir l'illusion que LeRoux était toujours aux commandes, se retrouvèrent au chômage du jour au lendemain. Les maisons et les appartements furent évacués. Les yachts saisis.

Un homme d'affaires de la vieille école aurait été au désespoir de voir le travail d'une vie réduit à néant. Mais LeRoux gardait le sourire. À l'ère de l'innovation, les entrepreneurs ne se laissent pas abattre. Ils s'adaptent. Ils trouvent d'autres marchés. LeRoux était prêt à rebondir.

Quand Cindric avait informé LeRoux que tous ses hommes avaient été arrêtés et que toutes ses sociétés avaient été saisies, il lui avait répondu en souriant :

— Ah, ça a marché. Bravo !

Il avait laissé un silence avant de demander :

— Vous n'avez plus besoin de moi ?

— Non. On n'a plus besoin de vous.

À ce moment précis, tout ce dont LeRoux avait besoin, c'était d'une pause. Il avait réussi, en partant de rien, à construire plusieurs entreprises qui lui avaient permis de faire des profits énormes, et il savait qu'il pourrait le refaire. Mais il fallait d'abord qu'il obtienne sa libération, ce qui signifiait qu'il devait se soumettre aux exigences des agents et des procureurs pour qu'ils appuient sa demande auprès du juge fédéral. Le juge n'était pas obligé de suivre les recommandations des procureurs mais, s'il acceptait, LeRoux pouvait s'en sortir avec une peine allant de douze à quinze ans de prison environ. En comptant celle qu'il avait déjà effectuée, il pouvait espérer être libre en 2024. Il serait encore dans la force de l'âge, cinquante-deux ans, et toujours plein aux as. Les agents le suspectaient fortement d'avoir planqué de l'argent un peu partout.

LeRoux était impatient de connaître la durée de sa peine et de savoir quand il sortirait de prison, mais Hunter n'allait pas lui faciliter la tâche. Dans l'avion de la DEA entre Phuket et New York, il avait craqué.

— Je ne suis pas quelqu'un de mauvais. J'ai blessé des gens, mais ils méritaient d'être punis. Ils avaient volé de l'argent à mon boss. Ce sont des voleurs. Ils devaient payer pour ce qu'ils avaient fait.

Pour sa défense, Hunter n'avait pas enfoncé LeRoux. Au contraire, il parlait de lui avec un air d'adoration. Malgré tout, avec le ton passif-agressif qui le caractérisait, il dépeignait LeRoux comme un être assoiffé de sang. La loyauté à toute épreuve qu'il manifestait à l'égard de son patron était toxique, pas uniquement pour ses victimes mais également pour LeRoux.

Hunter raconta que, peu après avoir été embauché par LeRoux, il s'était retrouvé au milieu d'une vendetta familiale. En 2008 ou en 2009, les cousins de LeRoux, Mathew et Garry Smith qui, comme LeRoux, étaient nés en Rhodésie, avaient suivi l'exode blanc en Afrique du Sud et étaient rentrés au Zimbabwe pour travailler dans l'industrie minière, avaient présenté LeRoux à leurs amis Steve et Andrew Hahn, experts en or et trafiquants. LeRoux avait embauché les frères Hahn pour qu'ils lui servent de courtiers en Afrique.

Les frères Hahn avaient perdu une grosse somme d'argent en achetant de l'or au Mali. Ils prétendaient qu'ils avaient versé l'argent et que l'or ne leur avait jamais été livré. LeRoux ne les avait pas crus. Il les soupçonnait d'avoir détourné au moins 800 000 dollars, peut-être plus. Il les avait convoqués à Manille pour qu'ils s'expliquent.

Les frères Hahn avaient rejeté la faute sur Mathew et Garry Smith, mais LeRoux en doutait fortement. Au lieu de les traîner devant les tribunaux, LeRoux avait décidé de se faire justice lui-même. Il avait demandé à Dave Smith (qui n'avait aucun lien de parenté avec les cousins de LeRoux) de piéger les Hahn en cachant de la cocaïne dans les bagages d'Andrew. À la sortie de l'avion, ils avaient été cueillis par les douaniers philippins, qui avaient trouvé cinq grammes de cocaïne dans le sac d'Andrew. Il avait été condamné à deux ans et demi de prison aux Philippines, jusqu'à ce que son frère réussisse à convaincre les autorités de le libérer.

Pendant qu'Andrew purgeait sa peine, Steve Hahn était rentré en Afrique du Sud pour réfléchir à un plan. LeRoux, bien décidé à le poursuivre jusqu'au bout du monde, avait dit à Dave Smith et Hunter de le retrouver et de le punir.

Hunter avait déjà raconté cette histoire à Gögel et Soborski. Elle avait été enregistrée par la DEA :

> Là, je l'ai appelé et j'ai dit : « Steve, ils veulent que je te tire dessus. » Il a répondu : « Non, fais pas ça ! » J'ai dit, euh, je lui ai dit : « Ne t'inquiète pas, une fois que je t'ai tiré dessus, c'est fini. » On avait des gars devant chez lui pour le surveiller. J'ai dit : « Il n'y a personne d'autre chez toi. Après ça, plus personne viendra t'emmerder. » Il a répondu : « OK. » Mais après j'ai réfléchi et je me suis dit : « Il dit ça mais qui me dit qu'il va pas aller voir la police pour me dénoncer ? Et après la police va m'arrêter à l'aéroport… » Donc, j'ai inventé une histoire, ça faisait déjà trois jours que je réfléchissais à une manière de l'empêcher d'aller voir la police. Je lui ai dit : « Voilà ce qui va se passer, Steve. Je vais prendre l'avion pour l'Afrique du Sud. À mon arrivée, je dois passer un coup de fil. J'ai posté deux gars chez toi, là où tu habites. Sans nouvelles de ma part, ils s'en prendront à ta famille. »

Dans cette brillante déclaration, Hunter prétendait que Hahn lui avait donné l'autorisation de lui tirer dessus. Hunter avait ajouté que Hahn regrettait d'avoir volé de l'argent à LeRoux et que lui-même était réticent à exécuter ce contrat.

— Quand je suis arrivé, Hahn m'a dit : « Je sais pourquoi tu es là. », avait dit Hunter. « Je sais que tu fais seulement ton job. J'ai arnaqué ton patron. Fais ce que tu as à faire. »

D'après Hunter, Steve Hahn avait tendu la main pour que Hunter tire dessus. Toujours selon Hunter, Steve Hahn était reconnaissant d'avoir eu la vie sauve. Il avait été jusqu'à le raccompagner à l'aéroport en voiture, pour qu'il puisse attraper son vol pour Manille.

— Dans l'avion, je me sentais trop mal, avait dit Hunter aux agents.

Il prétendait qu'il se sentait coupable d'avoir blessé Hahn, mais il fallait bien que le Boss se fasse respecter. Il ne pouvait pas appeler les flics ou porter plainte. Non, pour lui, la seule façon de contrôler un criminel, c'était de le menacer pour lui montrer qui commande. Dans l'économie souterraine, on ne peut pas se passer des services des tueurs à gages. Hunter se consolait en se disant que les Hahn connaissaient les règles du jeu. Il avait recroisé Steve Hahn un an plus tard. Ce dernier faisait affaire avec LeRoux aux Philippines. Il n'avait manifesté aucune rancune.

Ce n'était pas exactement la version que Hunter avait donnée aux autres mercenaires. Selon Vamvakias, Hunter n'éprouvait pas le moindre remords pour cette agression.

— Il m'a raconté qu'il lui avait tiré dans la main et qu'après il l'avait juste déposé devant l'hosto, avait dit Vamvakias.

Mais LeRoux voulait également se venger de ses cousins, les frères Smith. Il avait envoyé trois mercenaires (Dave Smith, Hunter et Chris DeMeyere) au Zimbabwe pour les traquer et leur foutre la trouille de leur vie. Interrogé par les agents, Hunter raconta qu'il avait lancé un cocktail Molotov par la fenêtre de la maison de Mathew Smith. Personne n'avait été blessé, mais la maison avait pris feu. LeRoux avait ensuite payé un tueur à gages sud-africain, Marius, pour qu'il mette le feu à la maison de Garry Smith à Johannesburg. Il avait d'abord envisagé de demander à Marius de descendre ses cousins, mais il avait changé d'avis.

— J'ai pas pu aller jusqu'au bout. Je me suis dit qu'ils faisaient partie de ma famille, avait dit LeRoux.

Les agents avaient du mal à le croire, surtout quand LeRoux laissa échapper que les tueurs à gages réclamaient une grosse somme pour exécuter les deux frères.

LeRoux confiait d'autres contrats criminels à Dave Smith et à ses mercenaires. En 2008 ou en 2009, il avait commencé à nourrir des soupçons à l'encontre de Moran Oz, le gérant de RX Limited.

Il le suspectait de détourner de l'argent. Hunter raconta qu'avec Smith et DeMeyere ils avaient emmené Oz « faire un tour en bateau ». Ils l'avaient jeté dans l'eau infestée de requins et avaient tiré en rafale tout autour. Oz avait supplié qu'on lui laisse la vie sauve et avait promis de ne plus jamais trahir la confiance de LeRoux. Les mercenaires l'avaient sorti de l'eau et l'avaient laissé se traîner jusqu'à la plage.

Hunter confirma aux enquêteurs que LeRoux ne ratait pas une occasion de se faire de l'argent. Il était impliqué dans une affaire de blanchiment pour le compte de Charles Taylor, ancien président du Liberia devenu seigneur de guerre, qui faisait régner la terreur au Liberia et en Sierra Leone voisine. (En mai 2012, Taylor a été condamné par le Tribunal pénal international de La Haye pour crimes de guerre et condamné à cinquante ans de prison.)

Hunter raconta que LeRoux l'avait envoyé en mission à Pemba, au Mozambique, à bord d'un jet privé. De là, il devait se rendre dans un entrepôt à Bruxelles, récupérer 300 millions de dollars amassés par Taylor (volés dans les caisses de l'État ou gagnés en trafiquant des diamants de conflit) et les livrer en Afrique du Sud. Le boulot de Hunter, c'était de surveiller l'argent. Pour une raison obscure, les pilotes de LeRoux (un Israélien et un Russe) avaient laissé Hunter au Mozambique pour se rendre seuls à Bruxelles. Hunter n'a jamais su ce qu'étaient devenus les 300 millions de dollars de Taylor, à tel point qu'il doutait de l'existence de cet argent. LeRoux, qui avait dû toucher une grosse commission pour avoir mis l'argent en sécurité, n'a plus jamais mis le sujet sur le tapis.

Une autre fois, Hunter s'était rendu au Sri Lanka pour acheter des caisses de grenades volées sur une base militaire. Mais, au dernier moment, le vendeur avait paniqué, et l'opération était tombée à l'eau.

Hunter prétendait que LeRoux était impliqué dans de nouvelles opérations au Yémen et en Corée du Nord. Il ne savait pas exactement de quoi il s'agissait. Tout ce qu'il savait, c'est que LeRoux était à la recherche de têtes brûlées prêtes à se rendre à Sanaa et à Pyongyang, de négocier avec les différentes factions politiques qui se faisaient la guerre et de revenir avec un accord signé pour LeRoux.

En passant aux aveux, Hunter servait d'abord ses propres intérêts. Il se présentait comme un soldat loyal qui se contentait d'obéir à des ordres venus d'en haut, même si ces ordres sortaient de la bouche d'un dangereux criminel tyrannique et capricieux. Les agents avaient du mal à croire ce type qui semblait n'avoir ni scrupule ni conscience.

Cependant, grâce aux révélations de Hunter, les agents avaient de nouvelles cartes en main. Ils pouvaient comparer ses aveux à ceux de LeRoux et inversement. Hunter semblait avoir des souvenirs plus précis des meurtres que LeRoux. Par exemple, le nom des hommes qui avaient tué Catherine Lee, l'agente immobilière.

Le 26 février 2015, après avoir passé des mois à faire la « reine d'un jour », Hunter avait fini par signer un accord avec le procureur, dont les termes imposaient qu'il passe aux aveux concernant le meurtre de Catherine Lee. Hunter avait donc donné à la police le nom du tireur, Adam Samia (« Sal »), et du conducteur de la moto, Carl David Stillwell (« JT »). Il avait expliqué que c'était à cette opération que faisait référence un mail intercepté par les agents, daté du 24 janvier 2012, où LeRoux demandait à Hunter de verser 35 000 dollars à « Sal » et « JT » pour le « succès de l'opération » (le meurtre de Catherine Lee). Hunter avait ajouté que LeRoux avait mis la pression sur Samia et Stillwell pour qu'ils poursuivent les exécutions. Selon Hunter, LeRoux avait suivi chaque intervention dans les moindres détails. Quand les agents mirent LeRoux au pied du mur, ce dernier admit avoir menti de peur d'être extradé vers les Philippines s'il disait la vérité. Là-bas, il risquait la prison à perpétuité, ou de finir avec une balle dans la tête, exécuté par les policiers véreux avec qui il avait travaillé.

Adam Samia n'avait rien à voir avec les mercenaires que recrutait habituellement LeRoux. Il n'avait jamais travaillé dans l'armée ou dans la police. Quand il a témoigné à la barre, Samia a raconté qu'il avait grandi dans une ferme à la périphérie de Leicester, dans le Massachusetts. À la fin de ses études secondaires, Samia avait enchaîné les petits boulots : il avait travaillé comme mécanicien dans une casse et comme plâtrier dans l'entreprise de construction de son frère. Il était accro à l'adrénaline et s'était mis aux arts martiaux japonais. Il s'était révélé très doué en combat rapproché et en kick-boxing. Quand son frère avait été embauché dans une unité du raid du Massachusetts, Samia avait participé à vingt-trois ou vingt-quatre entraînements, où il jouait le criminel traqué par les policiers. Au cours de ces entraînements, il avait fait la connaissance de Dave Smith.

Samia avait pris l'habitude de boire des bières avec Smith et les autres policiers. Smith leur avait raconté sa vie : il avait servi dans une unité de commando de l'armée britannique, travaillé pour la CIA, exercé le métier de garde du corps avant d'être embauché par une société de sécurité privée. Il prétendait avoir servi de garde du corps à Elton John, à Gianni Versace, à Steve Jobs et à d'autres acteurs et athlètes célèbres. Personne n'a jamais pu démêler le vrai du faux dans ses histoires. Mais ce qui était sûr, c'est que Smith gravitait autour de criminels.

Quand Smith avait proposé à Samia de travailler pour une société de sécurité privée dans la banlieue de Washington DC, Samia avait saisi sa chance. Le boulot ne faisait pas rêver : il s'agissait uniquement de vérifier l'identité de personnes invitées à une conférence et d'interdire l'entrée à celles qui n'avaient pas de carton d'invitation. Samia a déclaré à propos de cette mission :

— C'était de l'argent facile. C'était excitant et ça changeait de ce que j'avais l'habitude de faire.

Et ça payait bien. Samia gagnait 1 000 dollars par jour, une fortune pour un jeune qui vivait de petits boulots. Smith l'avait encouragé à continuer dans cette voie. La sécurité privée était un secteur en pleine croissance. Il était sûr de trouver du travail.

— M. Smith m'a entraîné, il m'a appris comment m'habiller, comment me comporter avec mes supérieurs, comment conduire dans les cortèges de sécurité, ce genre de trucs.

Sur les conseils pressants de Smith, Samia avait suivi une formation accélérée en protection rapprochée. La formation, qui coûtait 100 dollars, avait eu lieu à l'Executive Protection Institute à Berryville en Virginie, à une centaine de kilomètres de Washington DC. Pendant les week-ends, Samia avait également pris des cours de tir et participé à des séances d'entraînement. De temps en temps, il travaillait comme agent de sécurité, pour des événements privés.

En 2004, Samia venait d'avoir trente ans. Son père, tout juste retraité, avait décidé de se consacrer à sa ferme. Pour éviter de sacrifier toutes ses économies, il avait quitté le Massachusetts pour s'installer dans le Sud rural. Il avait acheté une ferme avec cinq chambres et 220 000 m^2 de terrain pour les chevaux à Roxboro, en Caroline du Nord pour un demi-million de dollars. Il avait donné son nom à la ferme : « Écuries Samia et Fils ».

Adam Samia avait suivi son père, la deuxième femme de son père et sa grand-mère à Roxboro. Mais la vie dans le Sud profond n'avait rien de palpitant. Samia était resté en contact avec Smith. En 2008, Smith lui avait proposé de travailler pour Echelon Security, la société-écran qu'il avait montée pour exécuter les contrats commandités par LeRoux. D'après le témoignage de Samia, Smith lui avait dit qu'il travaillait pour un client richissime, qui avait fait fortune dans l'industrie pharmaceutique et qui cherchait à diversifier ses activités et à se lancer dans le commerce d'or, de diamants et de bois exotique. Smith avait offert à Samia un salaire de 7 000 dollars par mois, en lui promettant de l'augmenter à 10 000 dollars si les affaires marchaient. C'était plusieurs fois le salaire que gagnait Samia en tant que plâtrier. Il n'avait pas hésité une seconde. Il avait pris l'avion pour Hong Kong, où il avait rencontré l'un des employés de LeRoux, un agent de sécurité canadien nommé Lachlan McConnell. Ce dernier lui avait présenté Hunter et les autres mercenaires. Samia et les autres devaient participer à l'opération *Midas*, du nom du roi grec qui demande à Dionysos la faculté de changer en or tout ce qu'il touche, ce qui le conduit à sa perte. Cette mission impliquait de se rendre en République du Congo, en République démocratique du Congo et en Papouasie-Nouvelle-Guinée pour transporter de l'or et verser des pots-de-vin aux autorités locales afin d'acheter des terrains. LeRoux utilisait ces activités comme couverture pour blanchir l'argent de la vente illégale de produits pharmaceutiques. Pour des raisons pratiques, la police n'enquêtait pas sur ces activités.

Au début, les mercenaires se méfiaient de Samia à cause de son manque d'expérience. Au cours de son audition au procès de Samia, Vamvakias a dit à la barre :

— Je ne voulais pas de lui comme partenaire. Il n'avait aucune formation militaire, ça me posait problème. Je pensais qu'il ne savait pas se servir d'une arme, qu'il ne savait pas se battre. Je savais qu'on allait se retrouver confrontés à des situations de stress et j'avais l'impression qu'il risquait de mettre nos vies en danger ou de faire foirer la mission. Et, comme il n'avait pas de formation militaire, j'avais aussi l'impression qu'il aurait du mal à obéir à des ordres.

Toujours selon Vamvakias, Smith avait répondu :

— T'en fais pas, c'est un mec bien. Il est des nôtres.

Selon Vamvakias, quand Smith disait que Samia était des leurs, ça voulait dire qu'il était prêt à tuer, comme les autres. Pour se porter garant de Samia, Smith avait ajouté :

— Il m'a même dit qu'il voulait bien se charger du sale boulot.

Selon Vamvakias, se charger du sale boulot, ça voulait dire commettre des meurtres commandités.

Après l'opération, Samia était retourné en Caroline du Nord pour travailler dans une armurerie, l'Arsenal. Son partenaire, David Stillwell, fabriquait et vendait des étuis pour revolvers et des systèmes pour transporter des armes (par exemple une brassière pour ranger un revolver, qu'il avait nommée le Bosom Buddy). Samia et Stillwell avaient ouvert une entreprise, appelée Grandfather Oak Training Group. Dans la brochure, Samia se présentait comme instructeur-assistant et officier de sécurité, ainsi que comme instructeur de tir en situation de combat. Il donnait des cours de « tir tactique, pour apprendre à viser plusieurs cibles à la fois, en apprenant à se mettre à couvert, avec des équipements de combat ». C'était relativement prétentieux pour deux gars qui ne connaissaient la guerre qu'à travers les jeux vidéo auxquels ils jouaient et les magasins de surplus militaires. Samia avait postulé à la société de sécurité Triple Canopy mais, en l'absence de véritable expérience militaire, il n'avait pas été retenu. Il avait continué à chercher un emploi en tant que tueur à gages. Il se présentait sur LinkedIn comme « agent de sécurité privé » et entretenait son réseau lors d'événements de tir.

Samia avait croisé la route de Smith fin 2008 ou début 2009. Alors qu'il était aux Philippines pour récupérer, Samia avait tabassé une serveuse et avait été arrêté. Smith avait dû verser une caution pour le sortir de prison. Il était fou de rage. Il avait licencié Samia sur-le-champ et lui avait dit d'aller se faire foutre et de rentrer en Caroline du Nord.

Hunter était resté en contact avec Samia. Ils partageaient une même haine de leurs supérieurs. Le 9 mars 2008, Hunter avait envoyé un mail à Samia pour se plaindre :

> Je travaille toujours pour Dave et Paul. C'est toujours la même chose avec ces deux-là. Ils savent pas s'organiser, et quand ils s'organisent c'est de la merde.

Deux mois plus tard, Hunter avait réécrit à Samia :

> Adam, je bosse toujours avec les mêmes connards. Je suis aux PI [Philippines] en ce moment et je suis censé retourner en Afrique la semaine prochaine. Rien ne change. C'est toujours la même chose. J'essaye de tenir mais j'en peux plus, je vais me tirer.

Hunter n'avait jamais mis ses menaces à exécution. LeRoux payait bien, et aucune autre opportunité professionnelle ne s'était présentée.

Cindric et Stouch purent reconstituer la suite des événements à partir des aveux de LeRoux et de Hunter ainsi que des mails et des textos qu'ils avaient interceptés. En décembre 2009, Smith et Hunter avaient recontacté Samia pour lui proposer de s'occuper des contrats que LeRoux leur confiait. Ils ne parlaient pas ouvertement de meurtres, mais les échanges ne laissaient aucun doute sur la nature des contrats proposés. Samia était impatient de passer à l'action. Le 17 décembre 2009, Hunter avait écrit à Samia :

> Je viens d'arriver aux États-Unis pour les vacances. Il faut que je t'appelle. Il y a quelque chose que je ne t'ai pas dit. C'est à propos d'une mission en Afrique. C'est du sérieux.

Ce à quoi Samia avait répondu :

> OK mec. J'attends ton appel.

Quelques semaines plus tard, Smith avait écrit à Samia :

Le job est payé 1 000 dollars par mois + 25 000 dollars à chaque mission. Tu travailleras avec Joe, tu sais ce qu'il fait pour se débarrasser des gens qui menacent le business. J'ai besoin d'une confirmation.

Samia était intéressé. Il avait demandé plus d'informations sur la mission et sur le salaire.

Les contacts de Samia avec l'équipe de LeRoux s'étaient intensifiés après l'exécution de Smith en décembre 2010. Début 2011, LeRoux avait promu Hunter chef de la sécurité à la place de Smith. Hunter avait félicité LeRoux pour l'exécution de Smith. Dans son témoignage, LeRoux a affirmé que Hunter lui avait dit :

— Dave Smith passait plus de temps à boire et à draguer des filles qu'à s'organiser.

Par « s'organiser », Hunter voulait dire : planifier des exécutions.

Hunter avait réorganisé le groupe de mercenaires pour gagner en efficacité. Selon le témoignage de Vamvakias, au printemps 2011, il avait dit à Vamvakias et à DeMeyere :

— Ça va changer. On va diviser notre business pour gagner en efficacité : les missions *Ninja* d'un côté, et les affaires de l'autre.

Vamvakias avait été mis en charge des affaires, ce qui signifiait qu'il devait gérer un groupe de trafiquants chargés d'importer clandestinement du Tramadol aux États-Unis, entre le nord du Mexique et El Paso. DeMeyere, quant à lui, était assigné aux « opérations *Ninja* ». Dans ses aveux, Vamvakias a mentionné que DeMeyere jouait les gros bras, menaçait et, parfois, faisait des choses pires encore.

— Paul LeRoux avait dressé une liste de personnes à éliminer. Chris était censé planifier des exécutions en suivant l'ordre de la liste. Il était également prévu qu'il aide Hunter à trouver d'autres tueurs. Il devait recruter d'autres Ninjas.

Quand LeRoux avait demandé à Hunter de constituer un commando de tueurs, Hunter avait immédiatement pensé à DeMeyere et au Néo-Zélandais Mack Daddy.

— J'ai rencontré Chris DeMeyere et Daddy Mack lors d'un rendez-vous aux Philippines avec Joseph Hunter, a dit LeRoux au procès de Hunter, Samia et Stillwell. Hunter me les a présentés comme les dernières recrues de son équipe d'assassins.

LeRoux avait validé le recrutement de DeMeyere et de Mack Daddy. D'après plusieurs éléments concordants obtenus grâce à la transcription des communications de Hunter, aux accords négociés par LeRoux et Hunter avec les procureurs et au témoignage sous serment de LeRoux au tribunal, DeMeyere et Daddy Mack sont les responsables de l'assassinat de Noemi Edillor en juin 2011. Après ce meurtre, ils avaient décidé de quitter l'équipe. Cette décision avait pris Hunter de court. Il connaissait de nombreux mercenaires prêts à travailler pour LeRoux, comme gardes du corps ou comme trafiquants, mais peu d'entre eux étaient prêts à tuer de sang-froid.

Le 29 juillet 2011, Hunter avait envoyé un mail à Vamvakias :

> Salut, mec ! Je crois que Chris et l'autre mec qui travaillait pour moi se sont barrés. Ils ont piqué de l'argent. Je sais qu'un des deux a démissionné, mais Chris se fout de ma gueule. Il essaye de me faire croire qu'il peut plus travailler pour nous et qu'il a pas le choix. Je sais pas ce qu'on va devenir sans eux. Je vais peut-être perdre mon boulot. Je te tiens au courant dès que j'en sais plus.

À l'automne 2011, Hunter était prêt à tout pour ne plus avoir LeRoux sur le dos. Le Boss commençait à s'impatienter. Hunter contacta Samia sur Skype et lui proposa de participer à une « mission *Ninja* ». Samia était disponible. L'idée lui plaisait. Il était à Roxboro, il habitait toujours avec son père et il se faisait chier. Il passait le temps avec deux ou trois femmes du coin, toutes mariées, et jouait à des jeux de guerre avec son pote Stillwell. Il avait pris du poids et il commençait à déprimer. Il avait immédiatement répondu présent. Comme il avait besoin d'un partenaire pour lui servir de chauffeur, il avait suggéré le nom de Stillwell. Sauf que Stillwell avait menti à Samia en lui faisant croire qu'il avait travaillé dans l'armée américaine en tant que soldat et tireur d'élite, et qu'il avait fait partie d'une unité de lutte contre le trafic de drogue avec laquelle il était allé en Amérique du Sud. En réalité, Stillwell n'avait jamais quitté les États-Unis : il n'avait même pas de passeport.

LeRoux, qui voulait toujours tout contrôler, tenait à s'entretenir avec Samia du contrat qu'il avait mis sur la tête de Catherine Lee. Il lui avait donné rendez-vous à Rio. Samia ne s'était jamais rendu à ce rendez-vous. Il n'avait pas obtenu son visa à temps. Hunter commençait à regretter sa décision et à nourrir des soupçons envers Samia : il le suspectait d'avoir gardé pour lui l'argent que LeRoux avait envoyé pour le billet d'avion. Ils connaissaient tous les deux le sort réservé aux traîtres. Le 14 octobre 2011, Hunter avait envoyé à Samia un mail sans équivoque :

> Je sais que t'as merdé. T'as pas eu ton visa. Je te conseille de lire ce mail bien attentivement. Tu vas te faire rembourser ton billet. Si tu peux pas te faire rembourser, tu vas payer de ta poche. On va pas payer un billet alors que c'est ta faute si t'as pas eu ton visa. Ensuite je te rappelle que toi et ton pote vous bossez pour moi aux Philippines et aux États-Unis. Vous travaillez pas directement pour le Boss, à moins qu'il vous donne une mission, dans ce cas j'ai pas mon mot à dire. Votre boulot, à toi et à ton pote, c'est d'obéir aux ordres que je vous donne des Philippines. On négocie pas. On se plaint pas. On se fout pas de ma gueule. Vous serez payés si vous obtenez des résultats. Mets-toi bien ça dans le crâne, je veux des résultats. On vous paye pas pour réfléchir. On

> vous paye pas pour essayer. On vous paye pas pour votre temps. On vous paye pour le résultat. T'as compris ? Toi et ton pote, préparez-vous pour la prochaine mission *Ninja*. Il faut que vous soyez prêts à tout moment. Faites pas traîner les choses. Faites pas croire que vous êtes pas dispos. Si vous voulez ce boulot, faites ce que je vous dis.

Dans la foulée, Hunter avait aussi envoyé un mail à LeRoux pour lui dire qu'il refusait de payer pour les conneries de Samia :

> Je sais pas pour qui il se prend, mais je l'ai remis à sa place. Il voulait vous rencontrer avant d'accepter la mission, mais je lui ai expliqué qu'on l'avait embauché pour un boulot et que ce qui comptait c'était le résultat. Je lui ai dit de faire ce qu'on lui demandait s'il voulait être payé. Je lui ai dit qu'on le payait pas pour réfléchir, pour essayer et qu'on le payait pas non plus pour son temps. On paye pour le résultat, point final. Ensuite, je lui ai dit d'arrêter de se foutre de notre gueule et que, s'il voulait le boulot, il ferait mieux de préparer ses affaires et de se tenir prêt avec son pote. Je lui ai aussi dit qu'il devait rembourser l'argent qu'on lui avait donné pour le billet d'avion, vu que c'est sa faute s'il a pas eu son visa à temps. Il a dit qu'il pouvait échanger le billet et prendre un aller simple pour PI [les Philippines] à la place, mais je sais qu'il se fout de ma gueule. Je vois clair dans son jeu, il va s'acheter un billet pas cher pour les Philippines au lieu de rembourser les 1 600 dollars. Mais il m'a dit qu'il avait compris, qu'il était prêt à venir, mais que l'autre gars pouvait pas être là avant un mois.

Hunter avait fini par pardonner à Samia. Il avait besoin de lui. Le 9 octobre 2011, il lui envoya un mail pour l'informer qu'il allait effectuer sa première mission *Ninja* :

> Le Boss dit que tu dois te tenir prêt en attendant que ton pote soit prêt, et qu'ensuite vous prendrez un avion pour les Philippines, pour la mission *Ninja*. On a besoin de vous, les gars, on attend que tu te coordonnes avec ton pote.

Samia avait atterri à Manille le 9 janvier 2012. Il avait vingt-sept ans et un look d'Américain. Avec son mètre quatre-vingt-cinq, son ventre à bière, ses cheveux bruns et sa barbe, il ne passait pas inaperçu dans les rues de Manille, au milieu des Philippins qui faisaient tous une tête de moins que lui. Stillwell, quarante-deux ans, était arrivé le lendemain : il détonnait encore plus avec ses cheveux blonds, son teint pâle et sa carrure d'athlète.

Hunter avait donné rendez-vous aux deux hommes au Howzat Sports Bar, dans le centre-ville de Manille, près de la salle de boxe où il s'entraînait.

Ce bar était un repaire d'expatriés, avec la musique à fond, d'immenses écrans plats, des matchs de football américain, de football, de criquet, de hockey, de basket et de golf retransmis en direct, qu'on pouvait regarder en mangeant un burger, des ailes de poulet, des steaks, en profitant à l'occasion de quelques prostituées. Hunter avait ses habitudes dans ce bar où il traînait avec Dave Smith et d'autres mercenaires (notamment John O'Donoghue et Tim Vamvakias, quand ils étaient de passage). Il y avait des chambres à louer à l'étage. Personne ne remarquerait trois Américains en train de boire une bière sur un coin de table. Hunter a raconté cette entrevue au tribunal.

— OK, les gars, voilà comment ça va se passer, avait-il dit. Vous allez lui donner rendez-vous au McDo. Ici ça s'appelle Jolly, comme Jo, Jolly B. C'est comme le McDo, OK ? Bon, vous lui donnez rendez-vous sur le parking du Jolly B. Vous la faites monter dans la voiture et vous vous barrez, pour que personne ne vous voie ensemble. Peut-être que quelques clients du fast-food vous remarqueront, mais ils s'en souviendront pas. OK ?

On peut supposer que Samia et Stillwell avaient du mal à se concentrer, à cause de la fatigue causée par le décalage horaire et de la circulation dans la banlieue de Manille, un dédale de rues qui traversaient aussi bien des quartiers fermés pour riches que des *barangays* (des bidonvilles). Hunter poursuivit ses explications :

— Dès qu'elle est dans la voiture, vous roulez un peu. Cinq cents mètres, un demi-kilomètre, juste histoire de vous éloigner un peu. Vous prenez une rue perpendiculaire, vous sortez vos flingues, vous tirez. Pas de témoin. Tuez-la dans la voiture, enveloppez le corps dans une couverture. Ensuite, redémarrez et roulez jusqu'à ce que vous trouviez un endroit où balancer le corps.

Hunter leur avait donné une clé USB qui contenait le « kit d'exécution » pour Dazl Silverio, une employée de RX Limited dont le nom figurait en haut de la liste de LeRoux. Le pack était composé de photos, d'adresses et de renseignements divers, réunis par une équipe de Philippins payés par LeRoux pour surveiller Silverio. Hunter leur avait également remis leur « kit d'armes » (un fusil .556 mm et un pistolet Smith & Wesson équipé d'un silencieux, qu'il avait pris dans la réserve de l'armurerie Red, White and Blue Arms). Il leur avait donné les clés d'une camionnette Toyota Innova et d'une voiture qui appartenait à RX Limited/ RWB et leur avait dit d'acheter des plaques d'immatriculation volées pour la camionnette.

Mais Samia et Stillwell n'avaient pas réussi à localiser Silverio. Elle avait plusieurs adresses, dont une dans la banlieue lointaine de Manille. Ils demandèrent d'autres kits. Quelques jours plus tard, Hunter leur donnait celui de Catherine Lee et de deux autres cibles, Fitch Penalosa, un employé de RX Limited, et Manuel Jalos, que LeRoux soupçonnait d'avoir contacté les garde-côtes philippins pour les informer qu'il y avait des armes à bord du *Captain Ufuk*.

— J'ai perdu beaucoup d'argent à cause de lui, se plaignait LeRoux.

D'après les comptes rendus d'audience, Samia et Stillwell avaient suivi Catherine Lee pendant une semaine, de sa maison à son bureau, situé dans le quartier de Las Piñas. Ils avaient interrogé un de ses voisins, lui avaient envoyé des mails en se faisant passer pour Bill et Tony, deux touristes canadiens à la recherche d'une propriété à louer à Manille. Catherine Lee avait accepté de leur faire visiter des maisons.

Le 4 ou le 5 février 2012, Samia et Stillwell avaient donné rendez-vous à Lee devant le Jolly B. Lee était montée à l'arrière de la camionnette pour leur faire visiter des maisons à Manille, comme cela lui arrivait souvent. Ce petit manège avait duré plusieurs jours.

Quand ils n'étaient pas en vadrouille à Manille avec Lee, Samia et Stillwell jouaient les apprentis tueurs. Stillwell lisait des guides téléchargés sur Internet pour apprendre à devenir un mercenaire et un tueur à gages (« Quand vous utilisez une arme de petit calibre comme un calibre .22, il vaut mieux vous éloigner de un à deux mètres. En tirant à bout portant, vous prenez le risque que le sang de la victime gicle sur vous et sur vos vêtements. »).

Samia avait fait des recherches sur Internet pour apprendre à utiliser du cyanure, des grenades et des explosifs. Il avait également regardé des tutoriels sur YouTube pour apprendre à fabriquer un silencieux, un détonateur à distance, une grenade, une bombe. Il avait tapé sur Google la question suivante : « Comment empoisonner quelqu'un avec du ricin ? » Le ricin est un poison mortel, fabriqué à partir des graines de la plante du même nom. Interrogé par la police à ce sujet, Samia a nié avoir effectué ces recherches. Il a prétendu que quelqu'un avait piraté son ordinateur, même s'il était incapable de dire qui aurait pu avoir accès à son ordinateur, qui se trouvait dans sa chambre d'hôtel, à Manille.

Plus le temps passait, plus Hunter s'impatientait. Selon le témoignage de Vamvakias :

— Samia et Stillwell commençaient à taper sur les nerfs de Hunter. Ils passaient leurs journées à faire le tour de la ville avec Catherine Lee, à visiter des propriétés, mais ce que Hunter leur avait demandé, c'était de la tuer. À un moment, Adam Samia a fini par contacter Hunter, et Hunter s'est énervé parce qu'ils n'avaient toujours pas rempli le contrat. Il leur a dit : « Mais qu'est-ce que vous foutez ? » Samia a répondu : « Écoute, on n'a pas encore trouvé l'occasion. On a croisé des gens, elle a rencontré des amis à elle, et après il s'est mis à pleuvoir et il y avait des témoins. » Hunter était fou de rage, en gros il leur a dit que ce n'était pas la peine de le rappeler tant qu'ils n'avaient pas exécuté la mission.

Le 12 février 2012, Samia et Stilwell avaient demandé à Catherine Lee de leur faire visiter des propriétés de luxe à Cavite, un quartier chic dans la banlieue de Manille. Catherine Lee était montée à l'arrière de la camionnette, une fois de plus. C'était un après-midi agréable : il faisait beau, pas trop chaud, et le temps était dégagé. À la tombée du jour, alors que Stillwell était au volant, Samia s'était retourné et avait pointé le canon du calibre .22 Smith & Wesson de LeRoux sur Lee. Il avait tiré à moins d'un mètre de son visage, deux fois, une balle sous chaque œil. Les deux hommes avaient ensuite enveloppé la tête de Lee dans une couverture pour empêcher le sang de couler partout. Samia avait pris des photos du cadavre avec son téléphone.

Ensuite, ils avaient roulé plusieurs heures dans l'obscurité, à la recherche d'un endroit où se débarrasser du corps. Ils avaient fini par opter pour un amoncellement de déchets à Taytay, Rizal, dans la banlieue ouvrière de Manille, à une vingtaine de minutes de l'appartement de Mayfield Park où ils séjournaient.

Le lendemain, à 7 h 15 du matin, un éboueur avait trouvé le corps. À son arrivée sur les lieux, la police avait pu identifier la victime grâce à ses bijoux et à son téléphone. Ils avaient trouvé plusieurs mails envoyés à un homme du nom de Bill et, peu de temps après, ils avaient mis la main sur des témoins qui disaient avoir vu Catherine Lee en compagnie de deux hommes dans une camionnette Innova. Selon les témoignages, la camionnette avait pris la direction de Manille la veille, vers 17 h 30. On avait pu établir un portrait-robot des deux hommes.

Le lendemain, Samia avait retrouvé Hunter pour lui remettre le permis de conduire de Lee et une carte mémoire qui contenait des photos de son visage mutilé et gonflé et de son corps inerte. Une semaine plus tard, il avait reçu en retour une enveloppe remplie de billets de 100 dollars : les primes qu'ils avaient gagnées pour la mission. Les deux tueurs à gages étaient allés directement au Western Union, à moins d'un kilomètre du lieu où le corps de Lee avait été découvert, pour faire un virement de 54 000 dollars vers les États-Unis. L'argent, envoyé en petites coupures, était destiné à l'une des petites amies de Samia et à la femme de Stillwell.

Mais Hunter était contrarié. Au tribunal, Vamvakias a raconté sa réaction après l'exécution.

— Quand les gars ont contacté Hunter après l'opération, il les a engueulés parce qu'ils n'avaient pas suivi le plan. Ils avaient laissé sur place son sac à main, son portable et ses bijoux. Le plan, c'était de faire croire à un cambriolage qui aurait mal tourné.

Hunter avait envoyé un mail à LeRoux pour lui dire que l'opération avait mal tourné et qu'il y avait non seulement des témoins mais carrément des portraits-robots qui circulaient. Il se plaignait aussi souvent de l'incompétence de Samia et Stillwell auprès des autres mercenaires. Ces conversations ont été enregistrées par la police en mars 2013 :

— Ils ont visité plusieurs maisons avec elle, des maisons avec des putains de gens à l'intérieur. Ça veut dire qu'à chaque fois qu'ils ont visité une maison des témoins les ont vus ensemble. Ils ont vu leurs visages. Ils ont vu l'agente immobilière. Ça a duré, je sais pas, trois jours. Heureusement, les témoins étaient pas très physionomistes. J'ai vu les portraits-robots aux infos, et c'était pas très ressemblant. L'un des deux avait l'air asiatique et le deuxième ressemblait à un personnage de dessin animé.

LeRoux avait mis 70 000 dollars dans un sac, l'avait fait livrer à Hunter à Manille pour payer Samia et Stillwell. Mais il ne voulait pas qu'ils rentrent aux États-Unis. Malgré le fiasco de la mission, LeRoux avait encore besoin d'eux.

Samia et Stillwell ne se rendaient même pas compte que leurs supérieurs leur en voulaient pour ce travail bâclé. Deux jours après l'exécution de Lee, d'après les comptes rendus d'audience, Samia avait envoyé un message à un de ses amis sur Facebook.

Mon chien va avoir onze ans. Il va bientôt falloir l'euthanasier. C'est plus facile de tuer une personne qu'un chien.

Samia et Stillwell s'étaient vite mis à suivre la cible qui suivait sur la liste. Le 27 février, Hunter avait envoyé un message à LeRoux pour l'informer que les deux mercenaires avaient planqué devant la maison de Fitch Penalosa pendant plusieurs jours et qu'ils allaient à son bureau le jour même. On ne sait pas pourquoi ils n'ont pas tué Penalosa. Le 29 février, Hunter avait envoyé un message à LeRoux pour l'informer que Samia et Stillwell rentraient aux États-Unis pour « payer leurs impôts » mais qu'ils reviendraient bientôt. Stillwell avait quitté les Philippines le 29 février et Samia le 5 mars.

Il était temps de détruire les preuves. LeRoux avait dit à Hunter de faire changer le canon du pistolet que Samia lui avait remis, dans un club d'armes à Angeles City. Selon lui, les employés avaient l'habitude de travailler avec Red, White and Blue Arms et accepteraient de le faire sans problème. Ça éviterait qu'on puisse relier l'arme au meurtre de Catherine Lee si la police demandait des tests balistiques. Mais les employés avaient refusé. Ils ne disposaient ni des outils ni de l'expertise nécessaires pour remplacer le canon d'une arme. LeRoux avait alors dit à ses assistants de rapporter l'arme dans l'entrepôt de Red, White and Blue Arms et de la mettre dans la réserve.

Hunter avait un autre problème sur les bras : la foutue camionnette. Samia et Stillwell l'avaient garée sur un parking public, près de Howzat, pour que Hunter puisse la récupérer. Mais il avait suffi d'un coup d'œil pour que Hunter s'aperçoive que la banquette arrière et le plancher étaient maculés de sang. Il y en avait aussi sur le volant et la poignée de la portière côté conducteur. Malgré les tutoriels qu'ils avaient consultés, Samia et Stillwell n'avaient manifestement aucune idée de la quantité de sang qui peut jaillir de la tête de quelqu'un. La petite serviette qu'ils avaient apportée ne leur avait été d'aucune utilité.

Hunter avait laissé la camionnette garée sur le parking pendant trois ou quatre jours, jusqu'à ce que LeRoux envoie un jeune assistant philippin pour la récupérer. Mais, en voyant la mare de sang, le jeune homme avait paniqué et s'était volatilisé. LeRoux avait alors confié la mission à deux employés israéliens, qui avaient conduit la camionnette dans une de ses propriétés, au sud de Manille. LeRoux avait d'abord essayé de nettoyer lui-même la camionnette au tuyau d'arrosage avant de dire à ses employés de prendre le relais, et de les surveiller tandis qu'ils inondaient l'intérieur de la voiture d'eau et de mousse. Mais les taches étaient bien incrustées. LeRoux avait fini par démonter le siège du milieu et faire changer le tissu de la banquette arrière. Une fois le problème réglé, il avait demandé à ses assistants de ramener la camionnette dans l'entrepôt de Cavite. Ce n'était pas très stratégique étant donné que c'était également là qu'il menait ses recherches en vue de fabriquer un système de guidage de missile pour l'Iran.

De retour à Roxboro, Samia avait essayé de nettoyer son ordinateur. Il avait envoyé un message à Hunter pour lui dire qu'il était disponible pour d'autres missions. Malgré son amateurisme, LeRoux ne l'avait pas encore licencié, sans doute parce qu'il rechignait à se séparer d'un employé qui possédait un passeport américain. Il avait dit à Hunter de confier une autre mission à

Samia : aller à Miami et acheter un bateau pour naviguer en haute mer, afin que Stammers et Shackels puissent transporter de la cocaïne entre le Pérou et l'Asie de l'Est, en traversant le Pacifique. Samia avait refusé, sous prétexte que le salaire de 166 dollars par jour et 40 dollars pour couvrir ses dépenses était dérisoire. C'était impossible de se loger et de se nourrir à Miami avec si peu d'argent. Samia avait écrit à Hunter pour refuser la mission.

LeRoux avait engueulé Hunter en lui mettant l'insubordination de Samia sur le dos. Pour le punir, il avait diminué son salaire. Le 18 mai 2012, Hunter avait envoyé un mail à Samia. Il était furieux.

> Ça se trouve c'est un problème de communication mais je comprends pas : déjà quand je te demande d'être là ASAP, ça veut dire que tu aurais dû rappliquer il y a deux jours ou hier. J'ai déjà été assez indulgent avec toi. Soit tu veux ce boulot, soit tu n'en veux pas. Mais on dirait que tu veux nous niquer. Je veux bien croire que c'est comme ça que tu fonctionnes et je peux le supporter jusqu'à un certain point. Mais là, tu réponds pas aux mails dans les temps, tu réponds pas quand je t'appelle. J'ai besoin que de partenaires fiables. J'ai pas besoin de quelqu'un qui se croit en position de force ou qui pense qu'il a assez d'expérience pour me niquer.
>
> Que ce soit clair : tu as accepté un boulot, et moi je suis responsable de toi et de ton partenaire. Mon boss attend de moi que ces missions soient exécutées proprement. Tu m'as dit que tu avais besoin de ce boulot. J'ai déjà attendu un an que tu sois dispo, soi-disant parce que tu avais d'autres trucs à faire. Après, tu es enfin dispo, tu foires la mission que je te donne (t'as eu de la chance, ça aurait pu mettre tout le monde en danger), et après tu te casses… Dave [Smith], il t'aurait viré direct. C'est lui qui m'a parlé de toi et j'ai confiance en toi, parce que après avoir travaillé avec toi pendant un mois j'ai vu ce dont tu étais capable. Donc tu as deux possibilités : soit tu es avec nous, soit tu es contre nous. Si tu veux ce boulot, tu vas répondre au téléphone dès que je t'appelle et

répondre à mes mails dans les temps parce que j'ai pas que ça à foutre. On te versera le salaire dont on a convenu. Si t'es avec nous, ramène-toi et arrête de faire chier.

Hunter et Samia avaient échangé plusieurs mails, sans parvenir à se mettre d'accord.

Pendant ce temps, Hunter était en plein processus de recrutement pour son commando de tueurs. Cette fois, il avait décidé de ne prendre que d'anciens militaires, qui obéiraient à ses ordres sans discuter. C'est à ça que Hunter s'employait au moment de l'arrestation de LeRoux. L'accord que LeRoux avait passé avec la justice impliquait qu'il continue à manipuler Hunter, qui lui soumettait des candidats. Cindric et Stouch le surveillaient de loin.

Les agents étaient hantés par le meurtre de Catherine Lee. Les procureurs avaient accepté de ne pas poursuivre LeRoux pour ce meurtre, ainsi que pour les autres meurtres qu'il avait commandités. C'était à cause de cette fameuse loi selon laquelle le responsable doit se trouver sur le territoire américain au moment des faits.

En revanche, Hunter, Samia et Stillwell étaient américains. Les agents possédaient des preuves qu'ils avaient planifié l'assassinat de Catherine Lee sur le territoire américain, violant ainsi la loi fédérale. Ils ne pourraient pas plaider l'irresponsabilité. Aucun d'entre eux n'avait été embrigadé contre son gré. Ces trois hommes étaient des citoyens américains, éduqués, venant de milieux relativement privilégiés, qui auraient pu rester dans le droit chemin. Les agents étaient déterminés à tout faire pour que ce crime ne reste pas impuni.

— Si on ne peut pas les poursuivre ici, on peut faire en sorte qu'ils soient poursuivis ailleurs, avait dit Cindric. Par exemple aux Philippines. Je mettrais ma main à couper que Samia n'en est pas à son coup d'essai.

Si Samia n'était pas condamné, Cindric était prêt à parier qu'il tuerait à nouveau.

Grâce au témoignage de Hunter, les agents réussirent à obtenir des mandats leur donnant accès aux comptes AOL, Facebook et Gmail de Samia et Stillwell. Contre toute attente, ils n'avaient pas effacé leur historique et leurs mails, même après l'arrestation de Hunter, qui avait pourtant fait la une des journaux. Les messages « privés » qu'ils avaient envoyés sur Facebook étaient plus que compromettants.

Le 20 novembre 2013, un ami de Samia lui avait envoyé un lien vers un communiqué de presse de la DEA, qui annonçait l'arrestation de Hunter et des mercenaires.

HOMME-1 : T'as vu pour Tim [Vamvakias] et pour Joe [Hunter] ?
SAMIA : ... Nan, qu'est-ce qui s'est passé ?
HOMME-1 : Lis ça :
http ://www.justice.gov/dea/divisions/hq/2013/hq092713.shtml
SAMIA : Putain...
HOMME-1 : C'est ouf.
SAMIA : Ils sont foutus, ils vont jamais s'en sortir.
HOMME-1 : Ouais, c'est sûr. C'est ce qui arrive quand tu fais pas gaffe.
SAMIA : Ouais, c'est l'appât du gain.

Le 11 décembre 2013, Samia avait raconté à un autre de ses amis qu'il avait tué quelqu'un.

SAMIA : Des idées pour devenir riche ? Lol
HOMME-2 : Tuer, baiser, dealer lol
SAMIA : Lol, j'ai déjà fait tout ça. Nan, j'ai jamais dealé.
HOMME-2 : Lol, moi si.
SAMIA : Ouais, c'est pour ça qu'on s'entend si bien ! Lol

Le 22 janvier 2014, Samia avait écrit à un autre ami pour lui parler de l'arrestation de Hunter :

Samia : Ça va aux Philippines ?

Homme-3 : Ouais, il fait 25° mais ça va… à part ça rien de neuf. T'as vu que Joe Hunter a été arrêté ?

Samia : Ouais, truc de ouf. C'est ce qui arrive quand on s'y croit trop.

Homme-3 : Ouais, ils vont le mettre en taule.

Samia : Lui et Tim [Vamvakias], les autres je les connais pas.

Le 22 septembre 2014, un ami de Samia lui avait dit qu'il avait vu passer un article révélant que LeRoux coopérait avec la DEA. Les agents avaient réussi à garder longtemps cette opération secrète, mais l'information avait fini par circuler. Mais il en fallait plus pour inquiéter Samia. Il était persuadé que tant qu'il ne trafiquait pas de drogue, il n'avait rien à craindre.

Samia : C'est une bonne nouvelle, mec. Comment ça va ? Quoi de neuf ? J'ai hâte de me remettre à taffer.

Homme-1 : Rien de neuf. Sauf que les feds de Minneapolis enquêtent sur les employés de RX Limited. Je pense que Lachlan [McConnell] va pas tarder à être arrêté.

Samia : Pourquoi ?

Homme-1 : Pour ses responsabilités à la tête de l'organisation.

Samia : Putain mais ça remonte.

Homme-1 : Ils en ont rien à foutre.

Samia : Et le chef ? Il a été arrêté aussi ?

Homme-1 : Ouais, les feds l'ont arrêté au Brésil en 2012. C'est une balance, il a vendu tout le monde.

Samia : Putain, c'est chaud !

Homme-1 : Ouais, y a déjà dix mecs qui ont été arrêtés dans plusieurs pays et extradés aux États-Unis.

Samia : Putain de merde. Quel enfoiré ! C'est con pour Lachlan, c'est un type bien.

Homme-1 : Ouais, il est bien dans la merde.

Samia : Ils l'ont déjà jugé ?

Homme-1 : Pas encore.

Samia : Putain, tu crois qu'on risque quelque chose ?

Homme-1 : Nan, tous ces mecs ils trafiquaient de la drogue, ils ont été arrêtés par la DEA.

Samia : Putain, jamais je tremperais là-dedans.

Homme-1 : Ils voulaient plus de thune et là ils le payent.

Samia : Ouais, c'est ce que j'ai dit à Joe.

Samia et Stillwell n'avaient manifestement pas peur d'être inquiétés par la police. Deux mois après avoir appris que LeRoux avait été arrêté et s'était mis à table, Stillwell avait posté une photo de lui sur Facebook, sur une moto, avec la légende suivante :

> Vive l'argent sale ! Nouvelle moto ! Couleur d'hiver pour l'instant mais on va bientôt la repeindre couleur camouflage.

Sur la photo, on voyait une moto Harley-Davidson Road King, le modèle utilisé par la police. Les Harley de la police sont toujours blanches. Stillwell l'avait sans doute achetée dans un magasin de surplus militaire. Est-ce qu'il avait l'intention de la repeindre avec l'argent que Hunter lui avait donné pour le meurtre de Lee ?

Le 14 juillet 2015, après avoir présenté le dossier devant un grand jury fédéral, les procureurs délivrèrent un mandat d'arrêt au nom de Samia et Stillwell. Les deux hommes étaient poursuivis pour conspiration en vue de kidnapper et de tuer une personne dans un pays étranger, pour utilisation d'arme en vue de commettre un crime et pour conspiration en vue de blanchir de l'argent à l'échelle internationale.

Cindric et Stouch se rendirent à Roxboro où ils exposèrent l'affaire au shérif Dewey Jones du comté de Person et au sergent Mark Massey, qui dirigeait une unité chargée de procéder aux arrestations à risque au sein de la Division des opérations spéciales du bureau du shérif. Massey et ses hommes allaient prendre le relais pour arrêter Samia et Stillwell. Si les deux hommes étaient en plus à proximité de Roxboro, ce serait un sacré coup de chance.

Même s'ils étaient à Roxboro, l'arrestation comportait de nombreux risques. Il arrive que les policiers américains se fassent tirer dessus au cours de contrôles de routine, même par des gens qui n'ont pas d'antécédents judiciaires. Avec Samia et Stillwell, le doute n'était pas de mise. Ces hommes étaient des tueurs et, d'après ce qu'il disait dans ses mails, Samia n'hésiterait pas à tirer. À eux deux, les hommes possédaient qui plus est un véritable arsenal d'armes à feu.

Massey accepta de superviser l'arrestation. Samia allait régulièrement boire un coup au Dalton, le saloon du coin, en face du bureau du shérif. Dans les petites villes, tout se sait. Les policiers connaissaient Samia et savaient qu'il possédait des armes. Ils voulaient à tout prix éviter la fusillade.

Le 22 juillet 2015, Massey demanda à la secrétaire du shérif de passer un coup de téléphone à Samia pour lui dire de passer au poste de police renouveler son permis de port d'arme. La secrétaire était une femme douce et calme, Samia ne s'était pas méfié. Quand il arriva au poste, peu après 9 h 30, Massey, Cindric et Stouch étaient là pour le cueillir. Ils l'informèrent qu'il était en état d'arrestation pour conspiration en vue de commettre un kidnapping et un meurtre dans un pays étranger, port d'arme et conspiration en vue de blanchir de l'argent. Ils lui confisquèrent le pistolet qu'il portait à la ceinture.

Quand Stouch lui avait lu ses droits, Samia avait nié toute implication dans le meurtre de Catherine Lee. Il se mélangeait les pinceaux, donnait plusieurs versions des faits, notamment pour expliquer la raison de sa présence aux Philippines. Il disait qu'il n'était pas le « Sal » dont parlait Hunter et qu'il ne connaissait personne du nom de « JT ».

Après environ une heure à parlementer, Samia réclama un avocat. Ce qui ne le fit pas fermer sa grande bouche pour autant. Il leur dressa la longue liste de ses connaissances dans la police. Son oncle et son frère étaient officiers de police dans le Massachusetts, lui-même était réserviste, il avait un badge dans sa poche pour le prouver. Il ajouta que la semaine précédente, il avait bu des bières avec un agent de la DEA d'Albuquerque.

— C'est quoi le nom de ton pote ? demanda Stouch.

— Joe.

Les agents avaient envie de rire : c'était ça le laissez-passer de Samia ? Un certain Joe de la DEA, qui n'avait pas de nom de famille ?

— Joe…, répéta Stouch en essayant de garder son sérieux. OK, bon, écoute, hum, c'est ton droit de mettre fin à cet entretien et de demander à voir ton avocat.

Samia essaya une autre stratégie.

— Vous cherchez pas du boulot ? Je connais l'ancien chef de la police de Roxboro. Il travaille en Irak, pour une société de sécurité privée.

Stouch déclina l'offre. Il ne voulait pas aller en Irak.

Samia demanda alors s'il pouvait passer un coup de fil à un autre de ses amis, le procureur du comté.

— Tu pourras appeler qui tu veux le moment venu, lui dit Cindric.

Il avait ajouté que Samia allait être poursuivi pour meurtre devant un tribunal fédéral à New York et qu'il aurait besoin d'un avocat autorisé à plaider là-bas.

— Je suis jamais allé à New York, avait pleurniché Samia.

Tandis que Cindric, Stouch et Massey auditionnaient Samia, ils reçurent un appel d'un des agents qui surveillaient le mobile home de Stillwell. Il venait de sortir, il se dirigeait vers son véhicule, des agents le suivaient. Ils savaient que sa caravane était bourrée d'armes à feu et ils allaient faire croire à un banal contrôle routier pour le cueillir. L'arrestation se déroula comme prévu. Stillwell était effectivement armé mais il ne fit pas usage de son arme, les agents le ramenèrent tranquillement au bureau du shérif, dans une salle d'interrogatoire. Comme avec Samia, Cindric et Stouch commencèrent par se présenter puis procédèrent à la lecture de ses droits. Stillwell choisit d'y renoncer en disant qu'il était prêt à coopérer. Il niait lui aussi toute implication dans le meurtre de Catherine Lee. Il reconnaissait qu'il était allé à Manille mais il prétendait que c'était pour des vacances. Son père était mort l'année dernière et il avait besoin de se détendre (en gros de picoler et d'aller voir des prostituées). Il disait qu'après un mois passé dans les bordels orientaux il se sentait effectivement mieux.

Après quelques heures d'interrogatoire, il finit par se rendre compte que les agents étaient au courant de tous ses faits et gestes à Manille et il passa aux aveux en pleurnichant.

— C'est Adam Samia qui a tiré ?

— Oui.

— Vous étiez présent à ce moment-là ?

— Oui.

— Est-ce que vous confirmez que le meurtre a eu lieu dans une camionnette ? demanda Stouch.

— C'était dans un véhicule.

— Qui conduisait ?

— Moi.

— Est-ce que ça vous a choqué qu'il tue cette femme ?

— Ouais.

Stillwell baissa la tête et dit d'une voix plaintive qu'il n'était qu'un imbécile, qui s'était retrouvé au mauvais endroit au mauvais moment. Il donna l'autorisation à la police locale et aux agents du Bureau of Alcohol, Tobacco, Firearms and Explosives de fouiller son domicile en leur indiquant qu'ils allaient trouver « des pistolets, des couteaux, des silencieux et des mitraillettes ».

— Est-ce qu'il y a autre chose que vous souhaitez porter à notre connaissance ? demanda Stouch. Est-ce que vous possédez des explosifs ? Des grenades ?

— Non, j'ai des munitions mais…

— Combien d'armes possédez-vous ?

— Une centaine.

— Oh putain ! murmura Stouch.

Il s'était tourné vers Stillwell et lui avait demandé s'il était absolument certain qu'il n'y avait pas d'explosifs. Il ne voulait pas que ses agents tombent dans un piège.

— J'ai de la poudre, avait dit Stillwell. Je suppose que ça peut être considéré comme un explosif.

Au cours de la perquisition de la caravane de Stillwell, les policiers saisirent 159 armes. Ils ne pouvaient pas faire un pas sans marcher sur une mitraillette ou un revolver. Ils trouvèrent également une carte mémoire qui contenait les photos du visage et du corps ensanglantés de Catherine Lee. On trouva les mêmes photos dans l'ordinateur portable de Stillwell. Il avait bien essayé de les faire disparaître, ainsi que le kit d'exécution fourni par Hunter, mais il ne possédait pas les compétences pour les effacer définitivement de la mémoire de l'ordinateur. Thomas Song, enquêteur au sein de la brigade de prévention de la cybercriminalité du département de Justice, réussit à récupérer ces données sans difficulté.

Les agents de la DEA, les assistants du shérif et les agents de l'ATF découvrirent également une trentaine d'armes dans la maison de Samia. Certaines étaient légales, mais d'autres, comme un fusil de précision calibre .50, trafiqué pour fonctionner en mode automatique, ne l'étaient pas. Le fusil était placé sur un trépied, sur la table de billard. Les agents récupérèrent aussi un ordinateur portable semblable à celui de Stillwell, qui contenait le kit d'exécution de Catherine Lee. Ainsi que toute une foule d'indices qui permettaient de relier Samia à LeRoux (des cartes de visite, des numéros de téléphone, des billets d'avion, des tickets de caisse qui reliaient Samia à Hunter, McConnell et O'Donoghue, et une carte de visite au nom de Kelly Reyes Peralta, le trafiquant de méthamphétamine nord-coréenne). Le nom de LeRoux figurait même sur un des documents. Le mot de passe que Samia utilisait pour communiquer avec Hunter était « joegoesbad-ass. ». Ils avaient même le bail de location d'un appartement à Mayfield Park, près de l'endroit où Catherine Lee avait été assassinée à Manille.

Enfin, ils trouvèrent les clés d'une camionnette Toyota Innova.

De retour à Manhattan, Cindric et Stouch avaient demandé à LeRoux de contacter ses anciens employés à Manille, jusqu'à ce qu'il trouve quelqu'un capable de localiser la camionnette Toyota dans laquelle Catherine Lee avait été exécutée. Une fois la camionnette saisie par la police, Steve Casey avait pris l'avion jusqu'à Manille pour essayer la clé. Oui, c'était la bonne. Samia avait voulu garder un petit souvenir. Ou un trophée.

En avril 2018, Hunter, Samia et Stillwell furent jugés pour le meurtre de Catherine Lee. Samia nia toute implication dans le meurtre et chargea Stillwell, qui refusa de témoigner mais qui maintenait ses aveux, dans lesquels Samia était le tireur.

LeRoux témoigna contre les trois mercenaires. Il reconnaissait son implication, certes pas dans tous les meurtres qu'on lui reprochait, mais en tout cas dans celui de Catherine Lee.

— En vertu de l'accord passé avec le procureur, je dois dire la vérité, m'engager à ne pas commettre d'autres crimes et témoigner si on me le demande, avait simplement dit LeRoux.

Il n'exprimait pas le moindre regret pour les crimes qu'il avait commis, les procureurs n'insistèrent pas. La procureure adjointe Rachel Donaleski s'adressa au jury avec ces mots :

— C'est un sociopathe. Un monstre. Il a commis des crimes odieux. Nous n'attendons pas de vous que vous cautionniez ce qu'il a fait, c'est impossible. Mais nous vous demandons solennellement de l'écouter jusqu'au bout. Écoutez ce qu'il a à dire, réfléchissez-y, faites-vous votre propre avis à partir des mails, des preuves trouvées aux domiciles de Samia et de Stillwell. Recoupez ses déclarations avec les différents témoignages que vous allez écouter. Demandez-vous si tout tient la route. Vous allez vous rendre compte que tout se recoupe, et que nous disposons de toutes les preuves pour établir sa culpabilité.

Le 18 avril 2018, les trois hommes (Hunter, Samia et Stillwell) furent condamnés pour conspiration en vue de commettre un assassinat dans un pays étranger, d'utilisation illégale d'armes à feu, de conspiration en vue d'exécuter un contrat criminel et d'exécution d'un contrat criminel. Samia et Stillwell furent aussi jugés coupables de blanchiment d'argent. LeRoux réintégra sa cellule au centre de détention de Brooklyn, dans l'attente de son procès. Il risquait entre dix ans de prison et la perpétuité.

Et, s'il sortait, que se passerait-il ? Devant le tribunal, il s'était engagé à ne plus commettre de crime, mais c'était difficile à croire.

Entre eux, les agents s'interrogeaient : qu'est-ce qui pourrait arrêter LeRoux, à part la mort ?

15

Tout Brûler

— C'est le roi de cette putain de prison, lâcha Cindric.

Il n'avait pas de preuves mais son instinct de flic, qui avait rarement tort, lui disait qu'un Rhodésien blanc/sud-africain/australien à la carrure de joueur de rugby et doté d'un gigantesque complexe de supériorité avait le profil pour régner en maître sur la prison fédérale de Brooklyn. Ça n'avait pas de sens, mais c'était pourtant la vérité.

Même en prison, vêtu de son uniforme gris, LeRoux parvenait à faire de la magie noire. Il avait eu du temps pour mettre ses idées au clair et il avait perdu du poids. Avec ses épaules carrées, son menton haut et son regard froid, la ressemblance avec Brando/Kurtz était encore plus frappante que la première fois que les agents l'avaient vu.

— Il s'est fait respecter dès le premier jour, dit Cindric. On l'a traité de balance, il s'est fait tabasser mais il a pas mouchardé.

Pourquoi ? Parce que ce que LeRoux voulait, c'était imposer le respect. Il n'avait pas l'intention de partager son pouvoir avec les *marshals* des États-Unis qui, sur le papier, étaient responsables de la prison de Brooklyn. D'ailleurs, ce n'était pas une prison à proprement parler. Le bâtiment hébergeait des gens comme LeRoux, qui avaient été arrêtés pour des crimes fédéraux et avaient accepté de collaborer avec la police. D'un point de vue pratique, ces gens étaient dans un entre-deux juridique. Ils n'avaient pas encore le statut de détenus, la plupart d'entre eux attendaient d'être jugés. La peine dépendrait de ce qu'ils avaient à offrir.

Les autres détenus étaient rapidement parvenus à la conclusion que LeRoux était un témoin de valeur pour le gouvernement. Il ne cessait d'aller et venir, toujours escorté par des *marshals*. Personne ne s'en était plus jamais pris à lui, ce qui voulait dire qu'il avait gagné le respect de tout le monde. Et tout ça sans appartenir à aucun gang. Chapeau !

— Il n'a pas besoin de protection, dit Cindric. Les autres savent qu'il a du pouvoir, ça leur suffit. Paul transpire le pouvoir. Pouvoir d'aider les gens, pouvoir de les mater. Il joue aux échecs pendant que les autres jouent aux dames. Et, même quand les autres jouent aux échecs, il y joue en 3D, au niveau supérieur.

LeRoux avait réussi à être transféré dans une cellule isolée, loin du système de climatisation qui le dérangeait. Il se vantait d'avoir droit à dix sandwichs à l'œuf par semaine, livrés directement dans sa cellule. Ça faisait deux sandwichs chaque jour de la semaine.

LeRoux jouait au chat et à la souris avec les prisonniers les plus intelligents. Il s'intéressait particulièrement aux criminels en col blanc, parce qu'il pouvait jouer des parties d'échecs grandeur nature avec eux.

LeRoux s'était trouvé un adversaire à sa mesure doublé d'un alter ego en la personne de Mir Islam, un jeune chapeau noir. Il était américano-bangladais et avait grandi dans le Bronx (malgré son nom, il a déclaré devant le tribunal qu'il était juif). Il avait été arrêté pour la première fois en 2012, à dix-huit ans à peine, pour usurpation et trafic d'identités. Il avait été relâché puis arrêté de nouveau en 2013 pour « *swatting* » (un canular téléphonique ayant pour but de piéger les services de police pour qu'ils dépêchent une unité sur les lieux d'un crime imaginaire) et « *doxing* » (le fait de poster des informations personnelles en ligne à propos de célébrités ou de personnalités politiques), ainsi que pour avoir harcelé sur Internet une jeune femme qui lui avait tapé dans l'œil.

Au procès de Hunter, Samia et Stillwell, LeRoux a déclaré qu'il avait fait la connaissance d'Islam en 2015, lors de son incarcération au centre de détention de Brooklyn. Islam attendait d'être jugé, ils avaient sympathisé : LeRoux avait donné de l'argent à Islam pour qu'il s'achète de la nourriture, un téléphone et un ordinateur portable. Quand Islam avait été condamné à deux ans de prison et transféré en Virginie pour purger sa peine, ils étaient restés en contact via des canaux de communications protégés (en utilisant notamment un téléphone normalement réservé aux communications avec les avocats). Mi-2015, LeRoux avait téléphoné à Islam pour lui proposer de faire affaire. Au cours du procès de Hunter, Samia et Stillwell, LeRoux a rapporté cet échange :

— J'ai discuté avec Islam, il m'a donné des conseils juridiques, et nous avons parlé d'ouvrir un centre d'appels pour vendre des produits en ligne. Bien évidemment, ces activités seront totalement légales.

Islam devait sortir de prison avant LeRoux et il était censé devenir le gérant de ce centre d'appels téléphoniques. LeRoux serait l'investisseur invisible. LeRoux avait réussi à faire marcher un de ses assistants juridiques dans la combine. Il lui rendait visite en prison et organisait des appels à trois pour lui permettre de parler avec Cindy Cayanan, sa petite amie et collaboratrice.

Au cours de l'été 2016, des agents du FBI de Virginie du Nord mirent fin au projet quand ils s'aperçurent qu'Islam, qui était sur écoute, avait des conversations suspectes avec un certain Paul. Les agents du FBI appelèrent le Marshals Service des États-Unis et se rendirent compte que LeRoux était poursuivi dans le cadre d'une affaire criminelle et qu'il collaborait avec la

DEA et les procureurs du district Sud de Manhattan. Ils prirent alors contact avec Cindric et Stouch, qui à leur tour apprirent en fouinant un peu que LeRoux avait eu des contacts derrière leur dos avec un ancien programmeur philippin de RX Limited. Grâce à lui, LeRoux avait réussi à ouvrir un nouveau serveur, qu'il avait l'intention d'utiliser pour relancer son entreprise de vente de produits pharmaceutiques et pour monter un site de paris en ligne. Il voulait également ouvrir de nouveaux centres d'appels et faire de nouveaux investissements.

Quand LeRoux avait été appelé à la barre au cours du procès de Hunter, Samia et Stillwell, il s'était défendu en affirmant qu'il n'avait pas l'intention de reprendre ses activités criminelles.

— Toutes les activités en ligne dont nous avons discuté étaient parfaitement légales.

Il disait peut-être vrai. Mais ce projet avait toutes les caractéristiques d'une entreprise criminelle en germe, où les informations se propagent à la vitesse de la lumière et sont relayées aux quatre coins du monde. LeRoux avait programmé son nouveau serveur pour qu'il efface automatiquement les données stockées toutes les vingt-quatre ou quarante-huit heures, pour ne pas laisser de traces. C'est vrai, ce projet n'avait encore rien d'illégal, mais il était suspect.

LeRoux avait écopé d'un rappel à l'ordre et avait été condamné à l'isolement et privé de contacts avec Cindric et Stouch. Il en a souffert. Il se targuait d'être au centre de l'attention et d'être le leader de ce qu'il appelait la Team America. Les individus narcissiques sont avides de pouvoir, de contrôle et surtout d'attention, et LeRoux avait désespérément besoin de celle que les agents lui donnaient. Mais, maintenant que tous ses partenaires avaient été arrêtés, ils n'avaient plus besoin de lui.

Après la phase de la chasse à l'homme, les agents du Groupe 960 laissaient la place aux poursuites judiciaires. Cindric et Stouch n'avaient plus besoin de rendre visite à LeRoux chaque jour. Privé de cette attention, LeRoux broyait du noir. Chaque fois que les agents le voyaient, ils avaient l'impression d'entendre les coups de griffes de la créature maléfique qui se terrait en lui et essayait de sortir. Au cours d'un interrogatoire, LeRoux avait passé son temps à se plaindre qu'une de ses petites amies l'avait trahi.

— Je me sens attaqué, avait-il dit.

— Putain, mec, cette fille fait un mètre cinquante et quarante-cinq kilos toute mouillée, avait dit Cindric pour le chambrer.

Mais LeRoux n'était pas d'humeur à plaisanter. Son « amitié » avec eux était purement circonstancielle, ils le savaient. À la moindre occasion, il n'hésiterait pas à leur planter un couteau dans le dos.

— T'as vu comment il t'a regardé ? avait demandé Stouch à Cindric après cet incident.

— Ouais, on ferait mieux de regarder sous nos voitures.

C'était une blague entre eux, ils disaient que LeRoux allait trouver un moyen de fabriquer un détonateur à distance pour faire sauter leurs voitures depuis sa cellule. Ils savaient que, dès qu'ils quittaient l'enceinte de la prison, LeRoux s'asseyait dans sa cellule et ressassait sa vengeance en avançant et en reculant ses pièces sur l'échiquier. Il cherchait un moyen de battre le système et de se venger d'un monde qui ne lui avait rien donné. Rien, à part de l'argent, des femmes, des enfants, des yachts, des voitures de course, des avions, des villas, des plages, une île pendant un moment et tout ce dont il avait jamais rêvé.

La plupart du temps, LeRoux gardait son calme. Il souriait dans des situations où n'importe qui aurait paniqué. Les agents se demandaient parfois s'il vivait sur la même planète que le commun des mortels. Quand ils l'écoutaient, Cindric et Stouch avaient l'impression de regarder un remake d'*Apocalypse Now*, où LeRoux était une sorte de colonel Kurtz du XXIe siècle. Il n'avait certes pas le charisme de Marlon Brando, qui incarne le soldat renégat devenu seigneur de guerre dans le film culte de Francis Ford Coppola en 1979 ; mais, sous certains aspects, il n'avait rien à lui envier. Il possédait de bien meilleures compétences techniques, son visage s'illuminait quand il parlait d'aider l'Iran à détruire Israël et tous les pays ennemis du régime.

Était-il né ainsi ? Avait-il vécu un événement traumatique ? Les agents avaient autre chose à faire que d'analyser sa petite enfance, mais ça les travaillait. C'est le boulot des psychologues de répondre à ces questions mais, pour être honnête, quasiment tous les criminels qu'ils avaient rencontrés avaient eu une enfance malheureuse.

Même après tout ce temps, les agents n'étaient pas au bout de leurs surprises. Au cours d'un interrogatoire de routine, un agent de Minneapolis demanda à LeRoux s'il connaissait l'identité d'autres vendeurs de médicaments sur le marché noir, en lui montrant plusieurs clichés de suspects. LeRoux désigna une photo d'un homme d'âge moyen en disant :

— Ouais, celui-là, je le connais, c'est mon père biologique.

— Quoi ? s'étouffa Stouch.

Il ne s'attendait pas à ça.

— Ouais, c'est un de mes plus gros concurrents sur le marché. D'ailleurs il m'a volé de l'argent. Au moins 60 000 dollars.

LeRoux raconta que peu après avoir ouvert son entreprise de vente en ligne de médicaments, il était entré en contact avec un Rhodésien blanc nommé Hornbuckle. On lui avait dit que c'était son père – il n'avait pas précisé qui le lui avait dit. Ils avaient commencé à faire affaire ensemble. Hornbuckle avait même fait une tournée dans le sud des États-Unis pour recruter des pharmacies susceptibles de fournir les médicaments prescrits par les médecins du réseau de LeRoux.

LeRoux semblait faire confiance à Hornbuckle. Il lui avait donné accès à un de ses comptes en banque, en le nommant cosignataire. Tout se passait bien entre eux jusqu'à ce que LeRoux se rende compte, en 2007, qu'il lui manquait 60 000 dollars sur ce compte. À partir de ce moment-là, Hornbuckle était devenu son pire ennemi.

C'est un peu tordu, mais le père de LeRoux – ou du moins l'homme qu'il considérait comme une figure paternelle – l'avait peut-être inspiré. Ce n'est sans doute pas un hasard si LeRoux avait fait carrière dans le crime organisé. Il voulait battre son père sur son propre terrain.

— C'est peut-être à cause de son père qu'il a pris de tels risques, avait fait remarquer Stouch. Il voulait prouver qu'il pouvait battre son père à son propre jeu.

LeRoux n'a jamais dit de bien de ses parents adoptifs. Son père adoptif l'avait abandonné en quittant le domicile familial. Il ne savait même pas s'il était encore en vie. Ça n'avait aucune importance pour lui. Il n'éprouvait aucun attachement envers sa mère non plus. Quelques mois après son arrestation, il avait reçu un mail de sa sœur cadette, la fille biologique des LeRoux, où elle lui apprenait la mort de sa mère, Judith LeRoux. Cindric et Stouch, qui interceptaient toujours les mails de LeRoux, lui avaient présenté leurs condoléances. LeRoux s'était contenté de hausser les épaules. La nouvelle ne l'affectait visiblement pas beaucoup.

— Ça fait des années qu'elle aurait dû crever, avait-il dit avant de changer de sujet.

LeRoux avait le profil type du narcissique : il était à la fois indifférent à tout et insatiable. Les narcissiques font d'excellents innovateurs. Ils ne baissent jamais les bras et ne se laissent pas freiner par la logique ou la compassion.

Pour les agents, Paul LeRoux a été intercepté avant d'avoir pu montrer toute l'ampleur de son potentiel criminel. Pourtant, il a laissé son empreinte. Il a creusé les fondations d'un nouveau modèle de crime organisé transnational qui transcende les caractéristiques traditionnelles utilisées par les services de police (« trafiquant de drogue », « marchand d'armes »). Ce modèle n'a pas encore de nom. C'est un modèle fluide, qui sait tirer profit de la moindre faille du système. LeRoux et ses disciples, ses acolytes et ses imitateurs qui gravitent autour de lui comme une armée de méduses. Ils ressemblent à de vieux mouchoirs qui traînent, mais mettez donc un pied sur leur territoire, et vous verrez.

Les agences de police et les systèmes judiciaires ne sont pas armés pour affronter cette menace protéiforme. La seule raison pour laquelle l'empire de LeRoux semble désorganisé au premier abord, c'est parce qu'il ne correspond pas au modèle traditionnel : une structure solide, une hiérarchie identifiable, des infrastructures matérielles. LeRoux ne faisait pas partie de réseaux d'influence identifiés, comme ceux de la mafia. Son monde virtuel lui permettait la plupart du temps de s'isoler et d'éviter les interactions sociales. Il agissait seul, ce qui est totalement inédit pour un criminel de cette envergure.

— LeRoux est un génie et il est totalement dépourvu de scrupules. C'est pour ça qu'il est aussi dangereux, dit Milione. Il ne s'arrêtera pas, et personne ne peut anticiper ses coups.

Milione et ses agents ont dû adapter leurs méthodes et improviser continuellement à mesure qu'ils s'approchaient de LeRoux. Ils y sont allés en tâtonnant, en plaçant leurs pions progressivement : d'abord Jack, puis d'autres. Ils ont réussi à tromper LeRoux, le maître de la manipulation. Ils se sont fiés à leur instinct d'agents de terrain. Leurs hypothèses ne se sont pas toujours vérifiées, mais leurs erreurs ne les ont jamais empêchés d'avoir une longueur d'avance sur leur adversaire.

— Nous savions que Paul était un homme d'affaires à la psychologie complexe et qu'il était à la tête d'un empire criminel à plusieurs facettes, raconte Cindric. C'est un criminel beaucoup plus sophistiqué que les criminels habituels. C'est comme si on avait joué en amateurs pendant des années et qu'on était soudain propulsés chez les professionnels. En prenant appui sur ce qui nous était familier, on a essayé de s'adapter.

Ce qui faisait l'attrait de cette enquête c'est que, contrairement à Viktor Bout dont la carrière commençait à décliner quand le Groupe 960 avait commencé à enquêter sur lui, LeRoux était en pleine ascension.

— Si on n'avait pas réussi à arrêter Paul, Dieu seul sait de quoi il aurait été capable. On aurait sans doute eu beaucoup plus de morts sur les bras.

Milione considérait que LeRoux était le prolongement logique du modèle entrepreneurial développé par Elon Musk.

— Quand on voit comment Musk a développé Tesla et comment il a révolutionné le monde des affaires, la carrière de LeRoux n'a rien de surprenant. LeRoux applique le même modèle disruptif que Musk, sauf qu'il l'applique à une entreprise criminelle. Les individus comme lui alimentent toutes les entreprises criminelles à travers le monde : trafic de drogue, blanchiment d'argent, trafic d'armes, usurpation d'identité, terrorisme. S'il n'avait pas été aussi avide de pouvoir, à vouloir tuer des gens et tout détruire sur son passage, il n'aurait sans doute jamais été arrêté. À l'avenir, les individus comme lui, qui n'ont peur de rien et évoluent dans le cyberespace, seront de plus en plus difficiles à arrêter.

Milione et ses agents savaient qu'un baron du crime intelligent, capable d'appliquer les méthodes de Paul LeRoux, pourrait les mettre en échec. À de rares exceptions près, les administrations fédérales et les services de police sont trop contraints et trop timorés pour se lancer dans une enquête de cette ampleur, qui comporte de nombreux risques, coûte cher et implique de coopérer efficacement avec d'autres services. À la question :

— Pensez-vous que LeRoux a un plan pour le futur ?

Jack, probablement celui qui connaissait le mieux LeRoux, avait répondu :

— Évidemment qu'il a un plan. Il est en train de le peaufiner en prison. Est-ce qu'il a l'argent et les contacts pour réussir ? Bien sûr, parce qu'il ne balancera jamais tout ce qu'il sait à la police. Il sait qu'il finira bien par sortir de prison un jour. Sauf que, quand il sortira, il aura pris le temps d'étudier le système de l'intérieur et il se montrera plus prudent que jamais. On n'a pas fini d'entendre parler de lui. En sortant de prison, il pourrait se contenter de récupérer une partie de sa fortune et de s'installer au bord de la mer pour vivre confortablement, mais ça ne lui ressemble pas. LeRoux a besoin d'être stimulé en permanence. Je ne serais pas surpris s'il réapparaissait en Asie ou en Afrique du Sud.

Jack était convaincu qu'à sa sortie de prison LeRoux serait plus que jamais préoccupé par sa propre sécurité. Il s'était fait des ennemis en dénonçant des hommes haut placés, en Afrique et en Asie. Certains n'hésitaient pas à recourir aux services de milices privées, sans compter les mercenaires qu'il avait lui-même embauchés pour exécuter des contrats. Cinq d'entre eux étaient derrière les barreaux mais combien d'autres étaient encore en liberté ?

Cindric et Stouch partageaient l'avis de Jack : pour LeRoux, ce séjour en prison était un interlude, une sorte de post-doc qui lui permettait d'étudier le système de l'intérieur et de trouver un moyen de déjouer les systèmes de surveillance. Ils savaient qu'en sortant de prison il disparaîtrait dans un nuage noir de dollars. Il leur avait laissé entendre qu'il n'avait aucune intention de se ranger.

— Paul, quand vous sortirez, qu'est-ce que vous allez faire ? lui avait demandé Stouch, un jour.

— Les filles.

— Pardon ?

— Les filles. Vous connaissez les Arabes. Ils veulent des filles.

— Si j'ai bien compris, il a l'intention de devenir proxénète, avait grimacé Stouch en sortant.

— Quand il sortira de taule, il va devenir l'ennemi numéro un des services de police, avait dit Cindric. Il connaît les règles du jeu.

Pourtant, Cindric et Stouch restaient convaincus que LeRoux et les criminels comme lui n'étaient pas intouchables.

— La prochaine fois, il tombera. Et ce sera pour la même raison.

Cette raison, c'est l'hybris. L'excès de confiance. La créature qui dort en lui continue à gratter pour sortir et faire du mal. Quand cette créature parviendra à sortir, Cindric et Stouch savent que LeRoux ne résistera pas à la tentation de se faire remarquer.

— Il pense qu'il n'a pas eu de chance de tomber sur Eric et Tommy, avait conclu Stouch. Mais il existe d'autres agents comme nous, qui ne le lâcheront jamais, eux non plus.

Note au lecteur

La plupart des individus qui ont contribué à l'arrestation de Paul Calder LeRoux et de ses associés sont identifiés par leur nom et leur titre. Les interviews en vue de la préparation de ce livre ont été effectuées dans un cadre officiel, à de rares exceptions près. J'ai eu le privilège d'avoir accès à des témoins directs. Ce livre est basé sur des milliers d'heures d'interviews – que j'ai menées pendant six ans – de personnes qui ont directement participé à l'enquête, ou ont eu connaissance des événements rapportés dans ce livre. J'ai également eu accès à des milliers de sources, dont des documents officiels, des notes personnelles, des journaux, des mails, des textos, des chronologies, des photos, des transcriptions, des enregistrements et des vidéos réalisés par des agents infiltrés, ainsi qu'à divers documents saisis dans les affaires des suspects qui faisaient l'objet d'enquêtes et qui ont été poursuivis pour les crimes mentionnés dans ce livre.

Les citations, les dialogues, les pensées, les analyses et les déductions des protagonistes qui figurent dans ce livre sont dérivés des déclarations de témoins directs des événements décrits ou de documents tels que des transcriptions, des mails et des textos échangés entre les différents protagonistes.

Afin de ne pas mettre ces hommes et ces femmes en danger, j'ai fait le choix de cacher leur identité en utilisant de faux noms. Certains étaient – ou sont encore – infiltrés, d'autres vivent et travaillent dans des environnements à risque. Ces hommes et ces femmes incluent :

Taj, agent de la DEA, qui participe régulièrement à des opérations d'infiltration.

Jack, ancien employé de LeRoux, qui a permis d'infiltrer l'organisation de LeRoux et a servi d'informateur à la DEA pour mettre fin à la folie meurtrière de LeRoux et le traduire en justice.

Anya, la fiancée de Jack.

Diego, informateur de la DEA, qui s'est fait passer pour un représentant de cartel colombien afin de permettre l'arrestation de LeRoux.

Geraldo, informateur de la DEA, qui s'est fait passer pour le partenaire colombien de Diego.

Georges, pilote de brousse, qui sert de source à la DEA en Afrique et en Asie et a permis l'arrestation de LeRoux.

Bee est le nom de code d'un employé thaïlandais qui collabore avec la DEA à Bangkok. Son nom entier n'est pas mentionné pour des raisons de sécurité.

Paul Calder LeRoux n'a pas été interviewé pour ce livre. Il est incarcéré dans une prison fédérale, a plaidé coupable dans un certain nombre d'affaires et a collaboré avec le gouvernement américain en vue de l'arrestation des hommes qu'il avait embauchés pour qu'ils commettent des meurtres sous contrat, trafiquent de la drogue et des armes, ainsi que pour d'autres crimes. J'ai envoyé plusieurs requêtes pour obtenir l'autorisation de l'interviewer, mais celle-ci m'a toujours été refusée.

Tous les individus poursuivis par la justice américaine pour exécution de meurtres sous contrat ou trafic de méthamphétamine nord-coréenne pour le compte de LeRoux ont plaidé coupable ou ont été condamnés par le tribunal du district Sud de Manhattan.

Elaine Shannon, Washington DC,
18 octobre 2018.

Notes

Introduction - Un agent pernicieux

Page 22 « *Sa première entreprise a généré au moins trois millions de transactions* »

L'estimation des profits de l'entreprise de LeRoux RX Limited est issue de l'accord négocié par John Wall avec le tribunal. D'après les calculs des agents de la DEA, entre juin 2007 et août 2011, RX Limited a expédié au moins 2 973 374 commandes pour un bénéfice total de 297 337 400 dollars. Source : US District Court, District du Minnesota, Criminel n° 13-373 (4), Les États-Unis contre Jonathan Wall (4), 7 décembre 2015.

1. 25 septembre 2013

Page 36 « *Il avait perdu sa mère à l'âge de trois ans* »

Les éléments concernant l'histoire personnelle de Dennis Gögel proviennent d'une lettre adressée à la juge fédérale Laura Taylor Swain, conservée comme pièce à conviction aux archives du tribunal du district Sud de New York, le 27 août 2015.

Page 38 « *Son boulot, c'était de recruter des mercenaires pour le compte de LeRoux* »

Cette information provient d'un mail envoyé par LeRoux à Joseph Hunter le 4 janvier 2013, auquel l'auteure a eu accès.

2. La loi de Murphy

Page 57 « *Hunter débordait d'enthousiasme face aux missions qui s'annonçaient.* »

Les informations à propos de Hunter viennent de la transcription d'une conversation qui a eu lieu le 8 mars 2013, à Phuket, en Thaïlande. Cette transcription a été versée au dossier du tribunal du district Sud de New York le 16 mars 2018. Il s'agit du Dossier 1 : 13-cr-00521-RA.

Page 63 « *Cet institut, créé par des conservateurs et libéraux* »

Pour plus d'informations au sujet de l'histoire de l'Intercollegiate Society of Individualists, devenue par la suite Intercollegiate Studies Institute, le lecteur peut se référer à l'ouvrage de Lee Edwards, *Educating for Liberty : the First Half-Century of the Intercollegiate Studies Institute* (Washington DC : Regnery, 2003)

Page 69 « *Le trafiquant était mû par l'appât du gain.* »

Les crimes de Monzer al-Kassar sont décrits dans l'arrêt Les États-Unis contre Kassar, verdict rendu par le tribunal du district Sud de New York, le 21 juin 2007.

Page 70 « *Kassar fut condamné à trente ans de prison* »

Ces informations sont tirées de l'article de Benjamin Weiser : *An arms dealer Is sentenced to 30 years in a scheme to sell weapons to terrorists.*, New York Times, 25 février 2009, http ://www.nytimes.com/2009/02/25/us/25arms.html.

Page 80 « *Les Américains n'eurent pas vraiment d'autre choix que de croire à la version des Estoniens.* »

D'après les interviews des agents de la DEA menées par l'auteure, la justice estonienne a lancé une procédure d'extradition contre les deux suspects, qui ont été extradés vers les États-Unis en avril

2014. Suite à la décision du tribunal estonien, Casey, Cindric, Stouch et Taj se sont envolés pour Tallinn à bord d'un avion d'affaires, afin de prendre en charge Soborski et de le remettre aux mains de la justice à Manhattan. Quand Cindric a demandé à Soborski : « Comment avez-vous enlevé vos menottes ? », Soborski a répondu : « Il suffit d'un peu d'entraînement. » Il leur a ensuite tourné le dos pour regarder par la fenêtre. Quand Casey, Cindric, Stouch et Taj ont photographié Soborski torse nu, ils ont remarqué une longue cicatrice sur son abdomen, probablement due à une opération lourde. Selon eux, Soborski s'était plaint de la mauvaise qualité de la nourriture et du froid dont il avait souffert dans la prison estonienne, mais il n'avait pas mentionné avoir été frappé par les policiers. Cependant, une fois arrivé aux États-Unis, Soborski a accusé les policiers estoniens de l'avoir frappé après son arrestation. Le tribunal américain n'a pas pu déterminer à quoi était due la rupture de la rate du Polonais. Soborski et Filter ont plaidé coupable pour trafic de cocaïne.

3. Le Rhodésien

Page 96 *« Aujourd'hui, on estime à environ 17 000 le nombre de Blancs vivant au Zimbabwe. »*

Les données démographiques au sujet du Zimbabwe sont disponibles sur le site www.zimstat.co.zw/sites/default/files/img/publications/Census/ICDS-2017-Report.pdf du Zimbabwe Inter-Censal Demographic Survey, 2017 ; ainsi que dans l'article de Ian Phimister : *The Collapse of Rhodesia, Population Demographics and the Politics of Race, Journal of Imperial and Commonwealth History 39*, 15 août 2011.

Page 98 *« L'indépendance n'a pas ramené la paix. »*

Les informations qui font autorité sur les atrocités commises après l'indépendance sont disponibles dans le rapport suivant : *Report on the 1980s Disturbances in Matabeleland and Then Midlands*, produit par la Commission catholique pour la justice et la paix au Zimbabwe, mars 1997, http ://www.rhodesia.nl/Matabeleland %20Report.pdf

Page 99 *« D'après les informations dont on dispose sur les membres de la famille LeRoux, ils n'ont pas été témoins de ces violences. »*

Un article en ligne d'Evan Ratliff sur la vie de Paul LeRoux (*He always had a dark side*) mentionne que le père de Paul LeRoux a dirigé une mine d'amiante en Rhodésie. L'article est consultable à l'adresse suivante : https ://magazine.atavist.com/he-always-had-a-dark-side/.

Page 99 *« D'après les documents de l'époque »*

Le complexe minier de Shabanie et Mashaba appartenait à la plus grosse entreprise d'amiante d'Angleterre, Turner and Newall, basée à Manchester. Dans les années 1970, Shabanie était considéré comme le plus grand gisement d'amiante du monde et employait 12 000 personnes. D'après une étude fondatrice publiée à ce sujet par une équipe de chercheurs en 2003 et intitulée *Asbestos Mining and Occupational Disease in Southern Rhodesia/Zimbabwe, 1915 – 98*, les ouvriers travaillant dans ce complexe ont été exposés à des quantités supérieures de fibre d'amiante nocive que les ouvriers travaillant dans des mines d'amiante ailleurs dans le monde industrialisé. « Pour être rentables, les mines du Zimbabwe devaient tourner à plein régime mais, du fait de leur configuration, plus l'extraction de minerai était importante, plus la quantité de fibre d'amiante produite augmentait, ce qui augmentait également les risques pour la santé. » Le professeur Jock McCulloch, auteur de cette étude, a écrit : « Ces mines étaient très rentables parce qu'elles étaient également très dangereuses ». McCulloch, historien au Royal Melbourne Institute of Technology University, en Australie, est lui-même mort d'un mésothéliome en janvier 2008, probablement après avoir été exposé à l'amiante dans les mines du Zimbabwe où le père de Paul LeRoux travaillait.

Page 99 *« Ils souffraient d'une image qui leur collait à la peau depuis les débuts de la colonisation. »*

La vie des Blancs en Rhodésie est décrite par Piers Brendon, *The Decline and Fall of the British Empire*, 1781-1997 (New York : Knopf, 2008) ; Robert Blake, *A History of Rhodesia* (New York : Knopf, 1978) et Frank Clements, *Rhodesia : The Course to Collision* (London : Pall Mall Press, 1969).

Page 100 *« Le père de LeRoux avait fait valoir sa connaissance de l'industrie minière »*

Cette information provient de l'article en ligne d'Evan Ratliff, *He always had a dark side* (https ://magazine.atavist.com/he-always-had-a-dark-side).

Page 102 *« Ce qui est certain, c'est que l'adolescence est le pire moment pour être mis à la marge de la société. »*

L'évolution démographique en Afrique du Sud pendant l'adolescence de LeRoux est décrite dans l'article de Padraig O'Malley, *Demographic Characteristics of South Africa in the late 1980s* (https ://www.nelsonmandela.org/omalley/index.php/site/q/03lv02424/04lv03370/05lv03389.htm)

Page 106 *« Hafner voulait lancer une start-up pour concevoir et commercialiser un logiciel utilisant une nouvelle technique de chiffrement de données »*

Pour plus d'informations sur la nature de ce projet, on peut se référer à l'article de Kim Zetter : *Hacker Lexicon : What is Full*

Disk Encryption ? Wired, 2 juillet 2016, https ://www.wired.com/2016/07/hacker-lexicon-full-disk-encryption.

Page 106 « *Mais pour innover, il faut un homme capable d'inventer de nouvelles manières de faire et de mettre ses idées en application.* »

En décembre 1998, LeRoux a lancé un logiciel libre de chiffrement de disque qu'il a appelé *E4M (Encryption for the Masses).* Il a également rendu public le code source du programme, afin d'inviter d'autres programmeurs à travailler dessus pour l'améliorer. Quand Hafner et ses collaborateurs ont analysé le code source fourni par LeRoux, ils ont trouvé une ligne de code qu'ils avaient eux-mêmes conçue pour un projet de Hafner, dont LeRoux avait eu connaissance en 1997. LeRoux a nié avoir volé le code de Hafner et a prétendu qu'il s'agissait d'une erreur de sa part. Hafner a accepté les explications de LeRoux, car il avait besoin de ses compétences pour mener à bien ses projets.

Page 112 « *LeRoux et Hafner reprirent contact en 2004, à propos d'un brevet pour un logiciel quelconque.* »

En février 2004, un collectif de programmeurs anonymes se faisant appeler le collectif TrueCrypt Team a lancé un logiciel libre de chiffrement complet de disque. Sur leur site Internet, les programmeurs précisaient que ce logiciel était basé sur le programme *E4M* de LeRoux. Étant donné que TrueCrypt faisait de la concurrence à SecurStar et à son logiciel *DriveCrypt*, Hafner a soupçonné LeRoux d'être à la tête de TrueCrypt et d'avoir créé ce collectif pour se venger de son licenciement et de l'humiliation subie. Hafner a découvert que *E4M* contenait une ligne de code créée par d'autres programmeurs de Hafner et a accusé LeRoux de « violation de la propriété intellectuelle ». Le collectif TrueCrypt a refusé de retirer le produit du marché. Ce conflit, qui a été très suivi dans les salons de discussion de hackers, a renforcé l'image rebelle de TrueCrypt. Parmi les utilisateurs célèbres de TrueCrypt, on trouve le lanceur d'alerte Edward Snowden, qui a utilisé TrueCrypt en 2013 pour transmettre des informations sensibles sur lesquelles il avait mis la main alors qu'il travaillait en tant que consultant pour la NSA. Parmi les utilisateurs de *DriveCrypt*, on trouve des entreprises privées et des administrations gouvernementales (Citicorp, Exxon, Shell, Volkswagen Financial, Prudential, Scotland Yard, la FAA (Federal Aviation Administration), Motorola, PricewaterhouseCoopers et Texas Instruments). Justin Peltier du magazine *SC* a écrit : « Si James Bond utilisait un logiciel de cryptage de données, il utiliserait le package *DriveCrypt Plus.* »

Page 115 *« LeRoux avait effectué toute sa scolarité dans des écoles fréquentées uniquement par des Blancs. »*

La culture des Rhodésiens blancs est expliquée en détail par Richard West dans son livre *The White Tribes of Africa* (Cape, 1965) et par Brendon dans *The Decline and Fall of the British Empire, 1781-1997.*

4. Marché noir

Page 118 *« On ne sait pas exactement comment lui est venue cette idée »*

LeRoux a donné différentes versions des raisons qui l'ont poussé à se lancer dans le commerce en ligne de produits pharmaceutiques. En 2012 et en 2013, lors des négociations en vue d'obtenir un accord avec la justice américaine, il a dit aux agents de la DEA et aux procureurs que Hafner, son ancien patron et mentor, était lui-même impliqué dans le commerce de pilules en ligne et que c'était lui qui l'avait incité à se lancer dans ces activités. Hafner a démenti cette accusation en disant qu'il était un homme d'affaires respecté dans le domaine de l'électronique numérique, des télécommunications et de la cybersécurité. Il a ajouté qu'en 2004 il n'avait plus de contacts avec LeRoux. L'histoire de LeRoux ne semble pas très cohérente : il prétend qu'il a conçu le design des sites Internet sur lesquels Hafner vendait ses pilules. Selon Hafner, même si LeRoux est un excellent programmeur, il ne possédait pas les compétences suffisantes pour concevoir un site Internet. Hafner avait dû faire appel à d'autres informaticiens pour concevoir le site de SecurStar. La version de Hafner est corroborée par un message de LeRoux posté dans le salon de discussion de TrueCrypt Team en février 2004, où il indique n'avoir eu « aucun contact avec SecurStar depuis 2002 ». Cette affirmation correspond à la version de Hafner. L'auteure conclut que LeRoux a lancé de fausses accusations au sujet de Hafner pour se venger de son licenciement en 2002, au motif qu'il avait volé un logiciel propriétaire.

Page 118 « *les petits dealers de rue qui se rêvaient en Pablo Escobar ou en El Chapo étaient en train de se faire remplacer* »

Les bénéfices de la vente de produits pharmaceutiques aux États-Unis en 2003 s'élèvent à 216,4 milliards de dollars, soit 12 % de plus qu'en 2002 et 44 % des bénéfices de la vente de médicaments à l'échelle mondiale (492 milliards de dollars). Ces chiffres sont tirés d'un rapport de Health Strategies Consultancy LLC., *Follow the Pill : Understanding the US Commercial Pharmaceutical Supply Chain*, Kaiser Family Foundation, mars 2005.

Page 118 « *D'après un rapport annuel du gouvernement américain en 2004* »

Cette tendance à l'augmentation de la consommation de médicaments est notée dans un rapport de 2004 intitulé *National Survey on Drug Use and Health*, commandé par le département américain de la Santé (plus précisément par le service Substance Abuse and Mental Health Services Administration). Cette tendance a été confirmée par un rapport de 2016, consultable à l'adresse suivante : https ://www.samhsa.gov/data/.

Page 119 « *Le marché noir* »

Les chiffres de la vente de produits pharmaceutiques à l'échelle mondiale proviennent d'un article de John Laporte intitulé *Topic : Global Pharmaceutical Industry*, *Statista*, https ://www.statista.com/topics/1764/global-pharmaceutical-industry/.

Page 119 « *On estime qu'en 2004 le lobby pharmaceutique a investi trente-trois milliards de dollars en campagnes publicitaires* »

Les campagnes publicitaires des lobbys pharmaceutiques sont analysées dans l'article *Big Pharma Spends More on Advertising than Research and Development, Study Finds*, *Science Daily*, 7 janvier 2008, https ://www.sciencedaily.com/releases/2008/01/080105140107.htm.

Page 121 « *Chaque jour, entre cinq et dix médecins rédigeaient entre cinquante et trois cents ordonnances au total.* »

Les aveux de LeRoux dans le cadre de l'accord négocié avec la justice américaine sont disponibles dans le document *Proposed Cooperation Agreement for Paul Calder LeRoux*, rédigé par plusieurs procureurs du tribunal du district Sud de New York, dont Andrew Dember, chef adjoint de la Division criminelle, Michael Farbiarz et Jocelyn Stauber, chefs de la Division de lutte contre le terrorisme et le trafic international de stupéfiants, Michael D. Lockard et Rachel P. Kovner. Ce document a été signé le 4 février 2013. Il ne fait pas partie des documents consultables par le public, mais l'auteure a pu y avoir accès.

Page 122 « *Ils n'avaient pas de temps à perdre à poursuivre les propriétaires de sites Internet* »

La crise des opioïdes est analysée dans une série de rapports du gouvernement intitulés *Vital Signs : Overdoses of Prescription Opioid Pain Relievers – United States 1999 – 2008*, produit par le CDC (Centers for Disease Control and Prevention), 4 novembre 2011, https ://www.cdc.gov/mmwr/preview/mmwrhtml/mm6043a4.htm et *Opioid Overdose*, CDC, 1er août 2017, https//www.cdc.gov/drugoverdose/data/overdose.html.

5. Abracadabra !

Page 135 « *LeRoux avait embauché Smith en 2005.* »

Pour décrire la relation de Paul LeRoux et Dave Smith et l'assassinat de Smith, l'auteure se base sur l'accord négocié par LeRoux avec le département de Justice américain (*Proposed Cooperation Agreement*).

Page 135 « *Dave Smith m'a dit qu'il était à la tête d'un groupe de mercenaires* »

Paul LeRoux a fourni un témoignage détaillé de sa relation à Dave Smith au cours du procès de Joseph Manuel Hunter, devant le tribunal du district Sud de New York, le 4 avril 2018, 13 Cr 521 (RA).

6. La ville invisible

Page 159 « *Les Américains s'arrachaient cet opioïde de synthèse.* »

Les chiffres établissant la croissance de la vente d'opioïdes sous ordonnance sont disponibles sur le site de la DEA, *Aggregate*

Production Quota History For Selected Substances, https ://www.deadiversion.usdoj.gov/quotas/quota-history.pdf et sont également disponibles dans un article produit par l'organisme d'audit du gouvernement américain (US Government Accountability Office) : *Prescription Drugs, OxyContin Abuse and Diversion and Efforts to Address the Problem*, décembre 2001.

7. Pac-Man et Ironman

Page 206 « *Cindric avait trouvé sur Internet un rapport de Sunlight Foundation* »

En 1990, Ari Ben-Menashe a été jugé devant une cour fédérale de New York pour avoir tenté de vendre trois avions-cargos Lockheed C-130 Hercules, fabriqués aux États-Unis, à l'Iran, ce qui constitue une violation de la loi américaine sur l'exportation d'armes (US Arms Export Control Act). Ben-Menashe a prétendu que cette vente avait été autorisée par les services de renseignement israéliens du Mossad. Il a été acquitté et a déménagé au Canada.

9. Éblouissez-le !

Page 252 « *En revanche, un million en billets de 100 dollars, ça pèse presque 10 kg.* »

Le poids et le volume des billets américains sont détaillés dans le témoignage du secrétaire adjoint au Trésor Gary Gensler spécialiste des marchés financiers (*House Subcommittee on Domestic and International Monetary Policy*), le 8 octobre 1998.

Page 256 « *D'après un rapport du Bureau des Nations unies sur le narcotrafic, l'Asie de l'Est et du Sud-Est ainsi que l'Océanie représentent un immense marché.* »

La consommation de méthamphétamine en Asie est décrite dans le rapport : *The Challenge of Synthetic Drugs in East and South-East Asia and Oceania Global SMART Programme 2015 Trends and Patterns of Amphetamine-type Stimulants and New Psychoactive Substance,* produit par l'Office des Nations unies contre la drogue et le crime, mai 2015, https ://www.unodc.org/documents/scientific/The-Challenge-of-Synthetic-Drugs-in-East-and-South-East-Asie-and-Oceania-2015.pdf.

10. – « Je refuse de monter dans l'avion. »

Page 267 « *En 2014, le gouvernement américain a placé Poly Technologies sur liste noire* »

Les sanctions américaines à l'encontre de l'entreprise chinoise Poly Technologies sont recensées sur le site Internet suivant : « Iran, North Korea, and Syria Nonproliferation Act : Imposed Sanctions », Département d'État américain, mai 2015, https ://www.state.gov/t/isn/inksna/c2883.htm et dans une entrée du registre fédéral à l'adresse suivante : https ://www.federalregister.gov/documents/2014/06/26/2014-14935/addition-of-certain-persons-to-the-entity-list-and-removal-of-person-from-the-entity-list-based-on.

Page 268 « *Mais aujourd'hui, les quantités d'opium produites dans le Triangle d'or* »

Les estimations relatives à la production et à la consommation d'héroïne sont tirées du rapport : *The Global Heroin Market, UN*

Office on Drugs and Crime, https ://www.unodc.org/documents/wdr/WDR-2010/1.2-The-global-heroin-market.pdf.

11. – Reine d'un jour

Page 285 « *Ce projet prenait du temps, en raison des sanctions imposées par les États-Unis* »

L'Organisation des industries de défense iranienne est sous le coup de nombreuses sanctions. En 2004, l'Agence internationale de l'énergie atomique a déclaré que la DIO était impliquée dans la production de composants pour des centrifugeuses destinées à enrichir de l'uranium pour le programme nucléaire iranien. En 2007, le Conseil de sécurité de l'ONU a imposé des sanctions à plusieurs organisations iraniennes, dont la DIO, pour participation au programme nucléaire et balistique iranien. Les États-Unis ont engagé des poursuites judiciaires, sanctionnant la DIO pour ses activités en lien avec le développement d'armes de destruction massive et de missiles, ce qui constitue une violation de plusieurs lois américaines (la loi de non-prolifération en Iran et en Syrie, la loi relative à l'exportation d'armes et la loi sur le commerce international).

Page 286 « *LeRoux savait pertinemment à quoi ce matériel était destiné.* »

Les efforts de l'Iran pour se procurer des armes de pointe sont soulignés dans le document *Annual Threat Assessment of the Intelligence Community*, 12 février 2009, témoignage de Dennis C. Blair, directeur du renseignement national, devant une commission permanente du Sénat des États-Unis dédiée à la surveillance du renseignement américain (Senate Select Commitee on Intelligence).

Page 286 « *Les Iraniens voulaient également mettre la main sur le schéma d'un missile de croisière* »

Les projets de développement de missiles iraniens sont analysés dans une série de rapports (*Ballistic and Cruise Missile Threat*) produits par plusieurs agences de renseignement américain (le NASIC, US National Air and Space Intelligence Center, en collaboration avec le Defense Intelligence Ballistic Missile Analysis Committee), publiés en 2009, 2013 et 2017.

Page 288 « *À l'époque, l'ITAR imposait que les puces électroniques des récepteurs GPS vendus dans le commerce soient dégradées* »

Ces règles s'appliquent aux systèmes de GPS non classifiés vendus dans le commerce. Suite à un amendement de 2014, ces règles ont changé pour diminuer l'altitude et la vitesse et interdire la vente d'équipements GPS « spécifiquement destinés à une utilisation militaire » ainsi que de systèmes aéroportés pouvant supporter une charge de 500 kg sur une distance de 300 kilomètres.

Page 308 « *Kobi Alexander était le P-DG de Comverse Technology* »

Les accusations à l'encontre d'Alexander sont détaillées dans un communiqué de presse de la SEC (Securities and Exchange Commission) intitulé : *SEC Charges Former Comverse Technology, Inc. CEO, CFO and General Counsel in Stock Option Backdating Scheme* ; et dans un communiqué de presse du département de la Justice américain intitulé : *Jacob 'Kobi' Alexander Sentenced to 30 Months in Prison for Securities Fraud*, daté du 23 février 2017 et consultable à l'adresse suivante : http ://www.justice.gov/usao-edny/pr/jacob-kobi-alexander-sentenced-30-months-prison-securities-fraud.

12. Marée de pions

Page 320 « *le premier commando dirigé par Hunter* »

Le 15 octobre 2018, au cours des démarches judiciaires qui ont suivi le procès pour assassinat de Joseph Hunter, Adam Samia et

Carl David Stillwell, le juge Ronnie Abrams de la Cour de district des États-Unis a rendu une décision résumant les preuves contre Hunter et les autres, dont DeMeyere cité en tant que co-conspirateur et non inculpé dans cette affaire. Abrams a écrit :

« D'après les constatations de la cour, nous pouvons affirmer [*13] qu'au début de l'année 2011 Hunter est devenu seul responsable de la gestion des meurtres sous contrat. Il a recruté et supervisé des mercenaires et a servi d'intermédiaire entre ces hommes et LeRoux. Tr 409 :17-410 :19 ; 431 :5-8 ; 432 :14-433 :7. C'est sur la base de ces affirmations que le jury a conclu que Hunter avait participé à cette conspiration au cours de trois voyages, en particulier les deux derniers, durant lesquels Hunter, qui dirigeait les opérations, a activement recruté des membres pour participer à la conspiration et a assuré la gestion quotidienne des opérations de l'équipe de mercenaires de LeRoux.

Le témoignage au procès a établi qu'au début de l'année 2011, suite à la participation de LeRoux au meurtre de Smith, Hunter a pris la place de Smith à la tête de l'équipe de mercenaires et a reçu l'instruction de constituer une équipe de deux personnes, dont la seule responsabilité serait d'exécuter des meurtres sous contrat. Tr.407 :25-408 :4, 409 :17-410 :19.14. Le jury a conclu au-delà du doute raisonnable que, pour l'ensemble des raisons mentionnées ci-dessus, la visite de Hunter en février 2011 avait pour but de recruter les membres de cette nouvelle équipe de tueurs. Tr :409 :17-410 :19 ; 1182 :14-1183 :1. En réalité, Hunter a immédiatement procédé au recrutement de Chris DeMeyere et de « Daddy Mack ». Tr. 413 :5-13.15. Quand Samia a écrit à Hunter en avril [*14] 2011, en faisant part de son intérêt pour cette mission, Hunter a indiqué qu'il « avait déjà sous sa responsabilité huit hommes engagés dans des activités de nature diverse », ce qui semble confirmer qu'il avait déjà recruté une nouvelle équipe de tueurs, conformément aux instructions de LeRoux. Tr. 412 :8-13 ;

GX 436. DeMeyere et Daddy Mack ont commis un meurtre pour le compte de LeRoux en mai ou juin 2011, avant de quitter l'organisation, conduisant Hunter à recruter de nouveaux tueurs (Samia et Stillwell). Tr. 428 :16-22, 1196 :21-1197 :15, 1199 :5-11 ; GX 406-3. »

Page 326 « *Le fax était signé du nom de Morteza Farasatpour* »

Dans un fax envoyé à LeRoux le 29 janvier 2013, Morteza Farasatpour se présente comme « directeur adjoint en charge du commerce au sein de la DIO de la République islamique d'Iran ». Les services de renseignement américains et occidentaux le considèrent comme un acteur majeur ayant fourni des armes chimiques au régime du dictateur syrien Bachar Hafez el-Assad. En mars 2017, sur la base d'informations fournies par les services de renseignement, le département du Trésor américain a sanctionné Farasatpour pour avoir « coordonné la vente et la livraison d'explosifs et autres matériaux destinés au SSRC (Syria's Scientific Studies and Research Center) », l'organisme qui contrôle la production de missiles et les usines de fabrication d'armes non conventionnelles en Syrie ; cet organisme est financé par la DIO qui lui a versé plusieurs dizaines de millions de dollars. Le terme « armes non conventionnelles » fait référence aux armes chimiques utilisées par le régime de Bachar el-Assad contre la population civile au cours de la guerre qui dure depuis plusieurs années.

Page 332 « *Il s'agissait de Milan Rindzak, un Slovaque, le second sur le bateau.* »

Au cours de l'enquête sur LeRoux, les agents de la DEA ont contacté les agences de police de la région du Pacifique et ont découvert qu'un dispositif de traçage avait été installé sur le *JeReVe*, le bateau utilisé pour trafiquer des armes. Ce dispositif a cessé d'émettre en octobre 2012. Cindric et Stouch ont demandé à

LeRoux d'appeler le capitaine du navire qui a prononcé quelques paroles inaudibles avant de raccrocher. LeRoux a ensuite joint par téléphone la femme du capitaine, qui a dit qu'elle l'avait eu brièvement au téléphone et qu'il lui avait dit qu'il était avec les « pêcheurs ». Elle en a déduit qu'il était détenu par des pirates. Étant donné que le corps du capitaine n'a pas été découvert à bord de l'épave, on peut supposer qu'il a été assassiné par des pirates, mais la vérité n'a jamais été établie.

Page 340 *« C'est un sociopathe au mieux, et probablement un psychopathe. »*

Aucun psychiatre n'a jamais formellement diagnostiqué LeRoux comme souffrant d'un trouble pathologique. Mais les agents et les procureurs qui ont rencontré LeRoux s'accordent à dire qu'il présente les caractéristiques d'un psychopathe. Ces caractéristiques sont définies par le Dr Robert D. Hare, chercheur en psychologie criminelle, qui en a dressé la liste (connue sous le nom de Hare Psychopathy Checklist – Revised). Hare collabore régulièrement avec le FBI en tant que consultant sur des affaires. Dans son livre *Without Conscience : The Disturbing World of the Psychopaths Among Us*, Hare a écrit : « Contrairement aux individus psychotiques, les psychopathes sont des individus rationnels et conscients de leurs actions et des raisons qui les poussent à agir comme ils le font. [...] Les psychopathes pensent que leurs aptitudes supérieures leur permettront de parvenir à leurs fins en toutes circonstances. Si les conditions sont propices, que la chance est de leur côté et que des opportunités, ainsi que des victimes consentantes, se présentent, leur grandeur peut se révéler. Les psychopathes sont des individus narcissiques, dotés d'une très haute vision d'eux-mêmes et de leur importance. Du fait de leur ego démesuré, ils se croient tout permis, se considèrent comme le centre de l'univers et se sentent autorisés à vivre selon leurs propres règles. » Le livre fondateur du psychiatre américain Hervey Cleckley décrit les psychopathes comme des individus profondément narcissiques, égoïstes et impitoyables, qui brillent souvent par leur succès étant donné qu'ils ne ressentent ni la honte, ni l'empathie, ni le désir d'aider les autres. Les actions et l'ego démesuré de LeRoux correspondent à cette description.

14 – Comme un Ninja

Page 384 « *Samia a raconté qu'il avait grandi dans une ferme.* »

Les détails relatifs à l'enfance de Samia proviennent du témoignage qu'il a effectué à la barre, devant le tribunal du district Sud de New York le 16 avril 2018, au cours de son procès pour meurtre, et figurent dans l'arrêt Les États-Unis contre Hunter et al., 13 CR 521 (RA). Des éléments supplémentaires au sujet des activités de Samia sont disponibles dans le document 524, produit le 16 mars 2018 dans l'arrêt Les États-Unis contre Hunter et al.

Remerciements

Un voyage en terre inconnue ne peut s'effectuer sans l'aide d'un guide. Pour ce voyage, j'ai eu la chance de trouver sur mon chemin les meilleurs guides qui soient et que je tiens à remercier.

Bill Mockler, qui a créé la Division des opérations spéciales de la DEA en 1992, anticipant un monde souterrain où la technologie, l'innovation et le crime organisé convergeraient ; ses successeurs Joe Keefe, Mary Cooper et Derek Maltz, ainsi que Lou Milione, qui est à l'origine de la création du Groupe 960 au sein de la Division des opérations spéciales, son adjoint Wim Brown et les agents en charge de l'enquête sur LeRoux, Tom Cindric et Eric Stouch. Je remercie également les agents de la DEA qui m'ont aidée à rédiger ce livre : Pat Picciano, Steve Casey, Jim Scott, Joe Kellums, Matt Keller, Jim Sparks, Sam Gaye, Carol Dillon et l'agent infiltré que j'ai nommé Taj ; ainsi que le directeur de l'Agence nationale de sécurité du Liberia, Fombah Sirleaf, le sergent Mark Massey du comté de Person en Caroline du Nord, le lieutenant-colonel Rudoph Atallah, vétéran des United States Air Force, ainsi que Jack et Georges, les deux infiltrés dans l'organisation de LeRoux dont je salue ici le courage.

Je remercie également Lissa August et Mary Wormley, qui ont relu ce livre et ont vérifié les faits ; Katie Ellsworth, en charge de la recherche d'images, et Susan McElhinney, qui m'a photographiée.

La grande Shane Salerno de l'agence littéraire Story Factory de Los Angeles a mis ce manuscrit entre les mains expertes de Liate Stehlik, vice-présidente adjointe et éditrice de la maison d'édition HarperCollins, et de son équipe : l'assistant d'édition Ben Steinberg, David Highfill, éditeur au sein de la maison William Morrow/HarperCollins ; Chloe Moffett, Molly Waxman, Andy

LeCount, Danielle Bartlett, Sharyn Rosenblum, Kelly Rudolph, Andrea Molitor, Nyamekye Waliyaya, Leah Carlson-Stanisic, Bonni Leon-Berman, Jeanne Reina, Yeon Kim et Chris Sergio.

Je tiens à remercier plus particulièrement Michael Mann, pour ces années passées à me conseiller avec honnêteté et à m'encourager, ainsi que pour son instinct infaillible, son intégrité et son attachement à la recherche de la vérité.

Enfin, je suis infiniment reconnaissante à mon mari, Dan Morgan, et à mon fils, Andrew Shannon Morgan, qui ont supporté les longues journées et les nuits interminables, les week-ends et les vacances passés à travailler. Nous partageons la même passion d'aller au bout des choses.

Elaine Shannon

Composé et édité par HarperCollins France.

Achevé d'imprimer en septembre 2019.

à Mesnil-sur-l'Estrée (Eure)

Dépôt légal : octobre 2019.

Pour limiter l'empreinte environnementale de ses livres, HarperCollins France s'engage à n'utiliser que du papier fabriqué à partir de bois provenant de forêts gérées durablement et de manière responsable.

Imprimé en France